Zeitgeschichte im Aufriß

Dusek · Pelinka · Weinzierl

Zeitgeschichte im Aufriß

Österreich seit 1918
50 Jahre Zweite Republik

SACHBUCH
J&V
JUGEND & VOLK

ISBN 3-224-17590-7

4. ergänzte Auflage

Umschlag: Bruno Wegscheider

Druck und Bindung: Theiss, Wolfsberg
95 04 19/60/1

Inhaltsverzeichnis

Vorwort

„Zeitgeschichte im Aufriß“ liegt nun bereits in der 4. Auflage vor und kann wohl zu Recht als Klassiker unter jenen Werken gelten, die sich mit der Aufarbeitung der Historie Österreichs im 20. Jahrhundert beschäftigen. Ursprünglich als Begleitbuch zu einer ORF-Schulfernseh-Serie konzipiert, ist es nun eines der ersten Bücher, das die turbulenten welthistorischen Veränderungen der späten 80er und frühen 90er Jahre widerspiegelt. Noch bei Erscheinen der dritten Auflage, die im März des „Bedenkjahres 1988“ erschien, konnte von einer größeren Umarbeitung Abstand genommen werden. Damals genügten Ergänzungen und Aktualisierungen des im Staatsvertrags-Jubiläumsjahres 1980 erstmals publizierten Werkes. Nun sind erst sieben Jahre vergangen, aber das Tempo der Veränderungen hat sich enorm gesteigert: Im Juni 1989 wurde an der österreichisch-ungarischen Grenze jener Stacheldraht durchschnitten, der Teil jenes „Eisernen Vorhanges“ war, der die Nachkriegsgeschichte geradezu symbolisiert hatte. Und seither überstürzen sich die Ereignisse und bescheren dem Zeitgenossen ein „Wechselbad“ an Euphorie und Begeisterung sowie Ernüchterung, Angst und neuer Verunsicherung.

Wenn man die Schlagworte aufzählt, die diesen kurzen Abschnitt prägen, dann sieht man sehr deutlich, wie widersprüchlich diese „Zeitenwende“ ist: das Ende der Berliner Mauer und der Golfkrieg, die ausweglose Tragödie auf dem Boden des ehemaligen Jugoslawien, die labile Lage in Rußland und Technologie-Revolution, Stichwort: „Daten-Highway“; Aids und die medizinischen Erfolge bei der Analyse (und Manipulation) der Erbsubstanzen; neue Armut und Österreichs EU-Beitritt; Umweltverschmutzung und Ansteigen der Arbeitslosigkeit in den Industrieländern: überall gilt der gleiche Befund – Positives und Negatives schaukeln sich gleichzeitig hoch; Hoffen und Bangen, Chancen und Gefahren prägen unsere Zeit ganz besonders. Politische Radikalisierung (Beispiel Briefbomben) und die Wiederbelebung von überholten Vorurteilsstrukturen auf der einen Seite, ein Ende des politischen Lagerdenkens und ein stärkeres Engagement der Jugend in Umweltfragen und im sozialen Umfeld; die Zunahme der Scheidungsraten und die ideologische Aufwertung der Bedeutung von Familie und Partnerschaft. Überall ist eine neue Dynamik zu beobachten, und gegenläufige Tendenzen prägen die Entwicklung am Ende des zweiten Jahrtausends.Und nicht nur in Österreich ist der Ausbau des Sozialstaates offenbar an die Grenze des Finanzierbaren geraten. Die internationale Kriminalität und die Drogenszene, Wirtschaftsverbrechen und illegale Einwanderung: Das Bild von der „Insel der Seligen“, das Österreich noch vor kurzem zu beanspruchen versuchte, ist längst obsolet geworden. Polarisierung und Aufsplitterung, die Allmacht der elektronischen Medien und die „Vernetzung“ auch der Gefahren – die Welt ist innerhalb weniger Jahre eine andere geworden, und die Zeit des „Umbruchs“ dürfte noch lange nicht vorüber sein. Jedenfalls mußte bei dieser vierten Auflage der „Zeitgeschichte im Aufriß“ sehr viel ergänzt, neu gedeutet oder sogar gänzlich neu geschrieben werden (wie das Kapitel über das Politische System von Prof. Pelinka), wobei die Gliederung dies erleichtert hat. Denn dieses Buch wurde von drei Autoren verfaßt, die sich drei verschiedenen Themenstellungen widmeten.

Im ersten Abschnitt von Peter Dusek werden Längsschnitte dargeboten, die von der üblichen Perspektive abweichen. Die Ausrufung der Republik im Jahr 1918 aus der Sicht eines Opern-Musikers oder eines Volksschülers, das einstige Wohnungselend im Armenviertel Wiens, die Skitour im Wienerwald in der Zwischenkriegszeit oder die Klage eines 11jährigen Mädchens über ihr Leben in der Wiener Großfeldsiedlung – das alles sind zwar nur Momentaufnahmen aus der österreichischen Zeitgeschichte, aber typisch für Entwicklungstrends die man nur am Detail, am Einzelschicksal illustrieren kann. Ein Chronik-Kapitel, Österreich in der internationalen Politik und ein Wirtschafts-Aufriß runden diesen ersten Teil des Buches ab, bei dem Vollständigkeit erst gar nicht angestrebt werden konnte. Allerdings wurden alle 9 Kapitel durch aktuelle Beispiele, Statistiken und Fotos ergänzt und zeigen so auch die enormen Veränderungen im Alltag der Menschen von heute. Der zweite Teil – Zeitgeschichte im Überblick – wurde von Erika Weinzierl verfaßt und gibt in der „klassischen Manier“ eine minutiöse Übersichtsdarstellung der politischen Geschichte seit 1918. Dieses Kapitel wurde gegenüber den bisherigen Auflagen um einen ganzen Abschnitt (1988-1994) ergänzt. 77 Jahre österreichische Zeitgeschichte, davon 50 Jahre Zweite Republik: Hier finden sie eine authentische Zusammenfassung.

Zeitgeschichte, durch die „Röntgenbrille“ des Politologen Anton Pelinka gesehen, stellt schließlich der dritte Teil mit dem Titel „Das politische System“ vor: Im Zentrum dieses völlig neu konzipierten Abschnitts steht die Geschichte von Parlamentarismus und Sozialpartnerschaft, das Wirtschaftssystem und die Massenmedien sowie das Parteien- und Verbändesystem österreichischen Zuschnitts.

Zeitgeschichte im Aufriß ist also kein Geschichtsbuch traditioneller Machart. Es geht nicht ausschließlich um das Sammeln von Fakten, Namen und Daten, sondern es geht auch um die so oft beschworene Aufarbeitung der Vergangenheit. Daß diese vierte, überarbeitete und ergänzte Auflage im Frühjahr 1995 – also genau zum 50. Geburtstag der Zweiten Republik – herauskommt, sollte diesen Aspekt noch unterstreichen. Vielleicht ist es überfällig daran zu erinnern, mit welchen Problemen die Menschen auf den Trümmern eines unmenschlichen Regimes fertig werden mußten . . . Zuletzt noch ein paar Worte über die drei Autoren:

Peter Dusek ist Leiter der ORF-Abteilung Dokumentation und Archive, die Serien wie *Österreich I + II* sowie *Zeitzeugen* mit audiovisuellen Materialen beliefert hat. Erika

Weinzierl ist Vorstand des Instituts für Zeitgeschichte der Universität Wien und hat sich in ihren zahlreichen Arbeiten besonders intensiv mit Verfolgung und Widerstand im Nationalsozialismus und mit dem Phänomen Antisemitismus beschäftigt. Anton Pelinka ist Ordinarius für Politikwissenschaft an der Universität Innsbruck und hat sich wiederholt mit den politischen Strukturen Österreichs auseinandergesetzt.

Alle drei Autoren sind zugleich auch Mitherausgeber der Medienkoffer zur österreichischen Zeitgeschichte I-III, die zwischen 1978 und 1982 erschienen sind und ihrerseits eine Entwicklung ausgelöst haben, die ihren Höhepunkt zweifellos in den Erfolgsserien Dr. Hugo Portischs *Österreich I + II* gefunden hat. Doch der Umstand, daß einer der drei Autoren – Peter Dusek – heute eines der modernsten Medienarchive leitet, zeigt deutlich die Umbrüche unserer Zeit: den Einzug der Computer in die Arbeitswelt und den gestiegenen Stellenwert von Zeitgeschichte. Möge dieser „Klassiker" der Zeitgeschichte einmal mehr mithelfen, „am Puls der Zeit" zu bleiben: auch oder gerade zum Zeitpunkt des Beitritts Österreichs zur Europäischen Union.

Wien, im April 1995

Peter Dusek
Erika Weinzierl
Anton Pelinka

I. Zeitgeschichte im Aufriß

von Peter Dusek

1. Österreichchronik

Republik-Ausrufung am 12. November 1918 – Kriegsende im 17. Wiener Gemeindebezirk – Touristen in Schönbrunn – Nach der EU-Abstimmung am 12. Juni 1994

12. November **1918**: Ausrufung der Republik Deutschösterreich durch die Provisorische Nationalversammlung.

27. November **1918**: Neue Wahlordnung. – Das allgemeine und gleiche Wahlrecht wird auch auf Frauen ausgedehnt.

16. Februar **1919**: Wahlen zur konstituierenden Nationalversammlung, relative Mehrheit für die Sozialdemokraten.

15. März **1919**: Zweite Provisorische Regierung unter Karl Renner als Große Koalition zwischen Sozialdemokraten und Christlichsozialen gebildet.

15. Mai **1919**: Betriebsrätegesetz als erster Schritt zur betrieblichen Demokratie beschlossen.

10. September **1919**: Unterzeichnung des Staatsvertrages von St. Germain.

10. und 11. Juni **1920**: Bruch der Großen Koalition, Rücktritt der Regierung Renner.
7. Juli **1920**: Koalitionsregierung von Sozialdemokraten, Christlichsozialen und Großdeutschen unter dem Christlichsozialen Michael Mayr.
1. Oktober **1920**: Die konstituierende Nationalversammlung beschließt das Bundesverfassungsgesetz.
10. Oktober **1920**: Volksabstimmung in Kärnten.
17. Oktober **1920**: Nationalratswahl. Die Christlichsoziale Partei gewinnt die relative Mehrheit.
22. Oktober **1920**: Ausscheiden der sozialdemokratischen Regierungsmitglieder. Beginn des „Bürgerblocks".
13. November **1921**: Das Burgenland wird als neuntes Bundesland Teil der Republik Österreich.
4. Oktober **1922**: Unterzeichnung der Genfer Protokolle für die Völkerbundanleihe.
21. Oktober **1923**: Nationalratswahl. Christlichsoziale behalten relative Mehrheit.
12. Dezember **1924**: Einführung der Schilling-Währung.
30. Jänner **1927**: Zusammenstoß zwischen Angehörigen des (sozialdemokratischen) Republikanischen Schutzbundes und der (rechtsgerichteten) Frontkämpfervereinigung in Schattendorf (Burgenland) fordert zwei Todesopfer auf seiten des Schutzbundes.
15. Juli **1927**: Nach dem am Vortag erfolgten Freispruch der wegen der blutigen Zusammenstöße in Schattendorf Angeklagten kommt es zu gewaltsamen Demonstrationen: Justizpalastbrand.
7. Dezember **1929**: Novellierung des Bundesverfassungsgesetzes. Der parlamentarische Charakter der Verfassung wird durch präsidentielle Elemente relativiert.
18. Mai **1930**: Im „Korneuburger Eid" verpflichtet sich die mit der Christlichsozialen Partei vielfältig verbundene Heimwehr zu einem antiparlamentarischen Kurs.
9. November **1930**: Nationalratswahl. Sozialdemokraten gewinnen relative Mehrheit.
19. März **1931**: Unterzeichnung eines Zollunionvertrages zwischen Österreich und dem Deutschen Reich. Dieser Vertrag wird, wegen des Einspruchs Frankreichs, Italiens und der ČSSR, die sich auf das Anschlußverbot des Genfer Protokolls berufen, nicht verwirklicht.
12. Mai **1931**: Die Krise der Creditanstalt, der größten Bank Österreichs, wird publik. Die Weltwirtschaftskrise hat Österreich voll erreicht.
Ende **1932**: Etwa 400.000 Arbeitslose in Österreich.
24. April **1932**: Landtagswahlen in Wien, Niederösterreich und Salzburg bringen große Erfolge der Nationalsozialisten – Großdeutsche, Landbund und Heimatblock verlieren stark.
20. Mai **1932**: Engelbert Dollfuß bildet Koalitionsregierung, bestehend aus Christlichsozialen, Landbund und Heimatblock. Die Regierung hat im Nationalrat eine Mehrheit von einer Stimme.
6. November **1932**: Landtagswahl in Vorarlberg, letzte freie Wahl in der Ersten Republik. Nationalsozialisten erhalten mehr als 10 Prozent der Stimmen.
4. März **1933**: Bundeskanzler Dollfuß

nimmt eine Geschäftsordnungspanne im Nationalrat zum Anlaß, das Parlament auszuschalten. Der Weg zur Diktatur wird beschritten.

30. und 31. März **1933**: Auflösung des Republikanischen Schutzbundes.

10. Mai **1933**: Die Vertreter des Landbundes scheiden aus der Bundesregierung aus.

15. Mai **1933**: Die NSDAP und die Großdeutsche Partei schließen ein Bündnis.

26. Mai **1933**: Auflösung der Kommunistischen Partei Österreichs.

27. Mai **1933**: Die deutsche Reichsregierung Hitler verhängt über Österreich die „Tausendmarksperre". Deutsche Staatsbürger müssen vor einer Reise nach Österreich eine Gebühr von 1000 Reichsmark zahlen.

11. September **1933**: Im Rahmen des Deutschen Katholikentages in Wien verkündet Engelbert Dollfuß sein Programm für die Errichtung eines autoritären Ständestaates.

14. bis 16. Oktober **1933**: Letzter Parteitag der Sozialdemokratischen Arbeiterpartei in der Ersten Republik.

10. November **1933**: Wiedereinführung der Todesstrafe in Österreich. Anfang 1934: Etwa 600.000 Arbeitslose in Österreich.

12. bis 15. Februar **1934**: Bürgerkrieg in Österreich: 156 Tote, mehrere standrechtliche Hinrichtungen.

1. Mai **1934**: Unter Verletzung der Bestimmungen des Bundesverfassungsgesetzes von 1920 wird die Verfassung des „Autoritären Ständestaates" verkündet.

25. Juli **1934**: Nationalsozialistischer Putschversuch. Engelbert Dollfuß wird dabei ermordet. Sein Nachfolger wird Kurt Schuschnigg.

11. Juli **1936**: Ein Abkommen zwischen Österreich und dem Deutschen Reich legt die Rolle Österreichs als „deutscher" Staat fest.

11. März **1938**: Die Regierung Schuschnigg tritt zurück, nachdem die für 13. März in Aussicht genommene Volksabstimmung über die Unabhängigkeit Österreichs abgesagt wurde. Bundespräsident Wilhelm Miklas ernennt, von den Nationalsozialisten unter Androhung von Gewalt dazu veranlaßt, den Nationalsozialisten Arthur Seyß-Inquart zum Bundeskanzler einer den Nationalsozialisten genehmen Bundesregierung.

12. März **1938**: Deutsche Truppen überschreiten die Grenze nach Österreich.

13. März **1938**: Adolf Hitler verfügt in Linz die „Wiedervereinigung Österreichs mit dem Deutschen Reich".

27. April **1945**: Vertreter der drei antifaschistischen Parteien SPÖ, ÖVP und KPÖ proklamieren die „Wiederherstellung der Republik Österreich" und die Unabhängigkeitserklärung. Sie bilden im befreiten Teil Österreichs eine „Provisorische Staatsregierung" unter Staatskanzler Karl Renner.

1. Mai **1945**: Die Bundesverfassung vom 1. Oktober 1920 wird in der Fassung von 1929 wieder in Kraft gesetzt.

4. Juli **1945**: Das erste Kontrollabkommen über Österreich regelt die Befugnisse der Alliierten und den Besatzungsstatus in Österreich.

24. und 25. September **1945**: Erste „Länderkonferenz". Vertreter der westlichen

Bundesländer werden in die Provisorische Staatsregierung aufgenommen.
25. November **1945**: Nationalratswahl: Die ÖVP erringt die absolute Mehrheit an Mandaten, die KPÖ schneidet mit nur 5 Prozent der Stimmen unerwartet schlecht ab.
20. Dezember **1945**: Die Bundesregierung unter Bundeskanzler Leopold Figl (ÖVP) übernimmt von der Provisorischen Staatsregierung die Geschäfte. Gleichzeitig wird Karl Renner von der Bundesversammlung (National- und Bundesrat) zum Bundespräsidenten gewählt.
28. Juni **1946**: Die Alliierten unterzeichnen ein neues „Kontrollabkommen über Österreich", das die Befugnisse der österreichischen Verfassungsorgane gegenüber den Alliierten wesentlich erweitert.
26. Juli **1946**: Erstes Verstaatlichungsgesetz, das die Großbanken sowie wesentliche Teile der Schwerindustrie in das Eigentum der Republik überführt.
15. Dezember **1946**: Österreich, vertreten durch Außenminister Karl Gruber, schließt mit Italien, vertreten durch Ministerpräsident Alcide de Gasperi, in Paris ein Abkommen, das Südtirol Autonomierechte garantiert.
26. März **1947**: Zweites Verstaatlichungsgesetz, das die Elektrizitätswirtschaft in das Eigentum der Republik überführt.
21. April **1948**: Die „minderbelasteten Nationalsozialisten" werden durch ein Bundesverfassungsgesetz von den Sühnefolgen befreit. Dadurch ist die Neuorganisation des „dritten" – deutschnationalen – Lagers wiederum möglich.
2. Juli **1948**: Österreich und die USA unterzeichnen ein Abkommen über den Marshallplan.
5. Februar **1949**: Der „Verband der Unabhängigen" (VdU) wird als vor allem für die vormals „minderbelasteten" Nationalsozialisten gedachte Partei gegründet.
9. Oktober **1949**: Nationalratswahl: ÖVP und SPÖ verlieren Stimmenanteile und Mandate zugunsten des VdU. Die Große Koalition unter Bundeskanzler Figl wird jedoch bestätigt.
26. September **1950**: Im Zusammenhang mit dem an diesem Tag abgeschlossenen vierten Lohn- und Preisabkommen beginnt eine kommunistische Streikbewegung, die jedoch erfolglos abgebrochen wird.
6. und 27. Mai **1951**: Theodor Körner (SPÖ) wird gegen Heinrich Gleissner (ÖVP) im zweiten Wahlgang zum Bundespräsidenten in der ersten direkten Volkswahl der Geschichte der Republik gewählt.
22. Februar **1953**: Die Wahl des Nationalrates bringt der SPÖ eine knappe Stimmenmehrheit, der ÖVP jedoch eine knappe, relative Mandatsmehrheit.
23. März **1953**: Nach dem Scheitern der Regierungsbildung durch Leopold Figl wird Julius Raab (ÖVP) Bundeskanzler der nach wie vor von der Großen Koalition gestellten Bundesregierung.
11. April **1955**: Eine österreichische Regierungsdelegation (Bundeskanzler Julius Raab, Vizekanzler Adolf Schärf, Außenminister Leopold Figl, Staatssekretär Bruno Kreisky) fährt, auf Einladung der Regierung der Sowjetunion, nach Moskau zu Verhandlungen über den Staatsvertrag und erzielt am 15. April den entscheidenden Durchbruch für den Staatsvertrag.

15. Mai **1955**: Unterzeichnung des österreichischen Staatsvertrages in Wien.
26. Oktober **1955**: Nach Abzug der letzten Besatzungstruppen erklärt der österreichische Nationalrat in Form eines Bundesverfassungsgesetzes die „Immerwährende Neutralität".
15. Dezember **1955**: Österreich wird in die Vereinten Nationen aufgenommen.
12. März **1957**: Bildung der „Paritätischen Kommission für Lohn- und Preisfragen", der – neben Vertretern der Bundesregierung – der ÖGB, die Bundeskammer der gewerblichen Wirtschaft, die Präsidentenkonferenz der Landwirtschaftskammern und der Österreichische Arbeiterkammertag angehören.
10. Mai **1959**: Bei der Wahl des Nationalrates erzielt die SPÖ eine relative Mehrheit an Stimmen, die ÖVP behält eine knappe Mandatsmehrheit.
4. Jänner **1960**: Österreich tritt der Europäischen Freihandelszone (EFTA) bei.
September bis November **1964**: „Olah-Krise" der SPÖ. Der frühere Präsident des ÖGB tritt zunächst als Innenminister zurück, wird schließlich aus der SPÖ ausgeschlossen und gründet 1965 eine eigene Partei (Demokratisch-Fortschrittliche Partei).
5. bis 12. Oktober **1964**: Das erste Volksbegehren in der Geschichte der Republik Österreich („Rundfunk-Volksbegehren") wird von 832.353 Österreichern unterschrieben.
6. März **1966**: Nationalratswahl: Die ÖVP erreicht mit einer relativen Mehrheit von Stimmen eine absolute Mehrheit an Mandaten. Die darauffolgenden Koalitionsverhandlungen scheitern, die ÖVP bildet unter Josef Klaus eine Einparteienregierung.
1. März **1970**: Nationalratswahl: Die SPÖ erreicht eine relative Mehrheit von Stimmen und Mandaten. Nach erfolglosen Regierungsverhandlungen mit der ÖVP bildet sie unter Bundeskanzler Bruno Kreisky eine Minderheitsregierung.
10. Oktober **1971**: Bei der Wahl des Nationalrates erreicht die SPÖ unter Bundeskanzler Kreisky eine absolute Mehrheit an Stimmen und an Mandaten.
22. Juli **1972**: Österreich unterzeichnet in Brüssel vier Abkommen über den Freihandel mit den Europäischen Gemeinschaften.
4. Oktober **1975**: Neuerliche absolute Stimmen- und Mandatsmehrheit der SPÖ bei den Wahlen zum Nationalrat.
5. November **1978**: Erste Volksabstimmung in Österreich. Eine knappe Mehrheit entscheidet sich gegen die Inbetriebnahme des Atomkraftwerkes Zwentendorf.
6. Mai **1979**: Die Wahl des Nationalrates stärkt die absolute Mehrheit der SPÖ, die unter Bruno Kreisky ihre Alleinregierung fortsetzen kann.
24. April **1983**: Bei den Nationalratswahlen verliert die SPÖ die absolute Mehrheit, infolgedessen kündigt Bruno Kreisky seinen Rücktritt an. Fred Sinowatz wird Kanzler einer SPÖ-FPÖ-Koalitionsregierung. Norbert Steger wird Vizekanzler.
8. Juni **1986**: Im zweiten Wahlgang wird Kurt Waldheim gegen den SPÖ-Kandidaten Kurt Steyrer mit 53,9% der Stimmen zum österreichischen Bundespräsidenten

gewählt. Im Wahlkampf war es durch Veröffentlichungen von Dokumenten über die Rolle Waldheims während des Zweiten Weltkrieges zu heftigen Kontroversen gekommen, die auch international große Beachtung erzielen.

16. Juni **1986**: Der SPÖ-Parteivorsitzende zieht aus der Steyrer-Niederlage die Konsequenzen und demissioniert als Kanzler; sein Nachfolger wird Franz Vranitzky, der sich zuvor als Finanzminister bewährt hatte.

14. September **1986**: Auf Kardinal Franz König folgt der Benediktinerpater Hans Hermann Groer als Erzbischof von Wien.

23. November **1986**: Bei den Nationalratswahlen verliert die SPÖ weiter Mandate und Stimmen, behält aber weiterhin die relative Mehrheit. Allerdings wurden die Neuwahlen durch einen Obmannwechsel bei der FPÖ notwendig, wo Norbert Steger durch seinen größten innerparteilichen Kritiker Jörg Haider abgelöst worden war. Es kommt deshalb zur Bildung einer Großen Koalition unter Vranitzky und Alois Mock; die beiden Gewinner der Nationalratswahl, die FPÖ (18 statt bisher 10) und die Grünen, die erstmals mit 8 Abgeordneten ins Parlament einziehen, stellen nun die Oppositionsparteien.

28. Juni **1989**: Der österreichische Außenminister Alois Mock und sein ungarischer Kollege Gyula Horn durchschneiden in der Nähe von Sopron letzte Relikte des „Eisernen Vorhangs" zwischen den beiden Staaten.

7. 0ktober **1990**: Bei den Nationalratswahlen können die Sozialdemokraten mit ihrem Spitzenkandidaten Franz Vranitzky sowohl Mandate wie Prozente halten, während die ÖVP stark verliert. Hauptsieger ist die FPÖ unter Jörg Haider, die zu einer Mittelpartei anwächst;das Ergebnis in Mandaten: SPÖ 80, 0VP 60, FPÖ 33 und Grüne 10.

26. 0ktober **1992**: Als Nachfolger von Bundespräsident Kurt Waldheim, der angesichts der internationalen Proteste gegen seine Kriegsvergangenheit nicht mehr antritt, wird der Kandidat der ÖVP, Thomas Klestil, mit 56,9 % der Stimmen gewählt. Der bisherige Diplomat siegt gegen den SPÖ-Kandidaten, den ehemaligen Verkehrsminister Rudolf Streicher, der zu Beginn des Wahlkampfs als haushoher Favorit gilt.

12. Juni **1994**: Bei einer Volksabstimmung entscheiden sich zwei Drittel (66,93%) der Österreicher für einen Beitritt zur Europäischen Union per 1995. Für den EU-Beitritt setzt sich neben den beiden Koalitionsparteien SPÖ und ÖVP auch das Liberale Forum ein, das sich als Splittergruppe aus der FPÖ löst, als diese gegen den EU-Beitritt zu kämpfen beginnt. Auch die Grünen lehnen mehrheitlich die Europapolitik der Bundesregierung ab.

9. Oktober **1994**: Bei den Nationalratswahlen kommt es neuerlich zu einer Wahl gegen die beiden Großparteien. Diesmal sind die Sozialdemokraten unter Vranitzky die Hauptverlierer, Gewinner sind FPÖ, Grüne und das Liberale Forum, das als fünfte Parlamentspartei auf Anhieb 10 Mandate schafft. Die Mandatsverteilung lautet nun: 66 SPÖ, 52 ÖVP, 42 FPÖ, 13 Grüne und 10 Liberales Forum

2. Die Kultur-Großmacht

Montag den 14. Oktober 1918

Im Jahres-Abonnement 4. Viertel

Bei aufgehobenem Saison-Abonnement

Auf Allerhöchste Anordnung

zu Gunsten des k. k. österreichischen Militär-Witwen- und Waisen-Hilfsfonds zu erhöhten Preisen

Zum ersten Male:

Salome

Drama in einem Aufzug

Nach Oskar Wildes gleichnamiger Dichtung in deutscher Übersetzung von Hedwig Lachmann

Musik von Richard Strauß

Abendkassen-Eröffnung vor ½7 Uhr — Anfang 7 Uhr — Ende ½9 Uhr

Erstaufführung der „Salome" in der Hofoper – Sigmund Freud – Salzburg bei Nacht – Leonie Rysanek: Erfolgs-Salome in Japan

Anfang November 1918: Das Ende des Ersten Weltkrieges lastet über Wien. Die Menschen hungern, sie frieren, vor allem aber sind sie verunsichert. Wie wird es weitergehen? Wird die Republik ausgerufen? Kommt der Anschluß an Deutschland? Bricht die

Revolution aus? Kommt es zu einer Donau-Föderation mit jenen Staaten, die sich in den letzten Wochen und Monaten der Reihe nach von der Habsburgermonarchie losgesagt haben? Den Menschen in den Straßen der k. u. k. Reichshauptstadt Wien sind diese Fragen geradezu von der Stirn zu lesen. Verwundete Kriegsheimkehrer, verarmte Adelige, Spekulanten und Glücksritter, die vor dem Nichts stehen – sie alle prägen die letzten Stunden eines 50-MillionenReiches, das nur mehr theoretisch existiert. Und wenn man die Geschichte der Ausrufung der Republik im Detail nachliest (siehe Kapitel „Zeitgeschichte im Überblick"), dann wird man diesen Eindruck bestätigt finden: die Republik Österreich oder, genauer gesagt, die Republik Deutschösterreich, wie man sie zunächst nannte, entstand gleichsam wider Willen und war von Anfang an mit vielen Zweifeln belastet. Die Phrase von der „Lebensunfähigkeit" jenes Staatsrestes, der übrigblieb, als alle anderen das bekommen hatten, was sie verlangt hatten, diese verhängnisvolle Phrase stand wie ein unsichtbares Menetekel über dem Häusermeer von Wien. Und die „Los-von-Wien"-Stimmung in den österreichischen Ländern sorgte dafür, daß mit dem Quadrat der Entfernung von der Hauptstadt die Abneigung gegen Deutschösterreich zunahm. Man kann es drehen und wenden, wie man will, schon über der Geburt der Ersten Republik stand ein Unstern.

Die pessimistische und negative Grundstimmung in bezug auf das weitere Schicksal der Alpenrepublik war aber in vielen Bereichen völlig unbegründet. Sie stimmte nicht einmal hinsichtlich der wirtschaftlichen Reserven (vergleiche Kapitel 9, Seite 185 ff.). Gänzlich unerklärlich ist sie aber in jenem Bereich, der sonst bei zeitgeschichtlichen Analysen ausgelassen, in den Anhang oder in Separatstudien verbannt wird. In kultureller Hinsicht – sowohl was das weite Feld der Kunst wie das der Wissenschaft betraf – kann man die Erste Republik eine Großmacht nennen. Und wie wir noch sehen werden, zehrt auch die so selbstbewußte und auch wesentlich erfolgreichere Zweite Republik von jenem Erbgut, das schon in die Wiege der Republik gelegt war.

Wir nehmen heute vieles als selbstverständliche Säulen des österreichischen Kulturbetriebes: die Burg und die Oper beispielsweise, und so mancher Verfechter einer progressiven Kulturrichtung spottet über Lipizzaner und Sängerknaben, Dirigentenallüren oder Starkult. Und das Bundestheaterdefizit wird ja auch stets zitiert, wenn der museale und passive Charakter des österreichischen Kulturbetriebes kritisiert wird. Dabei war es in jenen Novembertagen des Jahres 1918, als Kaiser Karl zur Abdankung gezwungen und die Republik ausgerufen wurde, gar nicht selbstverständlich, daß Burg und Oper überhaupt weiterspielten. Schließlich waren sie doch kaiserlich-königliche Hoftheater, deren Personal aus der Privatschatulle des Kaisers bezahlt wurde. Und die Gagen, die etwa ein Caruso in Wien bezog, übertrafen alles, was seither erreicht wurde. Und dennoch: die Schließung oder Verpachtung der ehemaligen k. u. k.-Bühnen wurde zwar ein paar Wochen lang ernstlich erwogen, aber offenbar nur von ganz wenigen, die keinen großen Einfluß auf die Kulturpolitik hatten. Denn im Opernhaus am

Ring, dem in den sechziger Jahren des 19. Jahrhunderts errichteten Prunkgebäude, das an ein prachtvolles Renaissance-Palais erinnert, in diesem in jeder Hinsicht teuren Haus zweifelte man überhaupt nicht, daß jener Vertrag in Kraft treten werde, den Kaiser Karl noch im Oktober 1918 als eine seiner letzten Regierungshandlungen unterschrieben hatte – der Vertrag mit Richard Strauss. Er sollte sein Amt im Jahr 1919 antreten und der Oper, die eben wieder einmal von den Kritikern heftig zerzaust worden war, zu neuem internationalen Ansehen verhelfen. Damit wurde ein jahrelanger Streit beigelegt. Richard Strauss, der gemeinsam mit Hugo von Hofmannsthal Opern wie „Der Rosenkavalier" und „Ariadne auf Naxos" geschaffen hatte, durfte lange Zeit mit seinem Erstlingserfolg „Salome" nicht in die Hofoper einziehen. Die Geschichte von der Prinzessin aus Judäa galt unter dem strengen Franz Joseph I. als obszön und gotteslästerlich. So mußten die „Salome"-Fans nach Graz oder in die Volksoper am Währinger Gürtel pilgern, bis im Herbst des Jahres 1918 Richard Strauss zum neuen Direktor nominiert wurde. Und so ist es kein Zufall, daß just am Abend der Ausrufung der Republik, am 12. November, um 19 Uhr „Salome" gegeben wurde. Einer der Augen- und Ohrenzeugen dieser denkwürdigen „Salome" könnte der spätere Vorstand der Philharmoniker, Hugo Burghauser, gewesen sein. Der 1896 in Wien-Gersthof geborene Fagottist emigrierte 1938 aus Österreich, war später lange Zeit Mitglied im Met-Orchester und avancierte schließlich zum liebenswürdigen Doyen der Österreicher-Kolonie in New York. In seinen 1979 erschienenen Memoiren mit dem Titel „Philharmonische Begegnungen" findet man eine Schilderung jener Wochen, die er schon aus dem Orchestergraben der Oper erlebte:

> „Als Heimkehrer aus dem Ersten Weltkrieg fand ein junger Musiker in Wien, inmitten allgemeinen Notstandes, ein Berufsparadies vor. Winterkälte herrschte zwar auch im Innern der Hofoper, die jetzt Staatsoper hieß und nur zum Wochenende mit einem Waggon Kohle spärlich geheizt wurde. Das Wärmedefizit ergänzte indessen eine enthusiastische Hörerschaft, deren Puls und Temperatur aus echter Passion kam. Mein erster Abend als Substitut in der Staatsoper erschien mir als ein besonderer Glücksfall . . . Man spielte die ‚Salome', die bis vor kurzem wegen ihres sakrilegischen Inhalts von der Hofbühne verbannt gewesen war. Direktor Schalk dirigierte, und selbstverständlich ohne Probe."

Für den über achtzigjährigen Hugo Burghauser hatten sich die Ereignisse im Spätherbst und Winter des Jahres 1918/1919 etwas komprimiert. Denn der Name Staatsoper beispielsweise stand nicht sofort fest. Eine Woche nach der RepublikAusrufung hieß es etwa in der „Neuen Freien Presse" vom 19. November 1918 unter der Überschrift „Übernahme der Hoftheater durch den deutschösterreichischen Staat":

> „Der Staatsrat hat den prinzipiellen Beschluß gefaßt, die beiden ehemaligen Hoftheater, das Burgtheater sowohl als auch die Oper, zu übernehmen. Damit scheint wohl die unglückliche Idee, die Hoftheater zu verpachten, endgültig aufgegeben."

Die Entscheidung war damit gefallen, und dem tatsächlichen Einzug von Richard Strauss in die Staatsoper stand nichts mehr im Weg.

Allen materiellen Widrigkeiten des jungen Staates zum Trotz bemühte man sich in der nunmehrigen Staatsoper, glanzvolle Opernvorstellungen zu realisieren. Die Musiker spielten zum Teil in Uniformen, die sie vom Kriegsdienst heimgebracht hatten, und färbten sie schließlich mangels Zivilkleidung schwarz ein. Aber sie waren mit Feuereifer bei den Proben für die neue Oper von Richard Strauss und Hugo von Hofmannsthal, „Die Frau ohne Schatten", die im Herbst 1919 uraufgeführt wurde.

Die Zusammenarbeit zwischen Hugo von Hofmannsthal und Richard Strauss hatte aber nicht nur ein unvergleichliches Kapitel der Staatsoperngeschichte zur Folge, sondern war auch die Voraussetzung für eine andere der heute so gerne geschmähten Kulturinstitutionen Österreichs. Gemeinsam mit dem Regisseur Max Reinhardt gründeten Strauss und Hofmannsthal die Salzburger Festspiele. Doch wer glaubt, daß solche Aktivitäten das unterentwickelte Selbstvertrauen der Republik Deutschösterreich stärkten (der Anschluß an Deutschland war längst verboten), der irrt. Weder für den berühmten Regisseur noch für Strauss und Hofmannsthal war der Beginn der Salzburger Festspiele ein ausschließlich österreichisches Ereignis. Max Reinhardt hatte mit dem Gedanken gespielt, in Zürich ein großes Festival aufzuziehen, dann aber die barocken Silhouetten der Salzachstadt attraktiver gefunden. Hugo von Hofmannsthal faßte die Programm-Maxime in einem Grundsatz-Essay zusammen:

> „Ein deutsches nationales Programm – deutsch und national in dem Sinn, wie sich die großen Deutschen zu Ende des 18. und zu Anfang des 19. Jahrhunderts, die gültigen Lehrer der Nation, die nationale Schaubühne dachten: Es war ihnen selbstverständlich, die Antike einzubeziehen, und selbstverständlich, den Shakespeare wie den Calderon und den Moliere nicht außen zu lassen."

Und ein wenig später heißt es in demselben Essay auf die Frage, warum gerade in Salzburg?:

> „Der bayrisch-österreichische Stamm war von je der Träger des theatralischen Vermögens unter allen deutschen Stämmen . . . Das Salzburger Land ist das Herz vom Herzen Europas. Es liegt halbwegs zwischen der Schweiz und den slawischen Ländern, halbwegs zwischen dem nördlichen Deutschland und dem lombardischen Italien; es liegt in der Mitte zwischen Süd und Nord, zwischen Berg und Ebene, zwi-

schen dem Heroischen und dem Idyllischen; es liegt als Bauwerk zwischen dem Städtischen und dem Ländlichen, dem Uralten und dem Neuzeitlichen, dem barocken Fürstlichen und dem lieblich-ewig Bäuerlichen: Mozart ist der Ausdruck von alledem. Das mittlere Europa hat keinen schöneren Raum, und hier mußte Mozart geboren werden.“

(Hugo von Hofmannsthal, Gesammelte Werke, Prosa, Band 4, Frankfurt 1955, S. 88ff.)

Die Salzburger Festspiele als Versuch, der Habsburgermonarchie zumindest auf kulturellem Gebiet ein übernationales Gebilde folgen zu lassen – dieser Aspekt wird heute gerne vergessen. Wenn man die verstopften Straßen Salzburgs, die Künstler-Plakate in den Auslagen und das weitgehend internationale Repertoire betrachtet, dann versteht man auch, warum. Salzburg hat sich spätestens in der Zweiten Republik anders weiterentwickelt. Aber zumindest in den ersten Jahren war das Konzept der Gründer noch prägend. In einem Artikel über Salzburg als Musikstadt in einer Österreich-Geschichte von Karl Brockhausen aus dem Jahr 1923 heißt es unter anderem:

„Noch fehlt Salzburg der starke Magnet, der ähnlich wie Bayreuth alles anzieht, was in hohen Feierstunden sich Frau Musica zu Füßen werfen will. Vor wenigen Monaten ist im Lustpark zu Hellbrunn der Grundstein zum Salzburger Festspielhaus gelegt worden. Eine stille Wiesenkuppe am äußeren Ende des weiten Parks, umschlossen von uralten Baumriesen, die nur da und dort einem Blicke Raum geben auf Salzburgs Wahrzeichen, die Feste Hohensalzburg, auf den Sagenberg unserer Heimat, den Untersberg, auf die weit hingelagerten Grenzwälle des Salzachtales. Ein paar Schritte tiefer in den Schatten der Bäume – und ein Stück Urwaldfrieden umfängt dich: An

„Jedermann“-Erstaufführung in Salzburg im August 1920

dieser Stätte, recht geschaffen zum Sammelplatz aller guten Geister, soll sich das Festspielhaus erheben, dessen Grundstein wohl noch manches Jahr dort oben einsam träumen wird. Denn wenn auch eine Schar von Werbern in Wort und Schrift den Gedanken des Weihehauses in alle Welt trägt, wenn es auch an Geldopfern daheim und in der reicher gesegneten Fremde nicht fehlt, wir sind noch weit vom Ziele, und die gewaltige Summe, die das Werk erfordert, predigt unerbittlich Zähigkeit und hoffende Geduld."

Salzburg in den zwanziger Jahren, das war ein Treffpunkt für Feinschmecker, für Kenner, für Wohlhabende. Es war noch ein Treffpunkt ohne Verkehrsinfarkt. Und wenn auch ein paar Jahre später die Fremden zuströmten und Stars wie Arturo Toscanini dirigierten – die Zaungäste fehlten noch lange, nicht zuletzt, weil der Tourismus insgesamt noch nicht recht begonnen hatte.

Was diese Streiflichter über die Kultur-Großmacht Österreich am Beginn der Ersten Republik aber besonders deutlich illustrieren, ist eine Einstellung, die auch für viele andere Bereiche des traditionellen Kulturbetriebes zutraf. Das hohe Niveau, die Überfülle an schöpferischer Kraft, wurde nicht dem „Kleinstaat wider Willen" angerechnet. Ganz im Gegenteil. Wenn man die Berichte über das Burgtheater oder über die Philharmoniker-Konzerte, über die Gastspiele der Sängerknaben, die damals noch in kleinen Orten Österreichs auftraten, liest, oder Reportagen über die Lipizzaner in die Hand bekommt, ist der Grundtenor der Zwischenkriegszeit immer der gleiche: Entweder wird nostalgisch der Vielvölkerstaat, die Monarchie, und damit die Vergangenheit beschworen oder eine gesamtdeutsche Zukunft anvisiert. Ein Beispiel soll hier wieder für viele andere stehen. Am 18. November 1928 wurde, wie in anderen Zeitungen der Republik auch, in den „Amstettner Nachrichten" auf der Seite 1 der 100. Todestag von Franz Schubert in einem Leitartikel gewürdigt:

„Dem unsterblichen Liederfürsten huldigt die ganze Welt, und das Jahr, in das sein hundertster Todestag fällt, ist erfüllt von dem Klange seiner herrlichen Lieder und Weisen, die überall ertönen, nicht nur so weit die deutsche Zunge klingt, sondern über den ganzen Erdenrund, wo immer europäische Kultur gedrungen ist, und die Millionen Menschenherzen erheben und erfreuen. Franz Schubert stammt väterlicherseits aus deutsch-mährischem Bauernblut, mütterlicherseits aus Schlesien. Wien, wo er lebte und schuf, weckte die Keime, die im Blute der Familie ruhten."

Hier haben wir ein ganzes Bündel von jenen Begriffen, die nicht nur das kulturelle Bewußtsein der Ersten Republik prägten: deutsche Zunge, europäische Kultur, die Bedeutung der Erbmasse ... Wie anders lesen sich all die patriotischen Abhandlungen, die in der Zweiten Republik über Schubert oder die Salzburger Festspiele, über Burg und

Karl Kraus ist neben vielen anderen Beweis für das große künstlerische und geistige Reservoir der Ersten Republik

Oper geschrieben wurden! Aber sind nicht die bleibenden Werte der Ersten Republik dort zu finden, wo Musiker wie Arnold Schönberg, Wissenschafter wie Sigmund Freud oder Denker wie Ludwig Wittgenstein Bahnbrechendes leisteten? Sind nicht die Arbeiterkultur der Sozialdemokraten, die Volksbildung oder die Sozialistische Bildungszentrale das eigentlich Originelle dieses Geschichtsabschnittes? Solche Argumente können jedoch nur sehr bedingt gelten.

Wenn wir beispielsweise ein Programm herausgreifen, das am 11. Mai 1924 im Brunner Brauereihof in Mödling vom sozialdemokratischen Erziehungs- und Schulverein Freie Schule-Kinderfreunde geboten wurde, dann erkennen wir, daß auch der breite Kulturgeschmack der politischen Alternativbewegung zu den Traditionalisten und Konservativen in den populären Bahnen angesiedelt war, die heute noch Radio- oder Fernseh-Erfolgsprogramme prägen. Carl Michael Ziehrers „Nachtschwärmer-Walzer", kontrastiert mit Reifenübungen der Mädchen und Stab-Freiübungen der Knaben, wurde mit einem Potpourri aus Carl Maria von Webers „Freischütz" gekoppelt. Dann sang ein Kinderchor das Wiegenlied von Johannes Brahms und die steirische Volksweise „Waldvögelein". Rund um einen Turnerinnen-Reigen erklangen noch Bellini-Weisen und Melodien aus dem „Dreimäderlhaus" nach Schubert.

Es gibt unzählige ähnliche Beispiele. Die Arbeiterkultur der Sozialdemokraten war ganz von der romantisch-klassischen Bildungstradition geprägt, die das gemeinsame deutsche Kultur- und Spracherbe besonders betonte. Neben revolutionär-politischer

Phraseologie, neben dem Hervorkehren von antiklerikaler Agitation gab es einen gemeinsamen Nenner: die Tradition der Dichtung, der Musik und der bildenden Künste. Ein Gedicht des ersten Staatskanzlers Dr. Karl Renner zeigt eine frappante Nähe zur Wandervogel-Bewegung:

„Dort, wo der Tempel und Zwingburgen Zinnen
Tief unten in flücht'ge Nebel zerrinnen,
Ist Wahrheit, ist Licht, ist göttlicher Geist.
Da drunten im Zwielicht flimmert und gleißt
Als ewig, was morgen ein Hauch zerreißt."

Und so wie Ludwig Anzengrubers „Meineidbauer" von den organisierten Straßenbahnern vermutlich lieber gesehen als der Joseph-Roth-Roman „Spinnennetz" in der „Arbeiter-Zeitung" gelesen wurde, so zeigen sich auch in den Skulpturen und Gemälden die Spuren einer ähnlichen Geschmacksausrichtung. Manch eine Jung-Siegfried-Figur steht in den Parkanlagen der Gemeindebauten. Und die Skulpturen, die der junge Fritz Wotruba schuf, waren im Grunde die Ausnahme von der Regel. Mit solchen Einwänden soll die enorme Sprengkraft der sozialdemokratischen Arbeiterkultur der Zwischenkriegszeit keineswegs geschmälert werden. Das damalige weltanschauliche Engagement, die Anforderungen, die an Freizeit, Bildung und die politische Mitbestimmung gestellt wurden, sind mit den heutigen nicht zu vergleichen. Dieser geistige Nährboden begünstigte die späteren Massenaufmärsche des Dritten Reiches aber ebenso wie das deutschtümelnde Kulturbewußtsein.

Er war auch mit daran schuld, daß die meisten der wirklichen Neuerer in der Öffentlichkeit kaum zur Kenntnis genommen wurden.

Arnold Schönberg etwa war Mitbegründer eines Vereins für musikalische Privataufführungen. In einem Prospekt vom 16. Februar 1919 wird unter anderem hervorgehoben:

„Der im beiliegenden Prospekt gekennzeichnete Verein beabsichtigt, den Mitgliedern zu zeigen, daß die mehrmalige Aufführung eines Werkes imstande ist, einen anderen Eindruck zu verschaffen, als die übliche bloß einmalige und will durch ausgezeichnete, gut studierte Vorführungen das ersetzen, was sonst durch Selbststudium erreicht wird: eine genaue Kenntnis der Werke."

Die Isoliertheit des Vaters der Zwölftonmusik spricht für sich. Und noch zurückgezogener lebte ein anderer, der heute in der Welt sofort mit der österreichischen Kultur dieses Jahrhunderts in Zusammenhang gebracht wird, wenn sein Name fällt: Ludwig Wittgenstein. Aus wohlhabendem Hause, unterrichtete er in den frühen zwanziger Jahren in den niederösterreichischen Orten Kirchberg am Wechsel und Puchberg am Schneeberg als Volksschullehrer. In einem Artikel der Zeitung „Die Presse“ vom 28. Oktober 1972 stellte Ilse Helbich diesen unbekannten Wittgenstein vor:

> „Seine damaligen Schüler erinnern sich noch gut an ihn. In den beiden Dörfern verbindet sich das spärliche Wissen um sein Herkommen (‚steinreich‘, ‚seine noblen Besucher‘) und um die spätere Karriere mit der starken Erinnerung an diesen Sonderling, der im offenen Hemd und Bundhose und mit seinem dicken Stock herummarschierte, in erbärmlichen Löchern hauste und in der Nacht Klarinette blies.“

Die Werke dieses Philosophen werden noch heute in der Welt mehr geschätzt als in Österreich . . .

Nicht viel besser erging es dem Schriftsteller Robert Musil, dessen „Mann ohne Eigenschaften“ erst nach dem Tod des Autors „entdeckt“ wurde. Immerhin läßt sich nachweisen, daß die Sozialdemokratie in Österreich für viele dieser Bahnbrecher und Vorkämpfer zumindest eine intellektuelle Heimat war. Anders ist der Wahlaufruf, den die „Arbeiter-Zeitung“ am 20. April 1927 von zahlreichen Wissenschaftern und Künstlern, Autoren und Komponisten unterzeichnen lassen konnte, kaum zu deuten. Im kulturellen Alltag der meisten sozialdemokratischen Wähler jedoch spielten die folgenden Persönlichkeiten, die für viele andere stehen, keine besondere Rolle: Sigmund Freud, der Begründer der Psychoanalyse, Max Graf, der Musikwissenschafter, Anton Hanak, der Bildhauer, Hans Kelsen, der Verfassungsjurist, Wilhelm Kienzl, der Komponist, Alma Maria Mahler, die Witwe des Komponisten, Robert Musil, der Schriftsteller, Alfred Polgar, der Essayist, Anton Webern, der Komponist, Franz Werfel, der Schriftsteller.

Es ist eine stolze Liste, die sich allerdings aus der Perspektive der neunziger Jahre anders ausnimmt, als dies die Leser der AZ des Jahres 1927 wohl vermutet hätten! Doch nochmals zurück zur traditionellen Kulturszene. Sie blieb auch in den dreißiger Jahren auf die beiden gegensätzlichen Richtungen fixiert. Einerseits der nostalgische Blick zurück und andererseits – die Sehnsucht nach dem Anschluß. 1935, ein Jahr nach der Errichtung des Ständestaates und den blutigen Zusammenstößen zwischen Sozialdemokraten und Christlichsozialen im Februar 1934, wurde der erste „Opernball“ abgehalten. Zuvor hatte es nur Opern-Soireen und Opern-Redouten gegeben, nun war man sich nicht einig, ob ein richtiger Ball in der Staatsoper Erfolg haben würde oder nicht. In der Theaterzeitschrift „Die Bühne“ konnte man damals lesen:

> „Der Kampf der Meinungen, ob der Opernball Aussicht auf Erfolg habe, ob er also berechtigt sei, war schon eine halbe Stunde vor dem offiziellen Beginn des Festes entschieden: Die Optimisten, die ohnehin in der Überzahl waren, haben über die Pessimisten einen fulminanten Sieg errungen. Als Punkt 10 der Bundespräsident und die ‚Offiziellen‘ erschienen, war der Saal gesteckt voll. Kopf an Kopf gedrängt standen

Franz Lehár gehörte zu den erfolgreichsten Operettenkomponisten. Seine Popularität wagten nicht einmal die Nationalsozialisten anzutasten.

schen Empfindens. Lehárs Können verschwendet sich in diese Sujets in kulturpolitisch bedauerlichem Sinn. Seine nach langjähriger Bekanntschaft vor einigen Jahren geheiratete Ehefrau soll jüdisch sein . . ."

(Joseph Wulf, „Musik im Dritten Reich", Gütersloh, 1966, S. 438f.)

Doch die Popularität seiner Melodien schützte Franz Lehár. Ebenso wurde von den Machthabern des Dritten Reiches ganz bewußt übersehen, daß etwa der Textdichter von Mozarts „Don Giovanni", Lorenzo da Ponte, ein getaufter Jude war und daß der Freimaurer Wolfgang Amadeus Mozart wegen seiner Mitgliedschaft bei dem inzwischen verfolgten Geheimbund gleichfalls in dem Index hätte aufscheinen müssen.

Diese Politik des „Wer ein Jude ist, bestimme ich" in der Kulturszene rettete auch Richard Strauss vor dem Bannspruch der NS-Machthaber. Denn der 1933 zum Präsidenten der Reichsmusikkammer ernannte Komponist, der zunächst als größter lebender deutscher Komponist gefeiert wurde, hatte gegen den Willen der Nationalsozialisten seine Oper „Die schweigsame Frau" nach dem Textbuch des „Nichtariers" Stefan Zweig bis zur Generalprobe in Dresden im Jahre 1935 durchgeboxt. Als auf dem Uraufführungsplakat der Name des Textdichters fehlte, schrieb der nach seinem eigenen Selbstverständnis „unpolitische" Komponist in einem Brief an den emigrierten Stefan Zweig:

„Für mich gibt es nur zwei Kategorien Menschen: solche, die Talent haben, und solche, die keines haben, und für mich existiert das Volk erst in dem Moment, wo es Publikum wird. Ob dasselbe aus Chinesen, Oberbayern, Neuseeländern oder Berlinern besteht, ist mir ganz gleichgültig, wenn die Leute nur den vollen Kassenpreis gezahlt haben.“

Der von der Gestapo abgefangene Brief löste einen riesigen Wirbel aus. „Die schweigsame Frau“ durfte nicht mehr weiter gespielt werden, Richard Strauss trat als Präsident der Reichsmusikkammer zurück; in einem Brief an den Führer verwies er darauf, daß er sein Leben nur der deutschen Musik gewidmet habe. Schließlich kam es zu einer Art Stillhalteabkommen. Zum 80. Geburtstag des Mitbegründers der Salzburger Festspiele im Juni 1944 kursierte ein Rundschreiben an die Journalisten:

„Der Reichsleiter empfiehlt, daß wir lediglich registrierend von etwaigen Aufführungen Notiz nehmen und nach Möglichkeit keine großen Artikel über Strauss erscheinen sollen.“

(Wulf, a. a. O., S. 200)

Diese Originalzitate zeigen, in welche Sackgasse das angeblich unpolitische Kulturverständnis zu diesem Zeitpunkt geraten war. Eine kleine Episode stellt eine geradezu groteske Steigerung dar. Sie schließt dort an, wo noch vor dem Ständestaat die Kultur des Austromarxismus eine Alternative zur Kulturpraxis der Bürgerlich-Konservativen sein wollte, obwohl dies eben nur in jenen Bereichen zutraf, die etwa das Kabarett oder die Optik der Aufmärsche, die Begräbnisriten oder die Architektur des roten Wien umfaßten. Bei der Wertschätzung der „deutschen Klassik“ gab es wenig Gegensätze. Das Humboldtsche Bildungsideal war der Kitt, der das Trennende vereinte. Und so läßt sich vermutlich auch erklären, wie es zu einem demonstrativen Staatsopernbesuch des sich zeitweise in Schutzhaft befindlichen ehemaligen sozialdemokratischen Wiener Bürgermeisters Karl Seitz im Bombensommer des Jahres 1944 kommen konnte. Eine ungewöhnliche Visite, über die Karl Böhm, der Star-Dirigent der Nachkriegsära, der an seine Direktionsjahre in der Staatsoper während des NS-Regimes nicht allzugern erinnert werden möchte, in seinen Memoiren berichtet:

„Man schrieb den 11. Juni 1944. An diesem Tag gab es keine Bombenangriffe, und so konnte am Abend die Aufführung der ‚Ariadne‘ (zum 80. Geburtstag des Komponisten), in der Strauss mit seiner ganzen Familie saß, in aller Ruhe stattfinden. Dem ehemaligen sozialdemokratischen Wiener Bürgermeister Karl Seitz hatte ich Logenkarten für diesen Abend zugeschickt. Ich rief ihn auch selbst an und bat ihn, ganz sicher zu kommen. Er fragte: ‚Glauben Sie wirklich, daß ich politisch Verfemter Ihnen damit keine Unannehmlichkeiten bereite?‘, und ich antwortete: ‚Sie waren der Bürgermeister, der Strauss die Wiener Ehrenbürgerschaft verliehen hat, Sie sind also der Mann, der heute nicht fehlen darf‘, worauf er tatsächlich kam.“

(Karl Böhm, „Ich ennnere mich ganz genau“, Wien – München – Zürich 1974, S. 115)

Dies alles muß man sich vor Augen halten, wenn man einen Satz ganz verstehen will, der in den Memoiren des späteren Bundespräsidenten Adolf Schärf über „Österreichs Erneuerung“ (Wien 1955, S. 19f.) zu finden ist. Im Staatsvertragsjahr schrieb Schärf:

„Ich verhehle es auch heute nicht: seitdem ich die Geistesschätze des deutschen Volkes kennen- und liebengelernt habe, habe ich immer geträumt, meine Heimat wäre nicht Österreich, sondern Weimar.“

Doch dann schränkte Adolf Schärf ein: „Der Anschluß ist tot, die Liebe zum Deutschen Reich ist den Österreichern ausgetrieben worden.“

Es ist wohl nicht ganz unzulässig anzunehmen, daß die Trümmer des Dritten Reiches mehr begraben haben als die Ideologie des Nationalsozialismus. Das Kulturverständnis in der Zweiten Republik Österreich war von der ersten Stunde an ein anderes.

Bis heute ist es ein kleines Wunder, daß mitten in den Bombenruinen, noch vor der Ausrufung der Zweiten Republik, irgend jemand auf den Gedanken kommen konnte, Oper zu spielen. Im April 1945 fanden sich aber unerschrockene Fanatiker und Idealisten zusammen. Die Staatsoper war wie das Burgtheater bei einem der letzten Bombenangriffe ausgebrannt und nur mehr eine Ruine.

Amerikanische Bomber hatten das große Dach der Oper angeblich für das eines Bahnhofs gehalten. Die Zerstörung der Oper wurde für die Bevölkerung das Symbol des totalen Niederganges, des absoluten Endes. Gespielt hatte die Staatsoper schon seit dem Sommer des Vorjahres nicht mehr. Es war zu schwierig, bei einem Fliegeralarm das Haus rasch zu räumen. Doch jetzt, inmitten der größten Not, ohne Strom und Gas, ohne Telefon und ohne Autos, inmitten einer einzigen Schutthalde, unter katastrophalen Voraussetzungen begannen eine Handvoll von Sängern und die noch verbliebenen Wiener Philharmoniker sowie ein beherzter Regisseur mit den Proben zu Wolfgang Amadeus Mozarts „Hochzeit des Figaro“. Man spielte in der Volksoper und bald danach auch im Redoutensaal nahe der zerstörten Staatsoper. Bereits am 1. Mai, vier Tage nach der Ausrufung der freien, unabhängigen und demokratischen Republik Österreich, erklangen die unsterblichen Melodien des „Nun vergiß, leises Fleh’n . . .“ oder des „Sag’, ist es Liebe, was hier so brennt?“ im Gebäude der Volksoper. In der Kritik des „Neuen Österreich“ vom 3. Mai lautete die Überschrift „Wieder Staatsoper“:

„Symptomatisch repräsentiert ‚Figaro‘ den künftigen Aufgabenkreis der Wiener Staatsoper: höchste Qualität bei geringstem Aufwand. Die Staatsoper hat ihren materiellen Reichtum eingebüßt. Ihr Fundus an Dekorationen und Kostümen gehört der Vergangenheit an. Und doch widerspiegelt auch das äußere Bild der Aufführung jene Würde und Kultur, ohne die man sich die Wiener Oper nicht denken kann. Die inneren künstlerischen Werte, vor allem die Hingabe jedes Einzelnen an das Werk, brauchen keinen Vergleich mit ‚früher‘ zu scheuen, Irmgard Seefried als Susanne und Hilde Konetzni als Gräfin – wie sehr vermögen sie beide Mozart zu singen – und was vielleicht noch schwieriger ist mozartisch zu empfinden . . . Als Cherubin debütierte Fräulein Jurinac; mit ihr lernten wir eine beachtliche Opernbegabung kennen.“

Diese Vorstellung des „Figaro“ in der Volksoper, dieser Auftakt eines zehnjährigen Exils war tatsächlich zukunftweisend. Ab Herbst 1945 wurde auch das Theater an der Wien Ausweichquartier für die Staatsoper. Von der ersten Stunde an wurden die österreichischen Kulturinstitutionen als Kristallisationspunkte eines neuen Bewußtseins betrachtet. Die Mühe, mit der man das Alte neu erringen mußte, die Abkehr von den Anschlußträumen, die neu entdeckten eigenständigen Traditionen österreichischer Kultur – das alles hatte nun eine ganz andere Wirkung.

Während der Proben für den „Figaro“ in der Volksoper hatte bereits das erste Philharmonische Konzert stattgefunden. Die Vorschau auf diesen musikalischen Kontrapunkt zur Ausrufung der Republik liest sich heute vielleicht zu pathetisch, entsprach aber zweifellos den Gefühlen der Besucher und derer, die nur in der Zeitung darüber lesen konnten, so es ihnen überhaupt gelang, eine Ausgabe des „Neuen Österreich“ zu ergattern.

Unter dem Titel „Unsere Philharmoniker“ schrieb Viktor Suchy eine Glosse über das erste Konzert der Wiener Philharmoniker am 27. April 1945:

„Aus tausend Wunden blutet diese Stadt. Aus Millionen Augen fließen Tränen des Leides und der Bitterkeit über unsere von der braunen Pest bis zuletzt noch so schwer heimgesuchte Stadt. Sie, die sich stets als die Garanten abendländischer Kultur, als die Schirmherren von Kunst und Wissenschaft blähten und brüsteten, haben ihren schmählichen Abgang dazu benützt, einen der leuchtendsten Edelsteine dieser Kultur fast gänzlich zu zertrümmern. Fast – doch nicht vollends. Denn das Ewige dieser Stadt ist uns geblieben, der immer wache Geist, der sich den Körper baut. Sie mußten uns noch mehr lassen als nur den Geist. Sie konnten uns auch in siebenjähriger Unterdrückung eines nicht rauben, die österreichische Seele, die in unserer geliebten Musik Gestalt geworden ist. Generationen haben in ihr gerade in Wien, dem musikalischen Herzen Europas, immer wieder Trost und Aufbruch gefunden. Wir haben nun das Glück, in unserer Stadt einen Klangkörper zu besitzen, dessen

Quintessenz gerade Österreichs musikalische Seele ist. In der Vereinigung der Wiener Philharmoniker ist uns eines der berühmtesten Orchester der Welt geschenkt, in dieser fanatischen Musikergemeinschaft besitzen wir Treuhänder des Erhabenen und Schönen . . .

Die musikalische Seele des Volkes, die in diesem Orchester Klanggestalt angenommen hat, macht es überhaupt erst möglich, daß die Werke unserer Großen von Mozart bis Bruckner, von Bach bis Franz Schmidt in solcher Herzensreinheit und in solcher Werktreue immer wieder vor uns erstehen. Kaum ein Volk in der Welt hat sich dem Schönen mit einer solchen Innigkeit verschrieben wie die Österreicher . . . Wenn in dem ersten Konzert, das uns die Wiener Philharmoniker im befreiten Wien schenken werden, neben Schubert und Beethoven die V. Symphonie Tschaikowskijs aufklingen wird, werden wir dessen wieder beglückt gewahr werden, daß gerade wir Österreicher als das uralte Brückenvolk zwischen Ost und West und Nord und Süd die anderen in ihren höchsten und besten Leistungen immer verstanden haben und weiterhin verstehen werden."

Die Wahl des Werkes des berühmtesten russischen Komponisten zu Beginn der Besatzungszeit war wohl kein Zufall. Die sowjetischen Besatzer mußten ja bei allen diesen Aktivitäten um Erlaubnis gefragt werden. Die große Vorliebe der Russen für die schönen Künste erleichterte zwar solche Ambitionen, und gewisse Konzessionen beschleunigten die Abwicklung. Der Dirigent des Konzertes war übrigens Clemens Krauss, der unter den Nationalsozialisten ein besonders geschätzter Musiker gewesen war. In dieser Hinsicht war das erste Konzert der Philharmoniker auch ein Brückenschlag zwischen dem Gestern und dem Morgen. Zahlreiche Stars des Dritten Reiches wurden zunächst jedoch mit Aufführungsverbot bedacht, und Namen wie Karajan und Böhm fehlten noch einige Zeit auf den Programmen der Opernhäuser, der Festspiele und der Konzerte. Dafür gab es Heimkehrer wie Joseph Krips, der nach einer Zwangspause von mehr als sieben Jahren wieder in Wien zu hören war. Gerade Joseph Krips hat in den ersten Nachkriegsjahren Bedeutendes geleistet. Sein Mozart-Stil und sein Sängerensemble wurden epochebildend. Das legendäre Mozart-Ensemble im Theater an der Wien ist ohne seinen Namen undenkbar. Apropos Mozart und Krips: Sein erstes Nachkriegskonzert gab er mit einem Programm, das Szenen aus Werken von Mozart, Beethoven und Tschaikowskij umfaßte („Pique Dame" und „Eugen Onegin") sowie die Schlußszene aus „Boris Godunow" von Mussorgski. Man wußte, was man den neuen Herren schuldig war.

Aber nicht nur der Musikbetrieb kam wieder in Fahrt. Ganz generell läßt sich sagen, daß die Jahre der größten materiellen Not kulturelle Ambitionen begünstigten. Kellerbühnen wurden reihenweise eröffnet, für das Kabarett begann eine neue Blütezeit. Auch die Volksbildung wurde zu neuem Leben erweckt. In der Ausgabe vom 28. April 1945 war über den Wiederaufbau der Wiener Volksbildungshäuser im „Neuen Österreich" zu lesen:

„Wien war nicht nur ein Mittelpunkt der Musik, der Dichtung und bildenden Kunst, der Wissenschaft, es war auch eine Hochburg der Volksbildung. Wenn fremde Besucher aus Europa oder Amerika nach Wien kamen, bewunderten sie nicht nur die Oper, den Stephansturm, die Barockbauten der Karlskirche und des Belvederes, Schönbrunn, die wundervollen Gärten Wiens und die imponierenden neuen Wohnbauten der sozialdemokratischen Gemeindeverwaltung Wiens, sondern sie standen auch respektvoll vor den Volkshochschulhäusern, dem Volksheim, dem Volksbildungshaus Stöbergasse, der Urania und anderen Volksbildungsstätten . . . Im Laufe von Jahrzehnten sind Hunderttausende von Arbeitern, Angestellten, Beamten, Mittelschülern, Hochschülern, Frauen durch die Vorträge, Kurse, Führungen, künstlerischen Veranstaltungen, Reisen reicher an Wissen und Bildung und lebensfroher geworden. In der Zeit der sozialdemokratischen Ara billigte man den Volksbildungsinstitutionen den Ehrennamen der Volkshochschule zu, den sie wahrhaftig verdienen. Denn hier herrscht tatsächlich der echte Drang zur inneren und freien Bildung, zum selbständigen Erringen einer eigenen Weltanschauung, die das vornehmste Ziel einer Hochschule bilden soll. All diesen Hörern war Bildung innerste und brennendste Herzenssache. Es gibt fast keinen österreichischen Autor, Gelehrten, Komponisten oder Künstler, der sich nicht gerne der Volksbildung zur Verfügung gestellt hätte. Ist sie es doch, die nicht nur Hunderttausenden Wissenschaften, Kenntnisse und Sprachen, sondern auch ungezählten Massen Dichtungen, Kunstwerke und Musik vermitteln kann und soll. Die Volkshochschüler und die Leser der Volksbüchereien bezeugen den Willen und Drang des österreichischen Volkes zur geistigen Anteilnahme an der österreichischen und europäischen Kultur."

Eine Arbeiterhochschule in Wien mit Robert Danneberg als Referent

In diesen Volkshochschulen der Zwischenkriegszeit hatten tatsächlich prominenteste Referenten und Kursleiter gewirkt. Neben Politikern wie Karl Renner oder Otto Bauer waren Wissenschafter wie der Individualpsychologe Alfred Adler oder der Historiker Ludo Moritz Hartmann tätig gewesen. Nun wollte der neue Leiter des Amtes für Kultur und Volksbildung, Viktor Matejka, dort anknüpfen, wo er selbst schon einst aktiv gewesen war. Als erstes wurde das älteste Wiener Städtische Volksheim in Ottakring auf dem Ludo-Hartmann-Platz Nr. 7 eröffnet. Der Titel des Vortrags war typisch: „Der Österreicher Grillparzer“. Umrahmt wurde dieses Referat durch Grillparzer-Zitate, die von der Burgschauspielerin Maria Eis vorgetragen wurden. Anschließend gab es im Sekretariat des Volksheimes Ottakring eine Ausgabe restlicher Karten für die Eröffnungsvorstellung von Grillparzers „Sappho“ des Burgtheaters, dessen Ausweichquartier das Ronachergebäude war, am Montag, dem 30. April 1945. Das Gemeinsame an allen diesen Initiativen am Beginn der Zweiten Republik war die starke Betonung des Österreich-Bewußtseins und auch die Tatsache, daß sehr viel Wert auf die Interpretation gelegt wurde. Wo Kulissen fehlten, wo es ungeheizte Klassenzimmer gab, wo die Proben für die Eröffnungsvorstellung im Theater an der Wien für Beethovens „Fidelio“ in Wintermänteln vor sich gingen – dort verlegte man sich bald auf das Emotionelle, auf die Gefühls-

Wien lag in Trümmern, und dennoch spielten Burg und Oper – zumindest in Ausweichquartieren

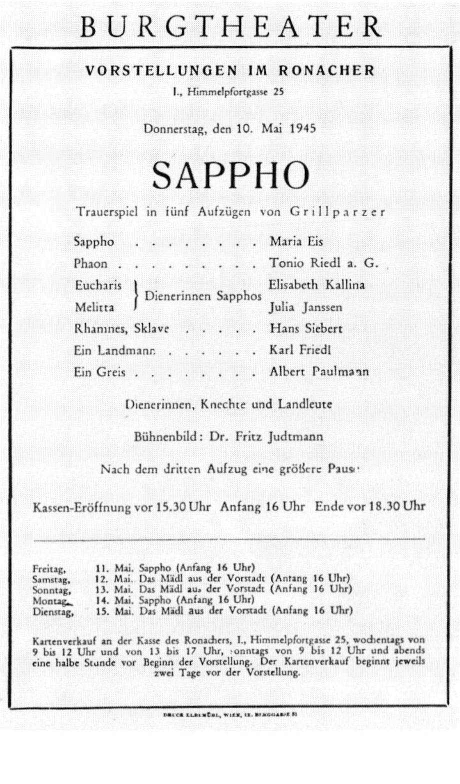
BURGTHEATER

VORSTELLUNGEN IM RONACHER

I., Himmelpfortgasse 25

Donnerstag, den 10. Mai 1945

SAPPHO

Trauerspiel in fünf Aufzügen von Grillparzer

Sappho . . . . Maria Eis
Phaon . . . . Tonio Riedl a. G.
Eucharis } Dienerinnen Sapphos . . . Elisabeth Kallina
Melitta } Dienerinnen Sapphos . . . Julia Janssen
Rhamnes, Sklave . . . . . Hans Siebert
Ein Landmann . . . . . . Karl Friedl
Ein Greis . . . . Albert Paulmann

Dienerinnen, Knechte und Landleute

Bühnenbild: Dr. Fritz Judtmann

Nach dem dritten Aufzug eine größere Pause

Kassen-Eröffnung vor 15.30 Uhr Anfang 16 Uhr Ende vor 18.30 Uhr

Freitag, 11. Mai. Sappho (Anfang 16 Uhr)
Samstag, 12. Mai. Das Mädl aus der Vorstadt (Anfang 16 Uhr)
Sonntag, 13. Mai. Das Mädl aus der Vorstadt (Anfang 16 Uhr)
Montag, 14. Mai. Sappho (Anfang 16 Uhr)
Dienstag, 15. Mai. Das Mädl aus der Vorstadt (Anfang 16 Uhr)

Kartenverkauf an der Kasse des Ronachers, I., Himmelpfortgasse 25, wochentags von 9 bis 12 Uhr und von 13 bis 17 Uhr, sonntags von 9 bis 12 Uhr und abends eine halbe Stunde vor Beginn der Vorstellung. Der Kartenverkauf beginnt jeweils zwei Tage vor der Vorstellung.

DRUCK ELBEMÜHL, WIEN, IX. BERGGASSE 31

inhalte. Ohne daß es jemand ahnte, wurde damals der Kulturbetrieb von heute geboren, der auf die Qualität der Wiedergabe ganz großen Wert legt. Denn eines stellte sich sehr rasch heraus: Der Aderlaß gegenüber der Ersten Republik betraf nicht nur Mauern und Kostüme. Die Überfülle schöpferischer Menschen, die wissenschaftliche Großmachtstellung, ja auch der Mut zu kulturellem Neuland waren dahin.

Das Schicksal der Volkshochschulen, die man im Jahr 1945 mit so viel Erwartungen wieder eröffnet hatte, ist symptomatisch. Aus tausend Gründen – das Medienangebot, die Überfütterung mit Informationen, der gehobene Lebensstandard, die Trägheit der Sattheit, aber auch aufgrund des geringeren Angebots an echten wissenschaftlichen Persönlichkeiten, die sich für diese Idee zur Verfügung stellten – gerieten die Volkshochschulen in eine Sackgasse. Heute sind Nähkurse und Lichtbildvortragsreihen über Urlaubserlebnisse besonders gefragt. Wissenschaftliche Koryphäen fehlen weitgehend. Sie sind aber auch an den Hochschulen seltener zu finden. Man braucht ja nur ein paar markante Daten aus der Ersten Republik in Erinnerung zu rufen, die zeigen, um wieviel reicher das Reservoir an wissenschaftlichen Größen war. 1927 hatte Julius von Wagner-Jauregg den Nobelpreis für die Entwicklung der Malaria-Impfung erhalten. 1930 wurde das medizinische Werk von Karl Landsteiner mit dem Nobelpreis gewürdigt. Er hatte die Blutgruppen entdeckt. Der in Graz wirkende Mediziner Otto Löwi bekam die hohe Auszeichnung 1936 für Versuche an Froschherzpräparaten hinsichtlich der chemischen

Der Ruf der mehr als 600 Jahre alten Universität Wien wurde von Forschern wie Julius von Wagner-Jauregg (links) oder Albin Lesky (rechts) begründet

Übertragung von Nervenimpulsen. Drei Jahre früher hatte der österreichische Physiker Erwin Schrödinger für neue Berechnungen über den Aufbau der Atome den Nobelpreis zugesprochen bekommen; gemeinsam mit anderen Forschern wie der Wienerin Lise Meitner gehörte er zu denjenigen Forschern, die das Atomzeitalter einleiteten. Der Steirer Franz Viktor Hess wurde 1936 Nobelpreisträger für die Entdeckung der kosmischen Strahlung. Das ist nur ein kleiner Auszug aus der Liste jener Naturwissenschafter, die in der Zwischenkriegszeit in Österreich gelehrt haben oder an ausländische Universitäten berufen worden sind. Ähnliches gilt für die Geisteswissenschafter und Juristen. Nach 1945 war ihre Zahl bedeutend geringer. Ein Teil der Wissenschafter war durch die Rassengesetze des Dritten Reiches zur Flucht getrieben worden oder in den Vernichtungslagern ums Leben gekommen, andere waren gefallen oder im Bombenhagel umgekommen. Ein anderer Teil – insbesondere zahlreiche Vertreter der historischen und sprachwissenschaftlichen Forschungsrichtungen – war durch sein nationalsozialistisches Engagement ins Zwielicht geraten oder überhaupt mit Vorlesungsverbot belegt. Dazu kam auch das Generationsproblem. Die Forschergeneration der Zwischenkriegszeit war noch aus dem Reservoir eines 50-MillionenVolkes geschöpft worden, und nun war Österreich zu einem Sieben-Millionen-Staat geschrumpft.

Dennoch begann sich auch auf den Hochschulen, die zeitweise ein Hort deutschnationaler Ideologien und oft der Schauplatz handgreiflicher Auseinandersetzungen zwischen sogenannten Nationalen und jüdischen Studenten gewesen waren, der neue patriotische Geist auszubreiten. Historiker wie Alphons Lhotsky – in der Zwischenkriegszeit hatte er es nur unter größten Schwierigkeiten zum Kustos im Kunsthistorischen Museum gebracht – trugen zum Entstehen des Begriffs des „österreichischen" Menschen bei. Die Zeit der Babenberger, das Zaudern Friedrichs III. und die Weltsicht Franz Grillparzers wurden nun zueinander in Beziehung gesetzt. Als dichterisches Motto wählte Alphons Lhotsky Grillparzers Schlußverse aus „Der Traum ein Leben":

„Eines nur ist Glück hienieden,
eins: des Innern stiller Frieden
und die schuldbefeite Brust.
Und die Größe ist gefährlich,
und der Ruhm ein leeres Spiel.
Was er gibt, sind nicht'ge Schatten,
was er nimmt, es ist so viel."

Für Lhotsky war Adalbert Stifters Baron Risach aus dem „Nachsommer" ein anderer typischer Österreicher, ein rosenpflegender, introvertierter, stiller Humanist.

(Vergleiche etwa „Das Problem des österreichischen Menschen", Alphons Lhotsky, Aufsätze und Vorräge, herausgegeben von Hans Wagner und Heinrich Koller, Band 4, Wien 1974, S. 308ff.)

In diesem neuen kulturpolitischen Klima wurden auch die Salzburger Festspiele immer mehr zu dem, was sie auch heute noch sind: ein Anziehungspunkt für ein internationales Musik- und Theaterpublikum. Das „typisch Österreichische" daran ist jedoch weniger das Programm als die Stadt und ihr Ambiente – und selbstverständlich die Pflege der Mozartwerke, die nun nicht mehr als mitteleuropäisches Erbteil betrachtet werden. Wenn man etwa die Rezension über die Salzburger Festspiele des Jahres 1948 herausgreift, die am 4. September in der „Tiroler Tageszeitung" erschien, dann fehlt vieles von dem, was die Gründergeneration in diesen Festspielen sehen wollte:

> „Über dem Salzburg der ausklingenden Festspiele lag jener unbeschreibliche Hauch spätsommerlicher Melancholie und in den Nächten erstrahlten Kuppeln und Türme, Festung und Paläste im unwirklichen, bläulichen Licht des Scheinwerfers, Szenarien von steingewordener Pracht und Architekturen, die alle Großartigkeit eines der Landschaft verbundenen Geistes atmen. Salzburg hat seit unserem letzten Festspielbesuch im Jahre 1946 mit heißem Bemühen darum gerungen, den kostbaren baulichen Besitz zu erhalten, sinnvoll zu mehren und die Kriegswunden zu schließen . . . In den Straßen Salzburgs herrscht wieder jenes internationale Gewoge, wie man es von früher her gewohnt war, und es lohnt sich, allabendlich der Auffahrt der Gäste zum Festspielhaus in dichten Reihen beizuwohnen."

Herbert von Karajan hat den Salzburger Festspielen nach dem Zweiten Weltkrieg sehr bald das künstlerische Profil gegeben.

derselben Kritik taucht auch jener Name zum erstenmal auf, der bis in die achtziger Jahre die Salzburger Festspiele immer mehr prägen sollte:

> „Starke Erlebniswerte barg die Aufführung von ‚Figaros Hochzeit' in italienischer Sprache in sich, nicht zuletzt ob der eigenwilligen und eigenpersönlichen Diktion Karajans. Man muß es erlebt und gesehen haben, wie Karajan aus dem unvergleichlich spielenden Orchester der Wiener Philharmoniker Mozarts Musik herauszuziselieren verstand und gleich eingangs mit nicht zu überbietender Exaktheit die Ouverture servierte."

Damals dirigierten in Salzburg noch Wilhelm Furtwängler und Hans Knappertsbusch. Eine neue Ära hatte jedoch schon begonnen. Herbert von Karajan sollte bald darauf diesen Festspielen seinen Stempel aufdrücken, sowohl das Programm als auch das Zusammengehen mit der Platten- und Werbeindustrie betreffend.

Aber zunächst warteten die Opern- und Theaterliebhaber in Österreich auf die Eröffnung jener beiden Häuser, die zum Sinnbild des Wiederaufbaus avanciert waren. Für Burg und Oper liefen große Sammelaktionen, die Zeitungen berichteten über jeden neuen Baufortschritt. Die Diskussion über den zukünftigen eisernen Vorhang und über die Pausenräume wurde zum Tagesgespräch. 1955 war es dann soweit: Mitten hinein in die Planung des Eröffnungsfestes sowohl der Burg wie der Oper platzte das „Wunder" des österreichischen Staatsvertrages.

Nun wurde die Diskussion über die Spielpläne für Burg und Oper in einen neuen Kontext gestellt. Hatte es vorher noch Kritik an dem geplanten Eröffnungs-„Fidelio" gegeben – die Alternative war Mozarts „Don Giovanni" –, so war die Situation jetzt entschieden. Die Freiheits-Oper Beethovens sollte am 5. November 1955 den programmatischen Höhepunkt des Staatsvertragsjahres markieren.

Nicht ganz drei Wochen davor, am 14. Oktober, fand die Eröffnungsfeier des wiedererstandenen Burgtheaters statt. Man gab am ersten Abend Grillparzers „König Ottokars Glück und Ende". Es war ein Ereignis, das international ebenso beachtet wurde wie von der österreichischen Bevölkerung. In einem Bericht der Zeitung „Die Presse" vom 16. Oktober hieß es unter anderem:

> „Schon eine Stunde vor dem Beginn der Vorstellung, um 18 Uhr, wurde der Ring gesperrt. Wenige Minuten lag das festlich beleuchtete Burgtheater einsam, nur von den Gestalten der Lakaien belebt, da. Schon nach fünf Minuten aber fuhr, nach einem genau ausgearbeiteten ‚Fahrplan', das erste Auto mit Festgästen an den tausenden wartenden Wienern vorbei zum Eingang des Theaters. Und dann gab es eine Stunde lang kaum einen Augenblick, in dem nicht an einem der drei Aufgänge Herren in Abendanzügen oder Damen in Abendtoiletten aus einem Automobil stiegen.

Die Wiedereröffnung des Burgtheaters im Staatsvertragsjahr 1955

> Die hohen Staatsbeamten und Nationalräte, alle mit ihren Gattinnen, kamen zuerst. Schon in diesen ersten Minuten konnte man erkennen, in welchem Maße dieser Premierenabend ein gesellschaftliches Ereignis war. Ein Ereignis, durch das unser Land der ganzen Welt – die ja im Fernsehen die Eröffnung miterleben konnte – beweisen wollte, daß es Feste zu feiern weiß, Feste, die die Bevölkerung dieses Landes erst erkämpfen mußte. Die Abendkleider der Damen wurden einer kritischen Würdigung unterzogen. Unter den Besucherinnen gab es kaum eine, die ohne Pelzcape oder Stola erschienen wäre. Die dominierenden Farben waren Grau oder helle, dem Weiß benachbarte Töne, champagnerfarben, hellstes Rosenholz, Beige und zartes Gelb. Der bevorzugte Stoff war Brokat und perlenbestickter Atlas. Um 18.50 Uhr mußten alle Besucher ihre Plätze einnehmen. An der großen Festtreppe erwarteten die Direktoren das Staatsoberhaupt. Im Lichte der grellen Scheinwerfer der Fernsehoperateure schritt Bundespräsident Körner die Treppe hinauf und wenige Minuten später erhob sich der Vorhang zum Prolog.“

Über die Aufführung selbst konnte man aus der „Presse“, außer: „Als Raoul Aslan die Huldigung auf Österreich sprach, umbrauste ihn zweimal der Jubel“, wenig entnehmen. Die Kritik erschien tags darauf. Das alles war aber nichts, verglichen mit der Staatsoperneröffnung am 5. November 1955. Nach dem Abzug des letzten Soldaten, auf dem Boden eines nunmehr neutralen Kleinstaates, wurde die erste Vorstellung im neu auf-

Mit „König Ottokars Glück und Ende" von Franz Grillparzer begann das Burgtheater im renovierten Haus

gebauten Opernhaus am Ring tatsächlich zu einem internationalen Ereignis: „Die größte Schau der Welt – Galapremiere wie noch nie" verkündete etwa der „Bildtelegraf" in dicken Balkenlettern am 7. November 1955. „Die Presse" hatte schon tags zuvor über die „Fidelio"-Premiere geschrieben:

> „Das große Freiheitsfest der Musikstadt Wien – Glanzvoller Verlauf der Eröffnungspremiere – Szenen der Begeisterung im neuen Haus und auf den Straßen – ‚Fidelio' als Symbol der völkerverbindenden Mission."

Am Tage der „Austrian Musical Coronation" hatte, ebenfalls in „Die Presse", der Leitartikel all das wiedergegeben, was sich damals wohl Hunderttausende dachten:

> „Ohne Übertreibung darf man feststellen, daß die Augen der ganzen kunstinteressierten Menschheit an diesem Tage nach Wien gerichtet sind. Wir stellen dies nicht ohne Stolz, aber auch nicht ohne jene innere Genugtuung fest, die in dem gewaltigen, ja geradezu beispiellosen Kraftaufwand zur Durchführung eines so kostbaren und bedeutsamen Werkes (wie ‚Fidelio') ihre Rechtfertigung findet. Stehen wir nicht selbst vor dem Vollbrachten wie vor einem Wunder? Ein kleines Land wie Österreich, das durch zehn Jahre alle Hände voll zu tun hatte, um mit Hilfe von Freunden die furchtbaren Zerstörungen des Krieges zu beseitigen, leistet sich den Luxus, zwei riesige Theatergebäude neu aufzubauen, deren Betrieb noch dazu Mammutsubventionen beansprucht. War in diesen Jahren des Notstandes nichts Wichtigeres, Nutzbringenderes zu tun? Nun, wir sind vermessen genug, zu behaupten, daß es kein wirk-

Bei der Wiedereröffnung der Staatsoper wurde Beethovens „Fidelio" unter Karl Böhm zum Symbol der endgültigen Befreiung

sameres Mittel gab, um die Position des Landes zu festigen und die Bedeutung dieser Position für die gesamte gleichgesinnte Welt zu unterstreichen, als diese Demonstration eines, alle materiellen Nöte und Hemmnisse bezwingenden Kulturwillens. Nur so ist es zu verstehen, daß sämtliche Bürger dieses Landes, ob geistig Schaffende, Arbeiter oder Bauern, in selbstverständlicher Einmütigkeit das große finanzielle Opfer auf sich nahmen, um die beiden traditionsreichen Kulturstätten der Bundeshauptstadt, die neben den Hochschulen den geistigen Rang des Landes kennzeichnen, wieder aufzurichten."

Im Publikum fand man viele Persönlichkeiten, die aus Österreich hatten auswandern müssen: Bruno Walter, der große Dirigent, Lotte Lehmann, die einst neben Maria Jeritza bei der Uraufführung der „Frau ohne Schatten" mitgewirkt hatte. Auch der Maler Oskar Kokoschka war nach neunjähriger Abwesenheit zum erstenmal wieder in Österreich und nahm an der Staatsoperneröffnung teil.

Dennoch hielt die euphorische Stimmung nicht allzulange an. Das Stammpublikum ärgerte sich über manche Aufführungen im Premierenreigen, die internationalen Journalisten reisten wieder ab, und bald hatte Wien wieder einmal einen Opernskandal. Der bei „Fidelio" noch demonstrativ gefeierte Karl Böhm wurde wegen seiner Auslandsgastspiele kritisiert.

Man warf ihm vor, daß während seiner Abwesenheit im Haus am Ring chaotische Zu-

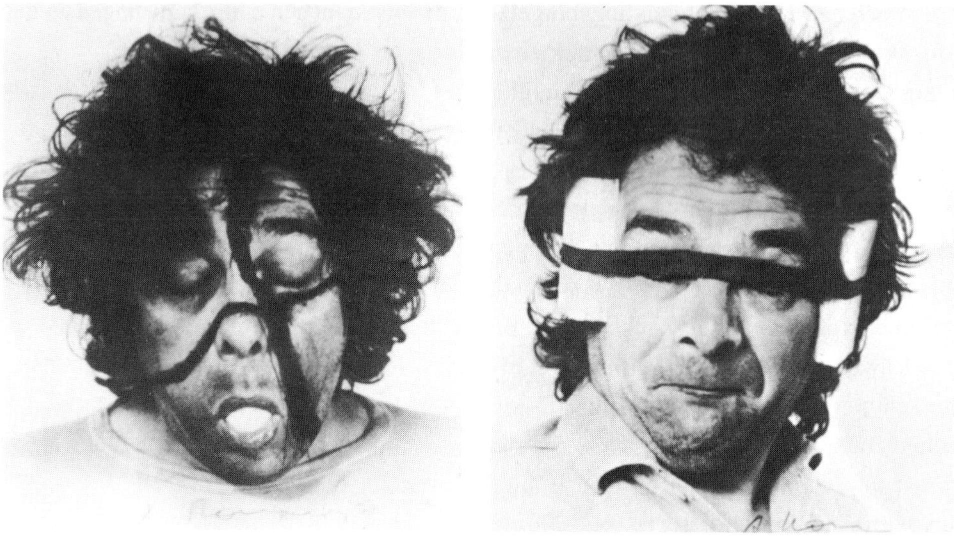

Arnulf Rainers Selbstübermalungen

per- und Gesichtsbemalungen, haben ihm in Wien eher den Ruf eines Scharlatans denn eines Künstlers eingetragen. Schon Ende der fünfziger Jahre, als er mit Ernst Fuchs und Hundertwasser zusammen einen Schlupfwinkel für alles entartete und schöpferische Ungeziefer bildete, wurde er den Wienern suspekt. Rainers frühe Bilder, vor allem die Übermalungen eigener und fremder Bilder, kamen inzwischen auch in Wien zu Ruhm und Ansehen. Weshalb er sie nun zurückzukaufen versucht, um sie um einen wesentlich höheren Preis an Interessenten weiterzugeben."

Diese Einstellungen muß man kennen, wenn man verstehen will, weshalb ein Peter Handke in Paris womöglich mehr gelesen wird als in Graz, wo er die Hochschule besuchte; warum Barbara Frischmuth oder Peter Rosei in Österreich kein Millionenpublikum finden. Vor diesem Hintergrund kann man auch das Schicksal der „Arena-Bewegung" sehen, die Mitte der siebziger Jahre für Aufsehen sorgte. Aus einer Festwochen-Aktion in einer abbruchreifen Halle auf dem Schlachthof in St. Marx schien eine echte Gegenbewegung herauszuwachsen. Jugendgruppen, die zunächst beim Theaterspielen und Musizieren auf der Bühne die Rollenverteilung zwischen Publikum und Darstellern vertauschten, weigerten sich schließlich, die Arena zu räumen. Nach ein paar Monaten war die Illusion zu Ende, und bereits am 11. September 1976 konnte man in der Zeitung „Die Presse" lesen: „Bulldozer stehen kampfbereit – Agonie einer Arena."

Was wird nun wirklich von der „österreichischen Kulturszene" der Zweiten Republik bleiben? Die Frage ist kaum schlüssig zu beantworten. Sind es die Übermalungen eines Arnulf Rainer? Oder ist es Peter Handkes Erzählung „Die Angst des Tormanns beim Elfmeter", die man in fünfzig oder hundert Jahren besonders hervorheben wird? Sind es

Die umstrittene „Arena"-Bewegung will kulturelle Alternativen aufzeigen

Opern von Gottfried von Einem, wie „Der Besuch der alten Dame" nach dem Dürrenmatt-Stück, oder die angeblich blasphemische Gottfried-von-Einem-Lotte-Ingrisch-Oper „Jesu Hochzeit"? Ist es Friedrich Cerhas „Baal"?

Wenn man bedenkt, daß Alban Bergs „Wozzeck" in Paris erst fünfzig Jahre nach der Entstehung in einer Eigenproduktion groß herauskam und als „Werk des Jahrhunderts" gewürdigt wurde – dann muß man sich vielleicht gedulden. Schließlich haben wir Komponisten wie Otto M. Zykan oder Bruno Liberda, die in Fachkreisen als „Geheimtips" gelten. Doch wer kennt diese Namen in der breiten Öffentlichkeit schon? Eines steht jedenfalls fest: Die Medien haben die Kulturszene viel mehr verändert als alle Trends und Geschmacksrichtungen, die einmal den Ringstraßenstil verdammen und dann wieder neu entdecken. Die Medien, allen voran Fernsehen und Schallplatte, üben eine brutale Selektion aus. Wer nicht ins Scheinwerferlicht der Übertragungszüge kommt, hat kaum Chancen bekannt zu werden. Das gilt für die Arena-Bewegung ebenso wie für kulturelle Initiativen, wie sie in der Zwischenkriegszeit im roten Wien noch möglich waren. Und die internationale Verflochtenheit des Mediensektors verhindert erst recht, daß in kleinen Ländern wie Österreich Talente besonders gefördert werden. So ist es kein Wunder, daß die etablierten „Hochkultur-Institutionen" ohne Schwierigkeiten ihre Zuschüsse bekommen. Denn wir leben im Zeitalter der Kosten-Nutzen-Rechnung. Und da wird dann etwa von der Direktion der Salzburger Festspiele hervorgehoben:

„Bei den Salzburger Festspielen konnte heuer mit rund 187.500 Gästen aus aller Welt ein neues Rekordergebnis verzeichnet werden. Im Pressebüro waren 382 Journalisten aus 35 Nationen sowie etwa 50 Photographen und Zeichner akkreditiert. Neben dem ORF berichteten folgende Fernsehstationen von den Festspielen: ZDF, ARD, Bayern

3, das japanische und das marokkanische Fernsehen. 26 Länder haben Festspielprogramme im Rundfunk übertragen. Die Gesamtzahl der Übernahmen betrug 620."

(„Wiener Zeitung" vom 2. September 1980)

Das Schlagwort von der Kultur-Großmacht Österreich wird angesichts solcher Statistiken bestätigt, zugleich auch die Bedeutung der Medien bei der Vermarktung jenes Kulturbetriebes, der uns entweder als Erbe einer k. u. k.-Vergangenheit in den Schoß fiel oder in jenen Jahren geschaffen wurde, als man ein gesamtdeutsches Kulturprogramm erstellen wollte.

Was wird nun wirklich von der „österreichischen Kulturszene" der Zweiten Republik bleiben? Die Frage ist kaum schlüssig zu beantworten.

Sind es die Übermalungen eines Arnulf Rainer? Oder die Adams-Variationen von Rudolf Hausner, sind es die „Phantastischen Realisten", die bizarren, traumwandlerischen Seelenlandschaften eines Arik Brauer, oder die Werke eines Ernst Fuchs oder Maitre Leherb bzw. Wolfgang Hutter?

Am Ende gar die markant-kräftigen Plastiken eine Alfred Hrdlicka? Gehört das Schaffen eines Peter Handke – von der „Publikumsbeschimpfung" über die „Angst des Tormannes vor dem Elfmeter" bis zur „Stunde da wir nichts von einander wußten" zu jenem Katalog des Unvergänglichen, der auch in 100 Jahren noch Gültigkeit haben wird? Sind es die Opern von Gottfried von Einem – angefangen beim „Prozeß" über „Dantons Tod" bis zum „Besuch der Alten Dame" oder die Stücke, die Friedrich Cerha auf die Bühne gebracht hat wie „Baal", nach dem Stück von Berthold Brecht?

Und wie wird man die provokanten Dichter Peter Turrini, Elfriede Jelinek oder Thomas Bernhard beurteilen, wenn die tagespolitische Diskussion wieder der Vergangenheit angehört. Wahrscheinlich sind es Stücke wie der „Theatermacher", die in einer Linie mit Nestroy oder Raimund gedeutet werden könnten; und nicht die skandalumwitterten Stücke wie „Heldenplatz", bei dessen Uraufführung man im Kurier (Kurt Kahl) als Kurzcharakteristik lesen konnte:

> Stück: Zeitkritik als Schimpforgie. Manchmal ganz witzig, über weite Strecken einfach geschwätzig.
>
> Aufführung: Mit mehr als 4 Stunden einfach zu lang.

In der Kronenzeitung, die sich wochenlang über die Österreich-Beschimpfung durch Bernhard im voraus ereifert hatte, fand sich eine letzlich wohlwollende Kritik von Heinz Sichrovsky unter der Überschrift: „Im Zaubergarten der Vorurteile" (6.11.1988):

> Ein guter, aber nicht der beste Thomas Bernhard – eine sehr gute, aber nicht die beste Inszenierung von Claus Peymann. Das ist alles.

Dichter und Regisseur müssen an diesem Abend außer sich vor Glück gewesen sein. Ein grandioseres Publikum als die – mit Trillerpfeifen und Transparenten wohlversehenen – Gegendemonstranten werden sie nicht finden: Mit einer ans Gottergebene reichenden Willigkeit ließ man sich vier Stunden lang in jede Schlinge des Fallenstellers Bernhard locken. Zuschauer, die sich in Dispute mit Bühnenfiguren einlassen – das hat die Glückhaftigkeit des Kasperltheaters.

Der Inhalt ist, wenn auch verzerrt, geläufig: Eine jüdische Gelehrtenfamilie ist im Jahr 1988 aus dem englischen Exil nach Wien heimgekehrt. Der Gedanke war kein guter, denn das Oberhaupt hat soeben Selbstmord durch Fenstersturz begangen, und die trauernde Nachkommenschaft ergeht sich in bitteren Vorwürfen gegen . . . ja, gegen wen eigentlich? Selten hat Bernhard derart nachdrücklich auf das Prädikat des politischen Autors verzichtet.

‚Heldenplatz' ist ungeeignet für jegliche politische Kundgebung. Vielmehr handelt es sich um ein – zum Teil enorm komisches – Stück absurden Theaters. Bernhard spielt virtuos das Spiel mit den Vorurteilen. Kaum eines, das er nicht meuchlings bediente. Die viel zitierten ‚Stellen' sind von geringem Belang, denn die anderen lauten: ‚Es gibt nur noch jugoslawische Hausmeister in Wien'. Oder: ‚Das ist

Nach der Premiere von Berhards „Heldenplatz"

doch traurig, daß selbst auf dem Burgtheater nur noch schlechtes Theater gemacht wird.' Welch absonderlicher, aber aufregender Kunstgriff angesichts der zahllosen banalen Trauervorarbeiter, die in diesem Jahr ein großes Thema zur kleinen Trivialität verkommen ließen."

Kronenzeitung, 6. 11. 1988, S.16

Wie würde eine – durch das Testament Bernhards für lange Zeit verbotene – Aufführung des „Heldenplatzes" bereits heute eine andere Bewertung erfahren? Kurt Waldheim ist nicht mehr Bundespräsident, dafür gibt es Briefbomben, „Ausländer raus"-Aktivitäten und eine populistische Polarisierung, die man noch vor wenigen Jahren für undenkbar gehalten hätte. Feststeht, daß Claus Peymann das Burgtheater zu einem Ort der Kontroverse und der Konflikte werden ließ und, ähnlich wie Gerard Mortier in Salzburg, gehört diese Methode der gezielten Provokation und der emotionalisierten Auseinandersetzungen zur Spielplangestaltung wie die zunehmende Ausbreitung des Regietheaters als Teil einer multimedialen Gesellschaft, in der „Promotion" und „Sensation" darüber entscheiden, ob die entsprechenden „Reichweiten" erzielt werden. Die Medien – allen voran Fernsehen und CD-Presssungen, Satelliten-Übertragungen und bald CD-I (interaktive audiovisuelle Angebote) – üben, wie bereits erwähnt, eine brutale Selektion aus. Dem Überangebot an Informationen und Übertragungen steht die Tatsache entgegen, daß nur durchkommt, was entsprechend „vermarktet" wird. Das Starprinzip feiert immer neue Blüten und verwischt bereits die Grenzen zwischen traditioneller Hochkultur und Populärkultur: Christmas in Vienna mit Placido Domingo und den Sängerknaben oder mit Diana Ross: Wer will da noch sagen, wohin sich die Kulturlandschaft Österreichs entwickeln wird. Salzburg hat nach dem Ableben Herbert von Karajans große Mühe, den Weg zwischen kommerzieller Hochsaison und imagebedingter Starkultur zu finden.Während so manches Avantgarde-Ereignis mit Pierre Boulez oder Peter Sellars nicht mehr das Schild „Ausverkauft" kennt, ist man bei den Bregenzer Festspielen offenbar auf der richtigen „Fährte": Dort bietet man anspruchsvolle Inszenierungen zu populären Werken auf der Seebühne und kann auch für Raritäten im Festspielhaus nicht genügend Karten zur Verfügung stellen. Bregenz unter Alfred Wopmann und Günther Rhomberg hat sich zum „Hit" des österreichischen Festspielsommers entwickelt, und Schlagzeilen wie „320.000 sahen Nabucco in Bregenz" sprechen für sich. Zweifellos ist dieser Erfolg auch von den Medien mit verursacht worden, und so wie bis vor kurzem Salzburg ein exklusiver Tummelplatz für Journalisten aus aller Welt war, drängten sich Anfang der 90er Jahre am Bodensee die Presse-, Rundfunk- und Fernseh-Journalisten aus Europa und aus Übersee. Kultur- und Massenmedien: die Welt ist auch in dieser Hinsicht ein Dorf geworden. Wer von den Besuchern der „Salome" am 12. November 1918 hätte sich schon träumen lassen, daß 62 Jahre später Staatsoper eine andere Salome-Vorstellung der Wiener Staatsoper von Millionen Menschen gesehen werden konnte. Es handelte sich um eines der ersten Gastspiele der Wiener Staatsoper in Tokio. Und die Grazer „Kleine Zeitung" brachte darüber als Schlagzeile: „Salome – gefeierte Prinzessin von Tokio". Da sich die japanische TV-Anstalt NHK diese Vorstellung auch vertraglich gesichert hatte, konnten tatsächlich Millionen dieses anspruchsvolle Stück sehen. Inzwischen sind die Neujahrs-Konzert-Übertragungen aus dem Goldenen Saal des Musikvereins für ein Milliarden-Publikum die wohl beste Österreich-Reklame, und wenn einer der wenigen legitimen Karajan- oder Böhm-Nachfolger – Carlos Kleiber – ans Pult der Staatsoper tritt, dann ist ein mediales Großereignis samt weltweiter Vermarktung sicher. Und so ist es denn kein Wunder, daß sich in dieser Welt der medialen Hochkultur die beste Vorstellung der Wiener Staatsoper wieder einmal in Tokio abspielt. Diesmal ist es der Jahresrückblick 1994 aus der Feder des nicht immer nur wohlwollenden Kritikers Franz Endler: In seiner Bilanz des Jahres 1994 findet sich viel von den Rosenkavalier-Erfolgen der Staatsoper in Japan, wenig über neue Stücke und die Skepsis, aus dem aktuellen Vorgängen die Ereignisse mit Folgen herausfiltern zu können:

> „Das herausragende Ereignis haben die Wiener gar nicht miterlebt. Immerhin, für das bisher größte, teuerste und erfolgreichste Gastspiel der Wiener Staatsoper in Tokio gab es drei außerordentliche ‚Rosenkavalier'-Vorstellungen unter Carlos Kleiber im Haus am Ring. Aber bei allem Jubel, der da im Mai 1994 ausbrach, der Dirigent selbst sagte deutlich, daß die erste ‚Rosenkavalier'-Vorstellung in Tokio noch viel berührender und perfekter war. Und hatte dafür einige aus Wien angereiste Zeugen, die es ihm bestätigen hätten können.
>
> Aber: Vom letzten Akt am letzten ‚Rosenkavalier'-Abend in Tokio liegen nur mündliche Berichte der Mitwirkenden vor. Da soll der Dirigent die letzten Minuten vor Rührung weinend beim Pult gestanden sein, da waren die durchaus abgebrühten Wiener Philharmoniker auch den Tränen nah, da muß es völlig außerordentlich zugegangen sein. Wer da sang, wer da musizierte, der sagt es auch Monate später noch sofort: So einen wienerischen Opernabend hat's seit Jahrzehnten nicht gegeben.
>
> Daß sich das Jahr 1994 keineswegs nur um die Oper drehte, ist selbstverständlich auch den Opernfreunden bewußt. Der zuständige Minister verlängerte die Verträge der Direktoren von Burg und Oper bis um die Jahrtausendwende. Die Burg dankte es ihm mit Elfriede Jelineks ‚Raststätte' und einer Strehler-Reprise. Die Oper mit Erfolgen aus Japan. Die Volksoper mit einer starken Bemerkung des künftigen Direktors, der erklärte, am Ring werde Oper gemacht, am Gürtel würde er Musiktheater präsentieren – da kündigt sich ein interessanter Zwist an.
>
> Der zuständige Minister entschied in Sachen Sammlung Leopold. Der designierte Museumsdirektor Leopold hat seitdem keine Schulden und genügend Kapital, um seinem Ruf als mächtigster Sammler im Land neuerlich gerecht zu werden, die Museenlandschaft hat sich noch nicht verändert, der Kunstmarkt aber spürt den Trieb Leopolds

sehr. Und noch ein wesentliches Ereignis zum Thema Museen: Wien schnappte Salzburg die Verhandlungen mit der Guggenheim Foundation weg und wollte noch vor Jahresende nicht nur das Wiener Guggenheim-Museum Hans Holleins präsentieren (es ist geschehen), sondern auch eine ‚Machbarkeitsstudie' zum Anlaß nehmen, den Museumsbau endgültig zu entschließen (was allerdings nicht geschehen konnte).

Die wirklich wichtigsten kulturellen Ereignisse des Jahres 1994 aber wird man frühestens im Jahr 2000 als solche erkennen . . ."

(Kurier, 25. 12. 1994, S.34)

„Nabucco" bei den Bregenzer Festspielen 1994

3. Alltag

Der Sämann – Arbeitslosenzeit – Neuer Wohlstand – Industriearbeiter der 80er Jahre

Der Überblick über die kulturellen Ereignisse hat gezeigt, daß sich die politischen Ereignisse nicht auf alle Lebensbereiche auswirken müssen – obwohl gerade die enge Verknüpfung von kulturellem Selbstverständnis und politischer Ideologie deutlich zutage tritt. Ein noch wahrheitsgetreueres Bild erhält man jedoch erst dann, wenn man den Alltag der Bevölkerung miteinbezieht. Denn die Perspektive, aus der die große Geschichte jeweils erlebt wird, unlerscheidet sich doch sehr je nachdem, ob es sich um einen Gebirgsbauern im Kärntner Gailtal, um ein Schulkind in Wien oder um einen Angehörigen einer großbürgerlichen Familie handelt, der bei der Ausrufung der Republik bereits mitten im politischen Geschehen stand. Wir wollen in diesem Kapitel versuchen, Entwicklungslinien zu zeigen, die parallel zur politischen Geschichte verlaufen sind. Ein solcher zeitgeschichtlicher Längsschnitt wird freilich, mehr noch als in den anderen Kapiteln, willkürlich gewählt sein. Man sollte jedoch bedenken, daß in einer Demokratie politische Meinungsbildung eben in der Fabrikshalle, am Stammtisch im Dorf oder in studentischen Verbindungen vor sich geht und daß schließlich erst aus diesem Wechselspiel zwischen dem politischen „Oben" und dem alltäglichen „Unten" das entsteht, was man „öffentliche Meinung" nennt.

Blenden wir also wieder zurück ins Jahr 1918. Wie erlebten die verschiedenen Bevölkerungsschichten, die Angehörigen des neuen Staates, der zunächst Deutschösterreich hieß, den Zusammenbruch der Habsburgermonarchie? Antworten auf diese Fragen findet man in verschiedenen Memoirenwerken. In den Erinnerungen des späteren Volksbildners und Zeithistorikers Joseph T. Simon gibt es eine recht anschauliche Schilderung aus der Sicht eines Volksschülers:

> „Im Herbst 1918 kam ich in die Volksschule. Schon wenige Wochen nach Schulbeginn erlebte ich die Ausrufung der Republik auf eigene Art: Unser Lehrer ließ uns unsere Lesebücher, die Fibeln, aus denen wir lesen und schreiben lernten, auf das Pult legen und wies uns an, die erste Seite herauszureißen – das Bild des jungen Kaisers in weißer Uniformjacke mit breiter rot-weiß-roter Schärpe. Die Ernährung der Familie machte meinen Eltern damals Sorge. Im April 1918 kam mein jüngerer Bruder Walter auf die Welt, und es fehlte an Milch. Die Eltern eines Schülers meines Vaters besaßen in der Nähe von Purkersdorf einen Bauernhof – hie und da brachte Vater eine Flasche Milch in seiner Aktentasche aus der Schule mit. . . Nicht selten wurde ich ‚anstellen' geschickt – meine Mutter konnte wohl wegen des Säuglings nicht vom Hause weg, und mein Vater hätte das oft stundenlange Warten in den langen Schlangen, die sich vor den Geschäftsläden bildeten, nicht ausgehalten. Eine große Erleichterung bedeutete für uns die Einführung der Schulausspeisungen, die von den Quäkern im Jahr 1919 eingerichtet wurden. Wer daran teilnehmen wollte, mußte ein Blechgeschirr, eine ‚Menage', von zu Hause mitbringen. Zumeist gab es Kakao und ein Brot mit Aufstrich."
>
> *(Joseph T. Simon, „Augenzeuge", Wien 1979, S. 20f.)*

So subjektiv diese Erinnerungen sein mögen – sie zeigen doch, wie sehr das Kriegsende in den Alltag der Bevölkerung eingriff, wie groß der Hunger war und welche politische Meinungsbildung die Leute damals zu erfassen begann. Denn dieses Beispiel aus dem „roten" Wien aus der Feder eines später engagierten Sozialdemokraten läßt sich einer Pressemeldung gegenüberstellen, die am 10. Dezember 1918 in den „Innsbrucker Nachrichten" erschien:

„Die Christlichsozial-Konservativen haben sich im Nationalrate darüber entrüstet, daß die Geistlichen pauschaliter der Agitation für die Monarchie verdächtigt werden. Am 6. Dezember wurde in der Mädchen-Bürgerschule in der Schulgasse, 2. Klasse, den Mädchen empfohlen, dafür zu beten, daß wir bald wieder einen Kaiser bekommen. Und sie wurden gefragt, ob es ihnen nicht auch besser gefallen würde, wenn anstatt der Arbeiter wieder ein hoher Herr regieren würde. Das wird dem Blatte gleichzeitig von zwei glaubhaften Seiten versichert."

Zwei Beispiele für die Art und Weise, wie die politischen Veränderungen sich im Alltag der Bevölkerung damals niederschlugen.

Aber wie sah dieser Alltag eigentlich aus? Darüber geben die Annoncenseiten der Zeitungen Aufschluß. Da findet man etwa folgende Inserate:

„Kundmachung betreffend die Ausgabe der Petroleumkarten." „Pferde-Verkauf. Das Pferde-Depot des Tiroler Nationalrates verkauft täglich um 9 Uhr früh und 2 Uhr nachmittags Gebrauchspferde an den Meistbietenden."

Und in einer Ausgabe der „Kärntner Nachrichten", ebenfalls aus dem November des Jahres 1918, fühlt man sich in eine Zeit versetzt, die man alten Erzählungen zuordnet:

„Ein nüchterner Müller sowie ein Kuhknecht, der eventuell melken kann, ein Knecht für Landwirtschaftsarbeit werden bei gutem Lohn aufgenommen."

Solche Schlaglichter beleuchten nicht nur die Situation der Bauern und ihre noch kaum vom industriellen Zeitalter erfaßten Arbeitsbedingungen. Die große Anzahl solcher Inserate verrät auch etwas, was von der Statistik nachgewiesen wird: Rund die Hälfte der österreichischen Bevölkerung gehörte zu Beginn der Ersten Republik dem Bauernstand an. Heute ist die Zahl der Bauern auf rund ein Zehntel der Gesamtbevölkerung zurückgegangen.

Dennoch hatte man gerade am Beginn der Republik Ernährungssorgen. Erstens war der Ertrag der Landwirtschaft noch viel geringer als heute (sowohl die spätere Technisierung als auch die Düngemittelindustrie haben hier enorme Produktionssteigerungen bewirkt), und außerdem hatte die Habsburgermonarchie über die „Kornkammern" der pannonischen Tiefebene verfügt, die nun nicht mehr zu Österreich gehörte. Für Gebirgsbauern war damals der Kampf ums tägliche Brot tatsächlich eine Überlebensfrage. In diesen Jahren, in denen es noch fast keinen Fremdenverkehr gab und viele Hochtäler der Alpen, die heute bis in die höchsten Regionen mit Straßen und Liften erschlossen sind, nur über schmale Steige zugänglich waren, auf denen nicht einmal Pferdewagen fahren konnten, in dieser Zeit waren die Alltagsbedingungen von Hunderttausenden so, daß sie für uns heute geradezu unvorstellbar sind. Greifen wir nochmals zu den vorhin zitierten „Kärntner Nachrichten". Mitte August 1922 konnte man auf einer einzigen Seite folgende Mitteilungen finden:

„Mörtschach. Am 12. August ging über Teile von Sagritz ein gewaltiges Hagelwetter nieder. Sehr stark getroffen wurden die Besitzer in der Asten. Wer dieses Hochtal kennt und die Häuser darin, weiß, daß man hier eigentlich auf einer Alm ist. Weizen gedeiht überhaupt nicht mehr. Die Hauptfrucht ist die Gerste. Die armen Bewohner leben Jahr für Jahr vom Gerstenmehl. Kommt über die Felder ein Hagel, so ist keine Frucht des Feldes so der Vernichtung ausgesetzt wie gerade die Gerste. Die Ernte ist fast ganz vernichtet, die Bauernhäuser liegen in einer Höhe von 1700 Metern. Wovon sollen nach solchem Unglück die armen Bewohner leben?"

„Napplach. Infolge des großen Futtermangels sah sich der Großteil der Bewohner Napplachs, hauptsächlich natürlich die ärmere und besitzlose Klasse, genötigt, sich durch Einstellen von Ziegen mit der nötigen Milch zu versorgen. Das Halten von Ziegen trägt aber den Besitzern oft viel mehr Verdruß als Milch ein. So kamen beispielsweise die ganzen Napplacher Ziegen, die der Obhut eines zwölfjährigen Bübleins anvertraut sind, im Verlaufe einer Woche schon zweimal ausgemolken heim. Wer das getan, ist hier unbekannt. Doch wird diese herzlose Tat, durch welche so viele arme Menschen und insbesondere bedürftige Kinder geschädigt werden, sicher keinen Segen bringen. Leider können die armen Leute die Mittel für einen erwachsenen, verläßlichen Hirten nicht aufbringen."

„Spittal an der Drau. Speck ist hier nicht mehr erhältlich. In dankenswert offenherziger Weise wird versichert, daß er wohl vorhanden, doch erst nach ‚Regelung der Valuta' ausgegeben wird. Wohin soll das führen?"

„Kleinkirchheim. Unser Höhenkurort und Heilbad ist heuer sehr zufiedenstellend besucht. Die Frequenz war bisher rund 200 Personen, davon 30 Ausländer, und zwar 12 Italiener, 10 Tschechoslowaken, 4 Kroaten, 3 Bulgaren und eine Schwedin. Die anderen Gäste waren zumeist aus Wien, Graz, Klagenfurt und Villach. Der Mangel einer Fernsprechverbindung wurde allseits bekrittelt. Auch die Zufahrt ist schwierig, das Postauto verkehrt nur bis Patergassen. Am unleidlichsten sind jedoch die Straßenverhältnisse."

Diese vier Kurzmeldungen auf einer einzigen Zeitungsseite dokumentieren eine ganze Menge: Die Armut der Bauern, den Schleichhandel und die kleinen Anfänge des österreichischen Fremdenverkehrs von damals. Die politischen Spannungen zwischen den sozialdemokratisch dominierten Städten und und der Landbevölkerung werden aber auch auf einer ganz anderen Ebene verständlich, denn der Nachkriegshunger und später die Arbeitslosigkeit führten dazu, daß die Städter immer wieder aufs Land hinauszogen, zu Fuß oder mit dem Fahrrad, auf alle Fälle mit dem Rucksack am Rücken und der Tragtasche in der Hand. In der Nummer 9 des ersten Jahrganges der Zeitschrift „Der Sozialdemokrat“ – Monatsschrift der Organisation Wien – vom September 1919 findet man einen pathetischen Appell gegen den „Schleichhandel und Rucksackverkehr“:

> „Diese beiden Erscheinungen der Kriegszeit sind in hunderten Versammlungen, in zahllosen Konferenzen und Resolutionen und in vielen Sitzungen behandelt worden, ohne daß man in einem Staat der Welt ein wirksames Mittel gegen diese beiden Laster gefunden hätte. Alle Versuche, auch die strengsten Maßregeln, ja selbst das Aufhängen, wo es geübt wurde, hat gegen den Schleichhandel nichts vermocht. Der Reiz des mühelosen und hohen Gewinnes überwindet alle moralischen und gewaltsamen Hemmungen und ersetzt die ruhige Überlegung und die moralische Pflicht durch eine wüste Gier nach Reichtum und Erwerb.“

So wurde sogar der Hunger zum Nährboden für politische Agitation. Dazu kommt noch, daß der Lebensstandard der überwiegenden Mehrheit der Bevölkerung unver-

Wohnungselend der Zwischenkriegszeit

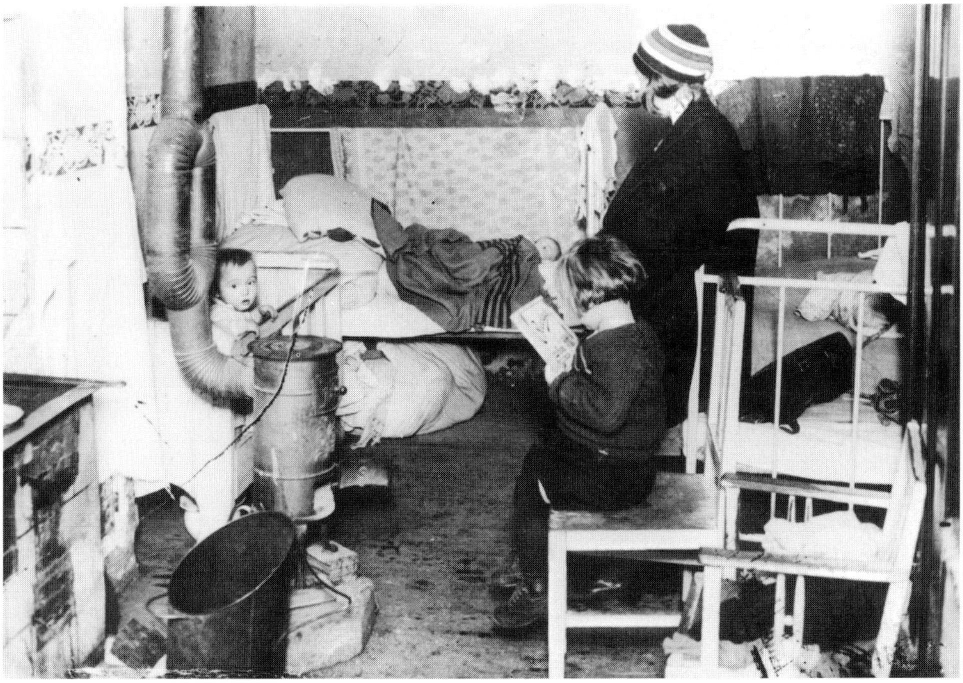

gleichlich niedriger war als heute (vergleiche auch das Kapitel 7, Seite 153ff.). Die Wohnungsverhältnisse in Wien waren zu Beginn der Republik sehr häufig noch so, wie sie der Wiener Universitätsprofessor Eugen von Philippovich 1894 in einer Studie beschrieb:

> „Ein zweistöckiges Haus der Meidlinger Hauptstraße ist unser erstes Ziel. Der Hausflur zeigt schon Spuren der Vernachlässigung. Durch ihn treten wir in einen Hof, in dem sich ein Hinterhaus erhebt. Kein Strahl der außen scheinenden Sonne fällt auf die unteren Räume dieses Hinterhauses. Wir treten durch eine Tür in einen stark verdunkelten Raum von vier zu dreieinhalb Metern Grundfläche. Die schief einfallenden Lichtstrahlen fallen auf ein altes Sofa, auf dem sich einige nackte Kinder herumtreiben. Im Halbdunkel ist eine Frau beschäftigt, an einem Tische Wäsche zu bügeln, der Raum selbst hängt voll davon und nimmt von dem bißchen Licht noch weg. Über das notwendigste Bettzeug, einen Tisch, einen Kasten, geht die Einrichtung nicht. Hier wohnt die Hauptpartei, die Küchenbewohner sind Aftermieter. Dort sind es sechs, hier fünf Personen, zwei Elternpaare und sieben Kinder. Zu diesem trübseligen Zustande der Wohnungsbeschaffenheit treten noch entsetzliche Abtrittsverhältnisse. Für alle diese Kellerwohnungen mit der zahlreichen Bewohnerschaft ist kein eigener Abtritt vorhanden. Die Leute müssen über die Stiege hinauf in den zweiten Hof gehen und die Abtritte benützen, die daselbst für die Bewohner des Erdgeschoßes des Hinterhauses errichtet sind. Es sind deren drei, die auf angeblich 180, sicherlich aber 100 bis 120 Personen entfallen. Sie sind dunkel und in so entsetzlichem Zustande, daß der Unrat unter den Türen herausläuft."
>
> *(Eugen von Philippovich, „Wiener Wohnungsverhälmisse", Berlin 1894, S.19f.)*

In diesem unvorstellbaren Wohnungselend lebten große Teile der Arbeiterschaft, von Krankheiten gepeinigt, von der Trunksucht heimgesucht. Die Schicht der Bessersituierten war klein. Die Krise beschränkte sich keineswegs auf das Wohnungswesen. Der Adel war zum Teil verarmt, das Großbürgertum verunsichert, und das riesige Beamtenheer aus der Zeit des Vielvölkerstaates fürchtete sich vor der Zwangspensionierung. Zu Beginn der zwanziger Jahre kam es zur Gründung der „Allgemeinen Beamten-Zeitung". In der Ausgabe vom 15. Jänner 1921 konnte man auf der Seite 18 unter anderem lesen:

> „Sehr weitgehende Fachkundige schätzen die Zahl der Abzubauenden im Verwaltungsdienste auf 10.000, eine umfassende, kluge Verwaltungsreform vorausgesetzt, die allerdings ungefähr so wahrscheinlich ist wie der ganz große Treffer, wenn man kein Los besitzt. Bei den Staatsbetrieben schätzt man sie auf 25.000 . . . Auch der begeisterte Anhänger gibt zu, daß die Abgebauten nicht von der Luft leben können, sondern – allerdings nicht viel üppiger – von dem, wofür ein grimmiger Satiriker das Wort ‚Ruhegenuß' ersonnen hat . . . Um 2,2 Prozent zu ersparen, werden 260.000

einsetzte. Denn jede Rationalisierung machte Arbeitskräfte brotlos. Die Weltwirtschaftskrise zog ein sprunghaftes Ansteigen der Arbeitslosigkeit nach sich. Aber auch die Hartwährungspolitik der Christlichsozialen beschleunigte diese Entwicklung. Das Arbeitslosen-Problem hatte die Erste Republik von Anfang an geprägt, und die zahllosen Bettler und Straßenmusikanten, Krüppel und Kriegsinvaliden, die das Straßenbild der Städte beherrschten, verkörperten eine Entwicklung, die zu Beginn der dreißiger Jahre zum Hauptproblem wurde. Am 7. Dezember 1930 konnte man in der „Illustrierten Kronenzeitung" auf der Seite 5 lesen:

> „Die Preise sinken, die Zahl der Arbeitslosen steigt – um 70.000 Arbeitslose mehr als im Vorjahr."

In diesem Artikel wird der Frage nachgegangen, warum niemand die Erfolge der Hartwährungspolitik, die zu einer Verbilligungswelle geführt hatte, positiv beurteile. Die Antwort in der „Illustrierten Kronenzeitung":

> „Breite Schichten der Bevölkerung befinden sich in einer so traurigen Situation, daß sie – so sonderbar dies auch klingen mag – die Verbilligung dieses oder jenes Artikels überhaupt nicht spüren. Wenn der Preis von Schuhen um 10 bis 15 Prozent zurückgegangen ist – was nützt dies dem Armen, der nicht imstande ist, sich neue Schuhe anzuschaffen? Dem ausgesteuerten Arbeitslosen ist nicht viel geholfen, wenn Brot und Milch um einige Groschen billiger werden oder wenn er Wein zu einem Preis kaufen kann, der als spottbillig zu bezeichnen ist."

Zu diesem Zeitpunkt war eine Viertelmillion Österreicher arbeitslos, das waren mehr als 11 Prozent aller Arbeitnehmer; davon bezogen noch 86 Prozent eine Arbeitslosenunterstützung. Bereits drei Jahre später – auf dem Höhepunkt dieser Entwicklung – waren in Österreich mehr als doppelt so viele Arbeitslose zu verzeichnen. In absoluten Ziffern bedeutete dies 557.000 Arbeitslose, also 26 Prozent der Arbeitnehmer. Von diesem Viertel der arbeitsfähigen Bevölkerung bezog nur mehr knapp die Hälfte Arbeitslosenunterstützung. Denn von Jahr zu Jahr wurde mehr Arbeitslosen die Unterstützungsberechtigung entzogen, sie wurden „ausgesteuert". Im Jahr 1937 bezog nur mehr jeder zweite Arbeitslose staatliche Zuschüsse.

(Nähere Details bei Dieter Stiefel, „Arbeitslosigkeit, soziale, politische und wirtschaftliche Auswirkungen am Beispiel Österreichs 1918-1938", Berlin 1979)

Diese rasch wachsende Arbeitslosigkeit am Beginn der dreißiger Jahre steigerte die sozialen Spannungen noch weiter. In Wien war die Arbeitslosenrate besonders hoch, und wenn man in den vergilbten Seiten einer 1923 gegründeten „Arbeitslosen-Zeitung" blät-

Preis 10 Groschen 601360-D

V. b. b.

Arbeitslosen-Zeitung

Organ der Erwerbslosen und Sozialrentner.

Gegründet vom Zentralarbeitslosenkomitee im Jahre 1923

Redaktion der „Arbeitslosenzeitung“: VII., Burggasse 24, im Hofe. Alle Zuschriften sind an diese Adresse zu richten.

Unentgeltliche Rechtsauskunftsstelle der „Arbeitslosenzeitung“ ebenda in allen Fragen der Arbeitslosen- und Sozialversicherung, allen privaten und rechtlichen Fragen.

Jahrgang 1930 Jänner–Februar Nr. 1

Hungersnot in Oesterreich

1,800.000 Menschen, ein Drittel der Bevölkerung der Städte und Industrieorte, von ihr betroffen

Auf zur Demonstration der Hungernden am 30. Jänner!

Die Arbeitslosigkeit stürzte in den dreißiger Jahren Hunderttausende Familien in unvorstellbare Not

tert, dann merkt man, wieviel politischer Sprengstoff im Gesamtkomplex Arbeitslosigkeit lag. Denn die Arbeitslosenziffer muß man ja noch „hochrechnen“. Häufig waren ganze Familien betroffen, also Ehefrauen und Kinder, die in den Statistiken gar nicht aufscheinen. Und so erklärt sich auch eine Schlagzeile dieser „Arbeitslosen-Zeitung“ vom Jänner-Februar des Jahres 1930:

> „Hungersnot in Österreich – 1,800.000 Menschen, ein Drittel der Bevölkerung der Städte und Industrieorte, von ihr betroffen. Auf zur Demonstration der Hungernden am 30. Jänner.“

In dem gleichen Artikel wird dann vorgerechnet, wie sich eine Arbeitslosenfamilie ernähren muß, und zwar eine Familie, die noch Unterstützungsgelder erhält:

„Ist der Familienerhalter arbeitslos, erhält er – wenn er noch im Vollgenuß der Unterstützung steht – wöchentlich ganze 21 Schilling. Davon müssen wöchentlich bezahlt werden (wir stellen absichtlich die möglichst niedersten Ziffern ein):

Für Mietzins samt Nebengebühren	Schilling 4
Für Lichtstrom und Gas	Schilling 3
Für Beheizung – nur für die notdürftigste Erwärmung der Wohnung	Schilling 3
Für Reinigungsmittel, Seife usw.	Schilling 1
Für Instandhaltung der Bekleidung (keine Schuhreparatur usw.)	Schilling 1
Summe:	Schilling 12

12 Schilling sind weg und die Arbeitslosenfamilie hat noch keinen Bissen gegessen. Nehmen wir die allerbilligste Ernährungsweise an. Nehmen wir an, die Familie brächte es zuwege, sich dauernd nur von Feigen- und Malzkaffee zu ernähren, so sind wöchentlich 7 Schilling 88 Groschen nötig. Ist es ein Luxus, zum Surrogatkaffee trockenes Brot zu essen? Für Arbeitslose in Österreich, ja!"

Neben solchen Appellen an die Hilfsbereitschaft der Regierung findet man aber auch klassenkämpferische Artikel. In der April-Ausgabe der „Arbeitslosen-Zeitung" des gleichen Jahres fand sich ein Artikel mit dem Titel „Der Staat hat kein Geld":

„Der Staat hat kein Geld; die Gemeinde hat kein Geld; die Unternehmer haben kein Geld – alle haben kein Geld. Deshalb geht die Regierung Schober daran, den Arbeitslosen und den Arbeitern überhaupt noch etwas wegzunehmen. Einigen zehntausend Arbeitslosen soll die Unterstützung entzogen werden. Der Staat, die Unternehmer haben kein Geld. Sehen wir einmal, wofür ja Geld da ist. Nicht von den unvorhergesehenen Ausgaben soll hier gesprochen werden, wie Bankenzusammenbrüche, Postsparkassenskandal oder von Korruptionsfällen, wie in Mistelbach, wo der Staat durch die Unterschlagungen eines Steuerkommissärs gleich um drei Millionen Schilling geschädigt wurde, nein, wir wollen uns hier nur an das vom Parlament beschlossene Budget halten. Da haben wir zunächst das Vaugoinsche Bundesheer. Was kostet dieses Faschistenheer, das, mit den modernsten Kriegswaffen ausgerüstet, nur darauf lauert, die klassenbewußte Arbeiterschaft, die um mehr Brot und um Arbeit kämpfenden Arbeitslosen niederkartätschen zu können? Dafür werden jährlich nicht weniger wie 100 Millionen Schilling ausgegeben. Aber das ist noch lange nicht alles, was wir für unsere eigene Unterdrückung und für den Schutz unserer Klassenfeinde zahlen müssen: die Schober-Polizei, die Gendarmerie. Wir, das Proletariat, haben also für unsere Bewachung und Niederhaltung, für die legale Bürgerkriegsarmee der Bourgeoisie die Summe von 203 Millionen Schilling zu zahlen. Und da wagen es die bürgerlichen Zeitungen zu rufen: Fort mit der unproduktiven Ausgabe der Arbeitslosenunterstützung! Ja wieviel gibt denn die Regierung für die Arbeitslosenunterstützung überhaupt aus? Wer's noch nicht wissen sollte, der soll erfahren, was die Regierung für die Arbeitslosen übrig hat: ganze $7^1/_2$ Millionen Schilling."

In der weiteren Folge wurden antiklerikale Parolen laut, und auch der Antisemitismus trat deutlich auf, als gegen die Pferdeleidenschaft des Herrn Rothschild gewettert wurde, der sich seinen Rennstall vom Staat bezahlen ließe. Aus solchen Publikationen wird die ganze Krisenentwicklung der Ersten Republik ersichtlich. Gegenseitiges Mißtrauen, Haß, Klassenkampfatmosphäre prägten die Alltagsbedingungen der Bevölkerung in der Zwischenkriegszeit. Der Kulturkampf erfaßte alle. An den Hochschulen spielten sich Szenen ab, die verstehen lassen, weshalb auch der Ständestaat nur eine Zwischenstufe zum Nationalsozialismus war. Die Nachrichten des Schwarz-Rot-Goldenen Kartells, des Publikationsorgans der schlagenden Burschenschaften „Albia“-Wien, „Arminia“-Graz, „Teutonia“-Prag, beschäftigten sich im März 1931 mit dem unaufhaltsamen Vordringen der nationalsozialistischen Burschenschaften:

> „Da es sich die nationalsozialistische Partei, deren Programm keine Kompromisse kennt, zur Aufgabe macht, auch die Hochschule für ihre Zwecke parteipolitisch zu beeinflussen, nimmt es nicht wunder, wenn jeder Student, der nicht Nationalsozialist im wahren Sinn des Wortes, also Mitglied des Nationalsozialistischen Studentenbundes ist, als Feind betrachtet wird. Abgesehen davon, daß wir die Kampfesweise, der sich der Nationalsozialistische Studentenbund auf unserer Hochschule bedient hat, für nicht ganz glücklich halten, betrachten wir den Standpunkt des Nationalsozialistischen Studentenbundes als mit den Grundsätzen unserer Burschenschaft unvereinbar. War es dieser doch stets gelungen, sich von Parteieinflüssen jeglicher Art reinzuhalten. Denken wir nur an das erste Wort unseres Wahlspruches, so erwacht in uns die Erinnerung an die Festrede beim Stiftungsfest unserer Albia, in der es unter anderem heißt: ‚Aus dem Grundsatz der Freiheit fließt vor allem innerhalb des Bundes selbst die Achtung vor der Freiheit des Einzelnen und vor seiner ehrlichen Überzeugung. Die Tagesmeinungen wechseln, Parteien kommen und gehen, wandeln sich und lösen einander ab. Die Burschenschaft als Lebensbund steht über diesem bunten Wechsel. Unvergänglicher Leitstern ist ihr nur eines: die Liebe für Volk und Vaterland, die Hingabe an den Gedanken der Größe, der Blüte und Wohlfahrt des deutschen Volkes und die freudige Bereitschaft, sein Bestes dafür einzusetzen, jeder in dem Kreise, den das Schicksal ihm gewiesen.‘ “

Eine ideologische Gegenposition zum Nationalsozialismus ist dies freilich nicht. Die Ausschaltung der Demokratie im Jahre 1933, die Zusammenstöße zwischen dem sozialdemokratischen Schutzbund und den konservativen Heimwehren, die Errichtung des Ständestaates – diese Eskalation der Gewalt in den Jahren 1933 und 1934 lag schon jahrelang in der Luft. Auslösendes Moment waren schließlich Wahlergebnisse in den Bundesländern, die bewiesen, daß die Zahl der Nationalsozialisten ähnlich rasch wuchs wie in Deutschland, wo 1933 Hitler zum neuen Reichskanzler ernannt worden war.

Doch der autoritäre Ständestaat, der in Österreich mit Ausnahme der „Vaterländischen Front“ (die die Kader der Christlichsozialen Partei, der Heimwehr und der christlichen Gewerkschafter umfaßte) bald alle Parteien verbot, stand auf schwachen Beinen. Im Kampf gegen die Arbeitslosigkeit waren nur mäßige Erfolge zu verzeichnen.

Von 1933 bis 1937 fiel die Zahl der registrierten Arbeitslosen von 557.000 auf 464.000.

Aber nur mehr die Hälfte erhielt eine Arbeitslosenunterstützung. Zwei Drittel der Bevölkerung waren überhaupt ins politische Ghetto gedrängt, und die Haftbefehle gegen illegale Sozialdemokraten, Nationalsozialisten oder Kommunisten schürten die Aggressionen von links wie von rechts gegen den Ständestaat. Dazu kam noch das Selbstverständnis des Dollfuß- bzw. Schuschnigg-Regimes. Man strich hervor, daß Österreich ein zweiter deutscher Staat sei – der bessere deutsche Staat. Durch die Ideologie der deutschen Kulturgemeinschaft wurde dieser Effekt noch weiter verstärkt.

Zieht man das alles in Betracht und bedenkt noch die Perfektion der nationalsozialistischen Propagandamethoden, dann wird der Jubel von Hunderttausenden Österreichern beim Einmarsch der Hitlertruppen zumindest erklärbar. Die Vollbeschäftigungsparolen verfehlten ebensowenig ihre Wirkung wie die zahlreichen anderen Maßnahmen der Nationalsozialisten, die sich auf den Alltag jedes einzelnen auswirkten. Schon im August 1938, fünf Monate nach dem sogenannten Anschluß, hieß es im „Völkischen Beobachter":

> „30 Millionen Reichsmark für Wohnbauten. Gauleiter Bürckel bestellte den SS-Oberführer Scharitzer zum Leiter des gesamten Wohn- und Siedlungswesens der Ostmark. Und dieser ging nun im Einvernehmen mit den Gauleitungen daran, diese schwierige Aufgabe zu lösen."

(Zitiert nach: „Dokumentation zur österreichischen Zeitgeschichte 1938-1945", herausgegeben von Christine Klusacek u. a., Wien -München 1971, S. 131)

Bereits am 14. Mai 1938 konnte man in der „Deutschen Volkszeitung" lesen:

„Anläßlich des feierlichen Baubeginns der ‚Reichswerke Hermann Göring' in Linz hielt Ministerpräsident Generalfeldmarschall Göring eine Rede . . . ‚Wer ein Reich aus solchem Verfall, aus solcher Ohnmacht und Schande, aus Not und Elend aufbauen will, der darf nicht nur acht Stunden am Tage arbeiten, der muß schaffen, wie er nie zuvor gearbeitet hat.'"

(Zitiert nach: „Dokumentation zur österreichischen Zeitgeschichte 1938-1945", S. 77)

Mit 1. Oktober 1938 wurde für Österreich bzw. für die Ostmark der Reichsarbeitsdienst eingeführt. Bald darauf wurden die ersten Erfolgsmeldungen über das drastische Sinken der Arbeitslosigkeit verbreitet. Wer wollte da schon zur Kenntnis nehmen, daß die Fabriksneugründungen für die Rüstungsindustrie, der Spatenstich für die Reichsautobahn den Beginn der Ostoffensive darstellten. Dazu kamen noch die „arisierten" jüdischen Wohnungen und das jüdische Kapital, das rasch nach dem „Anschluß" zur Belohnung der Illegalen und zur Köderung der neuen Parteimitglieder verwendet wurde. Der Antisemitismus in Österreich war so stark (vergleiche Kapitel 6, Seite 123ff.), daß

Der Bau der Autobahn Salzburg-Wien wurde von den Nationalsozialisten begonnen. In erster Linie ging es damals um rasche Transportmöglichkeiten für die Truppen

man die beginnende Holocaust-Tragödie entweder nicht zur Kenntnis nahm oder sogar noch verspottete. Eine Rede des damaligen Landwirtschaftsministers Anton Reinthaller in Tirol gibt die Stimmung des Jahres 1938 wohl recht treffend wieder:

> „Generationen nach uns werden mit Neid auf diese Jahre blicken, die wir heute durchleben durften . . . Die Reichsautobahn, die Errichtung der Fabriken, die Errichtung einer großen Industrieanlage in der Obersteiermark, die Errichtung von Häfen an der Donau, kurz und gut alles das, was dem wirtschaftlichen Aufschwung in Österreich erst das richtige Gepräge geben wird."
>
> *(Peter Dusek, „Alltagsfaschismus in Österreich", Ton Text-Edition, Mediathek der Zeitgeschichte 1, St. Pölten 1979, S. 45)*

Es war die Methode des „für jeden etwas", die ihre Wirkung nicht verfehlte. Die Produktion des Volkswagens, der zunächst noch „Kraft-durch-Freude"-Wagen hieß, verhieß auch den kleinen Sparern in absehbarer Zukunft ein Auto. In Wirklichkeit finanzierten sie einen Teil der Kriegsausrüstung. Die Kinderfreudigkeit wurde wieder propagiert und mit dem Mutterkreuz geehrt. Schließlich war der Krieg um neuen Lebensraum im Osten längst vorprogrammiert. So wurde Kinderreichtum als „Reichtum für das deutsche Volk" definiert, und der Führer verlieh das Mutterkreuz ab dem vierten Kind, „wenn die Kinderschar deutschblütig und erbtüchtig war".

(Zitiert nach: „Dokumentation zur österreichischen Zeitgeschichte 1938-1945", S. 139)

Dazu kamen Ehestandsdarlehen und Kinderbeihilfen, die Scheidungsreform und die Aufhebung der rechtlichen Ungleichheit zwischen Arbeitern und Angestellten. Selbst

Die Propaganda des Dritten Reiches verhieß Mutterglück, doch im Krieg verloren viele ihre Kinder, und Hunderttausende Frauen mußten in Fabriken einrücken

mit der katholischen Kirche schien zunächst ein friedliches Nebeneinander möglich. Das Ja der österreichischen Bischöfe bei der Volksabstimmung im April 1938 dokumentierte diese Phase, die allerdings schon im Herbst des Jahres 1938 zu Ende ging. Am 8. Oktober kam es zum Sturm auf das Erzbischöfliche Palais, nachdem am Vortag Tausende Jugendliche bei der Rosenkranzfeier gegen die Nationalsozialisten demonstriert hatten. Die Illusionen über die neuen Chancen, die das nationalsozialistische Regime den Arbeitern, den Bauern und den Beamten bot, zerplatzten jedoch insgesamt recht bald. Ab Herbst 1939 verbrachten viele die nächsten Jahre in der Uniform des Deutschen Reiches in Schützengräben, im Cockpit oder im Panzerturm. Die Frauen mußten fast geschlossen in die Fabriken einrücken, und die Eingliederung der Frau in die Arbeitswelt, die schon in der Schlußphase der Monarchie begonnen hatte und durch den Ersten Weltkrieg und die Zwischenkriegszeit beschleunigt worden war, wurde nun endgültig vollzogen. Bald gab es wieder Bedingungen, wie sie am Beginn der Ersten Republik das Leben der Menschen geprägt hatten. Man mußte sich stundenlang um Lebensmittel anstellen, Hunger und Angst griffen um sich. Als sich der Bombenkrieg zum Inferno steigerte, verging fast allen, die beim Anschluß noch gejubelt hatten, die Lust an einem Weiterverbleib der nunmehr als Alpen- und Donaugaue bezeichneten ehemaligen österreichischen Gebiete beim Deutschen Reich.

Am Ende ging es oft nur mehr ums nackte Überleben. Doch die Menschen gewöhnten sich auch an das Leben im Bombenkeller. Ein Beispiel soll hier wieder für andere stehen. Der Photograph Otto R. Croy hat in den Schlußtagen des Krieges ein Tagebuch geführt. Am Freitag, dem 6. April 1945, bereitete sich Otto Croy auf die Flucht vor, denn die Kämpfe hatten Wien erreicht, und in seiner Wohnung auf dem Rennweg fühlte er sich nicht mehr sicher:

> „Je nach Möglichkeit habe ich vier Gepäcksstücke vorbereitet: meine lederne Umhängetasche mit Dokumenten und dem Allerwichtigsten, dann Rucksack mit Lebensmitteln, Kerzen, Medikamenten und etwas Wäsche, den kleinen schwarzen Koffer, in dem ich auch einen Apparat und Schuhe habe, sowie meinen großen Handkoffer . . . Während des Einpackens spielt das Radio ununterbrochen Operettenmusik, nur dann und wann bleibt der Ton plötzlich weg und nach einer kleinen Pause hört man den Knall der Flak. Es ist, als ob die Explosion die Radiowellen fortbliese. Zum Essen haben wir eine Gulaschkanone im Keller und während wir uns darüber hermachen und dabei überlegen, wo wir ein Radio installieren wollen, geht das Licht aus. Also hat man das Elektrizitätswerk schon getroffen oder gesprengt. Wir müssen unsere Kerzen anzünden . . . Das Artilleriefeuer verstärkt sich sehr gegen Abend, und als wir bei einbrechender Dunkelheit in den Hof gehen, um Luft zu schnappen, stehen in der Einfahrt zwei Packwagen mit Pferden und voller Soldaten. Sie haben sich bei uns untergestellt, und erzählen, daß die Artillerie, die den Laaerberg verteidigen wollte, ihre Geschütze sprengen mußte, weil sie keine Munition mehr hatte, und daß nun der Flakturm dahin schießt. Sie wollen die Nacht dableiben, um den Ostbahnhof soll schwer gekämpft werden. Ein Verwundeter kommt von dort.“
>
> *(Otto R. Croy, „Wien 1945“, Ein Tagebuch in Wort und Bild, Eisenstadt 1975, S. 13)*

Dieses Schlaglicht aus dem Jahr 1945 zeigt besser als jede Statistik, wie die Situation am Ende des Krieges und zu Beginn der Zweiten Republik von vielen erlebt wurde. Bombenruinen und Lebensmittelnot, Plünderung und Besatzung, die erste oberflächliche Bilanz der Verbrechen des NS-Regimes kennzeichneten den neuen Beginn. Und doch machte sich damals ein Optimismus breit, der in der ganzen Ersten Republik keine Entsprechung hatte. Der Leitartikel des „Neuen Österreich“ vom 28. April 1945 gab eine bis dahin unbekannte Parole aus:

> „Es gibt auf den Trümmern, die Hitler-Deutschland uns hinterlassen hat, keinerlei Opposition, es gibt nur Parteien, die rückhaltlos entschlossen sind, ihre ganze Kraft für die Überwindung der Schwierigkeiten, für die Errichtung und Festigung der Republik einzusetzen. Arbeiter, Bauern und Bürger haben sich zusammengeschlossen, um in ge-

meinschaftlicher Arbeit die Grundlagen für den künftigen Frieden und das künftige Glück unseres Volkes zu legen."

Es waren prophetische Worte. Die Zeit des Wiederaufbaus ist tatsächlich davon geprägt, daß sich die Klassengegensätze zumindest im Bewußtsein der breiten Bevölkerung abgeschliffen hatten. Dazu kam, daß die Gegensätze zwischen Bauern und Arbeitern an Gewicht verloren, weil die sogenannten Dienstleistungsberufe immer attraktiver wurden – nicht zuletzt durch den Aufschwung des Fremdenverkehrs nach 1945 (vergleiche Kapitel 9, Seite 187ff.) – und daß die Medien das Freizeitverhalten der österreichischen Bevölkerung mehr beeinflussen als irgend etwas anderes. Bei einer Umfrage an der Jahreswende 1980/81 gaben 79 Prozent der Österreicher an, täglich fernzusehen. Nur 5 Prozent sind sogenannte Medienverweigerer. Alle anderen Freizeitgestaltungsmöglichkeiten rangieren im Vergleich dazu unter ferner liefen. Nur ein Drittel der Bevölkerung geht durchschnittlich einmal in der Woche aus, zum Heurigen oder zu Bekannten. Nur die Hälfte gibt an, Theater, Kinos, Konzerte oder Ausstellungen zu besuchen, allerdings davon wieder zwei Drittel mit dem Beiwort „selten". Am Lebensstandard der Österreicher ist in der Zweiten Republik ein kontinuierliches Ansteigen zu beobachten. Selbst in den siebziger Jahren, als Ölschock und Inflation zeitweise wachstumsbremsend wirkten, verbesserten sich die durchschnittlichen Lebensbedingungen deutlich. In einem Artikel der Zeitung „Die Presse" vom 29. Jänner 1981 schrieb Erich Hoorn:

> „Die ständigen Klagen über die Inflation und angeblich sinkende Reallöhne stimmen langfristig in keiner Weise. Denn heute muß man für die meisten Güter viel weniger arbeiten als noch vor zehn Jahren. Selbst der Autofahrer wird nun zur Kenntnis nehmen müssen, daß er an der Zapfsäule heute für einen Liter Treibstoff relativ weniger bezahlt als noch vor zehn Jahren, weil er für ihn kürzer arbeiten muß."

Mit Hilfe der Statistik kann man überhaupt viel zeigen. Etwa, daß doppelt so viele mit dem eigenen Auto zur Arbeit fahren als mit den öffentlichen Verkehrsmitteln, daß noch nie so viele Millionen Schilling zu Silvester für Knallkörper ausgegeben wurden, und ähnliches mehr. Doch was sagt schon die Statistik über den Alltag des einzelnen aus. Auch heute leben viele Familien, die mehrere Kinder großziehen – trotz der kaum mehr finanzierbaren sozialen „Netze" – nahe an der Armutsgrenze. Und die Diskussion vor und nach der Abstimmung zum EU-Beitritt Österreichs hat gezeigt, daß viele Bergbauern oder „Klein-Landwirte" um ihre nackte Existenz kämpfen müssen. Und nach wie vor arbeiten viele Bauern in Österreich doppelt so viel als Städter. Kühe und Schweine müssen schließlich auch am Wochenende gefüttert werden, trotz Volltechnisierung des Bauernhofes. Und trotz des hohen sozialen Niveaus von Herrn und Frau Österreicher gibt es heute wie eh und je Klassenunterschiede.

Im Großen gesehen stimmt es zwar, daß der Mittelstand viel breiter ist als früher, aber viele Mitglieder der österreichischen Oberschicht haben über Kriege und Krisen hinweg ihr Vermögen halten können und ihre Erziehungstraditionen weitergegeben. Die offizielle Abschaffung der Adelstitel hat nicht verhindert, daß Neureiche gerne in Familien mit berühmten Namen einheiraten. Eine neue „Adabei"- und „Seitenblicke"-Gesellschaft" ist entstanden, deren Partys und Empfänge von Kolumnisten, modischen Wochenmagazinen und gewissen TV-Sendungen minutiös beschrieben werden: für die Urenkel jener Generation, die einst für die Abschaffung der Monarchie kämpfte. Es ist kein Zufall, daß ein gesellschaftliches Top-Ereignis wie der Opernball in den späten 80er und frühen 90er Jahren zur Zielscheibe von Demonstrationen wurde, die zu Gewalttätigkeiten, schwerbewaffneten „Frontbildungen" und nachgerade unösterreichischen Schlägereien zwischen der Exekutive und der zum Teil von Vertretern der deutschen Anarchoszene durchsetzten Jugend bzw. den grün-alternativen Protestierern führten. Vorüber war damit jene Idylle der „Wirtschaftswunderjahre", die sich etwa im Jahr 1970 in der Zeitung „Express" aus der Feder eines Journalisten namens Jeanée findet:

„Es ist soviel lebendig geworden: das riesige Rund des Opernhauses (es wirkte überhaupt nicht riesig), das Gold, das Funkeln, der mattrote Samt, das Feierlich-Inti-

Auch heute ist nicht allen Kindern eine so unbeschwerte Jugend gegeben

me, die Roben, Fräcke und Orden, die Eleganz, das Lässig-Nonchalante (‚Küß d'Hand', ‚Servus . . .', ‚Jö, der Herr Graf . . .'), das unbeschwerte Flanieren, die unnachahmbare Höflichkeit – all das verdichtete sich während des Opernballes zu einer Symphonie in Rot-Weiß-Rot, zu einem Hymnus, zu einem Tu-felix-Austria-Ereignis, das Jeannée, den Österreicher, überrannte, überrollte, fesselte . . . Als er gegen 7 Uhr durch den grauen Wiener Morgen heimwärtswanderte, fand er sogar die rumpelnden, überfüllten Straßenbahnen sympathisch. Daran war der Opernball schuld."

Ja, Alltag ist eben nicht Alltag. Und die Verbesserung der Wohnungsverhältnisse für diejenigen, die am unteren Rand der Gesellschaftspyramide rangieren, garantiert noch lange nicht eine problemfreie Lebensbewältigung. Zu Beginn der 80er Jahre fand sich etwa in der Zeitschrift „profil" eines jener Beispiele, die man als zeitlosen Archetyp trostloser Milieuschilderung bezeichnen könnte. Das Wochenmagazin brachte damals eine Textsammlung von Jugendlichen:

„Ich heiße Karin und bin 11 Jahre. Ich wohne mit meinen Eltern in der Großfeldsiedlung, mein Vater ist Trinker. Wenn er am Abend nach Hause kommt, ist er meistens betrunken. Dann beginnt er ohne Grund meine Mutter, meine Schwester und mich zu schlagen. Er ist arbeitslos. Nur meine Mutter geht arbeiten und kommt erst spät am Abend nach Hause. Nach der Schule und wenn wir mit der Aufgabe fertig sind, gehen meine Schwester und ich in den Hof. Der Hof besteht aus Beton und aus kleinen Grünflächen, dort stehen Verbotsschilder. Es gibt Tage, wo wir auf unseren Rädern sitzen und mit unseren Füßen gegen einen Gegenstand hauen, weil uns langweilig ist.

Meine Schwester hat einen Freund. Er handelt mit Rauschgift. Er wohnt im gleichen Haus wie wir. Als uns wieder einmal langweilig war, überredeten sie mich, Rauschgift zu nehmen. ‚Wenn du das nimmst, fühlst du dich leicht, du hast das Gefühl, du kannst fliegen, und du hast keine Probleme.' "

(profil, 22. 12. 1980)

Dieser Brief einer 11jahrigen, die aus „Langeweile" zum Drogenkonsum verführt wird, stellte die Vorhut einer Entwicklung dar, die inzwischen auch in gutsituierten Familien oftmals ein tragisch-aktuelles Thema geworden ist. Der internationale Handel mit Haschisch, Kokain und Heroin ist trotz Aids-Gefahr und zahlreichen Aufklärungsaktionen anfangs der 90er Jahre stark angewachsen ist. Wenn man die Drogentoten als statistische Beleuchtung der Spitze eines „Eisberges" betrachtet, ist diese Entwicklung alarmierend. Die Gründe dafür dürften vielfältig sein: die zunehmende Brutalisierung, das steigende Gefühl von Sinnverlust, die offenen Grenzen zum ehemaligen Ostblock, die internationale Drogenmafia, die nicht davor zurückschreckt, vor Schulen zu dealen; dazu kommen die steigenden Arbeitslosenziffern der späten 80er Jahre, die nicht zuletzt eine Folge der größten Alltags-Revolution seit der beginnenden Industrialisierung im 19. Jahrhundert ist: der Einführung der Computer in den Berufs-Alltag, der Beginn des vielzitierten „Daten-Highways" – also der Informations-Autobahn –, die noch tiefe gesellschaftliche Veränderungen zur Folge haben wird.

Jedenfalls ist die Kriminalstatistik zum Jahreswechsel 1994/1995 ein Beweis für die Entwicklung, die Ausdruck von Sinnkrise ebenso sein dürfte wie ein Signal für die steigende Angst vor technologischen Trends, die man nicht mehr beherrscht – seit dem Reaktorunfall von Tschernobyl im Jahr 1986 ist der Glaube an den technologischen Fortschritt wohl sehr beeinträchtigt:

> „Im Suchtgiftbereich ist zwar die Zahl der polizeilich gezählten Toten – wie exklusiv berichtet – von 103 auf knapp 130 explodiert, gleichzeitig hat aber die Zahl der bearbeiteten Akte um 600 abgenommen . . . Gestiegen sind die Drogenaufgriffe: 1994 wurden 42 Kilo Haschisch (1993: 24kg), 40 Kilo Heroin (17kg) und 6,6 Kilo Kokain (3,8kg) im Gesamtwert von 70 Millionen S (40 Mill.) beschlagnahmt.
>
> Gestiegen sind die Anzeigen wegen ‚kleinerer' Drogendelikte (2900 auf 3800), die Verbrechenstatbestände waren hingegen rückläufig (1500 auf 1300)."
>
> *(Kurier, 5. 1. 1995)*

Im Vergleich zu anderen Großstädten mögen diese Zahlen relativ niedrig scheinen, aber als Alarmsignal einer weltweiten bedrohlichen Entwicklung sind diese Ziffern allemal zu nehmen. Und das gleiche gilt für die angestiegene Kriminalität. In Wien gab es im Jahr 1994 etwa 4600 Wohnungseinbrüche und 16.000 Autoeinbrüche, 35 Banküberfälle und 40 Morde – das mag im Vergleich zu anderen Städten wie New York oder Buenos Aires wenig sein – aber die Zunahme der Kriminalität steht auch in Österreich außer Diskussion.

Die zunehmende Brutalisierung und Kriminalisierung ist eine Seite der Alltagsveränderungen. Auf der anderen Seite sind aber auch neue Lebensideale entstanden. Die Umweltschutz-Bewegung ist nicht nur politisch relevant geworden. Die Tendenz „Zurück zur Natur", biologischer Anbau, Ende der Verpackungs- und Wegwerfgesellschaft, das steigende Bewußtsein für Recycling, also für Wiederverwertung ist die andere Kehrseite der Gesellschaft ebenso wie die große Hilfsbereitschaft der Menschen bei Spendenaktionen wie „Nachbar in Not" oder „Licht ins Dunkel" . . .

Die wahren Klassengegensätze spielen sich heute im Gefälle von Nord und Süd, von reichen Industriestaaten und überbevölkerten Ländern der sogenannten Zweiten, Dritten und Vierten Welt ab. Und eine Vorhut dieses globalen Grundproblems, das unvorstellbare Armut in Slums von Millionenstädten in Asien, Afrika oder Lateinamerika geschaffen hat, ist das Schicksal der vielen Flüchtlinge und Gastarbeiter, die seit dem Ende des Kalten Krieges zwischen Ost und West auch nach Österreich gekommen sind. Waren es zunächst Regime-Flüchtlinge aus Polen und später aus Rumänien, so sind es nun vor allem Bosnier und Angehörige des ehemaligen Jugoslawien, die vor Krieg und Zerstörung flüchten und hier in Verhältnissen leben, die einst in der Beschreibung der Elendsquartiere der Arbeiter am Ende der Monarchie geschildert wurden:

„Ist die Situation für Österreicher schon schwer genug, wird die Misere für Zuwanderer immer unerträglicher. Der Großteil der Gastarbeiter ist auf private Vermieter angewiesen . . . Die Nachfrage bestimmt den Preis – und der ist hoch. Auch alle Mietrechtsnovellen konnten bisher nicht verhindern, daß Menschen in Wohnungsnot gezwungen sind, gesetzwidrige Bedingungen in Kauf zu nehmen.

Dragan S. hat sich damit abgefunden. Seit drei Jahren lebt er mit seiner Frau und zwei Kindern auf 27 Quadratmetern in der Wiener Brigittenau, einem Bezirk mit hohem Ausländeranteil. Provisorisch, wie ihm zugesichert wurde. Die Milchglas-Fenster des ehemaligen Geschäftslokals lassen sich nicht öffnen, die einzige Lüftungsmöglichkeit bietet die Tür zum Gang – unmittelbar vor dem Müllraum. WC, Wäscheständer und Hasenkäfig befinden sich im Hausflur."

profil, 1. 8. 1994

Die sogenannte Ausländerfrage hat die österreichische Innenpolitik am Beginn der 90er Jahre zunehmend polarisiert. Ist das „Boot Österreich voll" oder nicht, sollen wir unsere endlich offenen Grenzen durch einen fiktiven Mauerbau von unserer Seite her wieder „dichtmachen" – über diese Fragen gehen die Meinungen quer durch die politischen Lager. Aber über die Tatsache, daß der Alltag wieder für sehr viele Menschen zum existentiellen Problem geworden ist, kann es eigentlich keinen Zweifel geben.

4. Idole und Medien

Kaiser Franz Joseph I. – Maria Andergast und Paul Hörbiger – Die Beatles 1965 in Salzburg – Udo Jürgens 1980

In Österreich hat der Starkult stets eine besondere Bedeutung gehabt. Idole, gleichgültig ob sie aus dem Bereich der Kultur, der Politik oder des Sports kamen, wurden zumeist fanatisch verehrt. Die Wurzeln für diese Entwicklung liegen noch vor der Gründung der Republik. Ähnlich wie viele Vorurteile ist auch die Anfälligkeit für die Wirkung großer Persönlichkeiten, mit denen sich eine fanatisierte Menge identifiziert, anhand der Geschichte der Habsburgermonarchie zu erklären. Die Glaubenskriege und die ständige Bedrohung durch die Türken waren mit dafür ausschlaggebend, daß die Habsburgermonarchie relativ spät ein geschlossenes Staatsgebiet wurde. Die Spuren der Zwangs-Rekatholisierung und der barocken Gegenreformation ziehen sich vom 18. Jahrhundert bis in unsere Gegenwart. Man kann hier zwei Linien zurückverfolgen; die eine ist durch die Stichworte „Aufklärung, Josephinismus, aufgeklärter Absolutismus" charakterisiert. Die andere führt von Prinz Eugen, dem Türken-Sieger, herauf zu Franz II., der das Kaisertum Österreich begründen sollte und deshalb in der Zählung als Franz I. neu begann, bis zu Franz Joseph I. In der zweiten Hälfte des 19. Jahrhunderts setzte sich diese Konfliktebene in der Gegnerschaft zwischen Kronprinz Rudolf und seinem Vater Franz Joseph I. fort. Im Grunde begegnet uns am Ende der Habsburgermonarchie – allen sozialen Reformen der neuen Großparteien zum Trotz – ein barockes Staatsgepränge, das den mittelalterlichen Begriff des Gottesgnadentums unverändert ins 20. Jahrhundert hinübergerettet hat, wie Berichte von der Krönung Kaiser Karls I. vom Jahresende 1916 beweisen. In der Silvesterausgabe der „Neuen Freien Presse" des Jahres 1916 sind Details über die Krönung des Herrscherpaares zum König und zur Königin von Ungarn in Budapest nachzulesen:

> „Da waren ernste ungarische Bauern, alle alt, mit eisgrauen Haaren, rein und sorgfältig angetan, in ihrem einfachen Sonntagskleide, gebeugt vor Kummer und Leid; weiße Rosse, güldene uralte Karossen, hinter deren Fenstern ich die staunenden Augen flüsternder feiner Damen sah. Da war die schönste junge Frau und das prachtvolle blonde Kind, die zusammen als Mutter und Kind die uralte innige Stimmung der Reinheit und des Heiligen entstehen ließen. Der junge König ritt auf einem weißen Zelter daher, mit der heiligen Krone auf seinem jungen Haupte und auf den Schultern den Mantel des heiligen Stephan, den einst vor neunhundert Jahren die Königin Gisela gestickt und den jetzt vor einigen Tagen die Königin Zita ausgebessert hat. All dies, die Farben, die Pracht, das Kostbare an Stoffen und Geschmeide, vor allem das Feine, Zarte an den Menschen hob die Stimmung, daß man sich nach kleinen Kindern sehnt, um ihnen erzählen zu können: Es war einmal ein junger lächelnder Königssohn . . . Im schweren goldbeladenen Krönungsmantel sprengte er im Galopp den Hügel hinan und führte die vier Schwerthiebe, welche die Verteidigung des Landes gegen alle Feinde symbolisieren sollen. Plötzlich richteten sich die Blicke der Menge nach oben. An dem Fenster des Stöckels war die Königin sichtbar geworden, den kleinen Kronprinzen an

ihrer Seite. Das Publikum brachte warm empfundene begeisterte Ovationen dar. Es jubelte dem Königspaar und dem jungen Thronfolger zu. Königin Zita grüßte mit sichtlicher Rührung das Volk und winkte ihm ohne Unterlaß mit der Hand."

Solche Berichte erschienen zwei Jahre vor der Abschaffung der Monarchie, vor dem Ende des habsburgischen Vielvölkerstaates. Und so manche Szenen, die man in der Zeit nach 1918 in der österreichischen Zeitgeschichte finden kann, erinnern frappant an die Begeisterung der winkenden Masse vor dem Königsbalkon. Allerdings wechselten die Idole. Denn auch zur Zeit der Habsburger entfachten Volksschauspieler und Sänger, Primadonnen des Gesanges oder des Tanzes euphorische Reaktionen. Es ist wohl kein Zufall, wenn im April 1918 die Nachricht vom Tod Alexander Girardis vielen Menschen so naheging wie die Meldung über einen Verwandten, der an der Front gefallen war. Die satirische Wochenzeitschrift „Kikeriki" schrieb in ihrer Ausgabe vom 28. April 1918:

„*Girardis Tod und Verklärung.*
Der Mann, der so viel Freude
In diese Welt gebracht,
Er lag in bitterem Leide,
In tiefer Schmerzensnacht . . .
Da tat die Muse neigen
Sich zu des Kranken Bett
Und führte einen Reigen
Vor seine Lagerstätt':
‚Von Bergs barmherz'gen Bruder
Bis Raimunds Millionär,
Was an Gestalten Du der
Volkskunst geschenkt, sieh her.
Die steh'n auf den Beinen
Noch fest, für alle Welt,
Sie stehen auf den Beinen,
Auf die Du sie gestellt.
Wem dieses tat gelingen,
Den hemmt kein Erdenleid,
Der schwebt auf Genius Schwingen
In die Unsterblichkeit.' "

Auch in der jungen Republik war für den Starkult Platz. Als der berühmte Tenor Enrico Caruso im Sommer des Jahres 1921 starb, war die Titelseite der „Illustrierten Kronenzeitung" selbstverständlich dem populären Italiener gewidmet, der in der Wiener Staatsoper nur ein paar Mal aufgetreten war, aber schon zu Lebzeiten zu einer legendären Persönlichkeit geworden war:

„Mit ihm ist einer der größten Sänger aller Zeiten aus dem Leben geschieden. Caruso war zweimal in Wien, wo er in der Oper unter dem Jubel der begeisterten Zuhörer seine schönsten Partien sang . . . Caruso hat ein sehr bedeutendes Vermögen hinterlassen. Es beträgt, da es in Dollars angegeben war, 50 Millionen Dollar."

Die österreichischen Gegenbeispiele hießen Leo Slezak und Maria Jeritza, Lotte Lehmann und Jan Kiepura. Sie waren zu einer Zeit, in der die Schallplatte noch relativ unbekannt und ein exklusives Vergnügen für ganz kleine Zirkel war, die absoluten Publikumslieblinge der Wiener Staatsoper. Sie waren aber auch die Stars einer Opernepoche, in der weder Dirigenten noch Regisseure besonders geschätzt wurden. Richard Strauss oder Giacomo Puccini nahmen in ihren Arbeiten auf diese Stars, auf ihren Stimmumfang und auf ihre besonderen Ausdrucksmöglichkeiten Rücksicht. Der Dramaturg der Staatsoper und Fernseh-„Opernführer" Marcel Prawy verbrachte in den zwanziger Jahren zahllose Abende in der Staatsoper und schildert sehr anschaulich die Wirkung der Bühnenlieblinge. Über Maria Jeritza berichtet er:

> „Man nannte sie die Duse der Oper, und das Burgtheater, wie später auch der Broadway wollte sie als Sprechschauspielerin haben. Ihr Sopran war von einzigartiger Leuchtkraft, ihr Spiel ein Vulkanausbruch menschlicher Leidenschaften. Ihre Spitzentöne stieß sie fast mit dem ganzen Körper ins Publikum, jeder Ton war eine Lockung der Sinne."
>
> *(Marcel Prawy, „Die Wiener Oper", Wien-München-Zürich-Innsbruck 1969 ergänzte und überarbeitete Neuauflage, S. 172)*

Ein häufiger Partner der Jeritza in Opern wie „Tosca" oder „Turandot" war Jan Kiepura. Sein Ruhm wurde in den dreißiger Jahren durch ein neues Medium – den Tonfilm – in alle Welt getragen; wie man aus einer anderen Prawy-Episode erfahren kann, schaukelte sich die Publikumsbegeisterung in der Oper noch weiter auf:

Josephine Baker, der Revuestar

Maria Jeritza, die Operndiva – Jan Kiepura, der Filmliebling

„Eines Tages stellte er in einem seiner Filme wieder einmal einen berühmten Sänger dar, und in einer der Endszenen des Streifens, wo ihn die begeisterten Opernfans am Bühnenausgang umdrängten, sprang er kurzerhand auf das Dach seines parkenden Autos und sang von dort herunter eine Zugabe nach der anderen. Die Wiener ‚Kiepura-Mädchen' wollten das aber auch live sehen . . . So wurde der Einfall des Drehbuchautors zum geheiligten Brauch, und jedes Mal, wenn nun der junge Pole aus dem Bühnentürl kam, mußte er auf das Dach seines Autos hinaufturnen und singen ‚Heute Nacht oder nie'. . . Bei der heutigen Verkehrs- und Parkplatzsituation in Wien wäre so etwas überhaupt nicht mehr möglich, denn um das Auto mit dem Sänger standen nicht etwa nur ein paar Dutzend Jugendliche und Opernnarren, sondern man hatte den Eindruck, als ob sich sämtliche Zuschauer hier nach der Vorstellung nochmals zusammenrotteten und mit den übrigen Wienern zu einem einzigartigen improvisierten Publikum verschmolzen. Der Verkehr auf dem Ring stockte . . ."

(Marcel Prawy, „Die Wiener Oper", S. 225)

Wir haben hier schon einen Sprung nach vorne gemacht, die neuen Zauberinstrumente hießen Radio und Film. Schon der Stummfilm hatte neue Stars hervorgebracht und die elitären Vergnügungen, Theater und Oper, für ganz neue Publikumsschichten zugänglich gemacht. In der Republik Österreich waren allein zwischen 1918 und 1930 700 Spielfilme gedreht worden. Denn nicht nur stand vor den ehemaligen und nun zu Kinos umgebauten Vorstadttheatern ein neues Publikum Schlange, auch viele Hasardeure und

Abenteurer stürzten sich in die neue Branche. Graf Sascha Kolowrat war einer der Erfolgreichen. Seine 1910 gegründete Sascha-Film setzte sich weltweit durch. Filme wie „Sodom und Gomorrha", 1922 auf dem Wiener Laaerberg und auf dem Erzberg gedreht, wurden auch internationale Erfolge. Unter den 3000 Statisten dieses Stummfilms befand sich auch ein gewisser Willi Forst.

Gleichzeitig mit dem Stummfilm hatte aber auch das Radiozeitalter begonnen: „Hallo, hallo, hier Probesendestation Radio-Hekaphon auf Welle 700." So hatte sich der erste Radiosender im Juni 1923 in Österreich über die Antennen der Versuchsanstalt des Wiener Technologischen Gewerbemuseums an die Handvoll Hörer gewendet, die damals schon einen Radioempfänger besaßen. Etwas mehr als ein Jahr später, am 30. September 1924, fand im Festsaal des Bundesministeriums für Heereswesen die konstituierende Generalversammlung der österreichischen Radio-Verkehrs-AG statt. Die RAVAG gewann rasch Abonnenten. Am 16. Juli 1930 wurde in der „Illustrierten Kronenzeitung" der 400.000. zahlende Teilnehmer vorgestellt. Es war der Kaufmann Emil Volkmer, der eine goldene Taschenuhr erhielt. In 400.000 Haushalten standen also damals Radioapparate, die man zunächst nur mit Kopfhörern benützen konnte. Karl Kraus spottete über die neuen Möglichkeiten für jedermann:

> „Der Welt ist großes Heil erflossen, der Hausmeister an den Kosmos angeschlossen."
> *(Zitiert nach dem Textheft der ORF-Kassette „Radiolieblinge von gestern", Wien 1974, S. 7)*

Dennoch war Radiohören damals noch ein teures Vergnügen. Ein heftiger Streit entbrannte außerdem über die Frage, ob das neue Medium der Tod für die Theater sein würde. Im „Neuen Wiener Radiojournal" hieß es dazu etwa im Jahre 1926:

> „Die Idee, daß das Radio dem Theaterbesuch schaden könne, halten wir geradezu für grotesk! Im Gegenteil, ein großer Teil der Zuhörer wird durch eine Übertragung neugierig werden und wird das Theater, für das er sonst kein Interesse gehabt hätte, besuchen. Der beste Beweis dafür ist der gute Besuch der öffentlichen Konzerte unserer Radio-Lieblinge."

Diese Radio-Lieblinge waren zunächst ziemlich identisch mit den traditionellen Unterhaltungs-Stars. Am ersten Sendetag der RAVAG, am 1. Oktober 1924, wirkten – live selbstverständlich – die Opernsängerin Rosette Anday, der Violinvirtuose Vasa Prihoda und der Konzertpianist Alfred Blumen mit. Später wurden Julius Herrmann und seine Deutschmeisterkapelle, Richard Tauber mit Franz-Lehár-Operetten oder Leo Slezak neben den Nachrichten und den Sport-Reportagen die Hauptstützen des Programms. Mit anderen Worten: der Starkult bekam nun ganz neue Dimensionen. Denn wer etwa in Vil-

Was heute das Fernsehen, war einst der neue Radioapparat

lach über eine „Zigeunerbaron“-Vorstellung begeistert war, in der lokale Größen gefeiert wurden, der wurde nun durch die Radioübertragungen mit dem Standard der großen Institutionen bekanntgemacht. So wurden beispielsweise ab 1926 Teile der Salzburger Festspiele übertragen, was als Beweis für die ungeheuren Möglichkeiten des neuen Mediums gefeiert wurde.

Aus der Perspektive der neunziger Jahre liest sich der Kommentar, den man dazu im „Neuen Wiener Radiojournal“ fand, recht makaber:

> „Wir haben selbstverständlich nur den Wunsch, daß die ungeheure Macht des Radios von aller Politik freigehalten wird. Wir möchten jedoch die Gelegenheit nicht vorübergehen lassen, darauf hinzuweisen, welche besondere Bedeutung für uns und Deutschland diese Salzburger Übertragungen haben, die einen überzeugenden Beweis dafür bilden, daß deutsche Kunst und deutscher Geist uns und unsere deutschen Stammesgenossen zu einer kulturellen Weltmacht erheben.“

Die Demonstration der deutschen Kulturgroßmacht, des deutschen Helden, war auch ein Anliegen der frühen Filme gewesen, die in den österreichischen Kinos großen Zulauf fanden. Während in Hollywood Filme mit Rudolph Valentino entstanden, drehte Fritz Lang den Zweiteiler „Die Nibelungen“. In einem Sonderheft der Zeitschrift „Die Filmwoche“ aus dem Jahr 1924 hieß es unter anderem:

„Opernring" mit Jan Kiepura, Friedl Czepa und Theo Lingen in der Regie von Carmine Gallone; Gloria-Film 1936.

„Premiere" mit Zarah Leander, Attila Hörbiger und Richard Eybner in der Regie von Geza von Bolvary; Gloria-Film 1937.

Solche Filme mußten damals bereits die Konkurrenz zu jenen Publikumserfolgen bestehen, die unter der Leitung des Propagandaministers im Dritten Reich, Joseph Goebbels, entstanden und in denen Stars wie Emil Jannings oder Werner Krauss mitwirkten. Doch so wie der österreichische Ständestaat sich als zweiter deutscher Staat vergeblich profilieren wollte, so war auch die Konkurrenz der österreichischen Filmwirtschaft zu den Produkten der UFA nur eine Generalprobe für den späteren „Anschluß" der österreichischen Filmindustrie an das Goebbels-Propaganda-Imperium. In einem Bildband der bereits während des Zweiten Weltkriegs neu gegründeteten Wien-Film, eingeleitet mit Bildern von Reichspropagandaminister Goebbels und Reichsgauleiter Baldur von Schirach, wird behauptet, daß in den Jahren vor dem Umbruch die gesamte Wiener Filmproduktion in jüdischen Händen gelegen sei und daß diese Produzenten „die Heurigengeselligkeit, Walzertraum, Leichtsinn, Liebe und süßes Nichtstun skrupellos gemixt und dem gedankenlosen Kinobesucher als Spiegelbild eines Volkes angeboten" hätten. Eine Bilanz des ersten Produktionsjahres zeigt jedoch, daß sich der künstlerische Geschmack nicht wesentlich verändert hatte. „Mutterliebe" mit Käthe Dorsch, „Wiener G'schichten" mit Marte Harell, „Der Postmeister" mit Heinrich George und Hilde Krahl, „Unsterblicher Walzer" mit Paul Hörbiger, „Ein Leben lang" mit Paula Wessely, „Anton der Letzte" mit Hans Moser – bereits ein kurzer Überblick über die damals entstandenen Werke zeigt, daß die Linie fortgesetzt wurde. Die Popularität dieser Stücke hat sich bei den Filmreprisen im Fernsehen bis heute gehalten. Die Hauptfunktion dieser Streifen bestand zumeist darin, „von den Sorgen des Alltags abzulenken". Nur wenige Streifen, wie „Jud Süß" mit Werner Krauss, beinhalteten unter den Spielfilmen des Dritten Reiches eine klare politische Aussage. Die offizielle Propaganda fand ihren Platz im Rahmenprogramm. Die Wochenschau und die Kulturfilme vor dem Hauptfilm vermittelten die ideologischen Anliegen des neuen Regimes. In dem vorhin genannten Katalog der Wien-Film wird eine Vorschau auf die Kulturfilmproduktion der Jahre 1940 und 1941 gegeben. Hier wird die Absicht deutlicher: „Wehrhaftes Kärnten", „Sommerbrauchtum in der Ostmark", „Wagen Nummer 1 kämpft sich seinen Weg" – das sind nur ein paar Titel aus einer langen Reihe.

Ähnlich wie bei den Künstlern auf dem Gebiet der Klassik war das NS-Regime auch in der Filmbranche zu Konzessionen bereit. Man versuchte, den Regisseur Fritz Lang zu halten, der aufgrund der Rassengesetze zu den Verstoßenen zählte. Doch der Schöpfer der „Nibelungen" lehnte die Avancen von Goebbels und Hitler ab und begann in den Vereinigten Staaten seine zweite Karriere. Auch die Erfolge der Schwedin Zarah Lean-

Paul Hörbiger, Marte Harell und Hans Moser in „Wiener G'schichten"

der wurden zunächst nur halbherzig akzeptiert. In ihren Memoiren schrieb das gefeierte Idol der dreißiger und vierziger Jahre, das mit Filmen wie „Zu neuen Ufern" oder „Heimat" zu den ganz Großen aufgestiegen war, später:

> „Goebbels betrachtete es als Armutszeugnis, daß das stolze dritte Reich nicht eine eigene Garbo produzieren konnte. Diese Schwedin paßte ihm einfach nicht, und dementsprechend behandelte man mich von oben wie Luft."
>
> *(Zarah Leander, „Es ist so wunderbar!", Hamburg 1973, S. 170)*

Allerdings änderte sich das Mißtrauen mit den Filmerfolgen. Zum Unterschied zu Marika Rökk bezog die Leander mehr als die Hälfte ihrer sehr hohen Gagen in Devisen, die ihr nach Stockholm überwiesen wurden. Der Filmstar aus dem Norden revanchierte sich mit Filmen wie „Die große Liebe", 1942, der zu den größten Filmerfolgen des Dritten Reiches zählte:

> „Der Film zeigt, wie die gefeierte Sängerin aus Skandinavien durch die Liebe zu einem Fliegeroffizier lernt, was die Pflicht einer deutschen Soldatenfrau ist. Im Luftschutzkeller reiht sie sich sogar in die Gemeinschaft der Hausbewohner ein.

Zarah Leander und Marika Rökk, die beiden Gegenspielerinnen des Tonfilms

Die verwöhnte Primadonna entdeckt, daß die Leute gar nicht so schrecklich sind, und singt dann sogar vor deutschen Soldaten in Paris."

(Zitiert nach: Helga Belach, „Wir tanzen um die Welt", Deutsche Revuefilme 1933-1945, München -Wien, S. 135f.)

Die Schlager dieses Films, „Mein Leben für die Liebe", „Davon geht die Welt nicht unter" und „Ich weiß, es wird einmal ein Wunder gescheh'n" wurden tatsächlich in den Luftschutzbunkern des Dritten Reiches nachgesungen – zu einem Zeitpunkt, als Zarah Leander sich mit den Bonzen des Dritten Reiches überworfen und ihrer Wahlheimat den Rücken gekehrt hatte.

In all diesen Jahren war aber der Erfolg der Filmidole mit der geradezu gottesähnlichen Stellung des einzigen Führers Adolf Hitler gekoppelt.

Man versteht heute das Pathos nicht mehr, zu dem damals Schriftsteller und Politiker, einfache Soldaten und Schulkinder fähig waren, wenn sie dem Führer huldigten. In einer Tornisterschrift des Oberkommandos der Wehrmacht fand sich etwa eine Widmung von Heinrich Zillich, die mit der Überschrift „Den Deutschen von Gott gesandt" versehen ist:

„. . . Hell in das Große hinein führt sie dein sicherer Schritt.
Was je der alten Kaiser weltweites Auge erträumt, mächtiger
war deine Tat, und in das Ährenmeer

Der Führer-Kult verhalf Adolf Hitler zu einem fast gottähnlichen Status

schreitet dein Volk der ewigen Säer und Schnitter
körnerumschwirrt und Herrn wie einst,
da sie den Zeiten das Maß so wie heute bestimmten.
Aber noch niemals ward solches Los gold'ner gewährt
als jetzt, Führer der Deutschen, seitdem
du sie geadelt!"

(Zitiert nach: Ernst Loewy, „Literatur unterm Hakenkreuz", Frankfurt 1969, S. 257)

In der Wiener Ausgabe des „Völkischen Beobachters" vom 12. März 1939 hatte der Romanschriftsteller Mirko Jelusich in Erinnerung an den Einmarsch der Hitlertruppen in Österreich unter dem Titel „Führer, dein Name!" geschrieben:

„... Er war der Ruf zu klar erkannter Pflicht,
Er war der Traum, den wir in Sehnsucht wiegten,
Er war fünf Jahre Nacht das einz'ge Licht,
Er war das Zeichen, unter dem wir siegten."

Der Name Adolf Hitlers wurde auch zur Kurzformel für alle zerstörten Illusionen und Hoffnungen, als der Krieg verloren war, als die Bilanz des Grauens feststand. In den Tagebuch-Aufzeichnungen von Ralph Roland Ringler, der nach dem Anschluß einer der führenden HJ-Funktionäre war, findet man unter dem Datum 20. April 1945 eine plastische Schilderung aus der Schlußphase des Krieges. Ralph Roland Ringler war damals mit dem HJ-Volkssturm auf der Flucht in Niederösterreich:

Die Illusionen von Millionen wurden zerstört

„Heute, an Führers Geburtstag, gibt es keine Reden, keine Feier. Das war der Tag, an dem wir vereidigt wurden, vereidigt auf unser Idol, auf unser Reich, mit der Verpflichtung, für beide das Leben einzusetzen. Wo ist ‚er'? ‚Er' lebt noch, ‚er' kämpft noch, ‚er' hat uns noch nicht verraten. ‚Er' gibt noch Befehle. ‚Ihm' gehorchen sie noch alle . . . Uns hat niemand gesagt, was zu tun ist, wenn unser Land vom Feind besetzt wird. Wir glauben noch immer, daß Eid Eid ist, daß Treue Treue bleibt und daß uns kein Mensch der Welt von diesen Verpflichtungen entbinden kann. So marschieren wir an Führers Geburtstag – beladen mit vielen Gedanken, Zweifeln und Hoffnungen. Wir hoffen, daß nicht alles umsonst war, daß wir nicht einer falschen Idee geschworen, daß die Lumpen in Wahrheit gar keine Lumpen, die Verräter keine Verräter und unsere Führer alle edle Menschen sind."

(Ralph Roland Ringler, „Illusion einer Jugend", St. Pölten-Wien 1977, S. 204f.)

Für viele war es zu diesem Zeitpunkt keine Frage mehr, daß sie Opfer einer Ideologie geworden waren, die bewußt an die Begeisterungsfähigkeit der Volksmassen appelliert hatte. Der Ernüchterungsprozeß hatte sich schon lange angebahnt. Auch die Anschlußbegeisterung war zerstoben. Aber in der Not der ersten Nachkriegsmonate, inmitten der Schutthaufen, angesichts einer Bilanz des Grauens, die von den Besatzungsmächten hinsichtlich der Holocaust-Tragödie vorgelegt wurde – angesichts dieses materiellen wie geistigen Elends brauchte man neue Illusionen. Eine neue Unterhaltungsindustrie blühte auf, und die Kinos, in denen die „unpolitischen Filme" des Dritten Reiches zunächst weitergespielt wurden, florierten. Filmhit im August 1945 war beispielsweise „Kora Terry" mit Marika Rökk. Man stürzte sich aber bald auf Themen aus der altösterreichischen Vergangenheit. Mozart und Schubert wurden zum Synonym für eine eigene österreichische Kultur und das Raunzen und Nuscheln Hans Mosers zum Inbegriff österreichischer Wesensart.

Vor diesem Hintergrund liest sich auch ein Artikel im „Neuen Österreich" vom 15. Juli 1945 über „Willi Forst an der Arbeit" als zukunftweisend:

> „Immer wieder fragen die Kinobesucher nach Willi Forst. Denn seit bei einem Luftangriff der ‚Philipp-Hof' hinter der Oper, in dem sich die Büros der Forst-Film befanden, völlig zerstört wurde, wobei einem Gerücht nach mit anderen Filmschauspielern auch Willi Forst im Luftschutzkeller des Gebäudes umgekommen sein sollte, verstummten die Gerüchte über ihn nicht, die selbstverständlich alle unsinnig und unwahr sind. Nein, Willi Forst ist weder tot noch verschleppt worden, weder im letzten Augenblick den Nazi zum Opfer gefallen, noch gar geflohen. Er lebt in Wien, das er nicht einen Tag verlassen hat, und arbeitet."

In der Folge wird dann hervorgehoben, wie international die Anerkennung von Forst-Filmen war. „Maskerade" sei in Persien oder in Japan gespielt worden. Selbst im besetzten Paris, das deutsche Filme sonst stillschweigend abgelehnt hatte, hatte der „Bel ami" einen so ungeheuren Erfolg erlebt, daß eine neue Riesenauflage des Romans von Maupassant gedruckt werden mußte und von Dünkirchen bis Pau noch der letzte Gassenbub den Hauptschlager pfiff.

Die Richtung wurde damals auf Jahre hin vorgegeben. Der neue österreichische Film setzte die Linie von „Wiener Madln", dem letzten Willi-Forst-Film, der im Dritten Reich gedreht worden war, fort. Während in Italien Roberto Rossellini mit Anna Magnani „Rom, offene Stadt" drehte, entstand in Österreich das Familienepos „Der Engel mit der Posaune", dessen Besetzungsliste zahlreiche Burgschauspieler aufweist. Und auch als der Farbfilm neue Möglichkeiten der Illusionstechnik mit sich brachte, blieb man in Österreich auf den Traditionswegen. Mozarts Leben wurde ein zweites Mal verfilmt, an Stelle von Hans Holt war nun Oskar Werner in der Titelrolle zu sehen. Diese Tradition setzte sich auch fort, als die „Sissi"-Trilogie mit Romy Schneider und Karl-Heinz Böhm entstand. Man entdeckte die österreichische Vergangenheit – zumeist unter Verzicht auf jeden kritischen Ansatz, zumeist sehr verkitscht, aber zunächst noch erfolgreich. Das Ende dieser zweiten Blüte der österreichischen Filmindustrie kam in den sechziger Jahren. Die unglaubwürdige klamaukhafte Österreich-Nostalgie wurde damals von verschiedenen Seiten konkurrenziert. Das Fernsehen war in der Zwischenzeit auch in Österreich heimisch geworden. Die Jugend hatte neue Idole, die zumeist aus dem angloamerikanischen Raum importiert wurden und James Dean, Elvis Presley oder Bill Haley hießen. Der Siegeszug von Radio und Schallplatte hatte eine breite Programm-Auffächerung ermöglicht. Ein neuer kritischer Geist machte sich bemerkbar, der zur Jugendrevolte der späten sechziger Jahre führen sollte.

Man braucht nur die Zeitschrift für Film und Fernsehen, „Bravo", durchzublättern, deren Nummer 1 am 26. August 1956 erschien. Auf der Titelseite sieht man eine lachende Marilyn Monroe, im Blattinneren erfährt man dann Einzelheiten über das neue Idol der Jugend, Elvis Presley:

> „Die Fans stürmten in New York die Kinokassen. ‚Presley, Presley!' Sie kennen seine Schallplatten, sie sahen ihn im Fernsehen. Jetzt wollen sie ihn in seinem ersten Film bewundern. Elvis in Farbe und Cinemascope. Der Film hätte gar keine Handlung gebraucht. Wenn Elvis nur singt, rockt und rollt, dann ist das Kino schon voll. In Hollywood werden zur Zeit hohe Wetten abgeschlossen, ob Elvis und sein Film auch in Europa so groß ankommen."

Die Sorge der Produzenten war unbegründet. Zur selben Zeit waren James-Dean-Filme der große Kassenschlager. Ein Jahr nach dem tödlichen Autounfall des erst 24jährigen James Dean kursierte noch das Gerücht, daß James Dean lebe. Er wolle sich nur nicht zeigen, weil sein Gesicht durch den Unfall entstellt sei. Aber er gäbe Autogramme. Und das Autogramm-Geschäft florierte.

Es ist die Zeit, in der das Schlagwort von den „Halbstarken" Mode macht; die jungen Leute proben den Aufstand gegen die ältere Generation. Den neuen Idolen einer neuen internationalen Medienindustrie kommt bei dieser „Selbstfindung" eine Schlüsselrolle zu. Nur so erklären sich der Siegeszug der Beatles in den sechziger Jahren, die suggestive Wirkung der Rolling Stones oder die Verkaufserfolge von Langzeitstars wie Tina Turner. Es ist aber auch der Beginn der Epoche, in der das Fernsehen auch in Österreich zum Unterhaltungsmedium Nummer 1 wird. Von Politikern wie dem ÖVP-Bundes-

Elvis-Presley-Kult – Mit dem neuen Medium Fernsehen kamen auch neue Stars

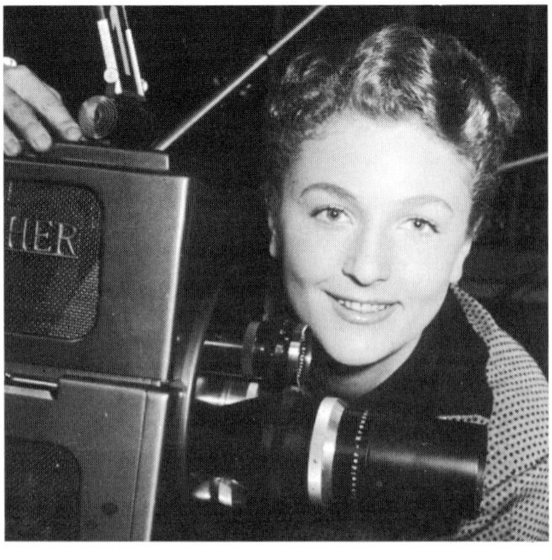

7 Groschen

Illustrierte Kronen Zeitung

40 Heller

31. Jahrgang. Nr. 11.057.

Wien, Freitag den 31. Oktober 1930.

Grauenhafter Doppelmord bei Mistelbach. Der Mörder geflüchtet. Die Leichen im Pferdestall.

„Walzer aus Wien.“

An unseren strengen Gesetzen ändert sich nichts:

Auch in EU keine Ausländer-Flut

Bericht Seiten 4 und 5

Niederösterreich

Wien 19, Muthgasse 2, Telefon 36 01-0

Neue Kronen Zeitung UNABHÄNGIG

Samstag, 4. Juni 1994 / Nr. 12.231, S 8.-

Geisterfahrer bei Unfall getötet

Arnoldstein. – Ein Geisterfahrer krachte auf der Autobahn bei Arnoldstein (Kärnten) gegen einen Lastwagenzug. Der Wahnsinnslenker – ein Italiener – wurde bei dem Zusammenstoß getötet (Lokales).

Berli, paß auf deine Frau auf!

Eine neue Schönheit an Clintons Seite! Es ist Ministerpräsident Berlusconis (l.) schöne Gattin Veronica, die auf dem Kapitol in Rom die intensive Aufmerksamkeit des US-Präsidenten erregte. Bei diesem „Treffen mit den römischen Bürgern“ hat der neue italienische Regierungschef erstmals seine sonst wohlbehütete und von der Öffentlichkeit abgeschirmte zweite Frau vorgestellt, ein früheres Starlett in Berlusconis TV-Sendern.

Die alte und die neue „Kronen-Zeitung“ 1930, 1994

kanzler Julius Raab noch als „Narrenkastl“ eingestuft, bildet sich jenes Medium heraus, das heute tatsächlich das Leben fast der gesamten Bevölkerung berührt.

Die Anfänge des neuen Mediums waren ähnlich bescheiden wie die des Radios. Am 1. August 1955 gab es das erste Programm. Die Studios befanden sich in einer ehemaligen Hauptschule im zwölften Wiener Gemeindebezirk, in der Singrienergasse. Es gab damals in ganz Österreich etwa 500 Geräte. Dafür war bis zum Beginn des Jahres 1958 der Empfang kostenlos. Der erste Programmpunkt war typisch: Beethovens „Egmont“-Ouverture, gespielt von den Wiener Philharmonikern, Dirigent: Wilhelm Furtwängler. Dazu sah man Gemälde, Skulpturen und Flammenspiele in Opferschalen. Danach gab es eine Diskussion von Chefredakteuren über das Thema „Fernsehen – eine Gefahr für die Presse?“ Man kam zu dem Schluß, daß Konkurrenz gut sei. Und tatsächlich geben die Medienalysen von heute dieser Prognose der ersten offiziellen TV-Sendung in Österreich recht. Die Zeitungen erreichen immer neue Verkaufsrekorde. Zumindest dann, wenn man die Auflage aller Zeitungen zusammenrechnet, denn parallel zum Vormarsch des Fernsehens gab es auch eine Konzentrationsbewegung auf dem Zeitungssektor. Die Millionenziffern der „Neuen Kronenzeitung“ hat 1955 wohl noch niemand vorausgesehen. Medienfachleute erklären die Erfolge des Kleinformats, das am 10. April 1959 zum Preis von einem Schilling je Nummer neu herauskam (Schlagzeile: „Opernsängerin und lebensmüde weiße Maus“), mit einer Konzeption, die für das Fernsehzeitalter vorprogrammiert war. Viele sehr persönlich verfaßte Kommentare, Illustrationen und Karikaturen, Klatsch und Tratsch an Stelle von Top-News (die ohnedies vom Fernsehen vermittelt werden) – das könnte tatsächlich ein Rezept für ein Massenblatt im Schatten der TV-Allmacht sein.

Unbestritten ist jedenfalls, daß die neuen Idole nur mit Hilfe der neuen Massenmedien aufgebaut wurden. Während die österreichische Filmindustrie in ein Tief schlitterte, aus dem sie bis heute – allen Ausnahmen wie Niki Lists „Müllers Büro" zum Trotz – nicht richtig herausgefunden hat, setzten sich im Fernsehen neue Publikumslieblinge durch. Ein Heinz Conrads, ein Paul Löwinger oder später ein Karl Moik wären wohl einige Jahre zuvor bloß Lokalmatadore geblieben. Und die Popularität, die Fernsehsprecher oder Wetter-Moderatoren erlangen, ist in dieser Art und Weise überhaupt einmalig.

Das Fernsehen hat nämlich auch eigene, neue Gesetze entwickelt. Die Frage, ob ein Sportler telegen ist oder nicht, entscheidet über das Interesse der Zuseher ebenso wie über die Nachfrage nach jenen Skiern, mit denen er etwa als Erster durchs Ziel fuhr. Das gilt für Toni Sailer ebenso wie für Franz Klammer oder Annemarie Moser-Pröll. Und das gilt zu Beginn der 90er Jahre für einen Alberto Tomba oder eine Anita Wachter . . .

Auch die Politik hat längst die Medien für sich entdeckt. Weder ein Bill Clinton, noch ein Franz Vranitzky, weder ein Jörg Haider, noch ein Boris Jelzin sind ohne entsprechende Medienpräsenz vorstellbar. In Österreich hat diese Entwicklung hin zu Helmut Zilk der Langzeit-Kanzler Bruno Kreisky eingeleitet. Es war nicht zuletzt eine Wahldiskussion zwischen Josef Klaus und Bruno Kreisky, die zum ersten Wahlsieg Kreiskys 1970 führte. Und bei seinem besonders hohen Wahlsieg im Mai 1979, als er über den gar nicht telegenen Josef Taus triumphierte, schrieb Thomas Chorherr in der Zeitung „Die Presse" (7. Mai 1979):

Annemarie Moser-Pröll – Mick Jagger

Karl Schranz, 1972

„Dieser Bruno Kreisky ist nun schuld am größten Wahlsieg, den die SPÖ in der Zweiten Republik erringen konnte. Er kalkulierte Sicherheit und Vaterfigur. Was heißt Vaterfigur? Er wollte Autorität, ein Kaiserimage. Daß am Vorabend des Wahltages mehrere tausend Besucher einer Operettengala in der Wiener Stadthalle jubelten, als in einer Kutsche Fred Liewehr in der Maske des alten Kaisers auf die Bühne fuhr, paßt haargenau in dieses Bild. Die SPÖ siegte vor allem deshalb, weil sie einen Ersatz-Kaiser präsentierte: den seit Leopold Figl und Julius Raab populärsten Regierungschef – und den seit 1945 international angesehensten Politiker."

Es wäre sicherlich falsch, die These aufzustellen, Bruno Kreisky sei nur durch das Fernsehen so populär geworden, aber daß der „Medien-Kanzler" wie kein zweiter den Gesetzen des neuen Mediums gerecht wurde, steht sicherlich außer Zweifel. Im Grunde sollte diese Entwicklung nachdenklich stimmen. Seit dem Ende des Dritten Reiches werden zwar Idole zumindest auf der politischen Ebene nicht mehr so schamlos aufgebaut wie damals, als eine Führer-Rede zum Ritual von Hunderttausenden wurde: Zumindest gilt dies für die politische Ebene. Denn die gleichen audivisuellen Ströme, die zunächst die neuen Stars aufbauen, beginnen heute immer öfter unvorstellbare Schlammschlachten und Enthüllungs-Kampagnen, um die medialen „Götter" wieder zu „entzaubern".

Das gilt sogar für die sogenannten „Mega-Stars": egal ob Herbert von Karajan, Leonard Bernstein oder John Lennon, bei allen diesen „Super-Idolen" gab es Enthüllungs-Bücher und auflagenstarke „Die Wahrheit über . . ."-Machwerke. Dies findet sich auch bei Marlene Dietrich und erst recht bei Michael Jackson. Selbst die Legende aller Legenden im „Rock-Himmel", Elvis Presley, blieb davon nicht verschont. Zum fiktiven 60. Geburtstag des Sängers, der nach wie vor zu den meistgespielten Interpreten der Radiowelt gehört, konnte man etwa in der Zeitung „Der Standard" von 7./8. Jänner 1995 lesen:

> „Wer viel zu geben hat – von dem Übermächtiges verlangt wird –, der fängt an, auch viel zu nehmen. Je mehr Elvis nach seinen Anfängen als ‚Hillbilly-Cat', nach seiner ‚Läuterung' im Armeedienst, nach den Teenie-Filmen der Sixties und vor allem nach seinem ‚Comeback' '68 zum größten Entertainer aller Zeiten aufstieg, desto tiefer sank er in den 70ern.
>
> Er forderte für sich, wie es *The Residents* auf ihrem Album *The King and I* formulieren, so viel, daß er zum ‚King of Need' verkam: ‚Er wollte alles, aber er war noch immer ein Baby – und deshalb starb er', mutterseelenallein, aufgequollen an Freß- und Amphetaminsucht: Das Ende eines Traums, der gerade deshalb weiterlebt. Denn auch die letzten Auftritte in Las Vegas als Abglanz seiner selbst bergen in sich berührende, wenn auch tragische Aspekte."

Tina Turner

Man sieht: die Idole unseres Jahrhunderts überleben auch die „Meuchel-Enthüllungen“; vielleicht gehört diese Seite sogar zum Wesen des Starkults. Zumindest ist dies die Ansicht einer Theaterwissenschaftlerin, die über die „Mega-Ikone“ unseres Jahrhunderts, über Sarah Bernhardt, eine Ausstellung zusammenstellte und diese Ideal-Kameliendame, Salome oder Tosca mit einem Pop-Idol wie Michael Jackson verglich. Diese These hat etwas für sich:

„Glanz, Ruhm, Erfolg, eine ganze Welt liegt zu Füßen: Starkult vor einhundert Jahren. Juwelen, Roben, Pelze, ein Meer von Blumen – die Stars vor der Jahrhundertwende, als der Film gerade erst erfunden wurde, waren die Theaterschauspielerinnen. Tausende von Verehrern, Dutzende von Liebhabern, exzentrische Szenen, Skandale – ein veröffentlichtes Privatleben jenseits bürgerlicher Norm. Idol zahlloser Mädchen und Frauen, Ungebundenheit, beruflicher Erfolg und Entscheidungsfreiheit: die Schauspielkarriere als erste Daseinsform weiblicher Emanzipation.

Diese faszinierende Mischung verkörperte in vollendeter Perfektion der erste Weltstar der Bühne, Sarah Bernhardt. Gekonnt baute sie ihr Image als Mischung aus Rollenrepertoire, Erscheinungsbild, Ambiente, persönlichen Charakteristika und publiziertem Privatleben. Ganz im Sinne moderner Marktstrategien einer ‚Corporate identity‘ fügte sie diese Bestandteile zu einem klar umrissenen Ganzen zusammen, warf dieses Produkt auf den Weltmarkt und verdiente damit Unsummen, die wiederum von ihrem exorbitanten Lebensstil größtenteils verschlungen wurden.

Mechanismen und Strategien haben sich in der über einhundertjährigen Entwicklungsgeschichte des Starkults nicht verändert. Trotz des Wechsels der Genres – Theater, Film, eingeschränkt Fernsehen, Popmusik und Sport – blieb das Prinzip von Imagekreation und Vermarktung identisch und wurde von Gattung zu Gattung tradiert . . . Noch heute erweist sich als pressewirksam, daß Sarah Bernhardt kein Klischee damaliger Provokation ausließ.

Sarah Bernhardt – eine Fülle von Assoziationen stellt sich ein bei diesem Namen. Die Plakate von Alfons Mucha. *Die Kameliendame.* Fotografien von Nadar. Theaterspiel trotz amputiertem Bein. Skandale. Unzählige Liebesaffären. Theater auf der Bühne und im vorgezeigten Leben.

Was hat sie mit Michael Jackson gemeinsam? Ihre Vorliebe, in einem Sarg zu schlummern – keine private Skurrilität, sondern ein scheinbar intimes Detail, an dem Massen interessiert werden. Souvenirartikel. Produktwerbung. Monatelange Tourneen mit exorbitanten Reisestrecken. Das riesige Konvolut an Reisekoffern machte ebenso Schlagzeilen wie die bisher größte Anzahl Trucks. Weltstars – beide.

(Claudia Balk, Theatergöttinen, Frankfurt am Main 1994, S. 7/8)

5. Sport

Turnen in der Zwischenkriegszeit – Niki Lauda – Toni Innauer

Kaum ein anderer Teilbereich unserer Gesellschaft hat sich so gewandelt wie der Sport. Am Beginn der Republik Österreich wirkten noch Traditionen weiter, die jahrhundertelang gegolten hatten: körperliche Ertüchtigung und sportlicher Wettkampf waren ein Vorrecht der Oberschicht, des Adels, im 19. Jahrhundert auch des Großbürgertums. Seit dem Mittelalter waren Reiten und Jagen ein Privileg des Herrenstandes, und verschiedene leichtathletische Übungen, ja sogar das Ballspiel, waren ursprünglich Teil der „ritterlichen“ Ausbildung.

Zu Beginn der jungen Republik findet sich in den Zeitungen noch relativ wenig über Sportveranstaltungen. Die paar Notizen sprechen für sich – „Trabfahren zu Baden“ oder „Erstes Rennen der Dreijährigen“ –, mit solchen Schlagzeilen war das Kapitel Sport oft schon ausgeschöpft. Diejenigen, die zur Jagd gingen oder sich einen Urlaub am Semmering oder in Südtirol leisten konnten, brauchten nicht die „Neue Freie Presse“ oder die „Illustrierte Kronenzeitung“ zur Information. Allerdings war diese Fin-de-siècle-Gesellschaft, die man etwa in Arthur Schnitzlers Drama „Das weite Land“ (geschrieben 1911) kennenlernen kann, durch die Kriegsereignisse etwas in Unordnung geraten. Viele Stammgäste der Nobelhotels am Semmering waren verarmt, und in den Kurorten wie Gastein und Bad Ischl sah man nun auch sogenannte Kriegsgewinnler. In einem Gedicht in der „Illustrierten Kronenzeitung“ vom Sonntag, dem 28. August 1921, wird diese neue Aufsteigerklasse karikiert:

„Es ist die Bergwelt heut modern,
Die Zeit hat sie gemodelt.
Man sieht nur gern die feinen Herrn,
Die einst (die Zeit ist gar nicht fern)
Noch durchaus nicht gejodelt.
Sie sind von einem andern Schlag,
Die heut’ dort oben siedeln,
Auf Berg und Hag,
bei Nacht und Tag,
Nichts anders sie erfreuen mag
Als fressen, saufen, fiedeln.
Doch ist ein ungebet’ner Gast
Wer nicht ein reicher Schieber.
Mit kühler Hast weist man zur Rast
Ihm einen Raum. Er hört es fast:
‚Wärst du erst fort, mein Lieber.‘ “

Zu den Sportvergnügungen der Reichen gehörte aber nicht nur das Bergwandern, die Jagd oder der Besuch von Pferderennen, selbst das Schwimmen – heute Volkssport Nummer eins – wurde damals noch von relativ wenigen beherrscht, und auch Skifahren war noch für längere Zeit kein Massensport. Doch das alles sollte sich innerhalb weniger Jahre ändern. In den letzten Jahrzehnten des 19. Jahrhunderts war von den neuen Massenparteien die Bedeutung des Sports für die soziale, körperliche und gesundheitliche Situation bereits erkannt worden. Darüber hinaus hatte sich schon abgezeichnet, daß die politische Schulung der Jugend mit Hilfe von Sportorganisationen besonders effektiv war. Zu alldem kam dann die Wandervogel-Bewegung, die quer durch alle sozialen Schichten Anhänger fand. In den Memoiren der im Konzentrationslager Ravensbrück ums Leben gekommenen sozialdemokratischen Funktionärin Käthe Leichter findet man eine plastische Analyse der Faszination, die von dieser Wandervogel-Bewegung auf die bereits etablierten Jugendorganisationen ausging:

> „‚Die deutsche Jugend will aus eigener Erkenntnis, in eigener Verantwortung ihren eigenen Weg gehen.' Das war der Schwur, den deutsche Jungen aus allen Gauen Deutschlands im Frühjahr 1913 auf dem Hohen Meissner geleistet hatten. Auch Österreich war dort vertreten gewesen, auch hier entstand eine erste Jugendbewegung. Bis dahin hatte es wohl auch in Österreich Jugendorganisationen gegeben: die sozialdemokratische, die katholische und die zionistische, die der Pfadfinder, Wehr- und Sportverbände – alles Zweckorganisationen, in denen die Jugend, von Älteren geführt, in den Dienst bestimmter Prinzipien und Ziele, die Ältere verfochten, gestellt wurde: Klassenkampf, Kirche, Palästina-Gedanke, Vaterlandsliebe, körperliche Ertüchtigung. So bezeichnete die Sozialdemokratie ihre Arbeiterjugend gerne als Rekrutenschule und betonte damit am klarsten, daß es sich hier nur um eine Durchgangsorganisation handle. Die Jugend war ein Übergangsstadium, sie wurde geführt und betreut, ohne zu einer selbständig wirkenden Kraft zu werden. Aber da schlugen die Wellen der deutschen Jugendbewegung auch nach Österreich herüber. Sie hatte verschiedene Wurzeln, diese deutsche Jugendbewegung. Die lagen zum größten Teil in der schon seit Jahren bestehenden und immer mehr um sich greifenden Wandervogel-Bewegung. Durch die Wälder und über die Landstraßen zogen die Wandervögel, in kurzer Hose und Samtjoppe die Buben, mit wallendem altdeutschem Kleid die Mädel. Klampfe und Rucksack umgehängt, eine seltsame Mischung wiederauflebender deutscher Romantik, bei der man alte Burgen umschwärmte, altdeutsche Wanderlieder und Reigentänze ausgrub, und neuzeitlicher Auflehnung gegen Biertisch und Familien-Philistertum, gegen Konvention und hergebrachte Moral – von den Bürgern belächelt und – vor allem wegen des gemeinschaftlichen Wanderns und Lagerns der Geschlechter begeifert. So lag nicht nur Romantik, sondern auch ein gut Stück Kulturrevolution in dieser Wandervogel-Bewegung, in der überdies Männerbündelei und Knabenliebe eine große Rolle spielten."
>
> *(Käthe Leichter, „Leben und Werk", herausgegeben von Herbert Steiner, Wien 1973, S. 329)*

Dieses Zitat von Käthe Leichter macht vieles an der Geschichte der österreichischen Sportbewegung in den verschiedenen politischen Lagern in der Zwischenkriegszeit verständlich. Diese deutschtümelnde Romantik findet sich recht häufig, auch dort, wo man sie nicht vermuten würde. So war im Jänner 1922 in den „Kärntner Nachrichten" zum Beispiel ein Feuilleton des Parlamentsabgeordneten Josef Resch zu finden, der sich mit der Frage „Sport und Christentum" beschäftigte:

> „Durch Geld und Güter suchen viele die Herrschaft über das Volk zu erlangen, während sie ihren unedlen Neigungen die Zügel schießen lassen. Wenn schon das jetzige Geschlecht sich verlorengibt, unsere Jugend muß freibleiben von Genußsucht und Üppigkeit. Kein besseres Mittel dagegen, als Körpersport und christliche Sittlichkeit! Unserer Volksgemeinschaft wird so aus der körperlichen Ertüchtigung des einzelnen großes Heil entstehen. Die deutsche Eiche wird wachsen und fester stehen denn je. Einmal konnte das deutsche Volk durch Verrat überwunden werden. Sich selbst aber kann es nicht verraten, mögen auch die aus dem Ausland hereingeschwemmten Luxus- und Genußgüter es zu verderben suchen."

Die Selbstverständlichkeit, mit der hier Sport und deutsches Volkstum, Sittlichkeit und Rassismus verknüpft werden, war nicht auf die Sportideologie des bürgerlichen christlichen Lagers beschränkt. Ein halbes Jahr später rief die „Arbeiter-Turn- und Sport-Zeitung", das Organ des 17. Kreises Republik Österreich des Arbeiter-Turn- und Sportbundes, zum „1. Deutschen Arbeiter-Turn- und Sportfest" auf:

Der Volkssport war eine Errungenschaft der Ersten Republik

„Wenige Tage noch trennen uns von dem gewaltigen Aufmarsch der Arbeiter-Turner und -Sportler, der sich in den Tagen vom 22. bis 25. Juli in Leipzig vollziehen wird. Tage der Arbeit und der Freude sollen es sein, die uns zusammenführen. Fern der Werkstatt, fern dem Staub und Getöse der Fabriken und Arbeitsstätten wollen wir die Bedeutung der Körperkultur zeigen, unsere Sehnsucht nach Licht und Sonne zum Ausdruck bringen. Zum ersten Mal wollen wir in Massen demonstrieren, um die Größe unseres Bundes zu zeigen . . . Seid Euch bewußt, daß Ihr dem Gegner keinen Grund geben dürft, um auch nur eine einzige üble Nachrede nach dem Bundesfest entstehen zu lassen . . . Heraus Ihr Jungen, die Ihr lernen sollt, den Inhalt und die Größe des Bundes zu begreifen, die Ihr solch ein Fest begeht, um es als lebendiges Erlebnis für immer in Eurem Herzen zu tragen, damit es Euch allezeit ein Ansporn bleibe bis in Eure fernsten Tage. Schöpft Kraft aus den Tagen in Leipzig!
Frei Heil dem 1. Deutschen Arbeiter-Turn- und Sportfest."

Diese Demonstration der Größe, verbunden mit einer Ideologie der Körperkultur, prägte die Arbeiter-Sportvereine der Ersten Republik. Sei es die Arbeiter-Olympiade im Juli 1931 im Wiener Stadion oder auch andere Großveranstaltungen in diesem Riesenoval in den Donauauen der österreichischen Bundeshauptstadt: immer wieder fallen die Verbindung von Wehrsport und Klassenkampf und der hohe Stellenwert des gesunden Körpers auf. Zu der Feier anläßlich des 15. Jahrestages der Ausrufung Österreichs zur Republik, am 12. November 1932, luden folgende Organisationen ins Stadion: die Kinderfreunde, die Roten Falken, die Sozialistische Arbeiterjugend, die Wehrsportler der Sozialistischen Arbeiterjugend, die Sozialistische Jungfront und die Alarmabteilungen des Republikanischen Schutzbundes. Der Aufmarsch der Turner, die Gymnastikdarbie-

Baden am Donauufer oder beim Winterhafen war billig

tungen unter dem Titel „Jugend und Anmut" – sie nahmen in dieser Demonstration der Jugend viel von dem vorweg, was von den Nationalsozialisten zur Perfektion gebracht werden sollte. Dabei muß man sich einmal die Mitgliederzahlen vor Augen halten, die die sozialdemokratischen Sportorganisationen vor der Ausschaltung der Republik, vor dem Verbot ihrer Partei im Jahr 1934 erreicht hatten.

Beim ASKÖ – dem Arbeiterbund für Sport und Körperkultur – waren im Jahr 1932 mehr als 240.000 Mitglieder registriert. An diese Großorganisation kam nichts heran. Die Schwimmvereine hatten mehr als 6000 Mitglieder. Rund 20.000 Radfahrer hatten sich in sozialistischen Organisationen zusammengefunden. Die Fußballvereine lagen nur etwas darüber, bei zirka 23.000, die Tennis- und Eissportvereine rangierten bei 1000 Mitgliedern. Es gab eben noch immer bürgerliche „Sportinseln".

Die zweitgrößte Organisation nach dem ASKÖ waren die Naturfreunde. Etwa 75.000 hatten sich auf das Wandern und Bergsteigen verlegt. Im übrigen läßt sich die Sportlandschaft der Ersten Republik gar nicht so genau abgrenzen, wie dies heute möglich ist, denn die Turner veranstalteten Wanderfahrten mit dem Zelt, und die Schwimmer demonstrierten mit den Turnern auf der Ringstraße. Ähnlich verquickt waren auch die Aktivitäten der bürgerlichen und deutschnationalen Sportorganisationen. So hieß es am 25. Juli 1932 in den „Innsbrucker Nachrichten":

> „Zum erstenmal hat es der Deutsche Turngau Tirol unternommen, einen Teil seiner Gaujugend in einer Lagerwoche zu vereinigen, die der Jugend nicht nur zur Erholung und körperlichen Ertüchtigung dienen, sondern neben Turnen und Spiel, Wandern und Schwimmen auch die Pflege der Kameradschaft sowie die geistige und völkische Schulung umfassen sollte."

Zehn Tage früher, am 15. Juli 1932, hatte man in der gleichen Zeitung Gedanken zur Gründung der Heimatwehr-Jugendbewegung lesen können:

> „Das ist Verankerung der uralten deutschen Grenzlandmission Österreichs für das Gesamtdeutschtum und dessen Kultur gegen den bereits angebrochenen Materialismus sozialistischer und bolschewistischer Gedankenwelten. Der Arbeiterjugend gegenüber, deren geistige Not fast größer ist als die wirtschaftliche, gilt es, besondere Kameradschaftlichkeit zu erproben, unsere Arbeiterjugend aus der entseelten Herrschaft des Materialismus zu befreien, ihr wieder inneren Anteil an der Arbeit zu geben und sie so zur Arbeitsfreude und Arbeitsgemeinschaft zu führen, das muß neben der Sorge um die gerechte Entlohnung ihrer Leistungen die besondere Aufgabe sein. Die Heimatwehr-Jugend wird ohne Waffen zur Wehrhaftigkeit erzogen werden; im Sinne der Worte Jahns: Erst wenn alle wehrbaren Mannschaften durch Leibesübungen waffenfähig geworden, schlagfertig durch Kriegsspiele und Immer-gerüstet-sein,

kriegskühn und durch Vaterlandsliebe, dann kann ein solches Volk wehrhaft heißen. ‚Wehrlos – ehrlos.‘ “.

Freilich hieße es, die Sportlandschaft der Ersten Republik verzeichnen, wenn man nur nach dem gemeinsamen deutsch-romantischen Gedankengut sucht. Der soziale Aspekt, der fernab aller Körperideologie zum Tragen kam, läßt sich beispielsweise besonders deutlich zeigen, wenn man die Hallen- und Sommerbäder Wiens in ihrer Entstehungsgeschichte betrachtet. Vor dem Ersten Weltkrieg war bereits das Gänsehäufel in Betrieb gewesen. Eine Haltestelle der Donaudampfschiffe, die durch die Flußregulierung im Jahr 1875 ihre Funktion verloren hatte, war im Jahr 1907 zu einer öffentlichen Badeanstalt der Gemeinde Wien umgebaut worden. In der Ersten Republik wurde dieses Gänsehäufel dann zu einem der modernsten Bäder Europas ausgebaut, das in vielen anderen Metropolen zum Vorbild genommen wurde, und in den Jahren nach dem Ersten Weltkrieg kam es dann zu einer ganzen Reihe von Bädereröffnungen, allein vier davon am Ufer des Donaukanals, der damals noch nicht von Abwässern verunreinigt war. Im Sommer 1923 wurde das Schwimm-, Sonnen- und Luftbad Krapfenwaldl eröffnet, das als eines der attraktivsten Bäder der Welt gepriesen wurde. Im selben Jahr waren das Kinderfreibad Gallitzinberg und das Thaliabad in Ottakring in Betrieb genommen worden. In den Jahren 1925/26 wurde das Ottakringer Schwimm-, Sonnen- und Luftbad mit einem vielbeachteten vorgeheizten Becken eröffnet, und die Bewohner des 10. Bezirkes bestaunten das Amalienbad, das als Inbegriff moderner Hygiene und Technik galt. Dazu waren die Kinderfreibäder im Arenberg-Park, am Margaretengürtel und im Türkenschanz-Park gekommen, und im Jahre 1927 gab es fünf neue Badeanlagen für die Kinder sowie das Hohe-Warte- und das Kongreßplatz-Bad für die Erwachsenen.

Erst 40 Jahre früher war das erste Volksbrausebad eröffnet worden. Anfang der dreißiger Jahre besuchten mehr als sechs Millionen Menschen in einem einzigen Jahr das „Tröpferlbad“. Diese „hygienischen Errungenschaften“ begleiteten breite Bevölkerungskreise bis in die Wiederaufbauzeit nach dem Zweiten Weltkrieg.

Neben dem Baden- und Schwimmengehen setzten sich aber noch andere Sportarten durch. Langsam aber sicher wurde Skilaufen modern. In den Zeitungen der jungen Republik Österreich findet man Modeseiten, wie sich etwa Damen in Pluderhosen und lange Jacken hüllen konnten, um den Widrigkeiten der Kälte zu widerstehen. Das Skifahren war in der Ersten Republik noch eine Sportart, die von nur sehr wenigen stilgerecht beherrscht wurde. Man fuhr mit der Straßenbahn zum Wienerwald und versuchte dann so gut es ging, mit den langen Latten aus Hickory-Holz bergauf und bergab zu wandern. Ganz Eifrige schlossen sich einem Verein an, etwa den „Alpenfreunden“, in deren Zeitschrift man in der Jänner/FebruarAusgabe 1936 folgende Ankündigung vorfand:

„Sonntag, den 12. Jänner: Skitour ab Neuwaldegg. Treffpunkt 1/2 9 Uhr früh, Straßenbahnende Neuwaldegg. Führer: Franz Weimann jun., XV., Friesgasse 11.
Sonntag, den 19. Jänner: Teilnahme am Slalomlauf. Abfahrt der Starter 7 Uhr 40 früh vom Meidlinger Südbahnhof nach Kaltenleutgeben. Komb. Fahrkarte. Nenngeld S 1,-.
Sonntag, den 26. Jänner: Skitour. Rekawinkel-Aggsbach-Klause-Rodaun.
Sonntag, den 2. Februar: Skitour. Hütteldorf-Rieglerhütte, Hameau-Neuwaldegg. Schluß bei Morawetz."

Wer sich in die Alpen wagte, der hatte noch kaum Seilbahnen oder Sessellifte zur Verfügung. Wintersichere Autostraßen zu den Skigebieten von heute gab es schon gar nicht. Das Nachrichtenblatt des Steirischen Gebirgsvereins enthielt in der Februarnummer des Jahres 1932 einen Bericht, in dem für einen Besuch des Brendelschutzhauses auf der Koralpe in 1690 Meter Seehöhe geworben wurde, das damals bereits ganzjährig bewirtschaftet wurde und sich im Eigentum des Steirischen Gebirgsvereins befand:

„Wie eine mächtige Schutzmauer erhebt sich an der steirischen Südwestgrenze der weitläufige Gebirgszug der Koralm. Ein Gebiet, das im Sommer schon das Ziel vieler Wanderer geworden ist, im Winter trotz Überhandnehmen des Skisportes noch immer einsam und unberührt blieb. Jedenfalls ist der Mangel an geeigneten Stützpunkten hauptsächlich der Grund. Nur das kleine Gebirgsdorf Glashütten und die Brendelhütte sind die Orte, von denen aus der Speick von der steirischen Seite am

Schi fahren im Wienerwald war auch für den republikanischen Schutzbund vorgeschrieben

ehesten bezwungen werden kann. Allerdings liegt zwischen diesen Punkten und der Bahn schon ein tüchtiger Fußmarsch von drei bis vier Stunden, doch der Lohn ist reich und würde auch einen längeren Anmarschweg rechtfertigen. Die geräumige Stube ist wie geschaffen zum Ausruhen und zum Faulenzen, geduldig kreischt das Grammophon eine bekannte Weise und wohlig dehnen wir die Glieder. Die guten Betten, auf drei kleinere Zimmer und einen großen Schlafraum verteilt, entbehren – oh Wonne sogar eines Leintuches nicht, die Räume sind heizbar und machen es überflüssig, unter komplizierten, wärmespendenden Turnübungen ins Bett zu kriechen, wie es für gewöhnlich auf einer Alm nötig ist."

Solche authentische Schilderungen über den Standard des Wintersports in der Zwischenkriegszeit erklären, weshalb die Berichterstattung über das Skifahren auf den Sportseiten der Zeitungen nicht allzu großen Raum einnahm. Skifahren war damals weder für die Fremdenverkehrsorte noch für die Sportartikelindustrie das große Geschäft. Deshalb hatte niemand ein Interesse daran, die besten Skifahrer als Idole aufzubauen. Über die Vorarbeiten für eine Weltmeisterschaft der Skiläufer 1933 in der Tiroler Landeshauptstadt Innsbruck berichten die „Innsbrucker Nachrichten" vom 6. August 1932, daß man mit den Ausschlägerungen für einen neu anzulegenden Slalomhang in Kürze beginnen werde und daß man dort ebenso wie bei der Bergisel-Sprungschanze Tribünen zu errichten beabsichtige. Die Bergisel-Sprungschanze werde überdies durch Umbau derart instandgesetzt, daß sie Sprungweiten von über 70 Metern zulassen werde. Über die Erwartungen, die man an diese Weltmeisterschaft der Skiläufer knüpfte, hieß es abschließend:

„Wichtige Vorbereitungsarbeiten hat auch schon der Ausschuß für Tourenführungen zum Teil abschließen können, dessen Aufgabe es ist, die Gäste des Landes anläßlich der FIS-Wettkämpfe bei der Ausübung des Skisportes zu betreuen und ihnen durch Tourenführungen die Schönheit des Winters in Tirol und in Österreich bekanntzumachen."

Um Publikumszulauf mußte sich hingegen eine andere Sportart in der Zwischenkriegszeit nicht sorgen, die stets mehr passive Zuseher als aktive Ausübende in ihren Bann gezogen hat: der Fußball. Es ist viel darüber geschrieben worden, warum die Freunde des runden Leders in der Zwischenkriegszeit so sehr auf ihre Rechnung kamen. Es gibt eine ganze Reihe von Motiven. Da waren die relativ geringen Kosten. Im Unterschied zum Eislaufen oder Turnen, zum Schwimmen oder zum Skifahren genügten ein Ball, oft nur ein „Fetzenlaberl", und ein Rudel Spieler auf einer Wiese. Und da auch die Verkehrsverhältnisse es erlaubten, konnte man wirklich überall fußballspielende Jugendliche sehen. Jedenfalls florierte der Fußball in der Ersten Republik, und das „Wun-

Fußballspielen auf der „Gstätten"

derteam" eines Sindelar war Beweis für die internationale Anerkennung. Allerdings sollte man nicht vergessen, daß für das damalige Massenvergnügen Nummer 1 die Radioreportagen eines Willy Schmieger bereits regelmäßig die Werbetrommel rührten. Nicht nur die Fußballplätze waren mit Zusehern voll, sondern auch an den Radioapparaten hingen Menschentrauben, wenn der RAVAG-Reporter ekstatisch schilderte:

„Vogel zu Schall, Schall zu Vogel, Schuß, Tooor! . . ."

Im übrigen gab es auch damals Länderspiele im Praterstadion, bei denen keine vollen Besuchertribünen registriert werden konnten. So wurde ein 4: 1-Sieg über Schweden im November 1930 von nur 10.000 Zuschauern miterlebt, obwohl Spieler wie Smistik und Schall aufgeboten waren. Der Grund für das geringe Publikumsinteresse: es regnete.

Beim Versuch einer Gesamtbeurteilung über die Sportszene in der Zwischenkriegszeit kann man ein paar Thesen aufstellen: Der Breitensport bewegte sich in politischen Formationen. Die Kommerzialisierung fehlte noch weitgehend, und die sozialen und politischen Implikationen waren viel stärker als in der Zweiten Republik.

Im Ständestaat wurde die Tendenz zum Wehrsport als Vorstufe der militaristischen Ausbildung noch gesteigert. In einem Aufsatz über „Das österreichische Jungvolk des Ständestaates" hat der Wiener Historiker Franz Gall das Programm der offiziellen Jugendvereinigung der Regierung Schuschnigg für das Jahr 1938 – das ein Jahr der Jugend hätte werden sollen – publiziert:

„Die Sonnenwende 1938 als Anlaß zu volksdeutschem Bekenntnis,
Bau von Jungvolkheimen, vormilitärische Ausbildung,
Führerausbildung in den Leibesübungen,
Ausbildung von 5000 Führern in dreiwöchigen Lagern,
Beendigung der Uniformierung von 50.000 Jugendlichen."

(Franz Gall, „Das österreichische Jungvolk des Ständestaates", in: Festschrift für Ludwig Jedlicka, St. Pölten 1976, S. 228)

Dieses österreichische Jungvolk des Ständestaates hatte längst ein Heer von illegalen Konkurrenten. So wie auch das Verbot der Arbeiterbewegung nicht zahlreiche Aktivitäten im Untergrund verhindern konnte, so schloß sich auch die bündische Jugend nach der Auflösung der NSDAP im Untergrund zusammen. Der spätere HJ-Funktionär Ralph Roland Ringler war bis dahin nur bei einer Wandervogel-Gruppe gewesen und zuvor beim Jungenkorps. In seinen Erinnerungen schreibt er über das Jahr 1936:

„Es mußte so kommen. Die ‚Illegalen' fanden zueinander. Von den illegalen Hitlerjungen hörten wir bisher nur durch Skandale, Schulausschlüsse, Bestrafungen wegen Flugzettelstreuens, Schmieraktionen und ähnliche Aktivitäten. Wir lehnten das ab. Für unsere auserwählte Schar war es viel zu vulgär, sich mit diesen Dingen abzugeben. Herbert, ein älterer Wandervogel, redete mich eines Tages an: ‚Ich glaube, wenn wir schon verboten sind, so sollten wir uns nicht scheuen, gleich die Konsequenzen zu ziehen. Wir sollten ein illegales Deutsches Jungvolk aufstellen. Ich hätte die nötigen Verbindungen.' Das Deutsche Jungvolk, das waren die 10- bis 14jährigen in der Hitler-Jugend. Das waren diejenigen, die man noch formen konnte. Es hatte uns von Neuem gepackt – der Reiz des Verbotenen, der Reiz, Verschwörer zu sein, ein Geheimnis zu haben, schlauer und listiger zu sein als die anderen, als die andere Welt mit ihrem Zwang, mit ihren Grundsätzen, die wir nicht wollten."

(Ralph Roland Ringler, „Illusion einer Jugend", St. Pölten 1977, S. 50)

Von dort bis zu den Kolonnen der Jugendlichen im März 1938, die aus allen Teilen Österreichs oder der Ostmark – wie es bald heißen sollte – zum Heldenplatz marschierten, war es nicht mehr weit. Eine Saat ging damals auf, die lange vorher auf den richtigen Humus gefallen war. Denn wenn es dem NS-Regime bei einer Bevölkerungsgruppe gelungen ist, mit ihren Phrasen von Freiheit und Ewigkeit, Jugendlichkeit und Heldenmut anzukommen, dann bei jenen, die zuvor in den verschiedensten Sportorganisationen dafür eingetreten waren, daß ein edler Körper Ausdruck einer edlen Gesinnung

Das NS-Regime bemühte sich besonders, die Jugend für seine Ziele zu gewinnen

sein müßte. Und das Lied der HJ, das vom Reichsjugendführer Baldur von Schirach geschrieben wurde, konnte auch von so manchem ohne Schwierigkeiten gesungen werden, der zuvor in ganz anderen politischen Formationen organisiert gewesen war:

„Unsere Fahne flattert uns voran.
In die Zukunft zieh'n wir Mann für Mann.
Wir marschieren für Hitler durch Nacht und durch Not
mit der Fahne der Jugend für Freiheit und Brot.
Und die Fahne führt uns in die Ewigkeit!
Ja, die Fahne ist mehr als der Tod."

Der Wehrsport wurde großgeschrieben

Welchen Stellenwert etwa diese Hitler-Jugend in der nationalsozialistischen Hierarchie einnahm, hatte der „Führer“ längst verkündet. In einer Rede, die uns als Originalaufnahme erhalten geblieben ist, donnerte er vor Jugendfunktionären der NSDAP:

> „Diese Jugend lernt ja nichts anderes als deutsch denken, deutsch handeln. Und wenn nun diese Knaben, diese Mädchen mit ihren 10 Jahren in unsere Organisation hineinkommen und dort nun so oft zum ersten Mal überhaupt eine frische Luft bekommen und fühlen, dann kamen sie vier Jahre später vom Jungvolk in die Hitler-Jugend. Und dort behalten wir sie wieder vier Jahre, und dann geben wir sie erst recht nicht zurück in die Hände unserer alten Klassen- und Standeserzeuger, sondern nehmen wir sie sofort in die Partei oder in die Arbeitsfront, in die SA oder in die SS . . . Und wenn sie dort zwei Jahre oder anderthalb Jahre sind und noch nicht ganze Nationalsozialisten geworden sein sollten, dann kommen sie in den Arbeitsdienst und werden dort wieder sechs und sieben Monate geschliffen, alle mit einem Symbol, dem deutschen Spaten! (Beifall) Und was da noch nach sechs oder sieben Monaten noch an Klassenbewußtsein oder Standesdünkel da oder da noch vorhanden sein sollte, das übernimmt dann die Wehrmacht zur weiteren Behandlung auf zwei Jahre (Beifall) . . . Und sie werden nicht mehr frei ihr ganzes Leben!“
>
> *(Peter Dusek, „Alltagsfaschismus in Österreich“, S. 42f.)*

Für Romantik war da nicht mehr viel Platz, und als dann mit Beginn des Zweiten Weltkriegs auch das Tempo beschleunigt wurde, in dem man die einzelnen Abschnitte dieser Hierarchie der Ausbildung durchlief, kamen viele darauf, welchem Trugbild sie nachgelaufen waren. Aber da war es meist schon zu spät. Die Rattenfängermethoden eines unmenschlichen Regimes kamen bis zum bitteren Ende zum Einsatz, als der Volkssturm mit Greisen und Kindern den Heeren der Alliierten ein letztes hoffnungsloses Gefecht lieferte.

Nun war erst recht wieder wenig Zeit für den Sport. Statt Bergtouren zu machen, mußte man Holz aus dem Wienerwald holen oder tauschte Schmuck gegen einen Kilo Schmalz. Fahrrad fahren ersetzte die Leichtathletikstunde, und ans Skifahren dachte inmitten der Bombenruinen des Zweiten Weltkriegs erst recht kaum jemand. Dafür waren die Trabrennen in der Krieau für eine neue Oberschicht reserviert: Die Offiziere der Besatzungsmächte frönten nun jenem Vergnügen, das einst Industriellen und Adeligen vorbehalten war.

Doch mit dem Wiederaufbau, mit dem österreichischen Wirtschaftswunder, kam auch das Sportleben wieder in Schwung. Man redete zumindest nach außen hin in den Organen der verschiedenen Sportorganisationen weniger von der unterschiedlichen Ideologie, abgesehen von Entgleisungen, wie sie fallweise in der Zeitung des Österreichischen Turnerbundes zu finden sind, wo man beispielsweise gegen die „Auschwitz-Lüge“ zu

Nach 1945 mußte man von vorne anfangen: die erste Österreich-Rundfahrt 1948
Franz „Bimbo“ Binder in Aktion im Spiel gegen Rapid – Admira auf dem Rapid-Platz

Felde zu ziehen versuchte. Dafür wurde ein neues Leistungsbewußtsein trainiert. Die Jagd nach Rekorden setzte ein und das Schielen nach dem wirtschaftlichen Nebenaspekt. Die Sportberichterstattung fiel aber damals nicht sehr ins Gewicht. Während im „Neuen Österreich“ vom 23. September 1945 eine ganze Spalte quer über eine Seite über Theater und Konzerte, Kabarett, Revue, Variete, Zirkus und Kinos zu finden war, mußte sich der Sport mit drei Kurzmeldungen begnügen. Die eine hieß: „Bimbo Binder ist wieder da“. Nach diesem Bericht über die Rückkehr des „riesenhaften“ Rapid-Stürmers folgte „Tischtennisspieler wählten die Besten“, und anschließend wurde ein Fußballspiel zwischen Mitgliedern der Besatzungstruppen angekündigt. Vier Jahre später gab es schon ganze Sportseiten. In der „Wiener Tageszeitung“ vom 18. November 1949 konnte man sich über ein „Schwimmfest der Prominenten“ informieren, fand man eine Reportage über Schwedens Fußballer, die auf der Fahrt nach Ungarn in Wien Zwischenstation machten und hier nicht nur trainierten, sondern auch eine Operettenvorstellung besuchten. Dann folgte etwas relativ Neues – „ein Blick in das sportliche Ausland“.

Der Blick über die Sportgrenzen wird verständlich, wenn man eine Meldung in der „Wiener Tageszeitung“ vom 2. Dezember 1949 auf Seite vier liest:

> „Österreich erwartet 60.000 deutsche Touristen – Wintersaison beginnt hoffnungsvoll.“

Neben dieser Jubelmeldung stand eine Bilanz des Außenhandels vom September 1949, aus der hervorging, daß Einfuhren und Ausfuhren wertmäßig erheblich zugenommen hatten. Dann kam die stolze Schlagzeile: „Unsere Wintersportgeräte sind führend“.

Damals rechnete man sich zum ersten Mal für das darauffolgende Jahr günstige Exportaussichten fur einen Spezialski aus, der auch schon mit neuen Skibindungen ausgerustet werden konnte:

> „Sowohl die auf ein österreichisches Patent zurückgehende weltberühmte ‚Kandahar-Bindung‘ als auch die ‚Gloka-Bindung‘ mit ihrer Fersendruckfeder haben bisher kein Fabrikat gefunden, das ihre Qualität übertreffen könnte. Aus diesen Gründen ist die Ausfuhr an Skibindungen nach Frankreich, England, der Schweiz, Italien und den USA erfolgreich angelaufen und verspricht auch weiterhin gute Ausbaumöglichkeiten. Erstmals kam heuer eine sogenannte ‚Jugendbindung‘ vom Typ ‚Tyrolia‘ zum Verkauf.“

In der weiteren Folge wurde dann auch noch der Exportmarkt für Rodeln und Schlittschuhe analysiert: Man blickte hoffnungsfroh in die Zukunft.

Was in den mehr als drei Jahrzehnten seither erfolgte, könnte man als die Geschichte von Sport und Geschäft zusammenfassen. Die Werbeindustrie entdeckte zunächst die Trennwände zwischen dem Spielfeld und dem Publikum. Mit Beginn der Fernsehübertragungen begann dann die Vollkommerzialisierung. Die Frage, ob ein Siegläufer Fa-

Armin Kogler bei seinem 180-Meter-Sprung

brikate von der einen oder der anderen Firma verwendete, lizitierte die Siegerprämien für die neuen Stars in die Höhe. Zunächst schenkte man ihnen noch Baugrundstücke, dann stellte man Trainer zur Verfügung, schließlich arbeitete man mit getarnten Gehältern, und als dann auch das Werbeverbot für die Spitzensportler durchlöchert wurde, war

Thomas Muster

der Höhepunkt einer Entwicklung erreicht, die sich in den vierziger Jahren so zaghaft angekündigt hatte. Die Fußballvereine erhielten Beinamen nach bekannten Produkten oder renommierten Firmen. Und wer hinter den groß aufgezogenen Autorennen steht, die immer wieder ihre „großen" Menschenopfer fordern – von Jochen Rindt bis Ayrton Senna – braucht man erst gar nicht zu erörtern. Es sind ganze Industriezweige, die heute den Sport „regieren": die Autoindustrie, die Skiindustrie, die Tennisschlägererzeuger, die Fahrradindustrie, die Fremdenverkehrsindustrie . . .

Und die Gagen, die Sport-Stars wie Boris Becker, Thomas Muster, Toni Polster oder Gerhard Berger erhalten, sind durchaus mit den Spitzen-Gagen von Managern, C-Tenören oder Schlager-Lieblingen vergleichbar. Mit Amateur-Sport hat das selbstverständlich längst nichts mehr zu tun und häufig auch nichts mehr mit Gesundheit: Dopingskandale und Sport-Krüppel, Hormonstörungen und plötzliches Herzversagen von hochtrainierten und als asketisch bekannten Sportlern wie Bruno Pezzey, der mit 39 Jahren bei einem Vergnügungs-Eishockeymatch starb, sind keine Seltenheit. Das alles ergibt ein immer fragwürdigeres Bild des Spitzensports, der die Menschen einander näherbringen sollte, der als „Gesundbrunnen" propagiert wurde, und der vor gar nicht allzu langer Zeit Enthaltsamkeit und Idealismus einforderte. Und wenn dann anläßlich einer neuen Siegesserie unseres „Jungadlers" Andy Goldberger – ganz in der Tradition eines Karl Schnabl, Toni Innauer oder Hubert Neuper – in der Zeitung „Die Presse" unter der Zeitschrift „Der Preis ist heiß" eine General Abrechnung mit diesen mörderischen Praktiken zu finden ist, dann wäre dies ein paar Jahre früher noch undenkbar gewesen:

> „Es ist – auch wenn wir heuer darauf verzichten – fast schon ein Standardbild, dieser klassische Schnappschuß der Photoreporter, manchmal auch deckungsgleich mit der TV-Perspektive auf der Innsbrucker Olympiaschanze. Es scheint fast so, als würden sie Skispringer vom Bergisel direkt auf jenen Wiltener Friedhof zufliegen, wo am Samstag Bruno Pezzey zu Grabe getragen wird. Nie zuvor hatte es angesichts der Tragödie um den jungen Altinternationalen so großen Symbolcharakter wie diesmal. Es ruft in Erinnerung, auf welch schmalem Grat sich heutzutage der Spitzensport(ler) bewegt, nicht nur in der Formel 1, die ständig zwischen Leben und Tod kreist, nicht nur auf Schanzen, wo sich – vor allem bei Wind und Wetter – die Rekord- und Siegesjagd immer mehr dem ganz normalen Wahnsinn nähert. In Zeiten wie diesen, in denen mit dem Spitzensport jeder, der Star werden oder Star bleiben will, nicht nur an, sondern mitunter auch über die Grenzen gehen muß, wird der Mensch im wahrsten Sinn des Wortes einer Zerreißprobe ausgesetzt. Nicht etwa erst im Wettkampf, vielmehr schon beim Training, in dem der Körper malträtiert und für den Ernstfall präpariert werden muß. Der Preis ist heiß – und manchmal auch höher, als man denkt, wenn Standardbilder zur klassischen Routine werden."
>
> *(Die Presse, 4. Jänner 1995)*

Die Triebfeder für diese gefährlichen Entwicklungen sind zweifellos wieder bei den neuen Massenmedien zu suchen. Wenn man vergleicht, mit welchem Aufwand die Olympischen Spiele in Innsbruck 1964 und 1976 übertragen wurden, kann man das Mehr an Technik und Logistik bereits deutlich feststellen.

Man bejubelte Mitte der 70er Jahre 500 Millionen Zuseher; in Albertville 1992 oder in Lillehammer 1994 waren es bereits Milliarden, die die über hunderte Satellitenprogramme weltweit übertragenen Rennen sahen.

Es ist vermutlich nicht möglich, aus den Jahr für Jahr steigenden Rekordergebnissen des Winterfremdenverkehrs den Anteil einer solchen Sport-und-Geschäft-Achse herauszurechnen. Aber wenn zu Beginn der achtziger Jahre eine Abkehr von ausgefahrenen Geleisen, wenn wieder mehr Breiten- als Spitzensport gefordert wird, und wenn manche die Frage stellen, ob denn der Winterurlaub überhaupt noch sinnvoll ist, dann kann man einer solchen Skepsis eine gewisse Berechtigung kaum absprechen. Denn das körperliche Engagement jenes Skifahrer-Heeres, das in modernen Plastik-„Ritterrüstungen" die Schlepplifthänge der Alpen frequentiert, zu denen es auf überfüllten Straßen gelangte, kann ja kaum mit einer Skitour der Zwischenkriegszeit verglichen werden, bei der man noch stundenlang zu Fuß gehen mußte, ehe man ins Tal abfuhr. Immerhin gibt es erste Anzeichen für das Comeback des guten alten Wanderns, das schon von den Werbeexperten der Fremdenverkehrsindustrie eingesetzt wird. Daneben darf man freilich auch nicht übersehen, daß auch die letzten Reservate der einstigen Adelsvergnügungen, das Jagen und das Reiten, das Golf- und Tennisspielen sowie das Segeln von immer mehr Leuten entdeckt werden. In der Sportlandschaft der Zweiten Republik zu Beginn der neunziger Jahre wurden die Verhältnisse des Jahres 1918 tatsächlich fast auf den Kopf gestellt.

6. Vorurteile

Antisemitische Karikatur, 1918 – Frauenemanzipation anno 1920 – „Halbstarke“ der fünfziger Jahre – Gastarbeiterkind, 1980

Die Österreicher sind angeblich besonders anfällig für Vorurteile gegenüber Juden, Gastarbeitern oder Feministinnen. Doch: Wer sind schon „die“ Österreicher? Sind es alle? Wohl kaum. Also nur ein Teil von ihnen. Man muß sehr selbstkritisch sein, will man nicht selbst zum Thema „Vorurteil“ auf vorgeformte, gängige Meinungen zurückgreifen. Denn schon die Redewendungen der Sprache verleiten dazu, intellektuelle Umhängeschilder zu verteilen. Nur wer bereit ist, seine eigenen Ansichten in Frage zu stellen, wird wirksam gegen Vorurteile zu Felde ziehen können. Ansonsten kann er leicht Opfer einer Entwicklung sein, die man auch in der österreichischen Zeitgeschichte studieren kann: alte Vorurteile werden durch neue abgelöst. Und die Weltverbesserer von heute können schon morgen als Reaktionäre abgestempelt werden.

Der tiefe gesellschaftliche Bruch, der sich beim Ende der Monarchie und bei der Ausrufung der Republik in Österreich vollzog, veränderte sehr vieles. Vom Bubikopf der Damen und den kurzen Röcken bis zur republikanischen Anti-Adelsströmung, vom teilweise neuen Kulturverständnis bis zur Wandervogel-Bewegung: In den ach so tollen und verrückten zwanziger Jahren ging vieles weiter, was schon in Jahrhunderten gewachsen war, verstärkte sich sogar, kam erst jetzt voll zum Tragen. Das Mißtrauen gegen die Neuerer in Kunst und Wissenschaft, gegen einen Egon Schiele oder Sigmund Freud, stand ebenso an der Wiege der kleinen Republik wie der Ruf nach starken Männern, die die deutsche Einheit eines Tages verwirklichen sollten. In der Ausgabe der „Neuen Freien Presse“ vom 12. November 1918 wurde diese Geisteshaltung von Universitätsprofessor Karl Brockhausen formuliert, der unter der Überschrift „Ein Gruß an Deutschösterreich“ deponierte:

> „Darum erwarten wir ehrliche, tatkräftige Männer an der Spitze des Staates; sie haben bisher mit Klugheit und Geschick das Schwierige geleistet, mögen sie in dieser Tatkraft weiter handeln. Wir brauchen nicht Schönredner und Schwadroneure, aber Männer, die nach vorn schauen, aber auch nach hinten auszuschlagen verstehen, wenn man sie von rückwärts zu rasch nach vorn stoßen will. Gefahren drohen diesem Staate von rechts und links; hämische Krittler, die zwar selbst nichts schaffen, keinen positiven Gedanken zutagefördern, aber ihre Tasche füllen, indem sie alles Geschaffene besudeln, zum Gaudium gedankenloser Spötter – dies sind die gefährlichsten, weil heimlichen Brandstifter. Das sei nach der einen Seite ebenso deutlich gesagt, wie nach der anderen Seite vor sinnlosem Umsturz gewarnt werden muß. Ein Bund der Störenfriede von rechts und links könnte alles in Frage stellen.“

In dieser Grußadresse aus der Geburtsstunde der Republik Österreich klingt einiges an, was die geistige Auseinandersetzung der nächsten Jahrzehnte bestimmen sollte. Nur nannte man dann die „heimlichen Brandstifter“ „Volksverführer“, die „zersetzendes jüdisch-bolschewistisches Gedankengut“ verbreiteten, und statt nach ehrlichen, tatkräftigen Männem strebte man nach Führern. Der Vulgär-Darwinismus hatte damals eine Breitenwirkung erreicht, die Basis für weitere Entwicklungen wurde, die alle im nationalsozialistischen Elitestaat münden sollten. Trotz aller Emanzipationsbestrebungen der Frauen zweifelte niemand wirklich am angeblich elementaren seelischen Unterschied zwischen Mann und Frau. Die „naturgewollte“ dominierende Rolle des Familienerhalters wurde kaum in Frage gestellt. Nur die Akzente waren verschieden. In einem konservativen Blatt wie dem „Oberkärntner Volksboten“ wurde zum Thema Frauenpflicht in der Ausgabe vom Sommer 1923 festgestellt:

> „Wahr ist, daß die beruflich tätige Frau schwer zu ringen hat, daß die Frau, die in der Ausbildung steht, schon Grund hat, für die Zukunft zu bangen. Es stimmt gewiß, daß die verheiratete Frau, daß die Mütter heute erfüllt sind von Sorgen und Zukunftsfragen, die das Schicksal der Lieben bedrängen! – Aber: ebenso steht fest, daß gerade in solchen Zeiten, in denen alle Gesetze und Sicherheiten sich zu wandeln scheinen, die Frau die ernste und heilige Pflicht hat, ihr Frauentum zu durchglühen mit Zuversicht und froher Opferkraft, aus innerer, willensstarker Lauterkeit geboren.“

In der sozialistischen Wochenschrift „Die Unzufriedene“ wurde in der Ausgabe vom 28. Juni 1930 ein Gegenbild gezeichnet:

„Die Frau von heut! Wer kennt sie nicht?
Sie liebt die Sonne, Luft und Licht,
Ist sportgewandt und wetterfest,
Ein Stamm, der sich nicht biegen läßt!

Trägt luft'ges Kleid und kurzes Haar,
Hat Amt und Würden oft sogar –,
Tut ihre Pflicht, wie sich's gehört,
Hat sich als gute Kraft bewährt!

Sie kennt den Weg und auch das Ziel
Und ist kein Püppchen mehr zum Spiel!
Sagt frei heraus, was ihr nicht paßt,
macht sie darob sich auch verhaßt.“

An der grundsätzlichen Stellung der Frau in der Gesellschaft wagten auch nur ganz wenige sozialdemokratische Funktionärinnen zu rütteln. Die Fortschrittlichkeit des damaligen Rollenbildes der Frau im sozialdemokratischen Lager wird hingegen deutlich, wenn man liest, welche Argumente in konservativen Blättem in der Ersten Republik beispielsweise gegen das Mädchentumen vorgebracht wurden.

Diesmal sind es die „Kärntner Nachrichten", die wir herausgreifen wollen:

> „Was soll man sagen, wenn Mädchen und Burschen gemeinsames Turnen betreiben. Was dazu, wenn man ganze Mädchentrupps in Turnhosen öffentlich herumlaufen sieht! Man braucht noch lange nicht der Prüderie verfallen zu sein, wenn man behauptet, daß diese Erscheinungen befremden. Gemeinsames Turnen von Burschen und Mädchen müssen wir von vornherein als ungeziemend verwerfen. Aber auch das Turnen in Turnhosen, offenbar zu dem Zweck, daß die Mädchen geradeso wie die Burschen möglichst alle Muskeln ausbilden können, kann auf die Dauer keine gute Wirkung ausüben auf den Mädchencharakter, denn die Gefahr des allzu freien Benehmens, auch außerhalb der Turnstunden, ist zu groß."

Heute erscheint es uns selbstverständlich, daß auch Mädchen in Turnhosen Gymnastik betreiben. Das gemeinsame Turnen von Buben und Mädchen wird in den österreichischen Schulen nach wie vor gesetzlich untersagt.

Damit haben wir aber noch nicht alle Klischees über die Frau der Zwischenkriegszeit aufgezeigt. Die andere Variante wurde durch den Film bald weltberühmt. In der „Illustrierten Kronenzeitung" vom 21. Juli 1930 fand sie sich in Form eines neuen Wienerliedes:

„Du bist ein Wiener Mädel,
reizend, charmant und schick,
hast veilchenblaue Augen,
aus ihnen lacht das Glück."

Dieses Loblied auf die „goldig-blonde Maid", die in der alten Märchenstadt zwischen einem Silberband und duftigem Waldesgrün anzutreffen ist, war die scheinbar harmlose Variante jenes Geistes, der die Vorurteilslandschaft der Zwischenkriegszeit besonders prägte: Der Rassenwahn hatte damals längst jene wissenschaftlichen Studierzimmer verlassen, in denen er im 19. Jahrhundert ausgebrütet worden war. Gemeinsam mit uralten katholischen Ressentiments gegen jüdische Religion und jüdische Lebensform und in Verbindung mit den gesellschaftlichen Folgen der Industrialisierung war der Antisemitismus zu einem Spaltpilz geworden, der das gesamte geistige Leben der zwanziger und dreißiger Jahre zersetzte. Und kaum eine der politischen Gruppierungen konnte sich dieser Versuchung widersetzen. Für die Christlichsozialen waren die politischen Spitzenfunktionäre der Sozialdemokratie die Hauptvertreter „jüdisch-bolschewistischen Gedankenguts". Und wenn man die Wahlplakate ansieht, die in der Ersten Republik zum Einsatz kamen, dann findet man auf nicht wenigen gehässige Zerrbilder „jüdischer Volksverführer". Ein besonders beliebtes Objekt war der Wiener Finanzstadtrat Hugo Breit-

Antisemitische Zeitungskarikatur der Zwischenkriegszeit

ner, der mit seiner Steuerpolitik die enormen sozialpolitischen Leistungen der Gemeinde Wien in den zwanziger Jahren ermöglichte. Auf vielen Plakaten sieht man ihn mit Hakennase und verschlagenem Gesicht, und man scheute sich nicht, ihm „jüdelnde Akzente" in den Mund zu legen; so lautete ein Text:

„Eigentlich haben sie recht, die Christlichsozialen,
iach leb' auf ä bisl zu großem Fuß."

Dazu sah man Breitner mit überdimensionalen Füßen. Und auf den Zehen waren die diversen Steuern der Gemeinde Wien vermerkt. Die Sozialdemokraten ihrerseits zeigten auf ihren Plakaten die Feinde des einfachen Volkes: einen dicken jüdischen Hausbesitzer, einen noch dickeren Prälaten, das Militär und adelige Dandys. Das war aber noch nichts gegen jenen satirischen Antisemitismus, der etwa in der Wochenzeitschrift „Kikeriki" zum Ausdruck kam. Schon während des Ersten Weltkrieges, am 25. August 1918, hatte man hier einen polnischen Juden abgebildet, der sich die Frage stellte:

Hetzplakate gegen den Wiener Finanzstadtrat Dr. Hugo Breitner

„Gebt ma miach dem polnischen Kenigraich? von Herzen?
mit Schmerzen? Blaib iach bai Esterreich? ä wenig?
gar nicht? Maseltoff, iach blaib bei Esterreich!"

Auf derselben Seite war in Anspielung auf das damals vielgeschmähte amerikanische „Finanzjudentum" ein Lied des „Tschecho-Slowaken" abgedruckt:

„War geworden ganz zum Bankrotteur,
Niemand lieh mir einen Heller mehr . . .

Hab' nicht not, dass Bargeld ich mir borg',
Hab mein Scheckbuch, lautend auf Newyork.
Hab ich verbraucht das letzte Stück,
Holt ein neu's von dort Freund Masaryk."

Dieses satirische Wochenmagazin „Kikeriki" ist überhaupt eine Fundgrube für Vorurteilsstrukturen, die in der neuen Republik von Anfang an virulent waren. Denn das Gegenstück zu dem krassen Antisemitismus dieser Zeitschrift und ihrer Diffamierungspolitik gegenüber den nichtdeutschen Nationalitäten der Monarchie war eine klare Linie des Antisozialismus und der Befürwortung der Monarchie. Man vergißt heute zu gerne, daß die Restaurationsbestrebungen in der Ersten Republik von vielen zumindest für erfolgsträchtig gehalten wurden. Aber wer z. B. das Leitgedicht im „Kikeriki" vom 20. Oktober 1918 in die Hand bekommen hatte, der konnte mit Recht darauf verweisen, daß die Befürworter der Demokratie engagierte Widersacher zur Kenntnis nehmen mußten:

„Na also, jetzt wär' ja die Zeit endlich da!
Es brandelt! Es brandelt, der Friede ist nah.
Es brennt schon! Es brennt schon, der Himmel ist rot!
Jetzt gilt es für Österreich Leb'n oder Tod . . .
Von mir aus können sich Tschechen, Slowaken
Und auch noch die Welschen zum Teufel packen!

Wir Deutschösterreicher aber, wir Alten,
Wir wollen umso fester zusammenhalten.

„Kikeriki"-Titelseiten aus dem Jahr der Machtergreifung Adolf Hitlers

30 Groschen
20 Pfennig
10 Schilling Finderlohn für unsere Leser! (Näheres Seite 6!)

Kikeriki
WIENER HUMORISTISCHES VOLKSBLATT

Folge 15. Wien, 9. April 1933 73. Jahrgang.

Kannibalismus in Deutschland!
Ein funkentelegraphisch aufgenommenes Bild aus dem New Yorker „Daily Mirror"

Mr. Sami Lügenmaul, Spezialgerüchterstatter des „Daily Mirror", sandte an sein Blatt funkentelegraphisch obiges Bild. Rechts sieht man ihn selbst, den Sami Lügenmaul, wie er sich greift ans jüdische Herz beim Anblick der kannibalischen Greuel im heutigen Hitler-Deutschland. Gott soll schützen, daß die anderen Völker nicht auch aufwachen.

30 Groschen 30 Groschen

Kikeriki!

Nachdruck nur mit Quellenangabe gestattet. Wiener humoristisches Volksblatt Alle Rechte vorbehalten.

Folge 7. Wien, 12. Februar 1933 73. Jahrgang.

Adolf Hitler

Motto: „Am deutschen Wesen wird die Welt genesen!"

Kanzler des Deutschen Reiches, der Mann der die Deutschen zu einem Volke machen und der ganzen Welt die Erlösung aus Zinsknechtschaft und Sklaverei bringen wird.

Der Weg in die Vernichtungslager wurde von solchen Tafeln begleitet

Rot ist die Richtung jetzt weit und breit,
Drum ist's auch für uns schon die höchste Zeit,
Daß wir auch ausüben endlich das Recht

Der Selbstbestimmung ehrlich und echt,
Indem wir uns schließen, Mann für Mann,
Noch enger an unsern Kaiser an,
Und Wilson und seine Ententler sollen seh'n
Die Deutschösterreicher treu zum Kaiserhaus steh'n."

Fünfzehn Jahre später, in der Ausgabe vom 12. Februar 1933, prangte auf der Titelseite des „Kikeriki" das Konterfei von Adolf Hitler. Darüber stand als Motto: „Am deutschen Wesen wird die Welt genesen" und die Bildunterschrift lautete: „Adolf Hitler-Kanzler des Deutschen Reiches, der Mann, der die Deutschen zu einem Volke machen und der ganzen Welt die Erlösung aus Zinsknechtschaft und Sklaverei bringen wird." Zwei Monate später, in der Ausgabe vom 9. April, findet man ein geradezu schauriges Bild, das damals offenbar witzig wirken sollte. Unter der Schlagzeile „Kannibalismus in Deutschland" sieht man ein Geschäft mit der Aufschrift „Zum frisch geschlachteten Juden". Und eine Hausfrau geht mit einer Tasche, aus der menschliche Gliedmaßen herausragen, aus dem Laden. Darunter setzte der „Kikeriki" den Text:

„Mr. Sami Lügenmaul, Spezialgerüchterstatter des ‚Daily Mirror', sandte an sein Blatt funkentelegraphisch obiges Bild. Rechts sieht man ihn selbst, den Sami Lügenmaul, wie er sich greift ans jüdische Herz beim Anblick der kannibalischen Greuel im heutigen Hitler-Deutschland. Gott soll schützen, daß die anderen Völker nicht auch aufwachen."

Es liest sich aus der Perspektive der neunziger Jahre wie eine schaurige Vorwegnahme der Holocaust-Tragödie, die damals erst langfristig vorbereitet wurde. Denn was mit dem Boykott jüdischer Geschäfte begann und sich mit den Nürnberger Rassengesetzen steigerte, erlebte erst zehn Jahre später seinen Höhepunkt. Die systematische Ausrottung der Juden Europas, die wissenschaftlichen Tests, mit denen man die Massenvernichtung erprobte, und die totale Auswertung der „Endlösung" in kommerzieller Hinsicht (eingeschmolzene Goldringe, Häftlings-Haare für Polsterfüllungen und die Verwendung von Knochenasche bei der Seifenherstellung) kommt dieser Kannibalismus-Karikatur erschreckend nahe. Doch 1933 lachten so manche Österreicher noch über derartige Witze.

Wie vergiftet das Klima gerade hinsichtlich antisemitischer Ressentiments damals war, kann man auch plastisch vor Augen führen, wenn man an eine Polemik eines christlichsozialen Blattes erinnert, das den Nationalsozialisten in Deutschland nach der Machtergreifung Hitlers vorwarf, nun erweise sich, daß man es im Deutschen Reich mit „Maul-Antisemiten" zu tun habe, die nicht zu wirklichen Handlungen bereit wären. In der „Christlichsozialen Arbeiterzeitung" vom 8. April 1933 hieß es in diesem Zusammenhang beispielsweise:

> „Heute noch dürfen sich die österreichischen Nationalsozialisten an der Parole ‚Juda verrecke' begeistern, ihre Brüder im Reich haben schon das Kommando ‚Kehrt euch' vernommen und befolgt: Statt ‚Juda verrecke' heißt es nun im Dritten Reich ‚Juda mache Rebbach nach wie vor' . . . Der Maul-Antisemitismus ist blamiert, der Tat-Antisemitismus hat versagt . . . Wir machen die obige Feststellung besonders gegenüber den österreichischen Nationalsozialisten, die trotz der bitteren Erfahrungen ihrer deutschen Brüder noch immer so tun, als ob sie den Antisemitismus gepachtet hätten."
>
> *(Zitiert nach: Anton Pelinka, „Stand oder Klasse? Die christliche Arbeiterbewegung Österreichs 1933/938", Wien-München-Zürich 1972, S. 227 f.)*

Dieser unfaßliche Vorwurf gegen die deutschen Nationalsozialisten war aber kein Einzelfall. Die Zeitungen der Zwischenkriegszeit enthalten jede Menge von Polemiken gegen das Weltjudentum, das mit Hilfe der Freimaurer und des Bolschewismus am Zusammenbruch des abendländischen Gesellschaftssystems arbeite. Und so ist es auch erklärlich, daß das letzte Programm des „Politischen Kabaretts" der Sozialistischen Veranstaltungsgruppe – mit einem Viktor Grünbaum unter den Akteuren – im Februar und März 1933 diesen aggressiven Antisemitismus lächerlich zu machen versuchte. Doch so wie das „Politische Kabarett" nach der Ausschaltung der Demokratie seine Arbeit einstellen mußte, so verwendeten bald andere jene Slogans unkritisch, die im „Politischen Kabarett“ – in seiner letzten Programmfolge – noch nachdenklich stimmen sollten:

„Ich bin der Drache Isidor,
Bin international,
So wie Sie mich seh'n, so stell' ich vor
Das jüdische Kapital.
Alle arischen Geschäft richt' ich zugrund'.
Arisch Blut
Schmeckt so gut!
Um mich zu amüsier'n,
Tu ich die Welt regier'n.“

(Zitiert nach: Friedrich Scheu, „Humor als Waffe, Politisches Kabarett in der Ersten Republik“, Wien-München-Zürich 1977, S. 263)

Gesungen wurde diese Persiflage auf den Antisemitismus zu Beginn der dreißiger Jahre nach der Melodie des Kinderliedes „Ich bin der Doktor Eisenbart“. Wer jedoch annimmt, daß erst nach der Machtergreifung Hitlers das Phänomen des aggressiven Antisemitismus zum allesdurchdringenden geistigen Gift wurde, der irrt. Am „Fall Bettauer“ kann man besser als an jedem anderen Beispiel zeigen, wie sich schon in den aller-

Hugo Bettauers Werke waren eine willkommene Zielscheibe der polemischen Kritik

ersten Jahren der Republik die verschiedensten Vorurteilsbündel gegenseitig aufschaukeln konnten; etwa wenn ein Schriftsteller für die sexuelle Freizügigkeit ebenso eintrat, wie er den Antisemitismus seiner Zeit mit dem Roman „Eine Stadt ohne Juden" geißelte. Hugo Bettauer, dessen populäre Werke von Anfang an bei den Behörden auf heftigste Widerstände stießen, war am 18. August 1872 in Baden bei Wien geboren worden, besuchte gemeinsam mit Karl Kraus das Franz-Josephs-Gymnasium auf der Stubenbastei in Wien und wurde im März 1925 von einem fanatisierten Gegner erschossen – im Jargon der Zeitungen handelte es sich um das „Mordattentat eines Hakenkreuzlers". Durch eine eingehende Studie von Murray G. Hall aus dem Jahr 1978 sind wir über die öffentliche Kontroverse über die Werke von Hugo Bettauer bestens informiert, die schließlich zur „Lynchjustiz" führte. Die zwei Hauptangriffspunkte, denen sich Bettauer ausgesetzt sah, lassen sich an den Schimpfworten ablesen, die man gegenüber dem Autor von Krimis und amourösen Romanen verwendete:

> „Jüdisches Schwein, Schandkerl, Lügen- und Sudelblätter, perverses Kloakentier, räudige Talmud-Seele, geiles Untier, gewerbsmäßiger Pornograph."
>
> *(Zitiert nach: Murray G. Hall, „Der Fall Bettauer", Wien 1978, S. 65)*

Dies ist nur ein Auszug aus einer langen Liste von ähnlichen Beschimpfungen. Wobei die Bettauer-Wochenschrift „Er und Sie" besondere Zielscheibe der Angriffe war. Bettauer trat darin gegen die verlogene Pseudomoral seiner Zeit auf, forderte die sexu-

Gegen die Wochenzeitschrift „Er und Sie" wurde die Anklage wegen Pornographie erhoben

Möglichkeiten geben, alle Träume modernen Regisseurs erfüllen. Es faßt und Theater zusammen; es kann die der Reinhardtschen Kunst ver-, vermag aber auch schon darüber eine ganz neue Form Theater anzu-. Das Grundverhältnis ist hier aller- glücklicherweise geblieben: der Zu-schaut noch immer zu, und insoferne zwischen diesem Raumtheater und der alten Guckkastenbühne kein Unter-. Aber die Raumbühne rechnet sich's an, daß sie mit der Illusion der und der Kulissen aufgeräumt hat daß dem Publikum brutal ins Gesicht wird, „was du da siehst, ist eine Lüge, wir wollen, daß du dich keinen Augenlang darüber täuschen kannst, wie behier gelogen wird." Dem Zuschauer die Raumbühne zunächst die eine weg und gibt ihm dafür eine andere: Illusion, keine Illusionen mehr zu haben. ich mich recht populär ausdrücken so streift dieses Verfahren an ein -wort der galizischen Juden: „Die -heit ist die beste Partite." Oder: man man fährt nach Lemberg, fährt aber Krakau; nun fährt man aber doch nach

Hübner's Kursalon-Restaurant
Feinste Küche Konzert

Der Bettauer-Prozeß
Zeichnung von M. Biró

Hugo Bettauer vor dem Tisch des Vorsitzenden Hofrat Dr. Dörr

Spanien d Antholin, schen Kir dieser Ort tember. Am Feier statt Prozession war. Die P bewegt Lequeitios. rationen u die zahlr Alkalde spaliers richtet: in Königin hüllt, die neben se König Charlot ihren Lo nächsten Erzherzog Ludwig. Hinter die jedes Mal, Prozession Stück We die un spielt..." Graben na

Musik- u Eröffnung stellung m die Herste kampfes in Diensta verscho Großen (Brahms, B elle Gleichberechtigung von Mann und Frau, sprach sich gegen die Anschauung aus, daß die erotischen Triebe sich nur auf die Einehe zu beschränken hätten, nannte die Bestrafung der Homosexuellen barbarisch und forderte eine Liberalisierung der Pornographie-Bestimmungen. Nur für den Jugendschutz setzte er sich in dieser Hinsicht weiterhin ein. Im Juni 1924 hatte sich Hugo Bettauer in einem Prozeß gegen den Vorwurf zu verantworten, daß er „unsittliche und durch die Gesetze verbotene Handlungen angepriesen und zu rechtfertigen versucht hätte". Die von der Staatsanwaltschaft für eine Verurteilung wegen des Vergehens gegen die öffentliche Sittlichkeit schließlich aufgezählten Stellen würden heute zum Teil nicht einmal mehr auffallen:

> „Mit geschlossenen Augen ließ es Frau Hella geschehen, daß ihre Hand gehoben, an heiße Männerlippen gepreßt wurde, Zähne und Zunge liebkosend mit der Innenfläche der Hand spielten. Sie öffnete die Augen, sah den Mann groß, erschreckt, fragend an, irgendetwas murmelte sie vor sich hin. Und widerstrebte nicht, als er den Arm um ihren Leib schlang, sie zu sich zog, sein Mund sich zwischen ihren halbgeöffneten Lippen vergrub."
>
> *(Zitiert nach: Murray G. Hall, „Der Fall Bettauer", S. 66)*

Derselbe Bettauer hatte zwei Jahre früher „Die Stadt ohne Juden. Ein Roman von übermorgen" veröffentlicht. In dieser hellseherischen Arbeit hatte er einen österreichischen Bundeskanzler mit dem fiktiven Namen Karl Schwertfeger die Aktion der „Gesamt-Entjudung Österreichs" in Gang bringen lassen. In einer Parlamentsrede faßte dieser erfundene christlichsoziale Politiker aber das gängige Vokabular des Antisemitismus am Beginn der Republik zusammen:

Hugo Bettauer und Otto Rothstock

> „Sehen wir dieses kleine Österreich von heute an. Wer hat die Presse und damit die öffentliche Meinung in der Hand? Der Jude! Wer hat seit dem unheilvollen Jahr 1914 Milliarden auf Milliarden gehäuft? Der Jude! Wer kontrolliert den ungeheuren Banknotenumlauf, sitzt an den leitenden Stellen in den Großbanken, wer steht an der Spitze fast sämtlicher Industrien? Der Jude! Wer besitzt unsere Theater? Der Jude! Wer schreibt die Stücke, die aufgeführt werden? Der Jude! Wer fährt im Automobil, wer praßt in den Nachtlokalen, wer füllt die Kaffeehäuser, wer die vornehmen Restaurants, wer behängt sich und seine Frau mit Juwelen und Perlen? Der Jude!"
>
> *(Zitiert nach: Murray G. Hall, „Der Fall Bettauer", S. 21)*

Der Erfolg dieses erfundenen Politikers bleibt in Bettauers Roman nicht aus. Eine neue Verfassung, die Österreich zu einer Gemeinschaft von „echten Österreichern" machen soll, versetzt die Bevölkerung in euphorische Stimmung. Doch nach Monaten, in denen jede geistige Initiative fehlt und Wien verprovinzialisiert, hebt man das Judengesetz wieder auf. Wien ist wieder Wien geworden, und der ehemalige Bundeskanzler Schwertfeger bringt sich um. Die geschichtliche Entwicklung ist anders verlaufen. Am 26. März 1925, 16 Tage nach dem Revolver-Attentat, das der 21jährige Otto Rothstock in der Redaktion Bettauers auf ihn unternommen hatte, starb der umstrittene Schriftsteller. Bei der Gerichtsverhandlung gab der seit Ende Jänner 1925 arbeitslose Zahntechniker Rothstock an:

> „Hoher Gerichtshof, vor zweitausend Jahren – einigen Minuten göttlicher Zeit – kam der Sohn Gottes auf diese Welt, um den Kampf zu führen gegen diese jüdischen Schriftsteller und Gelehrten, weil sie die Söhne der Lüge und des Satans sind. Ich kam auf diese Welt, um diesen Kampf weiterzuführen. Was ich getan habe, ist kein Meuchelmord. Es ist ein Alarmschuß, um aufzuwecken alle Völker und vor allem die deutsche Nation, fortzuführen den Kampf brutal und rücksichtslos, um sich zu schützen, bevor es zu spät ist. Hugo Bettauer verhöhnte alles, was deutsch ist. Ich habe keine Schuld."
>
> *(Zitiert nach: Murray G. Hall, „Der Fall Bettauer", S. 117)*

Die Geschworenen schlossen sich dieser Selbstdarstellung von Rothstock an. Der Verteidiger hatte unter anderem vorgegeben, beweisen zu können, daß die Unzuchtfälle in Wien seit den hohen Auflagen der Werke Bettauers zugenommen hätten – was heute durch die Statistiken eindeutig widerlegt werden kann. Und Otto Rothstock wurde freigesprochen.

Dieser Fall Bettauer legt tatsächlich die verschiedenen Vorurteilsebenen in der Ersten Republik frei. Er erklärt auch die Empörung breiter Bevölkerungskreise über Freisprüche gegenüber Tätern, die sich damit brüsteten, die „rote Gefahr" zu bekämpfen. Schließlich führt vom Fall Bettauer eine direkte Linie zu den Freisprüchen im Schattendorf-

Prozeß, wo ebenfalls der Schütze, der einen sozialdemokratischen Invaliden und ein Kind aus dem Hinterhalt getötet hatte, freigesprochen wurde. Die unmittelbare Folge war dann der Justizpalastbrand im Juli 1927.

Aber der Fall Bettauer erklärt auch, weshalb es Sigmund Freud in Österreich so schwer hatte. Der Begründer der Psychoanalyse behauptete nicht nur, daß schon Kinder sexuelle Reaktionen entwickeln. Er deutete auch die Träume in einer Weise, daß man damals von öffentlichem Ärgernis sprach, und wenn man etwa einen Brief Sigmund Freuds vom 9. April 1935 aus seinem umfangreichen Oeuvre herausgreift, in dem er sich mit dem Wesen der Homosexualität auseinandersetzt, dann versteht man auch, weshalb nicht nur auf akademischem Boden – etwa von seiten der etablierten Psychologie – immer wieder gegen den damals bereits in aller Welt bekannten Gelehrten polemisiert wurde:

Wien IX, Berggasse 19

„Sehr geehrte Frau . . .

Ich entnehme Ihrem Brief, daß Ihr Sohn ein Homosexueller ist. Den stärksten Eindruck machte mir die Tatsache, daß Sie dieses Wort in Ihrem Bericht über ihn nicht selber gebrauchen. Darf ich Sie fragen, warum Sie es vermeiden? Homosexualität ist gewiß kein Vorzug, aber auch nicht etwas, dessen man sich schämen muß, kein Laster, keine Erniedrigung und kann nicht als Krankheit bezeichnet werden; wir betrachten sie als eine Abweichung der sexuellen Funktionen, hervorgerufen durch eine gewisse Stockung der sexuellen Entwicklung. Viele hochachtbare Personen in alten und neuen Zeiten sind Homosexuelle gewesen, unter ihnen viele der größten Männer (Plato, Michelangelo, Leonardo da Vinci usw.). Es ist eine große Ungerechtigkeit, Homosexualität als ein Verbrechen zu verfolgen, und auch eine Grausamkeit . . . Mit Ihrer Frage, ob ich helfen kann, meinen Sie wohl, ob ich Homosexualität abschaffen und normale Heterosexualität an ihre Stelle setzen kann. Die Antwort ist, allgemein gesagt, daß wir dies nicht versprechen können. In einer gewissen Anzahl von Fällen gelingt es uns, die verkümmerten Keime der heterosexuellen Tendenzen, die ja in allen Homosexuellen vorhanden sind, zu entwickeln; in der Mehrzahl der Fälle ist dies nicht mehr möglich . . . Was eine Analyse für Ihren Sohn erreichen kann, ist eine andere Frage. Wenn er unglücklich ist, neurotisch, von Zweifeln zerrissen, gehemmt in seinen persönlichen Beziehungen, dann mag eine Analyse ihm Harmonie, Seelenfrieden und volle Leistungsfähigkeit bringen, unabhängig davon, ob er homosexuell bleibt oder sich ändert. Falls Sie sich dazu entschließen, daß er von mir analysiert werden soll . . . müßte er nach Wien kommen. Ich habe nicht die Absicht, von hier wegzugehen . . .

Ihr ergebener Freud.“

(Ernest Jones, „Das Leben und Werk von Sigmund Freud“, Band III, Letzte Phase 1919–1939, Bern-Stuttgart 1962, S. 233f.)

Der Brief ist nicht nur deshalb bemerkenswert, weil er eine Entwicklung in der öffentlichen Meinung in punkto Homosexualität vorwegnimmt, die in Österreich erst in den siebziger Jahren zu einer Liberalisierung der Strafbestimmungen gegenüber der Homosexualität unter Erwachsenen geführt hat. Auch die Stelle „Ich habe nicht die Absicht, von hier wegzugehen" steht in einem tragischen Widerspruch zu der erzwungenen Emigration von Sigmund Freud im Frühjahr 1938, etwas mehr als ein Jahr vor dem Tod des 83jährigen Begründers der Psychoanalyse in London.

1935 hatte Sigmund Freud vermutlich das trügerische Gefühl, daß der Ständestaat eine Bastion gegen Hitler-Deutschland bleiben würde, wo man längst nach der arischen Abstammung forschte. Doch die Jahre zwischen der Ausschaltung der Demokratie in Österreich und dem Einmarsch der Hitler-Truppen waren nur die Fata Morgana einer österreichischen Konsolidierung. Nicht nur, daß das autoritäre Regime des Ständestaates seit dem Verbot der Sozialdemokraten, Kommunisten und Nationalsozialisten die Mehrheit der Bevölkerung in die Illegalität verbannt hatte; nicht nur, daß die Umklammerung durch die neue Achse zwischen Rom und Berlin immer fester wurde; auch die ideologischen Selbstfindungsversuche waren zweifelhaft. Ein Österreich-Buch vom Oktober 1936 mit dem anspruchsvollen Unterfangen, eine „Grundlegung der vaterländischen Erziehung" bieten zu wollen, entlarvt eine ideologische Grundhaltung des Ständestaates, die man heute nur mehr schwer nachvollziehen kann. In diesem Sammelband, der von der Vereinigung christlichdeutscher Mittelschullehrer Österreichs herausgebracht wurde, heißt es in einem Geleitwort von Robert Krasser, dem zweiten Präsidenten des Stadtschulrates von Wien:

> „Die neue Aufgabe der Schule besteht heute darin, der österreichischen Idee im Unterricht Blut und Leben zu geben und sie zu einem ergreifenden Erlebnis werden zu lassen. So können wir auch das natürliche Bedürfnis der Jugend nach nationaler Begeisterung in den Dienst eines großen Gedankens stellen: Dollfuß hat aus einer einzigartigen, intuitiven Begabung heraus das Lebensgesetz Österreichs erschaut und zur Grundlage des neuen, christlichen, deutschen und sozialen Österreich gemacht, das die Kraft in sich fühlt, Wegbereiter einer neuen gesellschaftlichen Ordnung zu sein und trotz seiner Kleinheit, aber in Kraft der in ihm verkörperten Kulturidee, an deren Deutschheit kein Zweifel bestehen kann, eine geschichtliche Sendung für das ganze deutsche Volk und für Europa zu erfüllen."
>
> *(„Österreich, Grundlegung der vaterländischen Erziehung", Wien-Leipzig 1936, S. 10)*

In einem der zahlreichen Beiträge dieses Sammelbandes ging Universitätsdozentin Gertrud Herzog-Hauser auf den „Vaterländischen Gedanken in der Mädchen-Erziehung" ein:

„Es gilt für die vaterländische Mädchen-Erziehung, zumal die der Mittelschule, zweierlei: die Mädchen sind zum Vaterland und für das Vaterland zu erziehen. Zuallererst wieder: Vaterland soll kein Wort, sondern ein Erlebnisinhalt sein! Diese beiden Begriffe, der erste noch mehr als der zweite, sind den Mädchen womöglich noch teurer als den Knaben."

(„Österreich, Grundlegung der vaterländischen Erziehung", S. 22)

Als typische Eigenschaften der „Mädchenart" werden dann aufgeführt: persönlich, vielseitig, rezeptiv, gefühlsmäßig. Die „Knabenart" wird mit den Attributen sachlich, einseitig, produktiv, verstandesmäßig wiedergegeben. Auch diese Polarisierung wird heute vor allem als anerzogen und nicht angeboren eingeschätzt. Aber noch viel problematischer wird dieses Österreich-Handbuch in dem Kapitel über „Germanentum und Christentum".

„Unter den vielen Kräften, die das österreichische Wesen aufgebaut und geformt haben, übertreffen zwei alle anderen an grundlegender Bedeutung. Die eine gehört ihrer tiefsten Wurzel nach mehr in die Kategorie des Biologischen. Die andere ihrem ganzen Wesen nach in die Kategorie des Geistigen. Von der ersten Art ist es das Germanentum, von der zweiten das Christentum . . . Möge sich aus unserer Mitte dem gesamtdeutschen Volke, dem wir uns stammhaft und stolz verbunden wissen, dessen Einheit und Größe uns tief am Herzen liegt, ein religiöser Friede vorbereiten . . ."

(„Österreich, Grundlegung der vaterländischen Erziehung", S. 22)

Daß unter diesen ideologischen Vorzeichen der Versuch, Österreich als besseren deutschen Staat souverän zu erhalten, scheitern mußte, läßt sich mit Hilfe eines solchen Österreich-Lehrhandbuches vielleicht besser erklären als mit allen Abhandlungen über die wirtschaftspolitischen und außenpolitischen Komplikationen zwischen 1934 und 1938. Dennoch darf nicht übersehen werden, daß nach dem tatsächlichen Einmarsch der nationalsozialistischen Truppen im März 1938 alles in den Schatten gestellt wurde, was die vorurteilsträchtige Atmosphäre der Ersten Republik hervorgebracht hatte. Der Rassenwahn wurde nun zur Methode. Und wenn man die damals neu aufgelegten „Nachrichten der Wiener Gesellschaft für Rassenpflege" durchblättert, dann merkt man, welche Saat nun offiziell aufging. Diese Gesellschaft war nämlich schon im Jahr 1924 gegründet worden. Und sie hatte den Ständestaat mit Schwierigkeiten – aber doch – überdauert:

„Obgleich es uns gelang, der im Jahr 1933 an der Wiener Universität durchgeführten Auflösung aller nationalen Vereine zu entgehen, stellten sich doch der öffentlichen Weiterarbeit große Schwierigkeiten entgegen. Es wurden uns die beiden Anschlagkasten an der Philosophischen und Juristischen Fakultät der Universität ent-

Kleinkinder in Auschwitz

zogen . . . Unsere Vorträge unterlagen der strengsten Kontrolle. Sie mußten nicht nur polizeilich gemeldet werden, sondern waren, sofern sie nicht von Universitätsdozenten gehalten wurden, im Bundesministerium für Unterricht zu melden."

(„Nachrichten der Wiener Gesellschaft für Rassenpflege", Folge 1, 1938, 1. Jahrgang, S. 19)

In Kurzfassung werden in dem selben Heft eine Einführung in die Rassenkunde bzw. eine Definition von Volk und Rasse gegeben:

„Volk ist Schicksalsgemeinschaft. Gleiche Geschichte, gleiche Sprache, gleiche Sitten und gleiche Ziele sind die Grundlagen jeder Volksgemeinschaft. . . Volksgemeinschaft ist also nichts Unbedingtes . . . Rasse ist gezüchtete Erbbeschaffenheit. Sie ist unentrinnbar, jedem angeboren, kann nicht anerzogen und nicht erlernt werden . . . Der Charakter der Volksgemeinschaft wird geprägt durch die Rassen, welche an ihrem Aufbau beteiligt sind."

(„Nachrichten der Wiener Gesellschaft für Rassenpflege", Folge 1, 1938, 1. Jahrgang, S. 11)

In der weiteren Folge dieses Artikels wird dann vor einer Verschiebung des rassischen Gleichgewichts durch Eindringen volksfremder Rassen, wie zum Beispiel durch das Judentum im deutschen Volk, oder durch die Farbigen in Frankreich gewarnt. Parallel zu dieser „Blut- und Bodenideologie“ wurden aber auch die Phrasen vom Sendungsbewußtsein, von der geschichtlichen Mission nicht nur von Adolf Hitler selbst verkündet, sondern auch in tausendfältiger Abwandlung von Funktionären und Journalisten, Lehrern und Dichtern wiedergegeben. Und wenn man das „Volksbuch der deutschen Heimat“ mit einem Gedicht von Will Vesper über „Das Neue Reich“ herausgreift, dann kann man beobachten, wie gekonnt man damals auf der Klaviatur der öffentlichen Meinung spielte:

„Sechs Jahre nur – und dem Wunder gleich
stieg aus dem Schutte das Neue Reich,
ein Reich des Friedens, ein Reich in Waffen,
von Einem gewollt und von Einem geschaffen,
eine Burg der Kraft, in die Mitte der Welt
auf einen guten Grund gestellt,
auf eines Volkes Vertrauen und Mut,
auf reinen Willen und reines Blut,
auf einen Glauben, der Wunder tut!

Alle Räder in Gang, alle Kolben in Schwung,
bei fröhlicher Arbeit alt und jung.
Das eigene wohlverdiente Brot
macht die Augen hell, die Backen rot,
und niemand mehr leidet in Deutschland Not!
Die deutsche Zwietracht, der alte Graus,
ist aus
und für immer zu Ende!
Alldeutschland reicht zum ehernen Bunde
sich freudig die Hände.

Für das größere Reich sind alle, die fielen, gestorben.
Ihr Tod hat ewigen Sinn und Frucht erworben:
Auf ihre Gräber als Kranz
legte der Führer den Glanz
der Berge seines Heimatlands,
die strahlende Kette
der heiligen Stätte
des alten Reiches, von Bregenz bis Wien.“

(Zitiert nach: Ernst Loewy, „Literatur unterm Hakenkreuz“, Frankfurt 1969, S. 192f.)

Diese kitschig-pathetische Idylle stand in krassem Widerspruch zur politischen und wirtschaftlichen Realität. Denn wer damals Augen hatte, um zu sehen, der wußte, daß alle Zeichen auf Krieg standen. Sofort nach dem Einmarsch der NS-Truppen in Österreich begann nämlich nicht nur eine große Arisierungswelle, sondern auch die Rationierungsmaßnahmen – das Trainieren für den Ernstfall – setzten ein.

Verdunkelungsübungen wurden durchgeführt, und bald war es ein offenes Geheimnis, daß das intensive Wirtschaftsprogramm der Nationalsozialisten in erster Linie der Aufrüstung zugute kam. Kasernen wurden renoviert, in Eisenbahnfabriken wurden Waffen oder Panzer hergestellt. Doch die Verblendung von Hunderttausenden in den Monaten vor Kriegsbeginn war offenbar so groß, daß sie dies alles nicht zur Kenntnis nehmen wollten. Wie spätere Analysen zeigen, hatten die Nationalsozialisten unter der weiblichen Bevölkerung einen besonderen Zulauf. Und doch war die NSDAP eine Partei mit einer klaren antifeministischen Linie. Seit den allerersten Zeiten der Partei gab es ein Gesetz, das Frauen aus politischen Spitzenpositionen ausschloß. Die Parolen der Nationalsozialisten in der Frauenfrage konnte man auf die Goebbels-Floskel zusammenfassen: „Die Frau sei Dienerin und Magd." Gleichzeitig versicherten die NS-Propagandisten freilich, die Entfernung der Frauen aus dem öffentlichen Leben geschehe nur, um ihnen ihre Frauenwürde wiederzugeben. Adolf Hitler fand eine weitere Variante:

> „Auch die Frau hat ihr Schlachtfeld. Mit jedem Kinde, das sie der Nation zur Welt bringt, kämpft sie ihren Kampf für die Nation."
>
> *(Zitiert nach: Richard Grunberger, „Das zwölfjährige Reich –Der Deutschen Alltag unter Hitler", Wien-München-Zürich 1972, S. 264)*

Gleichzeitig wurden Schwangerschaftsabbrüche mit der Todesstrafe geahndet. Geschlechtsverkehr mit „rassisch Minderwertigen" wurde ebenso unter drakonische Strafandrohungen gestellt wie sexuelle Kontakte mit Kriegsgefangenen oder ausländischen Arbeitern, die man für die Kriegsrüstung benötigte. Doch alle Widersprüche änderten nichts an der Begeisterungsfähigkeit weiter Kreise der weiblichen Bevölkerung des Dritten Reiches. Ja nicht einmal die spätere Entwicklung, die die Heimchen-am-Herd-Parolen Lügen strafte, bewirkte einen grundlegenden Meinungsumschwung. Im Jahr 1944 waren bereits mehr als 14 Millionen Frauen in die Fabriken geholt worden. Die durchschnittliche Arbeitszeit betrug 56 Wochenstunden. Und die Doppelbelastung Familie und Beruf, die weitgehende Abwesenheit der Männer, gekoppelt mit dem geplanten Kinderreichtum, tat noch das Ihre. Aber nach wie vor verfehlten die Phrasen der NS-Ideologie über die Frau, die vor allem die Aufgabe habe, schön zu sein und Kinder in die Welt zu setzen, ihre Wirkung nicht. Die Vorurteilsstrukturen waren offenbar zu fest verwurzelt. In den Aufzeichnungen von Hermann Rauschning, die zum ersten Mal 1940 in Zürich erschienen und den Titel „Gespräche mit Hitler" tragen, findet sich eine bezeichnende Passage:

„Von Frauen ist Hitler entdeckt worden, Damen der Gesellschaft haben nach dem Kriege den noch jungen Mann gefördert. Vor ihren Männern waren es die Frauen einiger Großindustrieller, die ihn finanziell unterstützten, ihm Geld, ihm in der Inflation Kunstgegenstände zusteckten. In einem Kreise gebildeter Frauen wurde aus dem bezahlten Propagandisten der politische Prophet . . . Im Kampf um die Macht waren es die Frauen, die mit ihrer Stimmabgabe Hitler schließlich so hoch emportrugen. Man muß in diesen Massenversammlungen die vordersten Bänke gesehen haben, die ständig und in allen Städten von einer bestimmten Art ältlicher Frauen und Mädchen besetzt waren. Man muß von oben, von der Rednertribüne aus, diese vor Entzückung gebrochenen, feuchten und verschleierten Augen der Hörerinnen gesehen haben, um über den Charakter dieser Begeisterung nicht mehr in Zweifel zu sein.“

(Hermann Rauschning, „Gespräche mit Hitler“, Neuauflage Wien 1973, S. 240)

Die größere Anfälligkeit der Frauen für die vorurteilsträchtigen Parolen des Dritten Reiches hat sich offenbar bis in die Schlußphase des Zweiten Weltkrieges gehalten. Wenn man die Selbstmordziffern bei Kriegsende nach dem Bekanntwerden des Selbstmordes

Mit dem Judenstern ins Ghetto

Die Massenvernichtungslager des Dritten Reiches waren unvorstellbare Fabriken der Unmenschlichkeit

Adolf Hitlers analysiert, dann zeigt sich, daß es weit mehr Frauen waren als Männer, die gleichfalls freiwillig aus dem Leben schieden.

Noch viel verheerender wirkte sich die Umsetzung der antisemitischen Slogans aus (vergleiche das Kapitel Judenverfolgung ab Seite 249 dieses Buches). Die konsequente Entmenschlichung, die Demütigungen, Verfolgungen und Diffamierungen steigerten sich zur Holocaust-Tragödie. Und es stimmt, daß zumindest das allerletzte Kapitel, die Massenvernichtung in den Gaskammern, unter Ausschluß der Öffentlichkeit stattfand. Aber der Weg dahin konnte niemandem verborgen bleiben. Doch in einem Land, in dem der Antisemitismus solche Auswüchse gezeitigt hatte, wie vorhin dokumentiert wurde, dachten sich nicht allzuviele etwas, wenn ein Gesetz nach dem anderen verlautbart wurde, das die Juden entrechtete und abstempelte. Von der Reinheit des Blutes hatten doch schon vor 1938 nicht nur die Nationalsozialisten in Österreich geschwärmt, warum sollte man sich nun über eine „Polizeiverordnung über die Kennzeichnung der Juden" wundern?

„Juden, die das 6. Lebensjahr vollendet haben, ist es verboten, sich in der Öffentlichkeit ohne einen Judenstern zu zeigen.

Der Judenstern besteht aus einem handtellergroßen, schwarz ausgezogenen Sechsstern aus gelbem Stoff mit der schwarzen Aufschrift ‚Jude'. Er ist sichtbar auf der linken Brustseite des Kleidungsstückes fest aufgenäht zu tragen. Juden ist es verboten: a) den Bereich ihrer Wohnungsgemeinde zu verlassen, ohne eine schriftliche Erlaubnis der Ortspolizeibehörde bei sich zu führen; b) Orden mit Ehrenzeichen und sonstige Abzeichen zu tragen . . .

Berlin, den 1. September 1941."

Die Definition, wer ein Jude war oder nicht, war schon seit den Nürnberger Gesetzen des Jahres 1935 juridisch penibel festgelegt worden:

„Jude ist, wer von mindestens drei der Rasse nach volljüdischen Großeltern abstammt . . . Als Jude gilt auch der von zwei volljüdischen Großeltern abstammende Staatsangehörige jüdische Mischling, a) der beim Erlaß des Gesetzes der jüdischen Religionsgemeinschaft angehört hat . . . b) der beim Erlaß des Gesetzes mit einem Juden verheiratet war . . . c) der aus einer Ehe mit einem Juden im Sinne des Absatzes 1 stammt . . . d) der aus dem außerehelichen Verkehr mit einem Juden im Sinne des Absatzes 1 stammt und nach dem 31. Juli 1936 außerehelich geboren wird."

(Zitiert nach:, Jüdisches Nachrichtenblatt – Ausgabe Wien",
Nr. 61 vom 12. September 1941, S. 1)

Dieses Zitat aus dem Jahr 1941 stammt übrigens vom letzten „Jüdischen Nachrichtenblatt", das noch erscheinen konnte. Dann hatte die Maschinerie der „Endlösung" die letzten Reservate scheinbarer bürgerlicher Rechte für Juden erreicht. Und je aussichtsloser der Krieg für Hitlerdeutschland wurde, umso bestialischer wurde die Judenvernichtung.

Während man sonst das Gefühl hat, daß das NS-Regime sehr bewußt mit den Vorurteilen in der Bevölkerung kalkulierte und sehr oft triviale ökonomische Motive hinter ihren Phrasen verbarg, so versagt bei diesem Kapitel der deutschen Geschichte jeder Versuch der rationalen Deutung. Der Haß gegen die Juden war offenbar so vehement, wie er artikuliert wurde. In seinem offiziellen Testament begründete Adolf Hitler sogar noch seinen Selbstmord u. a. mit seinen neurotischen Phantasien über den angeblich satanischen Charakter der Juden:

„Da die Kräfte zu gering sind, um dem feindlichen Ansturm gerade an dieser Stelle noch länger standzuhalten, der eigene Widerstand aber durch ebenso verblendete wie charakterlose Subjekte allmählich entwertet wird, möchte ich mein Schicksal mit jenem teilen, das Millionen andere auf sich genommen haben, indem ich in dieser Stadt bleibe. Außerdem will ich nicht Feinden in die Hände fallen, die zur Erlustigung ihrer verhetzten Massen ein neues, von Juden arrangiertes Schauspiel benötigen. Ich hatte mich daher entschlossen, in Berlin zu bleiben, um dort aus freien

Stücken in dem Augenblick den Tod zu wählen, in dem ich glaube, daß der Sitz des Führers und Kanzlers selbst nicht mehr gehalten werden kann . . . Gegeben zu Berlin, den 29. April 1945, 4 Uhr, Adolf Hitler."

(Zitiert nach: „Dokumentation zur österreichischen Zeitgeschichte 1938–1945", S. 546)

Zu diesem Zeitpunkt hatte in Ostösterreich schon die Provisorische Regierung unter Karl Renner den Anschluß für „null und nichtig" erklärt. Ein ganz neues Österreich-Bewußtsein hatte sich breitgemacht – inmitten von Bombenruinen und größter Not. Und doch, bei allem Heroismus, der viele beseelte und sie aus dem Nichts neu beginnen ließ, auch die Anfänge der Zweiten Republik sind von einigen Schatten verdunkelt. Da gab es einmal das Problem der Verdrängung. Die einen wollten nicht daran erinnert werden, wie begeistert sie sich kurz zuvor noch als treue Parteigenossen des NS-Regimes gezeigt hatten. Und die anderen wollten nicht daran denken, daß sie sich an den gegen Kriegsende immer stärker werdenden Widerstandsaktionen nicht beteiligt hatten. Denn heroisches Handeln ist immer nur wenigen vorbehalten, und auch auf dem Boden des ehemaligen Österreich hatte der Widerstand nur eine relativ kleine Gruppe von Akteuren gefunden. Schließlich setzte man bereits sein Leben aufs Spiel, wenn man das Wissen um Widerstandskämpfer bei sich behielt. Selbst diese kleine Schar von Unerschrockenen löste nun bei vielen ein schlechtes Gewissen aus, dem man mit der altbewährten Vogel-Strauß-Methode am besten entwischte. Ja und die anderen, die Mitläufer und die Schuldigen, die etwa die Wachmannschaften in den Konzentrationslagern gestellt hatten oder in Spitzenpositionen waren, schwindelten sich mitunter mit recht simplen Tricks über die ersten Stunden.

Schon in der Ausgabe des „Neuen Österreich" vom 26. April 1945 spottete man in einer Glosse über die vielen, die niemals „dabeigewesen" waren:

„Es hat in Wien überhaupt keine Nazi gegeben. Wer etwas anderes glaubt, ist in einem verhängnisvollen Irrtum befangen. Vor einigen Tagen traf ich Alois Kolbenschlag. Das ist der Mann, der immer die spritzigen Leitartikel schrieb, nachdem er sich in den vertraulichen Informationen darüber unterrichtet hatte, worüber man schreiben durfte und worüber nicht. Erst vor vier Wochen hatte er in einem Leitartikel beteuert, daß die Russen niemals nach Wien kommen würden, daß jedes Haus eine Festung werden würde, und daß man im übrigen den kommenden Ereignissen mit souveräner Ruhe entgegensehen könnte, da der geniale Führer und Feldherr des deutschen Volkes von vornherein alle Möglichkeiten einkalkuliert habe. ‚Aber was wollen S' denn, sagt Herr Kolbenschlag zu mir. ‚Habn S' denn nicht gemerkt, daß das nix weiter als blutige Ironie war?', nein, das hatte ich nicht. Der Kolbenschlag schüttelte mitleidig lächelnd seinen Stiftelkopf und vertraute mir schließlich an, daß er nie Nationalsozialist gewesen sei. Ich starrte auf sein schamloses leeres Knopfloch. ‚Aber warum haben S' denn früher immer die Pletschen getragen?' fragte ich schüchtern. ‚Alles nur Tarnung, mein Lieber', sagte Kolbenschlag herablassend. ‚Um die anderen über meine wahre Gesinnung zu täuschen und sie in Sicherheit zu wiegen.' Und er enteilte."

So bitter ironisch diese Glosse gemeint gewesen sein mag, sie trifft doch recht genau den Gesamtkomplex „Entnazifizierung". Der moralische Katzenjammer, der einen großen Teil der Bevölkerung, die sogenannte schweigende Mehrheit, erfaßte, war ein Schutzmantel für diejenigen NS-Funktionäre, die beispielsweise an der Juden-„Endlösung" mitgewirkt hatten. Denn die Abgrenzung zwischen stärker und minder belasteten Nationalsozialisten war von Anfang an schwierig. Dazu kam die Angst vor den Besatzungsmächten, vor den Verschleppungen, vor den Vergewaltigungen. Wir wissen heute, daß vieles von den damaligen Erzählungen und Gerüchten übertrieben war, aber die Anti-Russen-Stimmung, die durch den Kalten Krieg zwischen den Siegermächten bald künstlich geschürt wurde, war ein weiteres Motiv dafür, die Entnazifizierung von Jahr zu Jahr weniger ernst zu nehmen. Schon vier Jahre nach Kriegsende wurden auch die ehemaligen Parteimitglieder wieder zu den Wahlen zugelassen, und in dem Buch „Entnazifizierung in Österreich" zieht der Wiener Historiker Dieter Stiefel den Schluß:

> „Es lag daher im Wesen der Entnazifizierung, daß sie sich den politischen Konstellationen und der Änderung der wirtschaftlichen und sozialen Bedingungen entsprechend veränderte, daß sie Prozeßcharakter hatte: von der Härte zur Milderung, zur Amnestie und Wiederintegration, und man könnte auch hinzufügen, zu einer gewissen Tabuisierung und Verdrängung von den fünfziger Jahren an . . . Eine Entnazifizierung im Sinne einer Abwendung der Bevölkerung vom Nationalsozialismus war bis zum Kriegsende schon weitgehend erfolgt, nicht nur wegen der militärischen Niederlage, sondern auch wegen des gegen Ende des Krieges immer härter und brutaler werdenden Terrorregimes der Nationalsozialisten . . . Eine politische Umorientierungsmaßnahme im Sinne einer speziellen, auf die ehemaligen Nationalsozialisten ausgerichteten Umschulung war die Entnazifizierung aber nicht. Wer es mit dem Zusammenbruch des Dritten Reiches nicht gelernt hatte, der lernte es auch später nicht mehr."
>
> *(Dieter Stiefel, „Entnazifizierung in Österreich", Wien 1981, S. 328)*

Dieses Zitat gilt für viele Vorurteile der österreichischen Bevölkerung. Denn das geistige Leben der Zweiten Republik ist zumindest in den offiziellen Reden und Aussendungen, Schulbüchern und Parteiprogrammen, Instruktionen und Erlässen von dem Erbe der Zwischenkriegs- und NS-Zeit befreit. Man hat dem Rassismus abgeschworen. Offi-

Frauendemonstration 1981

zielle antisemitische Entgleisungen sind relativ selten, das Österreich-Bewußtsein wächst ständig, die Vorurteile gegen soziale Aussteiger werden weitgehend unterdrückt. Eine Liberalisierung der Strafgesetze löste in den siebziger Jahren vieles von dem ein, was in der Zwischenkriegszeit noch zu Kulturkampf-Kontroversen geführt hat. Und doch: der Bodensatz der alten Vorurteile hat sich auch die ganzen Jahrzehnte seit dem Ende des Zweiten Weltkrieges gehalten. Man muß nur einmal bei Biertisch-Diskussionen die Ohren offenhalten oder in der Straßenbahn das Schimpfen der Leute über die „Tschuschen" – die Gastarbeiter – mit anhören. Oder man studiert die Leserbriefspalten, die Kolumnen so mancher Erfolgsjournalisten oder gar jene Publikationen, die man an Zeitungskiosken offiziell gar nicht erwerben kann, die Schriften der „Aktion Neue Rechte" und ähnliches. Hier stößt man auf das alte Gedankengut. Und auch die Meinungsbefragungen zeigen, daß die Vorurteile nach wie vor latent vorhanden sind. Aus Österreich sind die Juden entweder vertrieben worden oder sie kamen in den Gaskammern des Dritten Reiches um. Die wenigen tausend in den Israelitischen Kultusgemeinden erfaßten Personen sind der breiten Öffentlichkeit heute kaum bekannt. Und doch haben wir das Phänomen eines „Antisemitismus praktisch ohne Juden". Obwohl die wichtigsten Banken verstaatlicht sind, kann man nach wie vor hören, daß die Geldinstitute in den Händen der Juden seien oder daß die Zeitungen von Juden beherrscht würden. Und schon im Jahr 1946 entsetzte sich der Autor eines Berichtes in der „Vorarlberger Tageszeitung", die damals in der Besatzungszeit von der Kommunistischen Partei Österreichs herausgegeben wurde, über ein neuerliches Ritualmord-Gerücht. Anlaß waren zwei angebliche Kindesentführungen, die einwandfrei als Irrtümer geklärt wurden.

> „Ungeklärt dagegen ist, wie vernünftige Menschen ein nach nationalsozialistischem Ideengut stinkendes Gerücht weitertragen können. Erzählt man doch in Dornbirn, daß diese zwei Christenkinder von Juden ermordet wurden, weil die Juden für ihr kommendes Osterfest das Blut junger Christenmenschen für Ritualzwecke brauchten. Erstens sind, wie schon erwähnt, die Kinder nicht ermordet worden – das eine lebt noch, das andere ist verunglückt –, zweitens gibt es jüdische Ritualmorde nur im umnebelten Gehirn eines Antisemiten vom Schlage eines ‚Stürmer-Schreibers' ".

Aber auch alle anderen Vorurteile hielten sich zunächst ziemlich unverändert. In einer Ausgabe der „Neuen Illustrierten Wochenschau" vom Herbst des Jahres 1946 findet man all jene Klischees über die „natürliche" Rolle der Frau als Dienerin des Mannes wieder:

> „Wie soll nun der Charakter der idealen jungen Frau beschaffen sein? Sparsamkeit, Bescheidenheit und Genügsamkeit sind die drei Eigenschaften, die zwar stets, besonders aber in knappen Verhältnissen, von großer Wichtigkeit sind. Sie soll feinen Herzenstakt und Güte besitzen, dabei aber nicht überempfindlich sein, wenn der Gatte aus etwas gröberem Holz ist . . . Der Gatte soll nicht herrschsüchtig und auf seine überragenden geistigen Fähigkeiten eingebildet sein. Mit einer gewissen Ritterlichkeit, die auch das modernste Mädchen durchaus nicht missen möchte, soll er seiner Frau begegnen."

Erst in den siebziger Jahren hat eine breite Diskussion über diese Klischees eingesetzt. Aber die Zähigkeit, mit der sich die patriarchalischen Vorstellungen in der Arbeiterfamilie des „Roten Wien" der Ersten Republik ebenso gehalten haben wie in der Kriegszeit oder in der Phase des Wiederaufbaus, erklärt vielleicht auch, weshalb es nicht mit theoretischen Absichtserklärungen allein gelingen wird, die alten Vorurteilsstrukturen in dieser Hinsicht auszumerzen. Und wenn man etwa die Unterhaltungsprogramme des Fernsehens danach untersucht, wie weit hier die alte Polarisierung zwischen Weibchen und Vamp bei der Darstellung der Frau beibehalten wurde, dann sieht man, welche Unterstützung und Verbreitung die alten Vorurteile im Medienzeitalter erst erfahren. Und zu den alten Vorurteilen sind im Laufe der letzten Jahrzehnte manch neue hinzugekommen. Etwa das Pauschalurteil, daß die Jugend eine Generation von „Halbstarken" geworden sei. Dieses Klagelied hörte man in der Mitte der fünfziger Jahre von vielen An-

Auch den Jugendlichen von heute werden vielfach Vorurteile entgegengebracht

gehörigen der älteren Generationen. Und die Zeitschrift „Bravo" schrieb in ihrer Ausgabe vom 26. August 1956 deshalb vehement:

> „Schluß damit! Es gibt keine Halbstarken-Generation und keine Halbstarken-Gefahr! Es gibt ein paar Rowdies und die hat es immer gegeben. Wenn es jetzt tatsächlich ein paar mehr geben sollte als früher, dann sind wir alle daran schuld . . . Statt anzuerkennen, daß in dieser Generation, um die sich ja eigentlich niemand richtig kümmert, sehr viele ordentliche, fleißige, patente Kerle heranwachsen, verurteilt man ganze Jahrgänge zur Sippenhaft für ein paar Verbrecher."

Was sich in den fünfziger Jahren damals ankündigte, wurde in den sechziger und siebziger Jahren zur Provokation für viele, die ihre eigenen Vorurteile nie erkannt haben. Die Jugendrevolution der späten sechziger Jahre, die Absage an die alten Familienleitbilder – die Kommunenbewegung –, der Appell für freie Liebe und freie Partnerwahl – das wurde zunächst von so manchem als ungeheure Provokation empfunden. In der Zwischenzeit klagen dieselben über das konservative Feedback der Jugend seit den frühen achtziger Jahren, die Passivität, die der Nährboden der Drogengefahr sei, das politische

Türkische Schüler in Wien

Desinteresse. Einmal waren die langen Haare der Stein des Anstoßes, dann waren es die kurzgeschorenen Bürstenfrisuren.

Parallel zu diesem „Jugend-Syndrom“ kam es auch zur „Gastarbeiterfrage“. Dabei gab es auch hier Wellenbewegungen. Bis zum Ölschock in der Mitte der siebziger Jahre schien sich hier ein geradezu unlösbares Problem auszubilden. Immer mehr Arbeiterfamilien aus Jugoslawien, aus der Türkei, aus Italien oder aus Agypten ließen sich durch relativ gute Löhne nach Österreich (und in andere europäische Staaten) locken und übernahmen fast zur Gänze die unangenehmen Dienstleistungsberufe. Gastarbeiter wurden in Fabriken geholt und in den Küchen der Restaurants, als Zeitungskolporteure und als Reinigungspersonal eingesetzt. Sie wurden die neuen Zielscheiben des Spottes. Und so wie früher der jüdische Krämer die Funktion des Sündenbocks übernehmen mußte, dem gegenüber sich auch der kleinste Fabrikarbeiter noch gut vorkam, so tauchten nun wieder Vokabel wie „völkische Überfremdung“ auf. Man warf den Gastarbeitern Kinderreichtum vor, nannte sie schmutzig und verwahrlost und übersah, daß das beste Spekulationsobjekt die Elendsbehausungen jener waren, die in der Hochblüte des Gastarbeiterstromes oft illegal die Grenzen passierten. Ein fiktiver Brief eines Gastarbeiters, der offenbar von einem österreichischen Kollegen verfaßt wurde und anonym verteilt wurde, zeigt, wie sich dieses Klischee bis heute unverändert erhalten hat; auch wenn die

Gastarbeiterquoten wieder abgenommen haben, seit die Ölkrise das Wirtschaftswachstum teilweise zum Stoppen gebracht hat.

„Suleika, meine liebe Frau!
Ich nix mehr arbeiten am Bau;
auch viel Kollega schon entlassen.
Polier sagt: ‚Nix mehr Geld in Kassen!'
Doch Du nix denken, das sein schlimm,
ich trotzdem froh und munter bin,
denn Allah hat mich nicht verdammt;
war gestern schon beim Arbeitsamt.
Weil ich noch ein Jahr Aufenthalt,
komm ich nach Hause nicht so bald;
muß meiden noch Moschee und Tempel,
zeig Arbeitsamt Papier – macht Stempel.
Das ganze Arbeit! Nix mehr bücken
und kann doch immer Geld Dir schicken.

Hier scheint mir alles wie verhext,
brauch nur noch schlafen – Konto wächst,
und ganz bestimmt bis nächsten Winter
zahlt Arbeitsamt noch Geld für Kinder.
Ich bin nun schon drei Jahre fort,
hast Du vielleicht noch Kinder dort,
wo ich nix weiß von – ganz egal
Du mußt nur melden mir die Zahl
und schleunigst schicken mir nach hier
von Amt beglaubigtes Papier.
Du sollst mal sehn, wie dann geht munter
Einkommen rauf und Steuer runter."

Die Agressionen gegen die Gastarbeiter waren in den 80er Jahren wieder im Abklingen – als eine der Folgen der zunehmenden Wirtschaftsprobleme, die auf die „goldenen Jahre" des Wirtschaftswachstums folgten. Aber mit der Öffnung der Grenzen, mit dem Ende des eisernen Vorhangs, mit den Flüchtlingswellen aus Rumänien, Bosnien oder aus dem Kosovo belebten sich die alten Klischees und Vorurteile. Anti-Ausländerparolen wurden wieder populär, soziale Not wurde mit Adjektiven wie „arbeitsscheu", „schmutzig" und „kriminell" versehen, und während rechtspopulistische Slogans auch bei manchem Oppositions-Star neuerlich in Mode kam, nahm die rechtsradikale Agitation zu.

Aufmarsch von Neonazis

Skinheads überfielen Asylantenheime, jüdische Friedhöfe wurden verwüstet, und Briefbombenterror traf Priester, Moderatorinnen für „Ausländer"-Fernsehsendungen und Politiker wie Helmut Zilk. Und wenn man die Lebensumstände eines mutigen Kärntner Verlegers namens Lojze Wieser in der Zeitschrift NEWS vom Jänner 1995 nachliest, dann sieht man, wie virulent der alte Ungeist wieder geworden ist:

> „Lojze Wieser, Jahrgang 1954, ist derzeit Österreichs meistbeschriebener Verleger – und lebt in einer nicht kalkulierten Dauergefahr. Draußen am Gang seines Klagenfurter Verlagsbüros bewacht seit vergangener Woche ein Kriminalbeamter die Eingangstür, jeder Schritt wird begleitet, jede Autofahrt, jede Reise muß mit den Beamten abgesprochen werden. Erst nach einer längeren Auseinandersetzung mit der Polizei bekam Wieser einen Leibwächter rund um die Uhr zugewiesen, doch das Gefühl der Bedrohung verschwindet trotz Eskorte nicht, ganz im Gegenteil: ‚Die Lebensqualität wird dadurch immens beeinträchtigt.' . . . Die Gründe der Sicherheitsmaßnahmen sind bekannt: Der Buch-Macher Wieser bekam fünf Tage vor den Nationalsratswahlen eine – scharfe – Briefbombe und im Verlauf der vergangenen dreißig Tage drei weitere Morddrohungen zugestellt. Daß er sich von den massiven Einschüchterungsversuchen nicht in seiner Arbeit beirren lassen will, ist eine spezifische Reaktion auf Mord- und Hinrichtungsdrohungen. Keine Veranstaltung sagt er

Parkbank im Esterhazy-Park

ab, tritt bei Diskussionen und Galaveranstaltungen auf, fährt ‚natürlich' zur Buchwoche nach Wien und telefoniert rund um die Uhr mit Zeitungen und Kollegen. Lojze Wieser hat beschlossen, aus der Not eine Tugend zu machen, seine ungewollte Popularität auszunutzen, sich nicht zu verstecken."

Aber die Vorurteile gegen die „Übervolkung" und gegen die „Ausländer" sind nicht das einzige Beispiel für die Unausrottbarkeit von Klischees. Trotz der Liberalisierung der Homosexualität unter Erwachsenen kam es auch in dieser Hinsicht zu einem Rückschwingen des ideologischen Pendels. AIDS wurde als „Strafe Gottes" für die „Verfehlung" der Bi- und Gleichgeschlechtlichkeit bezeichnet. Und obwohl die Risikogruppe der Homosexuellen – offenbar durch vermehrte Anwendung von Kondomen – längst nicht mehr die Hauptgruppe bei den Neuinfizierten der Immunschwäche-Befallenen ist, hat sich im Kino und auf den Bühnen ein regelrechter Boom an Aids-Stücken ergeben, die zeigen, wie verlogen die 70er und 80er Jahre in punkto Abbau von Vorurteilen war. Diesmal soll aus einem Kulturbericht von Sibylle Fritsch in der Zeitschrift „profil" vom 14. Februar 1994 zitiert werden:

> „Der fünfte im Bunde dieses bedrohten Personals in Tony Kushners Schwulendrama ist wohl auch im Bund mit dem Teufel und eine Figur, die das amerikanische Leben wirklich schrieb: Roy Cohn, der Kommunistenjäger des Senators Joe McCarthy und Staranwalt, etwa von Bianca Jagger, mit besten Beziehungen zur „New York Times", zum Weißen Haus in Washington und zur Schwulenszene. Er haßte sein Judentum und benutzte es als Waffe. Er verfolgte Homosexuelle und war doch selbst schwul. 1986 starb er an AIDS.
>
> Zeitenwende: In die heterosexuellen Welten brechen homosexuelle Helden ein, und ein kontroversielles Schwulendrama wird mehrfach inszeniert, demnächst auch in Wien: „Angels in America".
>
> Ein Theaterstück über Macht, Verrat und Liebe in Zeiten der Seuche Aids. Eine „schwule Phantasie über gesellschaftliche Themen" nennt Tony Kushner seinen mehrfach preisgekrönten Broadway-Hit im Untertitel.
>
> Seit vergangenem Herbst trat dieses Drama über Schwule, Mormonen, jüdischen Selbsthaß und katholische Bigotterie – wider alle Erwartungen, denn es ist sehr amerikanisch – seinen kontinentalen Siegeszug an.

Aber auch diese verschleierte Diffamierung ist keine Erfindung der 90er Jahre. Als im Juli 1971 nach heftigen Diskussionen die Freigabe der gleichgeschlechtlichen Sexualität – für erwachsene Männer, zum Unterschied zu den Frauen ohne Altersbeschränkung – vom österreichischen Parlament verabschiedet wurde, da konnte man in der Zeitung „Die Presse" am 24. Juli 1971 unter dem Titel „Die Homosexuellen sind unter uns" lesen:

„Allerdings hat eben diese Gesellschaft weitgehend die Suche nach Sinngebung abgeschrieben und frönt lieber einem flachen Hedonismus, dem das Abnormale normal und das Normale schon bald abnorm erscheint. Nicht erst zu Beginn der siebziger Jahre haben daher Kulturhistoriker die Parallelen zur späten Kaiserzeit gezogen. Parallelen zu einer Epoche also, in der die Homosexualität, wie zum Beispiel in den Kaiserviten des Suetonius in nicht sehr delikater Schilderung nachzulesen ist, als Symptom des Zerfalls einer Zivilisation, die sich darin gefiel, die früher heroisierten Ideale ins Lächerliche umzufunktionieren, ihre Rolle spielte.“

Alle diese Neuauflagen alter Vorurteilsstrukturen verblassen aber gegen die Haßtiraden in der neonazistischen Literatur. Sie wird nur unter „einschlägig“ Interessierten verteilt und erreicht erstaunliche Auflagen. Die Holocaust-Tragödie wird darin als „antideutsche Hetzkampagne der jüdischen Weltpresse“ hingestellt. Die Phrasen von der deutschen Kultur- und Volksgemeinschaft sind nicht verschwunden, und es fehlt auch nicht an Attacken auf Gastarbeiter oder die verweichlichte Jugend von heute. Dies alles könnte man als Beweis für die Existenz von ewig unverbesserlichen Alt-Nazis abtun. Wenn – ja wenn nicht auch unter Halbwüchsigen von heute diese Tendenz- und Hetzliteratur großen Anklang finden würde und wenn nicht die Vorurteilsstrukturen in Österreich nach wie vor dunkle Punkte aufwiesen. Denn wenn man danach fragt, wer die Rückkehr eines Adolf Hitler befürworten würde, dann kommt man nur auf jene rund 5 Prozent, die man auch als Wähler oder Sympathisanten der NDP, der Nationaldemokratischen Partei, finden kann. Bei einer IFES-Befragung im Februar 1978 unter Lehrern, Politikern in mittleren und kleineren Gemeinden, Ärzten sowie Pfarrern sprach sich allerdings die Hälfte ablehnend gegen die Möglichkeit der „Rassen- und Völkervermischung“ aus. Rund ein Drittel der Befragten konnte sich mit der These anfreunden: „Wenn es zu Auswüchsen des Kapitalismus kommt, dann sind meistens die Juden daran schuld“. Und weit mehr als die Hälfte jener Berufsvertreter, die man mit dem Fachausdruck „opinion leader“ zusammenfassen kann, stimmte dem Satz mehr oder weniger zu: „Ich würde meiner Tochter verbieten, daß sie mit einem Orientalen befreundet ist.“

Und zu Jahresbeginn 1995 konnte von einer Anti EG-Liste mit dem Titel „Bürgerschutz-Österreich“ eine Schmähschrift ganz im Stil des alten NS-Stürmers verteilt werden, die ohne jedes Eingreifen der Behörden eine Diktion verwendete, die man tatsächlich seit 1945 für überwunden geglaubt hatte:

„Zumeist jüdische Hochfinanzkreise (nicht die Juden! allgemein), Freimaurer und ihre Lakaien haben das im Zuge der Geschichte ergaunerte Geld eingesetzt, um nunmehr mit Hilfe der neuzeitlichen Technik ihre Milliardengeschäfte weltweit gewinnbringend durchführen zu können. Und dies zumeist auf Kosten der anderen armen Weltbevölkerung. Mittels eines ausbeuterischen, moralisch verwerflichen Zinssystems gelang es diesen, breite Teile der Bevölkerung, auch unsere, in eine Sklaven- und Geiselhaft zu bringen. Dazu war es notwendig sich ein geheimes Netzwerk der Macht, dazu Geheimdienste (Mossad, KGB, CIA) zu schaffen und möglichst in jedem Land Marionetten und Landesverräter als Politiker zu installieren, die diesen Zielen zu dienen haben. Dazu gehört auch ein Netzwerk von Presseimperien, die die Gehirnwäsche der Bürger zu deren Verblödung perfekt beherrschen. Diese Hochfinanzkreise sind in enger Verbindung mit dem Namen Rothschild und Rockefeller zu sehen."

(Bürgerschutz Österreich, Nr. 1, 1995)

Leider wurde dieses Klima der „geistigen Verhetzung", der aggressiven Ablehnung von Minderheiten Anfang Februar 1995 in einer Art und Weise manifest, daß man von einer tragischen Steigerung des Phänomens latenter Gewalt sprechen muß. Vier junge Österreicher – Angehörige der Volksgruppe der Roma, im einschlägigen Jargon „Zigeuner" – kamen bei der Explosion einer Rohrbombe ums Leben. Sieht man vom Übergreifen internationaler politischer Terror-Morde wie jener der palästinensischen Anschläge etwa gegen Heinz Nittel auf Österreicher ab, dann sind das die ersten Rassismus-Toten, die man in der Zweiten Republik betrauern mußte. Katharina Krawagna-Pfeifer schrieb in diesem Zusammenhang einen Kommentar über das Entsetzen, das der Anschlag bei der überwiegenden Mehrheit der Österreicher auslöste, unter dem Titel: „Unfähigkeit zur Trauer":

„Zum ersten Mal gibt es in der Zweiten Republik politische Terrormorde. Die Opfer sind die Minderheiten. Statt in Würde 50 Jahre Republik feiern zu können, ist 1995 ein Trauerjahr. Es sind die Toten und ihre Angehörigen zu beklagen. Und es ist zu beklagen, daß die Minderheiten ein halbes Jahrhundert lang ein schweres Leben in Österreich hatten. Das hat echte und tiefe Betroffenheit bei vielen ausgelöst."

(Der Standard, 10. Feber 1995)

Man kann nur hoffen, daß dies auch zu einem Aufrütteln bei jenen führen wird, die bisher dem Phänomen Alltagsfaschismus bzw. der gezielten neonazistischen Wiederbetätigung nur ein mitleidiges Lächeln entgegenbrachten – nach dem Motto: Das sind doch höchstens Lausbubenstreiche und romantische Schwärmereien Ewiggestriger. Das Myzel des Nationalismus und Rassismus ist offenbar noch sehr aktiv!

7. Der Sozialstaat

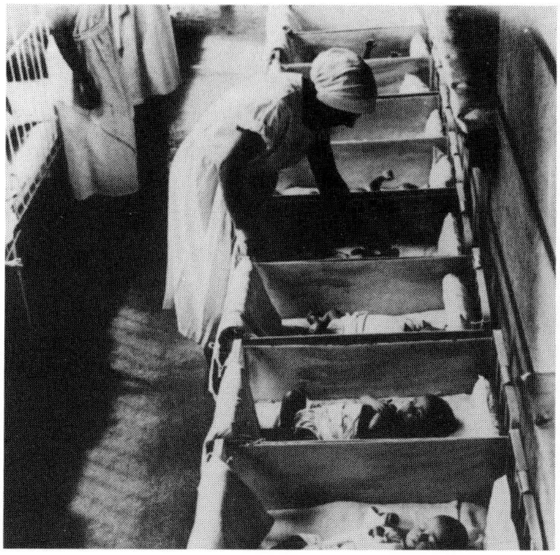

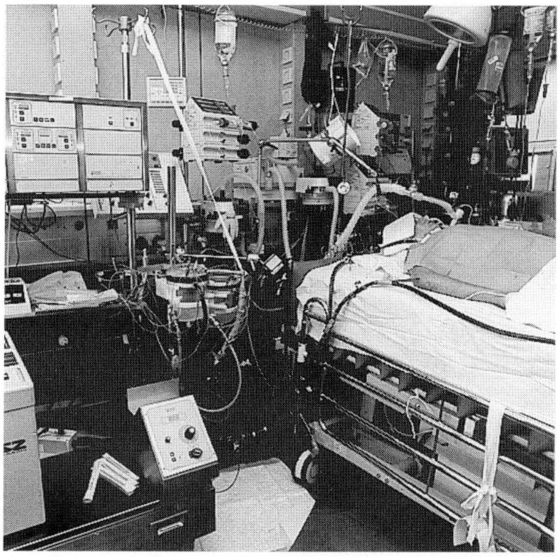

Gemeindebaueröffnung – Kinderkrippe Gersthof, 1931 – Soziale Einrichtungen – Moderne Medizin

Bei einem internationalen Vergleich schneidet Österreich vor allem auf einem Sektor stets besonders gut ab: bei den Sozialeinrichtungen unseres Landes. Und immer wieder studieren Experten aus dem Ausland das Krankenversicherungssystem, die Pensionsregelungen und all die anderen sozialen Einrichtungen unseres Staates, die sich in jüngster Zeit mitunter sogar den Vorwurf gefallen lassen mußten, daß sie zu sehr überhandnehmen bzw. nicht mehr finanzierbar sind. Man muß nur an die Schülerfreifahrt oder an die Gratisschulbuchaktion denken – das Netz an sozialen Hilfseinrichtungen, die unabhängig von der jeweiligen Familiensituation jedem zukommen, ist recht eng geknüpft. Es beginnt bei den Schwangerschaftsuntersuchungen, die die Voraussetzung für die Geburtenprämie sind, und endet bei den Altersheimen bzw. bei der kostenlosen Bestattung, die im Fall sozialer Bedürftigkeit der Angehörigen erfolgt.

Am Beginn der Ersten Republik begann sich dieses soziale Fürsorgesystem erst allmählich abzuzeichnen. Die Massenparteien der Monarchie – die Christlichsozialen und Sozialdemokraten sowie die Deutschnationalen – hatten den großen Zulauf an Mitgliedern und später auch an Wählern durch ihr starkes Engagement in der sozialen Frage erreicht. Der Kampf um das Verbot von Kinderarbeit und Nachtarbeit der Frauen, die schrittweise Reduktion der Arbeitszeit, die Einrichtung von Fabriks- und Gewerbeinspektoraten, der Bau der Wiener Hochquellenwasserleitung, die Errichtung von geräumigen Schulen, die Gründung von Konsumvereinen – alle diese Initiativen aus den letzten Jahrzehnten der Monarchie hatten das größte Elend der Arbeiterschaft gemildert. Und Politiker wie Victor Adler oder Karl Lueger hatten beide trotz der politischen Konkurrenz ihrer Parteien zur Hebung des Lebensstandards der breiten Bevölkerung beigetragen. Da auch für die Bauern durch Landzusammenlegungen und ähnliche Reformen der Kampf ums tägliche Brot etwas erleichtert wurde, schien es in den allerersten Monaten der jungen Republik gerade in der sozialen Frage keine unüberbrückbaren Gegensätze zu geben. In der nur wenige Monate dauernden Koalition zwischen Christlichsozialen und Sozialdemokraten wurde dann auch ein Gesetz über die Einführung der „Sozialversicherung“ durch den ersten österreichischen Sozialminister, den Sozialdemokraten Ferdinand Hanusch, eingebracht und auch verabschiedet. Dieses Gesetzeswerk, das schon Vorläufer in der Monarchie hatte, wirkte sich im Grunde erst in der Zweiten Republik voll aus. Aber für die Entstehung des Sozialstaates Österreich stellt diese gesetzliche Regelung der Krankenversicherung sowie der Pensionen und Renten einen Markstein dar, den man mit der Einführung des allgemeinen Wahlrechts für Männer und Frauen zu Beginn der Republik ebenso vergleichen kann wie mit dem Zustandekommen einer demokratischen Verfassung.

Doch die Phase der Zusammenarbeit zwischen den Vertretern der bürgerlichen Parteien und den Sozialdemokraten dauerte nicht lange. Wirtschaftskrise und Inflation, immer größer werdendes gegenseitiges Mißtrauen, die Aufrüstung der Vorfeldorganisationen der Parteien und die Spannungen zwischen dem „roten Wasserkopf Wien“ und den „schwarzen Bundesländern“, ließen sehr rasch gerade auf dem Sektor der Sozialreformen ein Klassenkampfklima aufkommen, das heute nur mehr schwer nachzuvollziehen ist. Es war unter anderem die Trennung von Wien und Niederösterreich, die den Sozialdemokraten die politische Vorherrschaft in der Bundeshauptstadt für alle Zeiten zu garantieren schien, aber zugleich sehr rasch ein Klima des Hasses und der gegenseitigen Vorwürfe provozierte. Denn die Sozialdemokraten versuchten mit größtem Nachdruck, aus Wien eine sozialdemokratische Musterstadt zu machen. Und das provozierte nicht nur die Opposition innerhalb der Bundeshauptstadt, sondern vergrößerte auch die Anti-Wien-Stimmung in den Bundesländern. Die Bandbreite der Sozialreformen im Wien der

Jahre 1918 bis 1933 war in der Tat erstaunlich. Neue Fürsorgemaßnahmen für Kriegsversehrte, Erziehungsanstalten und Lehrwerkstätten, neue Spitäler und Kinderübernahmsstellen, Jugendämter und Mutterberatungsstellen, Volkskindergärten und öffentliche Spielplätze, Freibäder und neue Büchereien sind nur ein Auszug aus dem Sozialprogramm der Stadt Wien von damals. Am meisten fiel aber die Wohnbautätigkeit der Gemeinde Wien auf. Nach einer Zählung aus dem Jahr 1917 wiesen von den mehr als 500.000 Wiener Wohnungen drei Viertel eine Wohnfläche unter 30 m^2 auf. 95 Prozent dieser Kleinwohnungen hatten keine Wasserleitung, 99 Prozent keinen Abort in der Wohnung. Große Wohnungen mit vier und mehr Wohnräumen machten nicht einmal 5 Prozent aller Wohnungen aus.

In diesen Kleinwohnungen hausten sehr viele Menschen unter unbeschreiblichen Bedingungen. Man suchte sich Bettgeher, um die Miete begleichen zu können, das einzige Kabinett war häufig noch an eine Untermieter-Familie abgetreten. Und die hohe Säuglingssterblichkeit in Österreich war zu diesem Zeitpunkt allein schon aus den tristen Wohnverhältnissen erklärlich. 15 von 100 Neugeborenen überlebten damals nicht das erste Lebensjahr. Bereits zehn Jahre später war es gelungen, diese traurige Quote zu halbieren. Voraussetzung dafür war nicht zuletzt das forcierte Wohnbauprogramm der Gemeinde Wien. Allein zwischen den Jahren 1923 und 1933 wurden 60.000 neue Wohneinheiten geschaffen. Man kritisiert heute diese Gemeindebau-Wohnungen der Ersten Republik oft wegen ihrer Kleinheit. Die zwei Hauptmodelle waren entweder Zimmer und Wohnküche oder Zimmer, Küche, Kabinett mit einer Durchschnittsfläche zwischen 35 und 45 Quadratmetern. Aber das bedeutete damals fast die Verdoppelung des durchschnittlichen Wohnraums gegenüber den Vorkriegs-Kleinwohnungen, von denen nur 7 Prozent über elektrischen Strom und nur 14 Prozent über Gas verfügt hatten. Nun war das Wasser eingeleitet, die fensterlosen Küchen gab es nicht mehr, und zumeist war das Klosett in der Wohnung. Der Bericht über die Eröffnung des Karl-Marx-Hofes in der „Illustrierten Kronen-Zeitung" vom 12. Oktober 1930 macht deutlich, welches Gefühl diejenigen erfüllte, die hier einziehen durften; und warum die Sozialreformen der Gemeinde Wien damals weltweit Aufsehen erregten. So vermerkte auch die Kronen-Zeitung in ihrem Bericht schon im Titel, daß es sich um „die größte Wohnhausanlage der Welt" handelte:

> „Heute vormittag wird Bürgermeister Seitz die größte Wohnhausanlage der Welt, ein Werk der Wiener Gemeindeverwaltung, in feierlicher Weise eröffnen. Oberstadtbaurat Karl Ehn hat das gigantische Projekt ausgearbeitet, das nun, nach vierjähriger Bauzeit, fix und fertig und voll besiedelt dasteht. . .
>
> Trotz der ungeheuren Größe der Anlage ist kaum ein Fünftel der Grundfläche verbaut worden, mehr als vier Fünftel des Gebietes entfallen auf Verkehrs- und Gartenflächen, so daß die Bewohner Licht, Luft und Sonne nicht zu missen brauchen.

In 1382 mit allem Komfort ausgestatteten Wohnungen finden mehr als 5000 Menschen Platz. Auf die Bedürfnisse dieser 5000 Menschen wird durch entsprechende mustergültige Einrichtungen Rücksicht genommen. In der Anlage befinden sich: zwei Zentralwäschereien, die mit ihren elektrischen Kesseln eine Neuheit für ganz Europa darstellen, zwei Bäder mit 20 Wannen und 30 Brausen, zwei Kindergärten, eine Schulzahnklinik, eine Mutterberatungsstelle, eine Bibliothek, eine Apotheke, ein Jugendheim, ein Postamt, ein Krankenkassen-Ambulatorium, 25 Geschäfte und ein Gasthaus. In den Höfen, die reiche gärtnerische Anlagen schmücken, befinden sich Sammelstellen für die Koloniakübel, die durch Elektrokarren gebracht und geholt werden . . . Von den Baukosten, die mit 32,5 Millionen Schilling berechnet waren, wurden 3,8 Millionen Schilling erspart."

Parallel zu dieser Bautätigkeit an den großen Wohnanlagen wurde auch das Schrebergartenwesen forciert. Das Wochenend- bzw. Einfamilienhaus wurde durch Gesellschaften wie die „GESIBA", die GEmeinwirtschaftliche SIedlungs- und BAustoffanstalt, errichtet. Im Programm der GESIBA fand sich das Bekenntnis zur „besseren Verbindung der Menschen mit dem Boden" und zur Errichtung von Siedlungen „als Hilfe gegen Nahrungs- und Wohnungsnot". Das Weltkriegstrauma und die Anschlußsehnsucht

Spielstube eines Zentralkinderheimes in Wien, 1931

werden sogar beim Bauprogramm der Zwischenkriegszeit deutlich, und der hünenhafte Sämann, jene von Hofner geschaffene Statue, die in der Mitte des Karl-Marx-Hofes aufgestellt wurde, versinnbildlichte ebenfalls dieses damals überall betonte Zusammengehörigkeitsgefühl mit dem „deutschen Bruderstamme".

Ermöglicht wurde das große Wohnbauprogramm im „roten Wien" durch die Steuerpolitik eines Hugo Breitner. Er mußte sich auf Wahlplakaten von den bürgerlichen Parteien nicht nur als geldgieriger Finanz-Jude angreifen lassen, sondern wurde auch als peitschenknallender Steuereintreiber an den Plakatwänden dargestellt. Die Sozialdemokraten konterten mit plastischen Beispielen:

> „Die Bars und Nachtlokale bezahlen das tägliche Mittagessen für 3000 Schulkinder – beim Rennen müssen die Wettenden die Säuglingswäsche für die Neugeborenen bezahlen –"

Mit diesem Slogan wurde auf die Säuglingswäschepakete-Aktion der Gemeinde Wien verwiesen.

Diese und ähnliche Maßnahmen gingen wiederum auf das Konto des Wiener Stadtrates und Arztes Julius Tandler. Seine Aktionen, wie die Kinderfreibäder oder die Errichtung von Kindergärten oder Kinderübernahmestellen, führte er unter dem Motto „Palä-

Das Allgemeine Krankenhaus in Wien, das von Joseph II. gegründet wurde, galt noch in der Zwischenkriegszeit als vorbildliches Spital

ste für Kinder zu bauen bedeutet, die Wände von Gefängnissen zu zerstören" durch. Einer seiner akademischen Schüler ist der später in die USA emigrierte Richard Berczeller, der gemeinsam mit Norbert Leser das Buch „Als Zaungäste der Politik" verfaßt hat. Er schildert Julius Tandler auch als international anerkannten Arzt und Klinikchef. Berczeller lernte im Krankenhaus der Stadt Wien in Lainz Julius Tandler während seiner medizinischen Ausbildung kennen und urteilt über dieses Spital der Zwischenkriegszeit:

> „Unter Tandlers Führung wurde es ein Musterinstitut allerersten Ranges. Während meiner Odyssee durch zahlreiche Länder Europas, Afrikas, Nord- und Südamerikas arbeitete ich in vielen Krankenhäusern, aber kein einziges konnte sich in der musterhaften Disziplin des Personals, der Hygiene, der menschlichen Haltung gegenüber den Kranken mit dem Lainzer Spital vergleichen . . . Die Tuberkulose ist nicht mehr jene schreckenerregende Erkrankung, die sie damals war, und der Pavillon mit seinen Liegeterrassen, die auf den Lainzer Tiergarten schauten, beherbergt heute nur wenig Kranke. Aber damals, als Tandler diesen schuf, war es das Allerneueste. Radiumbestrahlungen bei Krebserkrankungen sind heute eine Selbstverständlichkeit, als Tandler seinerzeit ein Gramm Radium um eine Riesensumme kaufte, da war solches noch eine Pionierleistung. Die ärztlichen Fortbildungskurse lockten Ärzte aus der ganzen Welt nach Lainz."
>
> *(Zitiert nach: Richard Berczeller – Norbert Leser, „Als Zaungäste der Politik", Wien-München 1977, S. 225)*

Aber nicht nur die Belastungspolitik gegenüber den Reichen steigerte die Klassenkampfatmosphäre der damaligen Zeit, auch die Schulfrage erregte beispielsweise die Gemüter ganz besonders. Der Reformer der österreichischen Schule in der Zwischenkriegszeit, Otto Glöckel, war von Anfang an Zielscheibe schärfster Angriffe. Glöckel wollte die Schule vom Frontalunterricht wegbringen, die Klassenunterschiede abbauen und die Bildungsprivilegien beseitigen. Seine Reformschulen waren auf Koedukation und Rollenspiel, auf Sport und gute Laune aufgebaut. Und doch schockierte er mit seinen Grundsatzerklärungen, wie er sie beispielsweise am 28. November 1919 vor der konstituierenden Nationalversammlung als Unterstaatssekretär für Unterricht abgab:

> „Hohes Haus. Mit dem vorliegenden Gesetz betreffend die Errichtung der österreichischen Staatserziehungsanstalten beginnt die Reihe jener Gesetze, die die Schulreform begründen sollen. Die Schule aus der absolutistischen, aus der monarchischen Zeit, paßt nicht mehr in die republikanische, demokratische Zeit hinein. Wir müssen ein Schulwesen schaffen, aus dem sittlich gefestigte Charaktere hervorgehen, ein Geschlecht aufrechter, arbeitsfroher, lerneifriger, lernfreudiger Menschen, die befähigt

sind, ihr Geschick selbst in die Hand zu nehmen, und bei Ausübung der breitesten demokratischen Rechte auch bereit sind, die Verantwortung gegenüber der Gesamtheit zu übernehmen . . . Geplant ist die Schulreform auf der Grundlage der Einheitsschule, des Arbeitsunterrichtes und der möglichst raschen Beseitigung der Bildungsprivilegien . . .

Die früher erwähnten Grundsätze sollen nun unmittelbar und beispielgebend an den Staatserziehungsanstalten ihre Anwendung finden . . . Eine moderne Musterschule muß von tüchtigen Lehrern betreut werden. Umgeben von weiten Gärten und Wiesenflächen müssen hygienisch einwandfreie Räume die Schüler aufnehmen. Ausgestattet muß diese Musterschule sein mit praktischen Werkstätten, Erholungsräumen, Schlaf- und Turnsälen, Sportplätzen, verbunden mit Internaten, in denen Kinder armer Eltern reichliche und nahrhafte Kost finden können."

(Otto Glöckel, Selbstbiographie, Zürich o. J., S. 191 f.)

Die politischen und wirtschaftlichen Krisen der Ersten Republik haben nur eine teilweise Realisierung der Glöckelschen Schulreformen ermöglicht. Und die Illusion von den mündigen Demokraten platzte, noch bevor jene erwachsen wurden, die durch die Reformschulen Glöckels gegangen waren. Die heutige Schuldebatte läßt erkennen, wie weit dieser Schulreformer seiner Zeit voraus war. Immerhin wurden im Jahr 1927 neue Lehrpläne für die Volksschulen erarbeitet, Hilfsschulen geschaffen und die Bürgerschulen in vierklassige Hauptschulen umgewandelt. Der Lehrplan dieser Schulen wurde an jenen der Unterstufe der Mittelschulen angeglichen. Auch die Staatserziehungsanstalten, die schließlich als „Bundeserziehungsanstalten" etwa in der ehemaligen theresianischen Militärakademie in Wiener Neustadt gegründet wurden, wurden nach dem Glöckelschen Programm organisiert. Ansonsten ist das Schulsystem der Zwischenkriegszeit unter anderem dadurch gekennzeichnet, daß die Schülerzahlen drastisch sanken. Denn der Trend zur Ein- oder Zwei-Kind-Familie setzte sich zumindest in allen städtischen Gebieten durch. Deshalb wurden auch in den Bundesländern wenige Schulneubauten errichtet, ein Umstand, der neben den intellektuellen Widerständen im bürgerlichen Lager gegen die Glöckelsche Schulreform dafür ausschlaggebend wurde, daß sich Strukturen im österreichischen Schulsystem halten konnten, die auf die maria-theresianische Epoche zurückgingen.

Daß übrigens auch der große Reformer Otto Glöckel kein andersgeartetes Österreich-Bewußtsein hatte als die meisten seiner Zeitgenossen, zeigt der Schlußsatz seiner vorhin zitierten Parlamentsrede:

„Die kleine, arme, gequälte Republik Österreich will und darf nicht zurückbleiben gegenüber dem großen deutschen Brudervolke, dem unser ganzes Sinnen gilt."

Die Aufwertung der Kinder und die Erkenntnis, daß die ersten Lebensjahre einen ganz entscheidenden Einfluß auf die Ausbildung der Persönlichkeit haben, wurden übrigens von allem Anfang an spöttisch belacht. Eine Titelseite der „Illustrierten Kronen-Zeitung" vom 25. September 1921 brachte anläßlich des Schulbeginns Szenen aus der neuen Schulwirklichkeit: Ein Zeichenlehrer, der seine eigene Verunglimpfung an der Tafel „lehrplanmäßig wundervoll" findet, ein das Rohrstäbchen schwingender Erzieher, der sich vor dem Schülerrat-Protest fürchtet, und zuletzt eine Kutsche, in der ein junges Mädchen mit einem Kavalier sitzt, und dazu die Bildlegende: „Kinder von heute. Die Lehr-Spaziergänge werden alsbald zu solchen Spazierfahrten anregen."

Parallel zu den Schulreformen war auch der Ausbau des Volksbildungswesens in der Ersten Republik ein wesentlicher Beitrag zur Verbesserung der allgemeinen Sozialstruktur. Und nicht nur im „roten Wien", wo die Arbeiterhochschulen überlaufen waren, setzte sich damals der Gedanke der ständigen Weiterbildung durch. In einer Analyse der Volksbildung aus dem Jahr 1923 wird beschrieben, wie populär die Institution der „Lesekreise" war:

> „Der Lehrer, der Arzt oder der Pfarrer versammelt in einem gemütlichen Raum, in dem womöglich die Volksbücherei untergebracht ist, die lesefreundlichen, nach Weiterbildung sich sehnenden Bewohner abends um sich; da wird ein gutes Buch – sei es aus der schönen Literatur oder aus dem einen oder anderen Wissensgebiet – vorgenommen und gemeinsam gelesen. An die Lektüre aber schließen sich eingehende gemeinsame Besprechungen . . . Freilich erscheint es dazu notwendig, daß das Volksbüchereiwesen auf einer gesunden Grundlage beruhe. Während früher auch in Österreich das System des ‚Hinauflesens' üblich war, demzufolge man in die Bibliothek ebenso eine Eschstruth oder Karl May, wie einen Gottfried Keller einstellte und glaubte, der Benützer werde sich von May zu Keller ‚emporlesen', hat man nun allmählich einzusehen gelernt, daß dies einen Fehlschluß bedeutet und genau das Gegenteil der Fall ist."
>
> *(Karl Brockhausen, „Österreich", 1923, S. 274)*

Die politischen Gegensätze zwischen Stadt und Land waren zu diesem Zeitpunkt aber bereits sehr groß. Als dann im Laufe der Jahre die Arbeitslosigkeit infolge der Weltwirtschaftskrise und der Hartwährungspolitik der Christlichsozialen immer weiter anstieg, da wurden die sozialen Reformen zum willkommenen Angriffsziel konservativer Politiker und Journalisten. In den „Innsbrucker Nachrichten" vom 4. Juli 1932 – kurz vor dem absoluten Höhepunkt der Arbeitslosigkeit – wurde es klipp und klar formuliert:

> „Es darf aber auch nicht verschwiegen werden, daß die in Österreich geübten Methoden der Sozialpolitik die Wirtschaft erschlagen haben. Die Sozialpolitik, so not-

wendig sie an und für sich ist, bedeutet für Österreich, dem ärmsten der im Kriege unterlegenen Staaten, keine Wohltat, sondern eine Strafe. Es kann in diesem Zusammenhang auf die Fülle ‚der Sozialgesetze' gar nicht eingegangen werden. Es sei nur soviel gesagt, daß der Lohn-Schilling vor dem Kriege mit sieben Groschen sozial belastet war, nach dem Krieg aber mit 30 bis 40 Groschen. Die Folge davon ist, daß die österreichische Wirtschaft zu teuer produziert, daß sie immer mehr an Konkurrenzfähigkeit verliert und dadurch weiterhin ihre Kapazität einbüßt. Die Steuerüberlastung durch den Staat zwingt die Industrie geradezu, ihre Betriebe abzustoßen, sie lahmzulegen, die Arbeiterschaft zu entlassen oder mindestens zu einer Rationalisierung zu greifen, die mit jeder einzelnen Arbeitsstunde sparen muß."

Ein Jahr später war die Provokation des „roten" Wien beseitigt. Der Ständestaat trat wieder für eine hierarchische Gliederung der Bevölkerung ein, die durch Geburt und Beruf als vorgegeben angesehen wurde.

Das soziale Gewissen wurde nun von den christlichen Gewerkschaftern verkörpert, die im Einparteienstaat des Dollfuß- bzw. Schuschnigg-Regimes als die einzigen Vertreter der Arbeitnehmer zugelassen wurden. In der „Österreichischen Arbeiter-Zeitung" (wie das Organ der christlichen Arbeiterbewegung im Ständestaat hieß) vom 30. Juni 1934 kann man ein Beispiel dieses „offiziellen" sozialen Gewissens studieren. Im „Sozialen Wochenbericht" wurde die rhetorische Frage gestellt: „Was geschieht gegen Lohndrückerei?"

„Es fällt keinem vernünftigen Menschen ein, sich wegen einzeln vorkommenden sozialen Mißständen besonders aufzuregen, da es von vornherein ausgeschlossen ist, überall durchzugreifen. Was aber in letzter Zeit in Österreich erlebt wird – Beispiele finden sich oft in der nächsten Nähe zuständiger Stellen – ist eine regelrechte Epidemie sozialer Mißstände. Es vergeht kein Tag, an dem nicht neue Beispiele von Lohndruck und ungerechtfertigtem Gehaltabbau bekanntwerden. Und da erhebt sich die dringende Frage: Was wird dagegen getan? Welche Mittel wendet man an, um diesen Mißständen zu begegnen oder welche Mittel gedenkt man dagegen anzuwenden."

Doch was nützten solche Klagen in einer Zeit, in der Hunderttausende arbeitslos waren und die Hälfte davon nicht einmal Arbeitslosenunterstützung erhielt und im wörtlichen Sinn um die nackte Existenz kämpfen mußte.

Diejenigen, die einen Arbeitsplatz hatten, fürchteten, daß sie ihn verlieren könnten, wenn sie sich gegen Lohnkürzungen zu wehren versuchten, auch wenn das Vorgehen der Unternehmer oft ungesetzlich war. Und wenn Arbeitnehmer kurz vor Jahresende gekündigt wurden und dann im Jänner wieder eingestellt wurden, damit der Urlaubsanspruch verfiel (der bei Arbeitern zunächst eine Woche und nur bei Angestellten nach dem siebenten Monat zwei Wochen betrug), dann wagten doch nur ganz wenige, gegen solche Tricks zu protestieren. Apropos Urlaub: einen dreiwöchigen Urlaubsanspruch hatte man damals als Angestellter nach dem sechsten Dienstjahr. Und vier Wochen Urlaub gab es zwischen dem elften und 25. Dienstjahr. Für die Arbeiter blieb es bei zwei Wochen ab dem sechsten Arbeitsjahr.

Als dann im März 1938 der Ständestaat von den nationalsozialistischen Truppen okkupiert und in das Dritte Reich eingegliedert wurde, da waren es nicht nur die Parolen von der gemeinsamen deutschen Geschichte, sondern in erster Linie die sozialen Ankündigungen, die zu der zunächst doch recht breiten Unterstützung des NS-Regimes durch die Österreicher führten. Das Programm zur Bekämpfung der Arbeitslosigkeit mit Hilfe der Autobahnbauten und einer neu angekurbelten Wohnbautätigkeit war ja nicht das einzige, was die neuen Machthaber zur Linderung der Not verkündeten.

In den Reden der neuen Machthaber kam das Schlagwort vom „deutschen Sozialismus" besonders häufig vor. Daß sich hinter diesen Phrasen, die in den Städten große Wirkung erzielten, eine Realität verbarg, die ganz anders aussah, gehört zum Gesamtkomplex „nationalsozialistischer Agitationstechnik". In seinem Buch „Wien vom Anschluß zum Krieg – Nationalsozialistische Machtübernahme und politisch-soziale Umgestaltung am Beispiel der Stadt Wien 1938/39" hat Gerhard Botz eine aufschlußreiche Studie über diese Doppelbödigkeit vorgelegt. Sie erklärt, weshalb ein Regime, das mit Hilfe der Großindustrie zur Macht gelangte, auch von der breiten Bevölkerung zumindest am Anfang unterstützt wurde:

> „Seit den frühen dreißiger Jahren waren die ansatzweise vorhanden gewesenen sozial-progressiven und ‚revolutionären' Seiten der nationalsozialistischen Zielvorstellungen auf einen Restbestand an bloß deklaratorischem Antikapitalismus zusammengeschmolzen. Nicht einmal die Versprechungen einer ständestaatlichen und ‚mittelstandsfreundlichen' Ordnung löste Hitler, in Deutschland einmal zur Macht gelangt, ein, obwohl er gerade solchen Parolen die entscheidende Anziehungskraft auf ‚kleinbürgerliche' Schichten und den Durchbruch zur Massenpartei verdankte. Die Erfordernisse des Taktierens auf dem Weg zur Macht und unmittelbar nach 1933 hatten die praktische Politik des Dritten Reiches gänzlich den Interessen von Großindustrie und konservativen Machteliten angeglichen. Anstelle ökonomischer Eingriffe zur Verbesserung der Lage der sozialen Unterschichten stand der Versuch, in deren Bewußtsein durch propagandistische Manipulation eine Art klassenloser Gesellschaft aus der Utopie der ‚Volksgemeinschaft' entstehen zu lassen, wenn nicht überhaupt irrationale nationalistische, völkische und antisemitische Ressentiments eine Ersatzfunktion zugeteilt erhielten."
>
> *(Gerhard Botz, „Wien vom ‚Anschluß' zum Krieg", Wien 1978, S. 310 f.)*

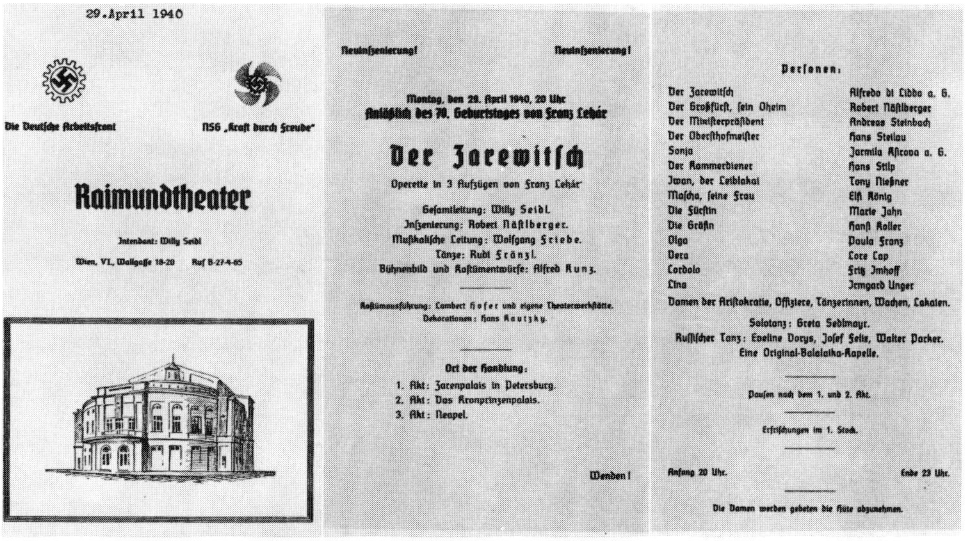

29. April 1940

Die Deutsche Arbeitsfront

NSG „Kraft durch Freude"

Raimundtheater

Intendant: Willy Seidl

Wien, VI., Wallgasse 18-20 Ruf B-27-4-65

Neuinszenierung! Neuinszenierung!

Montag, den 29. April 1940, 20 Uhr
Anläßlich des 70. Geburtstages von Franz Lehár

Der Zarewitsch

Operette in 3 Aufzügen von Franz Lehár

Gesamtleitung: Willy Seidl.
Inszenierung: Robert Näßlberger.
Musikalische Leitung: Wolfgang Friebe.
Tänze: Rudi Fränzl.
Bühnenbild und Kostümentwürfe: Alfred Kunz.

Kostümausführung: Lambert Hofer und eigene Theaterwerkstätte.
Dekorationen: Hans Kautzky.

Ort der Handlung:
1. Akt: Zarenpalais in Petersburg.
2. Akt: Das Kronprinzenpalais.
3. Akt: Neapel.

Wenden!

Personen:

Der Zarewitsch	Alfredo di Lidda a. G.
Der Großfürst, sein Oheim	Robert Näßlberger
Der Ministerpräsident	Andreas Steinbach
Der Obersthofmeister	Hans Stelau
Sonja	Jarmila Ascova a. G.
Der Kammerdiener	Hans Stilp
Iwan, der Leiblakai	Tony Nießner
Mascha, seine Frau	Elsi König
Die Fürstin	Marie John
Die Gräfin	Hansi Koller
Olga	Paula Franz
Vera	Lore Lap
Cordolo	Fritz Imhoff
Lina	Irmgard Unger

Damen der Aristokratie, Offiziere, Tänzerinnen, Wachen, Lakaien.

Solotanz: Greta Sedlmayr.
Russischer Tanz: Eveline Dorys, Josef Felix, Walter Packer.
Eine Original-Balalaika-Kapelle.

Pausen nach dem 1. und 2. Akt.

Erfrischungen im 1. Stock.

Anfang 20 Uhr. Ende 23 Uhr.

Die Damen werden gebeten die Hüte abzunehmen.

Man lenkte im Dritten Reich sehr geschickt von Krieg und Lebensmittelrationierung ab

Botz zählt dann die psychologischen Mittel auf, mit denen die Arbeiter ab dem März 1938 in dem später Ostmark genannten „Bollwerk des Reiches" (Hitler) zu der Überzeugung geführt wurden, daß nun der wahre Sozialismus angebrochen sei. Weder von innerbetrieblicher Mitbestimmung war damals die Rede noch von der Beteiligung an der Tarifgestaltung, dafür sprangen die Sportorganisationen und das „Kraft-durch-Freude-Programm" der „Deutschen Arbeitsfront" (DAF) mit Musik- und Theatervorführungen, Volkstumspflege und der Ankündigung des im Dritten Reich nie für private Zwecke freigegebenen KdF-Wagens, dem späteren Volkswagen, ein. Und während die Arbeitszeit wieder länger wurde und die Erhöhung des Volkseinkommens für die militärische Aufrüstung herhalten mußte, propagierte man einen längeren Urlaub.

Im April 1938, im Monat der Volksabstimmung, erschien die „Verkehrswirtschaftliche Rundschau" auf der Schlußseite mit einer Skizze der neuen Schafbergbahn bei St. Wolfgang, darunter war die Adresse des Österreichischen Verkehrsbüros in Wien vermerkt. Auf dem Titelbild prangte ein lebensgroßes Porträt von Adolf Hitler. Im Blattinneren wurde dann für das Ja am 10. April geworben, und noch ein paar Seiten später fand sich dann ein Artikel von Robert Ley, dem Reichsorganisationsleiter der NSDAP, der zugleich Leiter der „Deutschen Arbeitsfront" war. Das Motto dieses Werbeaufsatzes: „Der deutsche Arbeiter reist in die Welt."

> „Nirgends in der Welt wird so viel und so gründlich gearbeitet wie bei uns. Wer viel arbeitet, braucht aber auch eine umso gründlichere Erholung. Je mehr Arbeit umso mehr Urlaub! . . . Wenn die NS-Gemeinschaft ‚Kraft durch Freude' heute auch im ganzen Ausland zum Inbegriff einer neuartigen Sozialpolitik des neuen Deutsch-

Man versprach Urlaubsfreuden jeder Art

land geworden ist, so ist das zu einem wesentlichen Teil der Tätigkeit gerade dieses Amtes für Reisen, Wandern und Urlaub zu verdanken. Die KdF-Reisen sind in unserem Volke nicht zuletzt deshalb so ungeheuer populär geworden, weil bei ihnen alles bis ins Kleinste sorgfältig vorbereitet ist. Der KdF-Urlauber reist ohne Sorgen. Für jeden einzelnen ist im Zug der Platz reserviert. Wohnung, Verpflegung, Besichtigung, Ausflüge, alles ist vorher genau festgelegt. Wir wissen, daß das unbedingt notwendig ist, denn die meisten KdF-Urlauber haben keine Erfahrung auf dem Gebiet des Reisens."

Das Hauptziel der Fernfahrten war damals schon Italien, wo das faschistische Regime unter Benito Mussolini mit dem Deutschen Reich sogenannte „Austauschzüge" vertraglich vereinbart hatte. Und über diese „Urlaubs-Achse" Berlin-Rom begannen damals die Vorarbeiten für eine Ausweitung des KdF-Tourismusprogramms bis Afrika. In dem vorhin zitierten Heft, in der „Verkehrswirtschaftlichen Rundschau" vom April 1938, verhieß Robert Ley geradezu Unvorstellbares:

„Wir haben ganz große Pläne. Schon jetzt, gerade in diesen Tagen, sehen wir unsere Urlauber in Afrika landen. Stellen Sie sich das Bild vor: KdF-Urlauber machen auf Kamelen einen Spazierritt durch die Wüste! Ja, das ist verwirklicht! Kraft durch Freude hat bereits so viele kühne Pläne verwirklicht, daß wir schon als eine Organisation der unbegrenzten Möglichkeiten gelten."

Doch das Regime der unbegrenzten Möglichkeiten konnte mit diesen Visionen die Bevölkerung nicht allzulange täuschen, denn zunächst begann der Weltkrieg, und alle sozialen Neuerungen und Träume wurden für die Zeit nach dem Endsieg aufgespart. Und diejenigen, die nach Afrika kamen, hatten Uniformen an und starben womöglich im Wüstensand.

Allen furchtbaren Erfahrungen wie Bombenkrieg und Holocaust-Bilanz zum Trotz hat sich aber in der Erinnerung an das Dritte Reich die Vorstellung vom ursprünglich sozialen Paradies gehalten. Man braucht sich nur die Holocaust-Straßenbefragungen zu vergegenwärtigen, um diese These bewiesen zu finden. Hitler habe zwar den Krieg verloren, dies sei sein Hauptfehler gewesen, aber ansonsten sei es eine „klasse Zeit" gewesen, in der die Arbeiter und die Bauern es viel besser gehabt hätten als davor und danach. Solche Stellungnahmen gab es in verschiedenster Abwandlung. Sie beweisen, daß die Propagandatechniken des Dritten Reiches offenbar dort besonders erfolgreich waren, wo es um die sozialen Scheinreformen ging.

Ein Grund für diese Entwicklung liegt aber auch darin, daß man im Jahr 1945 tatsächlich wieder von vorne beginnen mußte. Und daß es Jahre dauerte, bis der soziale Standard der Arbeitslosenjahre wieder erreicht war.

Doch schon in den ersten Monaten nach Kriegsende zeigte sich, daß das soziale Gewissen der Republik unverändert hoch war. Bereits vor Ausrufung der Provisorischen Staatsregierung konnte man im „Neuen Österreich" vom 25. April 1945 die Ankündigung des damaligen Wiener Stadtrates Felix Slavik finden, daß die Wohnungszuteilung streng gerecht abgewickelt werden sollte. Denn durch die Kriegsereignisse war fast die Hälfte der Wiener Wohnhäuser ganz zerstört oder sehr schwer beschädigt worden, und es gab damals viele Tausende Obdachlose.

> „Vom Wohnungsamt werden sowohl Einzelräume als auch Wohnungen in Hauptmiete vergeben, diese allerdings nur an kinderreiche Familien und Personen, die durch das Nazi-Regime schwer geschädigt worden sind. Um dies durchführen zu können, ist eine zentrale Erfassung aller derzeit unbenützten und unterbelegten Wohnungen notwendig."

Als unterbelegt galt, wenn weniger als zwei Personen pro Zimmer und eine Person pro Kabinett vorhanden waren. Zwei Wochen später, am 6. Mai 1945, fand sich in der gleichen Zeitung ein Bericht über den „Vollbetrieb im Allgemeinen Krankenhaus":

> „So unerfreulich und kasernenmäßig das Gesamtbild des Allgemeinen Krankenhauses von außen auch erscheinen mag, so angenehm ist die Überraschung, wenn man sich im Inneren dieses großzügig angelegten Komplexes mit einem Schlag in ein geradezu einladendes Sanatorium mit sonnigen Balkonen und herrlichen, schat-

tenreichen Parkanlagen versetzt sieht. Mit dankbarer Freude kann festgestellt werden, daß die Kriegsfurie hier nur verhältnismäßig geringfügigen Schaden angerichtet hat . . . Überall herrscht wieder normales Leben. Die blütenweißen Arbeitsmäntel der Ärzte und Pflegerinnen verraten nicht die beinahe übermenschlichen Schwierigkeiten, die auf dem Gebiet der Wäschereinigung zu überwinden sind, da erst ein Teil der privaten Großwäschereien in Betrieb gesetzt werden konnte. Eine Gruppe fast völlig geheilter Soldaten der Roten Armee hat sich auf eine kleine Rasenfläche unter schattenspendenden Kastanienbäumen gelagert und feiert bei Gesang und Gitarrespiel das Fest des Friedens, die Erlösung von Krankheit und Leid und die bevorstehende Rückkehr in die ferne Heimat . . . Die Anstaltsleitung hat aber auch alles dazu beigetragen, um das Los der Kranken so viel als möglich zu erleichtern. So wurde durch behelfsmäßige Zubereitung eines Eintopfes das Gespenst des Hungers wirksam bekämpft. In weiterer Folge konnten die Lebensmittelbestände ergänzt werden. Und schon heute ist es wieder möglich, salzfreie und für Diabetiker bestimmte Kostverordnungen durchzuführen."

Von diesen neuen Anfängen des Sozialstaates ging es ununterbrochen bergauf. Und zu den sozialpolitischen Gesetzen bekannten sich in der Zweiten Republik jeweils beide Großparteien im Parlament, also ÖVP und SPÖ. Ein ganz entscheidendes Ereignis fällt in den Spätherbst des Jahres 1955. Damals wurde das „Allgemeine Sozialversicherungsgesetz", das ASVG, vom Nationalrat verabschiedet. Es ist mit seinen zahlreichen Novellierungen bis heute ein weltweit beachtetes Regelsystem für Krankenversicherung, Pensionen und Ausgleichszulagen. Denn das ASVG hat einen Berechnungsschlüssel für die Höhe der Pension erstellt. Die Pension bzw. die Rente richtet sich nach der Dauer und nach der Höhe der Pensions- und Krankenkassenbeiträge der Arbeitnehmer.

Gleichzeitig gibt es freilich eine Mindestpension. Wird sie infolge privater Schicksalsschläge, Krankheit oder durch langjährige Hausfrauentätigkeit nicht erreicht, dann springt der Staat ein und schießt die Differenz zu. Da auch die Beiträge für die Krankenversicherung nicht kostendeckend sind, ist das österreichische Budget Jahr für Jahr durch die Milliardenzuschüsse für die Sozialeinrichtungen belastet. Es hat aber das Sicherheitsgefühl der Bevölkerung wesentlich verbessert. Und da die Pensionsregelung und das Krankenkassensystem heute auch schon die Bauern erfaßt, gibt es nur mehr ganz kleine Randschichten der Bevölkerung, die durch die Maschen des Sozialstaates fallen.

Die Diskussion der letzten Jahre läuft im regelmäßigen Abstand darauf hinaus, ob nicht schon zu viele Sozialmaßnahmen gesetzt wurden. Ein Beispiel für diese Debatte ist der Streit um die Kosten der Gratisschulbuchaktion, die von den Gegnern als Verschwendung und von den Befürwortern als Abbau der milieubedingten Bevorzugung der Kinder wohlhabender Eltern hingestellt wird.

Ein besonders drastisches Beispiel, wie kontrovers Themen aus dem Kontext „Grenzen der Finanzierbarkeit des Sozialstaates" diskutiert werden, liefert das sogenannte „Sparpaket", mit dem die österreichische Bundesregierung die wachsende Verschuldung Österreichs ab 1995 einbremsen oder gar zum Absinken bringen will. Laut diesem „Sparpaket" sollten auch einige Leistungen wie das erhöhte Karenzgeld für alleinverdienende Mütter verringert oder ein Selbstbehalt für die Gratisschulbücher eingeführt werden. In den Debatten, die sich quer durch die Parteien, quer durch Interessensvertretungen abspielten, kam es zu völlig unterschiedlichen Ansichten. „Sparen kann man nur bei den Besserverdienern", hörte man, „fangt nicht bei den Ärmsten an". Andere wollten das Budget durch ein empfindliches Anheben des Benzinpreises, also durch eine Öko-Steuer, sanieren. Ein Stop des sozialen Mißbrauchs wurde ebenso gefordert – die Steuerprogression für die Leistungswilligen sei ohnehin zu hoch – wie eine Besteuerung des 13. und 14. Monatsgehalts . . .

In diesem Zusammenhang berührt ein Leserbrief, der sich am 14. Jänner 1994 in der Zeitung „Die Presse" fand und von einem Dipl. Ing. Friedrich Giersig verfaßt wurde:

> Ich bin vor einem halben Jahr stolzer Großvater einer sehr lebhaften Enkelin geworden – und müßte sie jedesmal, wenn ich sie sehe, um Verzeihung bitten, daß sie und ihre Kinder künftig dafür zahlen müssen, daß es uns heute so gut geht! Wir haben uns in den vergangenen Jahren und Jahrzehnten eines der höchsten Sozialsysteme aufgebaut. Der Preis dafür ist eine Staatsverschuldung bis in die weiteste Zukunft.
>
> Kaum versucht nun die neu gewählte Regierung, die ins Schleudern gekommenen Staatsfinanzen durch ein vernünftiges Sparpaket in Ordnung zu bringen und die Verschuldung einzubremsen, wird sie sofort von ihren eigenen Leuten, die sie soeben gewählt haben, öffentlich geprügelt! Nach dem Motto: „Der Strom kommt aus der Steckdose und das Geld vom Budget", werden von vielen Politikern und Gewerkschaftern, die anscheinend die volkswirtschaftlichen Zusammenhänge und den Ernst der Lage noch nicht begriffen haben, immer neue Forderungen gestellt, die den Staat und damit uns alle in Schwierigkeiten bringen.
>
> Dabei haben „die Menschen" in unserem Lande sehr wohl Verständnis dafür, daß wir einige Zeit stillhalten sollten (und können), um unsere Staatsfinanzen zu konsolidieren. Dazu gehört selbstverständlich aber auch die Milderung bzw. Beseitigung echter sozialer Härten. Parteien, Gewerkschaften und Interessenvertretungen müssen endlich auch strategisch-langfristige Verantwortung für unseren Staat zeigen und ihn nicht durch kurzfristiges und kurzsichtiges Taktieren in eine immer schwierigere Situation hineinmanövrieren . . .
>
> Einsparungen sind erforderlich: Einsparungen an unnötigen Ausgaben, aber auch an demagogisch-kurzsichtigem Herumtaktieren und populistischem Wortgeklingel.
>
> *(Die Presse, 14. 1. 1995)*

Dennoch sind die Aussteiger, die Gescheiterten, die Obdachlosen auch heute nicht ganz verschwunden. Und wer einmal beobachtet hat, wie viele, auch junge Menschen in Obdachlosenheimen anzutreffen sind, der wird zugeben müssen, daß auch in der Wohlstandsgesellschaft zu Beginn der neunziger Jahre individuelle Not und Tragik häufiger vorkommen als man im allgemeinen glaubt.

In einer Soziologie-Diplomarbeit über die sozialen Strukturen im Wiener Gaststättenwesen hat Mario Prinz die Treffpunkte der „Sandler" beschrieben:

> „Einer der Hauptaufenthaltsorte von Nichtseßhaften in Wien sind die verschiedenen Bier- und Weinhäuser. Vor allem bei Regen oder kaltem Winterwetter versammelt sich ein Großteil der Obdachlosen in diesen Gaststätten. Einerseits ist in Obdachlosenasylen der Aufenthalt nur in den Gemeinschaftsräumen (wenn vorhanden) gestattet, andererseits erfüllen diese Gaststätten eine Informationsstellen-Funktion. Die Clochards knüpfen in diesen Gaststätten Kontakte mit ‚Kollegen', informieren sich über neue Quartiermöglichkeiten (zum Beispiel Abbruchhäuser) oder billige Verpflegungsstellen und hoffen nicht zuletzt, von irgendeinem Gast des betreffenden Lokals auf ein Getränk eingeladen zu werden. Durch Schwierigkeiten, meist im Privatbereich (Scheidung, Gefängnisaufenthalt), gemieden, versuchen die Sandler, verlorengegangene Anerkennung dort wiederzufinden, wo die geringsten Anforderungen gestellt werden, eben im Milieu der Obdachlosen . . . Obwohl von den Wirten nicht gerne gesehen, werden sie in bestimmten Lokalen, eben den Bier- und Weinhallen, geduldet. Sie versuchen, Streit zu vermeiden, und verhalten sich relativ zurückhaltend, um der Gefahr eines Lokalverbotes und damit den Zugang zu Informationen und Geselligkeit zu verlieren, zu entgehen."
>
> *(Mario Prinz, „Wiener Gaststätten", Diplomarbeit aus Soziologie an der Universität Wien, 1980, S. 88)*

Gegenüber solchen stillen „Sandlern" verhält sich, so schildert der Soziologe dann weiter, der durchschnittliche Arbeitslose relativ überheblich. Er ist viel lauter und will beweisen, um wieviel Viertel Wein mehr er sich kaufen kann. Ein Verhalten, das Mario Prinz, der Autor dieser Gaststätten-Analyse, dahingehend interpretiert, daß „einige Gelegenheitsarbeiter, die in diesen Gaststätten verkehrten, ihr Selbstwertgefühl auf Kosten der sozial tieferstehenden Sandler zu erhöhen" versuchen.

Ähnliche Beobachtungen könnte man zweifellos anstellen, wenn man das Gastarbeitermilieu studieren oder die Grauzone der „Unterwelt" durchleuchten würde. Bei aller internationalen Anerkennung des „Sozialstaates Österreich" sollte man auf diese Personengruppen nicht vergessen. Das soziale Gewissen kann auch heute noch sinnvoll zum Einsatz kommen.

Auch im Sozialstaat gibt es „Aussteiger"

8. Österreich in der internationalen Politik

Werbeplakat für die Kärntner Volksabstimmung 1920 – Das Burgenland kommt zu Österreich – PLO-Chef Arafat in Wien – Alois Mock und Gyula Horn durchschneiden den Stacheldraht zwischen Österreich und Ungarn

Wenn man die Erste Republik mit der Zweiten Republik vergleicht, dann hat sich kaum etwas so stark verändert wie die Stellung dieses Landes in der internationalen Politik. Aus dem „kranken Kind“ Europas ist ein Land geworden, das immer häufiger zum Treffpunkt der großen Politik wurde. Und auch wenn im Zusammenhang mit der Wahl von Bundespräsident Waldheim Österreich Zielscheibe internationaler Kritik wurde: An der Tatsache, daß dieses Land heute eine Bedeutung hat, die weit über seine geographische Größe hinausgeht, kann nicht mehr gezweifelt werden. Nach 1918 war dies noch ganz anders: das kleine Österreich – der „Rest, der überblieb“, als sich die Habsburgermonarchie aufgelöst hatte – war damals der Spielball der Siegermächte des Ersten Weltkriegs und seiner Nachbarn. Spätestens mit dem Abschluß des Staatsvertrages im Jahr 1955 wurde Österreich ein wichtiger Staat in der Kategorie „Neutrale“, der nicht zuletzt dank seiner stabilen innenpolitischen Verhältnisse und seines langanhaltenden Wirtschaftsaufschwunges zum „Modellfall“ erklärt wurde. Seit den späten siebziger Jahren sind zwar auch in diesem Kleinstaat in Mitteleuropa die wirtschaftlichen Krisensymptome ständig deutlicher zu konstatieren, und die politischen Gegensätze sind auch wieder im Steigen – aber an der „Brückenfunktion“ Österreichs zwischen Ost und West hat sich nichts geändert: Dieses Land ist ein neutraler Kleinstaat, der mit seinen Nachbarn zum Teil vorbildliche wirtschaftliche, kulturelle und auch politische Beziehungen aufgebaut hat: so zum Beispiel mit Ungarn. Zweifellos war für diese internationale Aufwertung ein Mann wie Bruno Kreisky entscheidend; aber auch nach seinem Abgang aus der offiziellen Politik und trotz der Waldheim-Kritik ist die Rolle, die Wien als Stadt der Begegnung spielt oder die Wertschätzung, die ein Politiker wie Vranitzky bei Auslandsbesuchen erfahren kann, ein Beweis für die Aufwertung Österreichs nach dem Zweiten Weltkrieg. Aus dem „Staat, den keiner wollte“ ist zwar keine „Insel der Seligen“ geworden, aber ein Land, das für Touristen eine Attraktion geblieben ist – trotz Weinskandal und Waldheim-Empörung; und ein Land, das heute stärker von demokratischen Selbstreinigungsprozessen geprägt wird als in den fünfziger oder sechziger Jahren, aber dennoch zu den stabilen Ländern dieser Erde zählt. Für die EU jedenfalls, zu deren Mitgliedern Österreich seit dem 1. Jänner 1995 zählt, gehört dieses Land zu den „Nettozahlern“.

Allen diesen Tatsachen zum Trotz ist das Interesse der österreichischen Bevölkerung an den Vorgängen in der Welt und auch an der österreichischen Außenpolitik sehr gering geblieben. Es mag dafür eine ganze Reihe von Ursachen geben; manche reichen weit zurück; beispielsweise haben die Binnenlage und der Nationalitätenstreit des Vielvölkerstaates das Interesse der Österreicher langfristig geprägt. Aber ein wesentlicher Grund dürfte doch auch darin zu finden sein, daß die emotionell wirklich bewegenden Erfahrungen mit der Weltpolitik jahrzehntelang frustrierend waren. Sowohl die „Urangst“ der Kärntner vor einer angeblich noch immer drohenden Abtrennung der südlichen Landesteile und der Angliederung an jenen Staat, der 40 Jahre lang Jugoslawien hieß, als auch das Südtirol-Trauma ziehen sich wie ein roter Faden durch die Geschichte der Ersten und der Zweiten Republik. Und da auch in den Jahren der internationalen Anerkennung Österreichs der Ortstafelkonflikt und die Verhandlungen über ein Autonomiestatut für Südtirol an alten Wunden rührten, läßt sich vielleicht erklären, warum das Interesse auch der jungen Leute an der Außenpolitik so unterentwickelt geblieben ist.

Die größte Enttäuschung kam gleich am Anfang. Denn die Ausrufung der Republik war im Grunde eine Notmaßnahme. Es blieb keine andere Wahl, da sich alle anderen Nationalitäten der Habsburgermonarchie der Reihe nach selbständig gemacht hatten.

Und deshalb rechnete man sich zunächst ein größeres Staatsgebiet aus, als der Republik dann tatsächlich zugebilligt wurde und versuchte darüber hinaus eine Zollunion mit den Nachfolgestaaten der Monarchie oder gleich den Anschluß an Deutschland zu erreichen. Wie verunsichert alle beteiligten Politiker damals waren, kann man durch Zeitungsberichte aus dem November 1918 anschaulich illustrieren. In der „Neuen Illustrierten Wochenschau“ vom 15. November 1918 fanden sich unter der Kolumnenüberschrift „Aus dem neuen Deutschösterreich“ unter anderem die Meldungen:

> „Der Staatsrat hat verfügt, daß die Provinz Sudetenland dem Oberlandesgerichtssprengel Reichenberg zugewiesen werde, das für Deutschböhmen ernannt wird. Das deutsche Siedlungsgebiet in den südlichen Teilen Böhmens und Mährens wird dem Oberlandesgerichtssprengel Wien bzw. den Landesgerichtssprengeln Linz, Krems, Znaim zugewiesen. Am 10. d. erschienen zehn Automobile mit hundert Mann tschecho-slowakischer Truppen unter Kommando eines Hauptmannes auf dem Egerer Flugplatz und nahmen hier das ganze Material, besonders Flugzeuge und Benzinvorräte in Beschlag. Einige Zeit nachher erschien der Bezirksobmann Dr. Bernardin an der Spitze einer Vertretung der nationalen Regierung und legte gegen das Vorgehen der Tschecho-Slowaken Protest ein, da sie in Eger, als einem Gebiet, das dem deutschösterreichischen Staate angehöre, nichts zu suchen hätten. Hierauf erwiderte der Hauptmann, daß er einen militärischen Befehl ausführe, eine Besetzung Egers nicht geplant sei und er sich im übrigen auf tschechoslowakischem Gebiet befinde . . .“
>
> „Vorrücken der Italiener in Tirol. – Rückzug der Bayern. Die Italiener haben bereits Südtirol bis nach Brixen besetzt. Dem italienischen Kommandanten steht überall ein österreichischer Stationskommandant zur Seite. Nach Zeitungsmeldungen haben die Italiener Bozen, Meran und Mals besetzt, während sie vom Reschen-Scheideck abgezogen seien. In Hinsicht auf die Ankunft bayerischer Truppen am Brenner und Unruhen in Nordtirol hat die italienische Oberste Heeresleitung ihren Truppen befohlen, sofort und um jeden Preis das ganze Gebiet der oberen Etsch und des Eisack sowie die strategischen Punkte nördlich der Alpenlinie zu besetzen. Die in Richtung auf Imst vormarschierenden bayerischen Truppen haben bereits den Befehl erhalten, zurückzukehren, und haben den Rückmarsch tatsächlich bereits angetreten.“

Diese zwei kleinen Meldungen auf der Seite 3 der „Neuen Illustrierten Wochenschau“ sprechen für sich. Zunächst war tatsächlich noch alles in Fluß, und es dauerte Jahre, bis die Grenzen der Republik feststanden. Denn während sehr rasch klar wurde, daß die Gebietsansprüche auf Teile Böhmens und Mährens von den Siegermächten strikt abgelehnt wurden und auch die Brenner-Grenze zu Italien als definitiver Beschluß hingenommen werden mußte, gab es einige Gebiete in Kärnten, in der Südsteiermark und im einstigen Westungarn, wo man Verhandlungsbereitschaft durchblicken ließ.

Nach der Errichtung einer slowenischen Nationalregierung in Laibach im Oktober 1918 war es zum Einfall jugoslawischer Truppen in Kärnten gekommen. Ein „Vorläufiger Vollzugsausschuß" der späteren provisorischen Kärntner Landesversammlung erklärte noch im selben Monat das Land für unteilbar und sprach sich am 26. Oktober für die Errichtung eines selbständigen Deutschösterreich aus. Bereits wenige Wochen nach der Republikgründung beschloß dann diese Kärntner Landesversammlung gegen den Rat der Wiener Zentrale den Widerstand gegen die Jugoslawen. Bei den anschließenden Kämpfen konnten die jugoslawischen Truppen aus dem Lavant-, Rosen- und Gailtal vertrieben werden – unter den „Abwehrkämpfern" waren nicht nur deutsch-, sondern auch slowenischsprechende Kärntner.

Anfang 1919 kam es nach der Vermittlung einer amerikanischen Studienkommission zu einem Waffenstillstand und zur vorläufigen Teilung des Klagenfurter Beckens in zwei Verwaltungsgebiete. Ende April starteten die Jugoslawen einen Großangriff zur Eroberung von Klagenfurt. Die Unterstützung der Kärntner durch die Wiener Zentralstellen bestand in Waffen und Munition sowie in zwei Volkswehrbataillonen.

Und wieder gelang es den Kärntner „Abwehrkämpfern", den Feind innerhalb weniger Tage zu schlagen. Im Mai kam es zum Gegenangriff, bei dem diesmal Klagenfurt besetzt wurde. Doch zu diesem Zeitpunkt konnte Staatskanzler Karl Renner bei der Pariser Friedenskonferenz den Beschluß der Siegermächte erwirken, der eine Räumung Klagenfurts vorsah. Weiters wurde eine Volksabstimmung angesetzt. Das Ergebnis des Plebiszits vom 10. Oktober 1920 sicherte den Verbleib Südkärntens bei Österreich. 59 Prozent stimmten damals für die Republik Österreich, 41 Prozent wollten zu Jugoslawien.

Dieses Hin und Her von Angriffen und Gegenschlägen, von Abwehrkriegen und „heim-

Der Ortstafelkonflikt eskaliert

Der Ortstafelkonflikt ist immer noch nicht ausgeräumt

tückischen Überfällen" – der letzte ereignete sich sogar noch nach der Volksabstimmung und wurde durch eine Intervention der Alliierten rückgängig gemacht – ist die offizielle Begründung für das Mißtrauen, das in Österreichs südlichstem Bundesland immer wieder zwischen der deutschsprachigen und der slowenisch bzw. windisch sprechenden Bevölkerung ausbricht. Mehr als 70 Jahre später sollten aber die Ereignisse der Anfangsphase der Republik eigentlich nicht mehr als Argumente dienen können.

Doch die jüngste Geschichte – zuletzt der Ortstafelkonflikt – hat bewiesen, daß dem nicht so ist. Man zelebriert in Kärnten geradezu den 10. Oktober und verweist sehr häufig auf die Gebietsansprüche des ehemaligen Jugoslawien nach dem Zweiten Weltkrieg, die sich noch während der Staatsvertragsverhandlungen immer wieder als hemmend auswirkten und erst mit dem Bruch zwischen Moskau und Belgrad unrealistisch wurden. Was aber in Kärnten zu den Volksgruppen-Spannungen in all den Jahrzehnten gleichfalls beigetragen hat, wird gerne verschwiegen. Die Grenzgebiete der einstigen Monarchie sind für deutschnationale Parolen besonders empfänglich. Und der Anteil der Kärntner an eingeschriebenen Parteimitgliedern der NSDAP war vergleichsweise hoch. Andererseits kam es bei Kriegsende zu zahlreichen Racheaktionen kommunistischer Partisanen gegen NS-Mitläufer. Daß es dabei auch zu Mißhandlungen von Unschuldigen kam, hat das Mißtrauen in Kärnten nicht abgebaut. Und wenn man ein paar Schlagzeilen vom Höhepunkt des Ortstafelkonfliktes im Jahr 1972 in Erinnerung ruft, dann nicht, um Öl ins Feuer zu gießen, sondern um der Hoffnung willen, daß sich die seither angebahnte

Beruhigung als dauerhaft erweisen wird und diese jahrzehntelang aufgebauten Frontstellungen eines Tages verschwinden werden. Wenn man also im Jahr 1972 die Schlagzeilen der „Kärntner Tageszeitung" verfolgte, dann konnte man unter anderem lesen:

> „Bombendrohung gegen Kärntner Regierungsamt" (22. 9. 72)
> „Umgerissene Ortstafeln" (8. 10. 72)
> „Ortstafelkrieg: Es darf kein Blutvergießen geben! Kreisky kündigt Strafmaßnahmen an, die Ortstafeln werden erneuert" (11. 10. 72)
> „Die Ortstafelstürmer schaden dem Ansehen Österreichs in der Welt" (11. 10. 72)
> „Deutschnationalismus ist keine Heimattreue – Heimatverbände wollen die Slowenen brutal assimilieren" (15. 10. 72)
> „Kreisky und Bürgermeister nun einig: Ortstafelkrieg beendet – Die Tafeln bleiben" (3. 11. 72)
> „Jugoslawische Presse attackiert Österreich" (16. 11. 72)
> „Sprachenerhebung ein Erfolg – Kärnten: 86,33% dabei" (16. 11. 72)
> „Der politische Narrenfang mit Ortstafelkrieg wird mißlingen" (8. 12. 72)
> „Ortstafeln: Brauchen keine Einmischung" (16. 12. 72)
> „Ortstafelkrieg: Schlägerei an der Wiener Uni" (16. 12. 72)
> „Kreisky: Kein Säbelrasseln in Europa! Kanzler nennt den Belgrader Ton preußisch" (20. 12. 72)

Daß das Zusammenleben verschiedener Sprach- und Kulturgruppen in einem Bundesland aber auch im großen und ganzen problemfrei vor sich gehen kann, beweist die Situation im Burgenland. Hier war der Anfang ebenfalls sehr turbulent. Zum Unterschied zu fast allen anderen Gebietsforderungen der „Republik Deutschösterreich" stieß man bei den Friedensverhandlungen in punkto Westungarn nicht auf taube Ohren. Doch die Zuerkennung großer Gebiete Westungarns wurde von der Räterepublik und ihrer Regierung in Budapest nicht anerkannt. Nach langen diplomatischen Verhandlungen wurde schließlich die Übergabe des strittigen Gebietes an Österreich für den 27. August 1921 beschlossen. Doch die Ungarn widersetzten sich mit Waffengewalt. Für die Bevölkerung begannen einige Wochen der Angst und der Verunsicherung. Eine Zeitungsmeldung aus dieser Phase, etwa aus der „Illustrierten Kronen-Zeitung" vom 10. September 1921, macht deutlich, wie ungewiß der Ausgang dieser Kämpfe den Zeitgenossen damals erschienen sein muß:

> „Der gestrige Tag ist in den von uns besetzten Teilen Westungarns ruhig verlaufen. Es haben weder ungarische Banden, noch reguläre Truppen unsere Gendarmerieabteilungen angegriffen. Diese Stille wird als Ruhe vor dem Sturm gedeutet. Aus verschiedenen Anzeichen ist zu entnehmen, daß die Bandenbewegung im Wachsen

Die Angliederung des Burgenlandes führte zu kämpferischen Auseinandersetzungen mit Ungarn

begriffen ist; die Banden schieben sich in der Richtung von Süden nach Norden vor. Die Entente hat noch keine Entschlüsse gefaßt. Noch immer ist es Österreich verwehrt, Abteilungen des Bundesheeres nach Westungarn zur Verstärkung der Gendarmerie zu entsenden. Unter diesen Umständen ist unsere Regierung nicht mehr gesonnen, bei Fortdauer der gegenwärtigen Zustände die Gendarmerie wehrlos aufzuopfern. Sollten die Bandenkämpfe wieder aufleben, dann dürften unsere Gendarmen aus den bisher noch besetzt gehaltenen Gebieten Westungarns zurückgezogen werden. In Wiener Neustadt waren gestern Gerüchte verbreitet, daß ein militärisches Eingreifen Italiens bevorstehe."

Die Haltung Italiens spielte schließlich eine entscheidende Rolle. Auf Einladung der Regierung in Rom kam im Herbst 1921 eine Konferenz zustande, bei der Ungarn zur Abhaltung einer Volksabstimmung verpflichtet werden konnte. In der Folge überstürzten sich die Ereignisse, ein Restaurationsversuch Kaiser Karls in Ungarn nahm von Westungarn aus seinen Ausgang und schlug fehl. Die Räterepublik versuchte mit allen Mitteln, Druck auf die Bevölkerung auszuüben, scheute nicht einmal vor Umsiedelungsmaßnahmen zurück und ließ Plakate anschlagen, auf denen man lesen konnte:

„Deutsche Bauern Westungarns! Die Entente hat den Anschluß des Komitats Ödenburg und des Gebiets um den Neusiedler See an Deutschösterreich beschlossen und

Wir bleiben bei Ungarn!

Von Tag zu Tag kommt es dem deutschwestungarischen Volke immer klarer zum Bewußtsein, daß nicht nur patriotische Rücksichten, sondern nicht minder auch

wirtschaftliche Vorteile

für sein weiteres Verbleiben im Verbande des ungarischen Staates sprechen.

Diese wirtschaftlichen Gründe, die uns von einem etwaigen Anschlusse an Deutsch-Oesterreich abraten, sind:

1. Die Lostrennung Deutsch-Westungarns von der überaus fruchtbaren Ebene der reichen ungarischen Raban (Rábaköz) würde unsere Ernährungsverhältnisse bedeutend verschlechtern. Jeder Schulknabe weiß es, daß Deutsch-Westungarn ein überwiegend gebirgiger, mit Wäldern bedeckter Landstreifen ist. Man braucht nur die Landkarte anzuschauen. Mindestens ein Viertel seiner Bevölkerung ist auf die Einfuhr von Lebensmitteln, besonders Mehl, angewiesen. Das beweist auch die Statistik.

Nun haben wir diese Lebensmittel bisher aus der ungarischen Ebene geliefert bekommen. Kommen wir aber zu Deutsch-Oesterreich, so müssen wir diesen Bedarf aus überseeischen Ländern decken, da das heutige Deutsch-Oesterreich nicht einmal ein Fünftel seiner Bevölkerung selbst ernähren kann. Das Brot wird in Ungarn immer billiger und auch besser sein. Darum:

Wir bleiben bei Ungarn!

2. Ungarn ist ein Bauernstaat, Deutsch-Oesterreich ein Industriestaat. Fünfundsiebzig Prozent der Bevölkerung Ungarns sind Bauern.

Hingegen überwiegen in Deutschösterreich die Industriearbeitermassen.

Volkswirtschaftlich genommen ist ein Staat mit überwiegender Fabriksbevölkerung immer minderwertiger, als ein Staat mit überwiegender Landbevölkerung. Der Bauer ist gesünder als der Fabriksarbeiter, nicht nur körperlich, sondern — was nicht minder schwer in die Wagschale fällt — auch im Gemüt, an der Seele. Umsturzbewegungen und Revolutionsepidemien gegenüber ist der Bauer weit widerstandsfähiger, als der Arbeiter in den rauchgeschwärzten Fabriken. In Agrarländern ist das Leben viel ruhiger, gemütlicher, schöner, zufriedener. Darum:

Wir bleiben bei Ungarn!

3. Das Industrieland Deutschösterreich hat mit dem Agrarland Ungarn viele Jahrhunderte lang in bester Freundschaft gelebt. Möchte es auch in der Zukunft so bleiben! Wenn aber Deutschösterreich durch eine widerrechtliche, gewaltsame Lostrennung Deutschwestungarns sich Ungarn zum Feinde macht, so würde das im Hintergrunde lauernde, ebenfalls stark industrielle Tschechoslowakien sofort alle Hebel in Bewegung setzen, um Ungarn für seine Industrieerzeugnisse als Absatzgebiet zu gewinnen. Durch die Bahnlinie Preßburg Csorna—Szombathely, die auf der Friedenskonferenz ohnehin den Tschechen zugesprochen wurde, läuft die ganze fruchtbare östliche Hälfte des Oedenburger Komitates, bisher die Kornkammer Deutschwestungarns, sowieso Gefahr, in den Bereich der tschechischen Einflußsphäre zu geraten. Werden wir nun von diesem für uns so wichtigen Gebiete auch staatlich getrennt, so sinken wir unaufhaltsam zu einem armseligen Winkel der ohnedies in der Luft hängenden deutschösterreichischen Republik herab. Darum:

Wir bleiben bei Ungarn!

Jahrhunderte alte geschichtliche und wirtschaftliche Verbindungen lassen sich nicht so einfach auseinanderreißen. Einseitige, aufs äußerste zugespitzte nationalistische Schlagwörter haben sich noch nirgends als staatengründende, wohl aber als staatenzerstörende, Kräfte erwiesen. Der Geographie und der geschichtlichen Entwicklung kommt bei der Lösung politischer Fragen eine ungemein höhere Bedeutung zu. Auch die frühere österr.-ung. Monarchie, durch nationalistische Sprengbomben zerstört, wird als geschichtliche, geographische und wirtschaftliche Notwendigkeit früher oder später, aber bestimmt, in irgend einer geänderten Form wieder erstehen. Wir lassen uns durch deutschnationalistische Phrasen nicht irreführen

Wir bleiben bei Ungarn!

Werbeplakate für die Volksabstimmung am 13. Dezember 1921

will uns als Entschädigung für dessen Gebietsverluste demselben einverleiben! Der Grund liegt auf der Hand: In dem Friedensvertrage, der das deutschösterreichische Volk zu Sklaven macht, wird demselben unter anderem die Ablieferung einer großen Zahl von Nutzvieh auferlegt. Woher soll Deutschösterreich dasselbe nehmen?! Ganz einfach: Die Bauern Deutsch-Westungarns müßten die Schuld Deutschösterreichs mit ihrem Viehbestande bezahlen. Man will euch alles wegnehmen, um euch dann als gefügige Werkzeuge die Lasten Deutschösterreichs tragen zu lassen."

Im Dezember 1921 kam es dann zu einer Volksabstimmung, die nur einen Teilerfolg für Österreich bedeutete. Das Gebiet um Ödenburg votierte mit 64 Prozent für den Verbleib bei Ungarn, und nur jenes Gebiet, das dem heutigen Burgenland entspricht, kam tatsächlich nach kleinen Grenzberichtigungen im Herbst 1922 an Österreich.

Damit waren aber auch neue gemischtsprachige Gebiete angegliedert worden, denn in dem neuen Bundesland befanden sich sowohl kroatische Gemeinden als auch ungarische Dörfer. Dennoch kam es in den rund sechs Jahrzehnten nie zu Konflikten, die man mit den Kärntner Auseinandersetzungen vergleichen könnte. Das Burgenland war vielmehr von Anfang an bemüht, das starke soziale Gefälle auszugleichen und die zunächst nicht vorhandenen Verkehrswege, etwa aus dem Süden des Landes nach Niederösterreich, herzustellen. So hieß es in der „Burgenländischen Heimat" im Jahr 1924:

> „An den schlechten Straßen des Burgenlandes scheitert alles. Die Bauern der entlegenen Ortschaften haben kein Interesse an einer Mehrproduktion, weil sie ihre Erzeugnisse nicht einmal in einen größeren Nachbarort, geschweige denn zu einer Bahn bringen können. Landwirtschaft und Kleinhandel in den Dörfern draußen liegen völlig darnieder, weil die Verkehrsmöglichkeiten infolge der grundlosen Straßen genommen sind. Ebenso kann der Fremdenverkehr nicht intensiviert werden. Viele Touristen würden sich im Sommer im Burgenland niederlassen, wenn sie nicht bei ihren ersten Fußwanderungen im Kot steckenbleiben würden."

Dieses Bild hat sich längst gewandelt, und die burgenländische Infrastruktur hat sich enorm verbessert. Auch die Schwierigkeiten bei der Entstehung des jüngsten Bundeslandes sind mehr oder weniger vergessen.

Ein Kapitel für sich ist der Komplex Südtirol. Man könnte ihn als den Kristallisationspunkt all jener Illusionen bezeichnen, die sich in den ersten Jahren der Republik zerschlugen. Dazu gehörte die Vision von der Einheit aller deutschen Stämme ebenso wie das Dogma von der Unteilbarkeit Tirols. Und man würde es gar nicht glauben, wie sehr man die Geschichte strapazierte, um sich gegen das Faktum zu wehren, daß die Siegermächte des Ersten Weltkrieges das Ausscheren der ursprünglichen Dreibundmacht aus dem alten Bündnis mit der Brenner-Grenze honorierten. Als man allmählich merkte, wie die Dinge lagen, bemühte man die Vergangenheit: In einem Leitartikel auf der Seite 1 des „Innsbrucker Sonntagsblattes" vom 29. Dezember 1918 wurde ausführlichst über die Entstehung des „deutschen Hochetschlandes" räsoniert:

> „Das Siedlungsgebiet der Räter wurde nach der Eroberung römische Provinz. Diese erstreckte sich im Westen bis zum St. Gotthard, im Norden bis zur Donau, im Osten bis St. Lorenzen, reichte also im Westen und Norden weit über das Hochetsch hinaus. Sie gehörte nicht zu Italien . . . In den Jahren 565 bis 569 besetzte der germanische Volksstamm der Bajuwaren oder Bayern das Inntal, das Sill- und Eisacktal, das Pustertal bis zur Wasserscheide. Und das Etschtal an die Marken des Vintschgaus und drang am linken Etschufer bis in die Gegend südlich von Bozen vor . . . Zwischen 764 und 769 soll der Langobardenkönig Desiderius seinem Schwiegersohn Herzog Tassilo III. von Bayern Säben, Mais und Bozen als Morgengabe seiner Tochter Luitberga überlassen haben, womit, da um diese Zeit auch der Vintschgau an Bayern kam, das ganze Hochetsch mit dem Herzogtume Bayern vereinigt war."

In der weiteren Folge brachte der Leitartikler des „Innsbrucker Sonntagsblattes", der Staatsarchivar Hugo Neugebauer, dann noch eine ganze Liste von ähnlichen historischen

Die Achsenbildung Berlin – Rom hatte auch für die Südtiroler nachhaltige Folgen

Beweisen, die alle zeigen sollten, wie deutsch und unteilbar dieses Tirol – das Heimatland Andreas Hofers – war. Doch alles Pochen auf die Geschichte nützte nichts. Und spätestens mit der Machtergreifung Mussolinis begann ein Italienisierungsprogramm, das die alten Strukturen überwinden sollte. Südtirol und das Trentino wurden zu einer einzigen Provinz vereinigt, italienische Gemeindesekretäre wurden eingesetzt, Italienisch zur Amts- und Gerichtssprache erhoben. Doch alle Versuche, die Südtiroler zu italienisieren, scheiterten. Und so ging das faschistische Regime schließlich dazu über, Tausende italienische Arbeiter aus dem Süden des Landes in Südtirol anzusiedeln.

Als sich schließlich das autoritäre Regime des Ständestaates unter Dollfuß und Schuschnigg dem italienischen Schutz gegenüber Hitler-Deutschland auslieferte, verstummten allmählich die Proteste aus Österreich. Und das Schweigen Deutschlands wurde nach der Achsenbildung Rom-Berlin zu einem Unterpfand für die geplante Angliederung Österreichs an Hitler-Deutschland.

Nach 1939 wurden die Südtiroler schließlich vor die Wahl gestellt, sich entweder als Italiener zu deklarieren oder einer Aussiedelung in die deutschen Ostgebiete zuzustimmen. Der Verlauf des Krieges verhinderte jedoch die Realisierung dieser Pläne. Bis zum Sommer 1943 wurde nicht einmal ein Drittel umgesiedelt, von denen nur mehr ein Teil nach Kriegsende zurückkehrte. Bei Kriegsende hofften die Südtiroler neuerlich auf die Wiedervereinigung mit Nord- und Osttirol. Und die Provisorische Staatsregierung schloß

Lienz feierte große Feste (Seite 5) • Fahnenweihe der Kriegsopfer in Brixen (Seite 4)

Tiroler Nachrichten

TAGBLATT DER ÖSTERREICHISCHEN VOLKSPARTEI

Erscheinungsort Innsbruck
Verlagspostamt Innsbruck 2 P.b.b.

Einzelpreis 1.50 Schilling

Erscheinen täglich mit Ausnahme vom Sonntag. — Schriftleitung Innsbruck, Andreas-Hofer-Str. 4, Telephon 50 88 und 22 73. — Verwaltung: Innsbruck, Innrain 10, 2. Stock, Telephon 25 40. — Anzeigenannahme: Innsbruck, Meraner Straße 2, Tel. 55 50. — Bezugsbedingungen: Durch Post, Träger oder Abholen in Verschleißstellen S 32.—.

16. Jahrgang Mo, 19., Arnulf; Di, 20., Eustachius; Mi, 21., Quatember; Dienstag, 20. September 1960 Do., 22., Moritz; Fr, 23., Thekla; Sa. 24., Gerhard; So, 25., Nikol. v. d. F. Nr. 218

Österreichs Südtirolmemorandum wird heute an die Delegierten der UN-Generalversammlung überreicht

Von unserem Wiener Korrespondenten Hans Jablonka

Das Oberinntal wurde zum Stausee

Österreich brachte 1960 das Südtirolproblem vor die Vereinten Nationen

sich diesen Forderungen auch prompt an. Doch die Alliierten entschieden neuerlich gegen die Wünsche der Südtiroler und der Österreicher. Es dauerte noch bis in die sechziger Jahre, bis sich die Emotionen, die das Südtirol-Problem geweckt hatte, legten. Die neue Verhandlungslinie zielte auf ein Autonomiestatut für die Südtiroler ab. Als die diplomatischen Verhandlungen zwischen Wien, Innsbruck und Rom scheiterten, brachte Österreich die Südtirol-Frage im September 1960 durch den damaligen Außenminister Bruno Kreisky vor die UNO-Vollversammlung in New York.

Ende Oktober 1961 kam es zu einem Kompromiß, der sowohl für Österreich als auch für Italien akzeptabel war. Zuvor hatte es eine Serie von Sprengstoffanschlägen gegeben. Die Beziehungen zu Italien waren zeitweise mehr als gespannt, und erst seit der Einigung im Jahre 1961, als man die Basis für einen sogenannten Operationskalender zur schrittweisen Verwirklichung der Südtiroler Autonomie fand, ist das Südtirol-Problem ein Thema, das nur mehr in Tirol und südlich des Brenners größere Emotionen provozieren kann. Kritische Stellungnahmen wie jene des Tiroler Zeichners und Karikaturisten Paul Flora gegenüber der Situation in Südtirol zu Beginn der achtziger Jahre wären früher noch undenkbar gewesen. Im Mittagsjournal des österreichischen Rundfunks am 14. Februar 1981 übte der international geschätzte Tiroler Karikaturist herbe Kritik an der Linie der Südtiroler Volkspartei:

> „Ja, das ganze Südtirol betrachte ich mit einiger Besorgnis, weil ich finde, daß sie im Grunde dem Mussolini selig in die Hand arbeiten. Sie tun das, was er wollte, jetzt selber vollenden. Indem sie sich nur auf ihre Geschichte besinnen und nicht auf ihre gegebenen Nachbarn, also auf die Friaulaner, auf die Engadiner, auf die Walliser, auf die ganzen Minderheiten in Norditalien, sondern sich nur an die Bayern anlehnen;

und die Bayern bedienen und die Bayern als Schutzmacht ansehen und Österreich ja im Grunde gar nicht so sehr als eigentliches Vaterland betrachten. Und daß sie politisch niemals von ihrer Einheitspartei wegkommen. Das ist jetzt 35 Jahre nach Kriegsende einfach schon zu spät. Oder jedenfalls hoch an der Zeit, daß man drinnen ein normales politisches Leben mit einer demokratischen Opposition macht, weil man die ganze Jugend in zunehmendem Maß verliert, radikalisiert oder frustriert."

Man mag über dieses Flora-Statement denken, wie man will. Noch vor ein paar Jahrzehnten hätte es jedenfalls zumindest einen Sturm der Entrüstung ausgelöst. Doch vielleicht liegt in dieser Entemotionalisierung der Slowenen-Problematik und des Südtirol-Komplexes auch eine Chance.

In den Jahren nach dem Staatsvertrag konnte Österreich seine internationale Position wesentlich verbessern. Und als im Dezember 1971 der Österreicher Kurt Waldheim zum UNO-Generalsekretär gewählt wurde, konnte man die spätere Empörung nicht vorhersehen. Im damaligen Kurier-Leitartikel schrieb damals Hugo Portisch unter anderem:

„Ein Österreicher also wird in den nächsten fünf Jahren an der Spitze der UNO stehen. Das Amt des Generalsekretärs ist, gemessen an der Universalität dieser Organisation, der höchste Posten, den die Welt an einen einzelnen Mann vergeben kann. Es ist aber auch der schwierigste Posten, den ein einzelner auf sich nehmen kann . . . Waldheims persönliches Verdienst an dieser Wahl darf also nicht unterschätzt werden."

(Kurier, 23.12. 1971)

Waldheim wurde auch ein zweites Mal gewählt, und Wien wurde zum Treffpunkt der großen Politik. Die UNO-City entstand, und in den Jahren der SPÖ-Alleinregierungen unter Bruno Kreisky wurde die Alpenrepublik tatsächlich zu einem außenpolitischen Faktor, der weit über die geographische Größe hinaus mitbestimmend wurde. Zwar waren auch diese Jahre nicht frei von Konflikten, aber die Positivbilanz überwog deutlich.

Eine der Belastungsproben war in den siebziger Jahren das Geiseldrama von Schönau, bei dem die Schließung des Durchgangslagers der jüdischen Emigranten aus der UdSSR erzwungen hätte werden sollen; der Überfall auf die OPEC-Erdölminister war ein anderes Beispiel der Konfrontation mit dem Terrorismus, der infolge der Anerkennung der PLO durch Österreich auch zu einem politischen Konflikt wurde: In Israel waren auch die Vertreter der Arbeiterpartei über diesen Schritt der Regierung Kreisky empört, und auch in den Vereinigten Staaten gab es heftige Kritik. Dennoch blieb Wien ein Ort der Begegnung, an dem sich wie 1961 Nikita Chruschtschow und John F. Kennedy 18 Jahre später Leonid Breschnjew und Jimmy Carter trafen, um das SAL-II-Abkommen zur Begrenzung der strategischen Rüstung zu unterzeichnen. Allerdings wurde dieses Abkommen in den USA nicht mehr ratifiziert, und der Carter-Nachfolger Ronald Reagan begann eine Außenpolitik, die auch gegenüber Österreich einen neuen Kurs einschlug. Immerhin besuchte Papst Johannes Paul II. 1983 und 1988 Österreich, und der ÖVP-Parteivorsitzende Alois Mock wurde zum Vorsitzenden der EDU, der Europäischen Demokratischen Union, gewählt. Der Abgang von Bruno Kreisky nach der Wahlniederlage der SPÖ 1983 markierte allerdings eine deutliche „Wende" – nicht nur in der Innenpolitik, wo zunächst eine SPÖ-FPÖ-Koalition und 1986 eine SPÖ-ÖVP-Koalitionsregierung antrat und sehr rasch mit Vorwürfen konfrontiert wurde, denen sich der bereits zuvor gewählte Nachfolger von Rudolf Kirchschläger immer stärker ausgesetzt sah: Kurt Waldheim, zehn Jahre lang UNO-Generalsekretär und unter der ÖVP-Alleinregierung unter Josef Klaus Außenminister, wurde wegen seiner Rolle als Soldat im Zweiten Weltkrieg kritisiert. Ein inzwischen als Fälschung nachgewiesener Kriegsverbrecherakt belastete Kurt Waldheim als Offizier der Balkanarmee, der persönlich an Geiselerschießungen und Judendeportationen beteiligt gewesen sei. Was blieb, war die Tatsache, daß Kurt Waldheim seine Rolle an der Balkanfront früher tatsächlich in allen Selbstdarstellungen ausgelassen hatte, und die Entscheidung der USA, den österreichischen Bundespräsidenten auf eine Liste zu setzen, die ihm die Einreise in die Vereinigten Staaten als Privatperson verwehrt. Diese Watch-List-Entscheidung des US-Justizministeriums war der Auftakt für eine Welle internationaler Kritik, die schließlich in der Einsetzung einer internationalen Historikerkommission gipfelte, die im Auftrag der österreichischen Bundesregierung die diversen Beschuldigungen gegen Bundespräsident Waldheim überprüfte. Jedenfalls wurde Kurt Waldheim u. a. vom Papst empfangen und war auf Staatsbesuchen in Jordanien und Pakistan. Und als der österreichische Bundeskanzler Franz Vranitzky im Mai 1987 zu einem offiziellen Besuch in Washington weilte und gegen die Watch-List-Entscheidung der US-Regierung protestierte, da wurde ihm versichert, daß es keine konkreten Vorwürfe gegen Kurt Waldheim gäbe. Nach amerikanischem Recht sei jedoch bereits der Umstand belastend, daß die Einheit unter General Löhr, in der Waldheim als Ordonnanzoffizier in der Nachrichtenabteilung tätig war, in Kriegsverbrechen verwickelt gewesen sein könnte. Für Kurt Waldheim waren also die „Erinnerungslücken" fatal, und Österreichs Stellung in der internationalen Politik war zum Ende der achtziger Jahre sicherlich nicht gleichwertig zu jener Reputation, die Österreich zehn Jahre zuvor erreicht hatte. Aber trotz vehementer Angriffe wurde auch klar: Die Rolle Österreichs selbst als neutraler, demokratischer Staat in Mitteleuropa, der sich stets als Asylland bewährt hat und zu den stabilsten Ländern gehört, ließ sich auch nicht durch die Affäre rund um die Person des Bundespräsidenten zerstören. Trotz zunehmender wirtschaftlicher Schwierigkeiten, vor allem im Bereich der Verstaatlichten Industrie, trotz einer Reihe von Skandalen wie der Glykol-Affäre, trotz einiger unentschuldbarer Politiker-Aussagen in Richtung Antisemitismus: Österreich ist nach wie vor eines der begehrtesten Urlaubsländer der Welt, hat eine sichere Währung und nimmt in der internationalen Völkerfamilie einen Spitzenplatz ein. Seit der Wahl von Thomas Klestil 1992 sind auch die außenpolitischen Schwierigkeiten, die viele Regierungen seinem Vorgänger Waldheim bereiteten, wieder ausgeräumt. Bundespräsident Klestil ist hinsichtlich seines außenpolitischen Engagements wesentlich aktiver als alle seine Vorgänger, was zweifellos mit seiner diplomatischen Karriere zu tun hat. Rund um die EU-Unterzeichnung kam es sogar zu einem Kompetenzenstreit, der zur Grundsatzdebatte über die Rolle des österreichischen Bundespräsidenten führte. Aber die hohe Zustimmung der Österreicher zum EU-Beitritt per 1. Jänner 1995 signalisiert, daß die positive Rolle des kleinen Österreich nach 1955 in der internationalen Politik beim Prozeß der Europäischen Einigung seine Früchte getragen hat. Und der stolze Aufmacher der Zeitung „Die Presse" zum Jahreswechsel 1994/95 – in Kombination mit einem Foto des Neujahrskonzert-Dirigenten Zubin Mehta im Goldenen Saal des Musikvereinsgebäudes – illustriert diese Mutation vom „kranken Kind Europas" in der Zwischenkriegszeit zum geschätzten Partner der europischen EU-Völkerfamilie sehr anschaulich:

> „Fünfeinhalb Jahre nach der Überreichung des Beitrittsantrags wird Österreich am 1. Jänner Mitglied der Europäischen Union. Als letztes Land hat am Freitag Spanien die Ratifizierungsurkunde zum Beitrittsvertrag mit Österreich, Schweden und Finnland als Ergänzung zu den Gründungsverträgen in Rom hinterlegt.
>
> Die Mitgliedschaft tritt nun wie geplant zum Jahreswechsel in Kraft.
>
> Während der EWR, an dem Österreich seit einem Jahr teilnimmt, bereits großteils den Zugang zum EU-Binnenmarkt geöffnet hat, kann Österreich nun selbst die Politik in Brüssel mitbestimmen. Die Österreicher erhalten neben ihrer bisherigen Staatsbürgerschaft auch die ‚Unionsbürgerschaft'. Sie dürfen sich frei in der EU bewegen, niederlassen und nach Belieben einkaufen. Die Grenzkontrollen zu Italien und Deutschland werden aber voraussichtlich erst 1997 fallen.
>
> Die heimische Wirtschaft erwartet nicht nur mehr Konkurrenz, sondern durch eine Ankurbelung des Handels mit EU-Staaten auch ein steigendes Wachstum.
>
> Bundeskanzler Vranitzky meinte, der 1. Jänner 1995 könne mit Fug und Recht als ‚historisch' bezeichnet werden. Er reihe sich in andere große Daten wie die Republiksgründung 1918 und den Abschluß des Staatsvertrages 1955 ein. Es sei für Österreich die Beendigung einer Diskriminierung und bedeute ‚die Erhöhung des Gestaltungsspielraums'.
>
> Als österreichische Vision für Europa nannte er das ‚Wiedergewinnen' der Solidarität. In diesem Zusammenhang unterstrich Vranitzky: Das europäische Einigungswerk sei solange ‚unvollkommen', bis auch die osteuropäischen Staaten eingebunden seien."
>
> *(Die Presse, 31. 12. 1994, S. 1)*

9. Wirtschaft

Bauer beim Pflügen mit einem Ochsen – Gießerei der Zwischenkriegszeit – Internationaler Tourismus in Schönbrunn – VÖEST-Hafen in Linz

Das Schlagwort von der Lebensunfähigkeit der Ersten Republik ist uns in den vorangegangenen Kapiteln mehrfach begegnet. Es lastete wie ein Fluch über der Ersten Republik. Heute wissen wir, daß Verblendung, Demagogie und Skepsis schuld an dieser Beurteilung waren. So aussichtslos war der Kampf um die wirtschaftliche Sanierung gar nicht. Sicher gab es – wie wir heute sagen würden – eine Reihe von Strukturproblemen. Die Industriezentren der Habsburgermonarchie waren auf dem Boden der späteren Tschechoslowakei gelegen. Getreide hatte man in erster Linie aus der ungarischen Tiefebene bezogen und das Verkehrsnetz in den Alpengebieten war im großen und ganzen vernachlässigt worden. Mit dem Schrumpfungsprozeß im Jahre 1918 wurde die bis dahin stark frequentierte Nord-Süd-Achse uninteressant. Viele wichtige Rohstoffe waren mit einem Schlag Mangelware, und die österreichische Landwirtschaft konnte nicht einmal die Versorgung mit den wichtigsten Nahrungsmitteln garantieren. Das lag unter anderem daran, daß die Bergbauern in den Gebirgstälern kaum selbst das Nötige zum Leben hatten, daß man die Bodenerträge in den fruchtbaren Gebieten Nieder- und Oberösterreichs erst mit der Zeit steigerte, und daß die Tierzucht im Laufe der vergangenen rund acht Jahrzehnte stark unterschiedliche Entwicklungen durchmachte. Aber auch die Zukunft verspricht einiges an Bewegung. Das österreichische Agrarsystem wird durch den EU-Beitritt große Veränderungen erfahren. Das System der Exportstützungen muß in den nächsten Jahren – mit der Einschleifphase – abgebaut werden, die Konkurrenz der anderen EU-Länder wird gerade hier Flexibilität und Veränderungsbereitschaft notwendig machen. Die EU fördert die Bergbauern und nicht die zusätzliche Überproduktion von Weizen oder Schlachtvieh; der Umstieg auf biologischen Landbau, die Erzeugung von Qualitätsprodukten – ähnlich wie beim Weinbau – wird zur Devise werden müssen: weniger ist mehr, vor allem dann, wenn die Qualität steigt! Immerhin hat auch die international akklamierte Wahl des ehemaligen Tiroler Bauern und späteren ÖVP-Landwirtschaftsministers Franz Fischler zum EU-Agrarkommissär gezeigt, daß man mit den neuen Chancen und Herausforderungen fertig werden kann, wenn man so flexibel und doch grundsatztreu wie dieser Fachmann und Diplomat auch auf dem glatten Parkett von Brüssel agiert. Unter dem Titel „Abschied vom Inseldenken“ konnte man im „Kurier“ vom 13. März 1995 eine Bilanz dieses „Vorkämpfers“ bei der Europäischen Union nach zwei Monaten u. a. lesen:

> „Kein Zweifel, Fischler hat den Sprung in die EU, den täglichen Kampf zwischen Interessen und mächtigen Agrarlobbys, geschafft. ‚Bodenhaftung‘, sagen Freunde, hat er behalten.
>
> In kurzer Zeit studierte der Tiroler das Agrardossier, das die Hälfte des EU-Budgets verschlingt. Er besuchte von Dürre geplagte spanische Bauern, hielt Vorträge in Verona, Toulouse und Berlin. Auch an den ‚anderen Rhythmus‘ des Brüsseler Alltags hat er sich gewöhnt: ‚Die Belgier sind keine Frühausfsteher, dafür arbeiten sie bis spätabends.‘
>
> Auch die Herausforderungen ‚sind intellektueller‘, gibt der 48jährige zu. ‚Das Angenehme ist aber die funktionierende Verwaltung.‘ 1300 computervernetzte Agrarbeamte, Anschlüsse zu 150 Datenbanken stehen ihm zur Verfügung. ‚Das ist eine Power‘, schwärmt Fischler über neue Technologien. Per Knopfdruck kann er die Verteilung der EU-Weizenflächen abrufen.“

Aber nicht nur die landwirtschaftliche Produktion hat gewaltige Veränderungen erfahren bzw. hat sie noch vor sich. Auch der Fremdenverkehr hat den ländlichen Raum total verändert. Am Beginn der Republik waren es nur ganz wenige Kurorte wie Gastein, Kitzbühel oder Baden bei Wien bzw. die Semmering-Hotels, die auch schon damals echte Touristikzentren waren. In kleinere Orte aber, auch in viele der heute namhaften Feriendörfer, verirrten sich nur ganz wenige Fremde. Wie denn überhaupt der Inländergast viel häufiger anzutreffen war. Der folgende Vergleich zwischen den dreißiger Jahren und den Ergebnissen von 1986 macht es deutlich. Im Jahresdurchschnitt hat sich die Zahl der Ausländernächtigungen verzehnfacht, ist von über acht auf mehr als 80 Millionen angewachsen, während die Übernachtungen insgesamt, also einschließlich der Inlandsurlauber, nur auf das 6fache angestiegen sind. Dabei war man schon zu Beginn der dreißiger Jahre stolz auf die Rekordergebnisse, die jedoch mit zunehmender Arbeitslosigkeit damals nicht gehalten werden konnten.

Selbst für jene Kurorte, die schon vor 50 Jahren ausgebuchte Hotels kannten, hat die Fremdenverkehrslawine Steigerungen gebracht. In Badgastein findet man zu Beginn der achtziger Jahre mehr als doppelt so viele Touristen wie in der Saison 1931/32. In Kitzbühel nähert man sich der Millionenmarke.

Dieser im Grunde unaufhaltsame Aufstieg des österreichischen Tourismus hat sich in der Mitte der 90er Jahre plötzlich in eine Stagnation bzw. leichte Abwärtsbewegung verwandelt. Nach Jahren, in denen der Sommertourismus bereits stagnierte oder leicht schrumpfte, fand sich in der Bilanz 1994 erstmals auch beim Winterfremdenverkehr ein leichtes Minus. Die Gründe für diese Trendumkehr, die nach Ansicht der Experten noch

Tabelle 1: Nächtigungen

Badgastein (Fremdennächtigungen insgesamt)

1931-32	1937	1986	1993
443.869	326.718	1,112885	1,070.804

Kitzbühel (Fremdennächtigungen insgesamt)

1931-32	1937	1986	1993
112.610	122.959	996.839	851.940

Quelle: Österreichisches Statistisches Zentralamt

Tabelle 2: Übernachtungen sowie deren Vorjahresveränderungen in den Kalenderjahren 1974 bis 1994

Jahr	insges.	Inländ.	Ausländ.	darunter Deutschl.	insges.	Inländ.	Ausländ.	darunter Deutschl.
	in Mio.				Veränderung gegenüber d. Vorjahr in %			
1974	99,7	24,8	74,9	59,4	-2,8	+3,1	-4,3	-1,7
1976	104,5	25,5	79,1	60,4	-0,8	+0,1	+1,1	-3,6
1978	108,3	27,1	81,3	60,4	+2	+0,9	+3,7	+2,1
1980	119,7	26,5	90,2	65	+3,5	+2,9	+6,3	+5,2
1982	118,4	25,4	90	62,7	-2,3	-0,6	-2,8	-4,9
1984	114,8	27,9	86,7	57,4	-1	-1,5	-0,8	-5,1
1986	113,6	28,2	85,4	56,1	+0,9	+2,6	+0,4	+1,1
1988	115,7	29,1	87,6	56,1	+1,8	+0,5	+2,3	+2
1990	123,8	29,8	94,8	58,8	-0,1	+0,1	-0,2	-5,2
1992	130,4	30,7	99,8	64,7	+0,3	+0,7	+0,1	+0,7
1993	127	30,2	96,8	65	+2,6	-1,4	-2,9	+0,4
1994	122,4	30,1	92,2	62	-2,7	-0,2	-4,8	-4,6

Quelle: Österreichisches Statistisches Zentralamt

einige Jahre dauern wird, sind mannigfaltig; die Härte des Schilling, der gemeinsam mit der DM zum „Währungsstar" avancierte (Schlagzeile der Kronenzeitung vom 4. März 1995), hat auch ihre Kehrseite: Österreich ist nicht mehr ein Billig-Urlaubsland (zumindest in den berühmten Gegenden von Tirol und Salzburg); dazu kommt der Preisverfall im Flugtourismus, weiter die Möglichkeit, für unsere zahlenmäßig größte Tourismusgruppe aus Deutschland in Ländern wie Ungarn oder Tschechien preisgünstige Sommerfrischen zu finden, und diese Liste ist noch sehr lang. Die Antwort auf diese Entwicklung liegt auf der Hand. Nach Ansicht der Fachleute kann dies wieder nur heißen: Österreich muß auf Qualität setzten! In einem Beitrag des „Kurier" vom 18. Februar 1995 heißt es unter der Titelzeile „Schnee wird zum Luxusspaß":

> „ ‚Österreich ist kein billiges Land. Durch den Eintritt in die EU werden die Preise sogar noch weiter steigen.' Ein Trend, der den General der Österreich-Werbung, Klaus Lukas, überhaupt nicht beunruhigt. ‚Wir müssen uns ohnehin über die Qualität verkaufen.' Saubere Umwelt, relative Schneesicherheit im Winter und freundliche Menschen seien die Stärken der heimischen Tourismuswirtschaft – dafür müsse man auch einen entsprechenden Preis verlangen.

Ob die Gäste bereit sind, diesen immer noch zu zahlen, ist allerdings fraglich. So gab es 1994 ein Nächtigungs-Minus von 3,7 Prozent, wobei erstmals auch im Winter Rückgänge zu verzeichnen waren. ‚Österreich ist jetzt schon teuer', kritisiert Gerhard Seidlmann von der Arbeiterkammer . . . Lukas ist anderer Ansicht: ‚Gerade in den Spitzenorten ist der Preis sicher nicht der Grund für rückläufige Nächtigungen. Wir verkaufen dort eben ein Spitzenprodukt.' Er ist überzeugt, daß es schon 1996 wieder aufwärts geht und bis zum Jahr 2000 die Rekordwerte übertroffen werden."

(Kurier, 18. 2. 1995)

Ähnlich verhält es sich auch mit weiten Bereichen der Industrieproduktion. Gerade die Wirtschaftsschwierigkeiten, die zu Beginn der achtziger Jahre immer deutlicher werden und die sich nicht von heute auf morgen lösen lassen, sollten zu einem Studium der österreichischen Wirtschaftsgeschichte anregen. Der Ausbau, den man etwa auf dem Gebiet der Eisen- und Stahlproduktion in den vergangenen 60 Jahren beobachten konnte, zeigt, zu welchen Großleistungen die österreichische Wirtschaft fähig ist. Der Erfolg des sogenannten LD-Verfahrens, das nach den Stahlzentren Linz und Donawitz benannt ist, beweist, daß auch ein kleines Land auf dem Industriesektor international Furore machen kann. Diese Methode der Stahlgewinnung mittels Sauerstoffblasverfahrens wurde durch Lizenzen in die ganze Welt verkauft. Die Raffinerien der Erdöl- und Erdgasbetriebe sind gleichfalls ein Beweis für die Leistungsfähigkeit der österreichischen Wirtschaft. Die Strukturschwächen der Ersten Republik konnten jedenfalls nach 1945 relativ rasch behoben werden. Warum sollte ein ähnliches Nachziehverfahren nicht auch in Zukunft möglich sein? Allerdings wird es auf diesem Weg so manche Wirtschaftstragödie geben. Denn ähnlich wie die Verstaatlichte Industrie nach ihren Höhenflügen in den Wirtschaftswunderjahren nur mehr in Teilbereichen gerettet werden konnte, als man sich zu Radikallösungen entschloß, ähnlich wird es auch mit jenen Organisationen gehen, die die fälligen Reformen verschlafen. In der Zeitung „Die Presse" vom Samstag, dem 21. Jänner 1995, sagte der Redakteur Kurt Horwitz dem Konsum jenes Ende voraus, das dann zwei Monate später tatsächlich eintrat. Er übertitelte seinen Leitartikel mit der Überschrift: „Das Ende der Saurier":

„Die ‚Verstaatlichte' und der Konsum, die Großparteien und die Kammern, die ‚roten' und die ‚grünen' Riesen – sie alle haben etwas gemeinsam: Ihre besten Jahre sind vorbei. Die Zeiten, in denen Monopole oder Gigantomanie allein schon kommerziellen oder ideellen Erfolg garantieren, kommen nicht wieder.

Der drohende Zusammenbruch des Konsum, des ‚roten Handelsriesen', ist nur das Nachbeben einer Entwicklung, die seit gut einem Jahrzehnt in Gang ist. Da fanden sich plötzlich staatliche Industriegiganten auf der Verliererstraße – und man ließ sie sterben. Wie richtig diese zunächst unpopuläre Entscheidung war, hat sich längst her-

Tabelle 5: Pro-Kopf-Einkommen, nominell, 1955 bis 1993

Jahr	Einwohner	Erwerbstätige	Arbeitnehmer	Arbeitslose	Brutto-Inlandsprod. je Einwohner	Brutto-Inlandsprod. je Erwerbstätigen	Volkseinkommen je Einwohner	Pro-Kopf-Eink. d. Arbeitnehmer „brutto = brutto“
	1.000 Personen				Schilling pro Jahr			Sch. pro Monat
1955	6.947	3.126	2.108	118	15.440	34.320	11.720	1.920
1958	6.987	3.194	2.220	116	19.630	42.950	14.910	2.370
1960	7.048	3.223	2.287	79	23.110	50.540	17.420	2.680
1963	7.176	3.203	2.331	68	28.860	64.650	21.510	3.440
1965	7.271	3.176	2.367	62	33.900	77.610	25.030	4.100
1968	7.415	3.058	2.331	61	41.380	100.340	30.080	5.270
1970	7.467	3.059	2.373	45	50.340	122.880	36.820	6.170
1973	7.586	3.159	2.580	31	71.640	172.030	51.370	8.730
1975	7.579	3.176	2.603	55	88.570	206.590	63.670	11.200
1978	7.569	3.244	2.753	57	121.680	283.150	90.370	15.270
1980	7.549	3.227	2.793	53	131.770	303.540	97.690	16.280
1983	7.567	3.195	2.727	127	158.740	375.970	116.490	19.630
1985	7.578	3.209	2.755	139	177.940	420.200	130.260	21.690
1988	7.615	3.224	2.791	159	205.700	485.870	150.860	24.540
1990	7.729	3.328	2.906	166	233.060	541.260	172.030	26.960
1991	7.813	3.385	2.966	185	246.810	569.660	182.300	28.650
1992	7.914	3.402	2.989	193	258.540	601.430	191.960	30.360
1993	7.991	3.387	2.981	222	265.030	625.290	195.670	31.760

Quelle: Österreichisches Statistisches Zentralamt

und Genußmittel ausgegeben wird. War es 1950 noch mehr als die Hälfte des Familienbudgets, so fiel dieser Prozentsatz auf weniger als ein Drittel im Jahr 1979. Dafür geben Herr und Frau Österreicher heute mehr für die Wohnung und die Einrichtungsgegenstände aus, und auch die Freizeitindustrie kann auf die Ausgabefreudigkeit der österreichischen Bevölkerung bauen.

Viel sorgenvoller muß man hingegen die Veränderung der Energieverbrauchsgewohnheiten betrachten. Immerhin ist hier nach Jahren scheinbar unaufhaltsamer Zuwachsraten ein gewisses Einpendeln, eine erste Entspannung, zu beobachten. Die vielen Appelle zum Energiesparen, aber auch das Hinaufschnellen der Benzin- und Heizölpreise oder der Tarife fur Strom und Gas sind dafür wohl ausschlaggebend. Angesichts von Überbevölkerung – zumindest weltweit betrachtet – und konfrontiert mit der Warnung vor Energieengpässen ist dies alles aber noch zu wenig. Jedenfalls steht heute schon fest, daß Kohle wieder mehr Bedeutung erlangen wird und daß Österreich sich glücklich schätzen muß, ausbaufähige Wasserkraftreserven zu haben. Immerhin wird fast ein Viertel des österreichischen Energieverbrauchs durch heimische Elektrizitätswerke gedeckt, und zusammen mit den Braunkohle- und Erdöl- bzw. Erdgasvorkommen in Niederösterreich hat sich die sogenannte Inlandsaufbringung an Energie auf ein Verhältnis 1: 1 eingependelt. Noch 1960 betrug die Inlandsaufbringung drei Viertel des gesamten Verbrauchs.

Insgesamt zeigt jedoch eine Bilanz der wirtschaftlichen Entwicklung, die vom Statistischen Zentralamt zu Ende des Jahres 1980 veröffentlicht wurde, daß der Aufholprozeß Österreichs im internationalen Wirtschaftsvergleich unbestreitbar ist:

Tabelle 6: Außenhandel

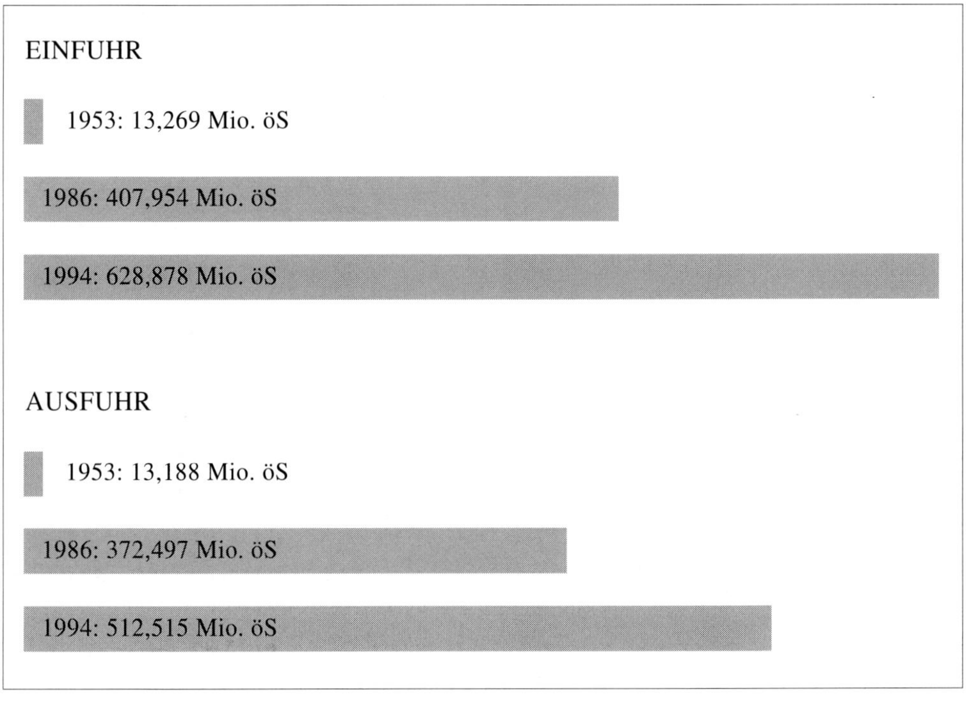

Quelle: Österreichisches Statistisches Zentralamt

Tabelle X: Kaufkraft in der EU. BIP pro Kopf 1993, in Kaufstandards (in Tausend)

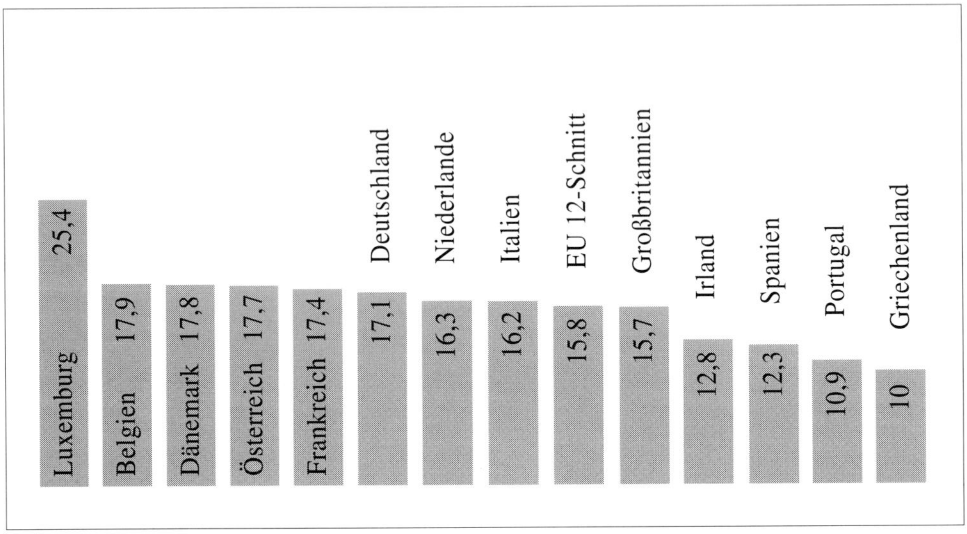

Quelle: ÖSTAT

„In der Hierarchie der Wirtschaftsmächte haben sich seit 1955 und 1960 gewaltige Gewichtsverschiebungen vollzogen, die das ökonomische Schwergewicht in der westlichen Welt vom früher dominierenden angelsächsischen Raum (USA, Großbritannien, Kanada, Australien und Neuseeland) stark nach Westeuropa und Japan verlagert haben.

Diese Tendenzen äußern sich in empfindlichen Positionsverlusten im nominellen Pro-Kopf-Einkommen der USA vom 1. auf den 8. Rang, Kanadas vom 2. auf den 10., Australiens vom 5. auf den 14. sowie Großbritanniens vom 8. auf den 15. Rang seit 1955. Gleichzeitig sind im OECD-Raum die Schweiz vom 6. auf den 1., Dänemark vom 12. auf den 2., die Bundesrepublik Deutschland vom 13. auf den 3., Belgien vom 10. auf den 5., Norwegen vom 11. auf den 6., Holland vom 14. auf den 7., Österreich vom 15. auf den 11. und Japan vom 20. auf den 12. Rang vorgestoßen.
Unter allen europäischen Industrienationen hat Österreich sowohl langfristig (1955/79) als auch mittel- (1970/79) und kurzfristig (1975/79) die weitaus eindrucksvollsten wirtschaftlichen Fortschritte aufzuweisen.

Der traditionelle, früher recht deutliche Vorsprung des EG-Raumes vor Österreich im nominellen Pro-Kopf-Einkommen von 50 Prozent im Jahre 1955 und immer noch 28 Prozent im Jahre 1970 wurde zur Gänze aufgeholt. Im Vergleich zu OECD-Europa wurde der seinerzeitige Vorsprung dieses Großraumes von 29 Prozent (1955) und 9 Prozent (1970) zuletzt in einen Vorsprung Österreichs von 16 Prozent (1979) umgewandelt."

Jedenfalls konnte im Jänner 1995 – im ersten Monat der österreichischen EU-Mitgliedschaft – folgender Kaufkraftvergleich unter der Überschrift „Österreich gehört in der EU zu den Reichen" festgestellt werden: Nur Luxenburg, Belgien und Dänemark liegen vor jenem Land, das 1945 zu den Ländern gehörte, die völlig zerstört waren. Wenn es dennoch in den nächsten Jahren oft mit dem Stichwort „Sparmaßnahmen" weitergehen wird, dann nicht zuletzt deshalb, weil es gelten muß, das Erreichte abzusichern und die großen Strukturänderungen zu meistern, die allein durch den Siegeszug der „Digitalen Revolution" notwendig sind. Denn die Zukunft jener, die heute in Schulen oder Universitäten ausgebildet werden, dürfte erst in Konturen sichtbar sein. Arbeitsplätze am Computer zu Hause, Teleshopping und Telebanking – die Alltagsveränderungen des Computerzeitalters werden enorm sein. Die Tendenz hin zur Dienstleistung wird noch größer werden, der Umweltschutz wird höchste Priorität einnehmen, und die Wissensvermittlung im Zeitalter der Daten-Highways wird ebenfalls eine Branche mit Zukunft sein. Und die Devise kann nur „Mehr Lernen!" heißen – denn das Tempo der Veränderung wird enorm bleiben.

II. Zeitgeschichte im Überblick

von Erika Weinzierl

1. Vom Vielvölkerstaat zur Republik

Das Begräbnis Kaiser Franz Josephs I. am 30. November markierte das Ende einer Epoche

1.1 Die Stunde Null

Der Tod des alten Kaisers Franz Joseph im November 1916 war für viele Österreicher ein Symbol des Untergangs der Habsburgermonarchie. Der junge Kaiser Karl, infolge der Ermordung Franz Ferdinands im Jahr 1914 viel rascher zur Thronfolge gelangt, als er selbst je erwartet hatte, bemühte sich von Anfang an um einen Friedensschluß. Das Scheitern von Friedensverhandlungen, bei denen er sich der bourbonischen Verwandten seiner Frau bediente, band jedoch die Doppelmonarchie nur noch fester an den deutschen Bundesgenossen, der aufgrund seiner militärischen Erfolge bereits den Weg zur Weltmacht offen sah. Der „Brotfriede" von Brest-Litowsk, den die nach dem Sturz des Zaren durch die Oktoberrevolution von 1917 an die Macht gelangte bolschewistische Regierung Rußlands im Frühjahr 1918 mit den Mittelmächten schloß, erleichterte deren militärische und wirtschaftliche Lage jedoch nur unbedeutend. Der im Frühjahr 1917 erfolgte Eintritt der Vereinigten Staaten in den Krieg auf seiten der Entente wirkte sich entscheidend aus. In Österreich war es im Jänner 1918 erstmals zu einem großen Streik der hungernden Arbeiterschaft gekommen. Im Februar revoltierte ein Teil der Kriegsmarine in Cattaro, und in Prag kam es zu Unruhen. Im Spätsommer 1918 brachen die West- und die Balkanfront zusammen. Zu dieser Zeit hatten bereits die Tschechen durch ihre politischen Führer in Paris und in Prag die Errichtung eines selbständigen tschechoslowakischen Staates vorbereitet. Anfang Oktober richteten die Mittelmächte an den amerikanischen Präsidenten Wilson eine Friedensnote, in der sie sich zur Annahme der von ihm im Jänner 1918 proklamierten 14 Punkte und damit zur Anerkennung des Selbstbestimmungsrechtes der Völker bereit erklärten. Die Note wurde jedoch von Wilson mit der Begründung abgelehnt, daß die bloße Gewährung der Autonomie für die Tschechen und Südslawen zu wenig sei. Er rief die Völker der Habsburgermonarchie selbst zum Schiedsrichter über deren Schicksal auf.

In dieser Zeit der beginnenden Auflösung des Reiches erließ Kaiser Karl am 16. Oktober 1918 ein von Ministerpräsident Hussarek aufgrund eines Konzeptes des deutschnationalen Abgeordneten Teufel ausgearbeitetes Manifest, in dem er das Selbstbestimmungsrecht der Nationalitäten zur Grundlage der föderativen Neuordnung der Monarchie erklärte: „Österreich soll, dem Willen seiner Völker gemäß, zu einem Bundesstaat werden, in dem jeder Volksstamm auf seinem Siedlungsgebiet sein eigenes staatliches Gemeinwesen bildet . . .“ Der Umbau der Monarchie zu einem Bundesstaat, in dem alle Nationalitäten volle Gleichberechtigung erhalten hätten, wäre schon seit dem Ausgleich mit Ungarn, also seit 1867, fällig gewesen – nun war es zu spät. Das Manifest konnte den Zerfall der Monarchie nicht mehr verhindern, es hat ihn im Gegenteil sogar noch beschleunigt. In allen ehemaligen Kronländern konstituierten sich nationale Vertretungskörper, und in der Armee wurde die Wahl von Soldatenräten zugelassen. Auch in Österreich bildeten die bei den letzten Vorkriegswahlen von 1911 gewählten Reichstagsabgeordneten des deutschsprachigen Siedlungsgebietes am 21. Oktober in Wien die Provisorische Nationalversammlung des selbständigen deutschösterreichischen Staates. Sie bestand aus 102 Abgeordneten des früheren Nationalverbandes (Deutschnationale und Liberale), 72 Christlichsozialen und 42 Sozialdemokraten.

In dieser ersten Sitzung der provisorischen Volksvertretung stand die Frage der Form des neuen Staates – Monarchie oder Republik – noch gar nicht im Vordergrund der Beratungen. Die Sprecher der Christlichsozialen und des Nationalverbandes plädierten sogar für ein Festhalten an der Monarchie. Für die Sozialdemokraten erklärte deren Führer Victor Adler, daß der neue Staat demokratisch gestaltet werden müsse. Das oberste Ziel der Sozialdemokraten sei zwar selbstverständlich die Republik, aber über diese Frage müsse die Konstituierende Nationalversammlung entscheiden. Deutschösterreich sei jedenfalls bereit, sich mit den anderen Völkern der Monarchie zu einem freien Völkerbund zu vereinigen. Sollte dieser nicht zustande kommen, müßte sich Deutschösterreich als Sonderbundesstaat dem Deutschen Reich anschließen.

Die Deutschnationalen, die die radikale Abneigung ihres Parteigründers Georg von Schönerer gegen das Haus Habsburg getreulich hegten, und einige liberale bürgerliche Abgeordnete verlangten als erste die Ausrufung der Republik.

Gegen jeden Staatenbund als Fortsetzung der Monarchie wandten sich die Sprecher der kleinen deutschösterreichischen Unabhängigkeitspartei und der im Sudetenland entstandenen DNSAP (Deutsche Nationalsozialistische Arbeiterpartei). In ihrem Namen rief schon in der Geburtsstunde des neuen Österreich der Abgeordnete Hans Knirsch pathetisch: „Nur im deutschen Einheitsstaat können wir Ostmarkdeutsche die baldige Verwirklichung jener staatsrechtlichen Grundsätze erhoffen, welche die Wunden des Krieges heilen und unser 80-MillionenVolk der Arbeit und Tätigkeit einer glücklichen Zukunft entgegenführen wird."

Danach wählte die Provisorische Nationalversammlung einen aus 20 Mitgliedern bestehenden Vollzugsausschuß mit voller Regierungsgewalt, der später Staatsrat genannt wurde, und beschloß die Errichtung eines selbständigen deutschösterreichischen Staates für das ganze deutschsprachige Siedlungsgebiet der Monarchie einschließlich Südtirols und des Sudetenlandes.

Im Vollzugsausschuß fielen in der Folge alle wichtigen politischen Entscheidungen, während die vom Kaiser Ende Oktober ernannte Regierung des Ministerpräsidenten Heinrich Lammasch – eines international angesehenen Völkerrechtlers – auf Anregung des Staatsrechtlers Hans Kelsen nur als Exekutivausschuß der Nationalitäten bei der Liquidierung des Gesamtstaates fungierte. Weder die Tschechen noch die Südslawen, noch die Ungarn wollten von einem Bundesstaat oder Staatenbund etwas wissen. Und auch in Österreich verlor diese Idee immer mehr an Boden, während die Anhänger eines Anschlusses an Deutschland ständig zunahmen. Die in den Schlußtagen des Krieges erfolgte Lösung des Bündnisses mit dem Deutschen Reich erregte den Unwillen weiter Kreise der Bevölkerung. Nun begann es auch im deutschsprachigen Gebiet, besonders in der Steiermark, unruhig zu werden. In Wien kam es am 30. Oktober vor dem Parlament zu einer Demonstration gegen die Monarchie. Die Volksvertreter nahmen an diesem Tag die von dem Sozialdemokraten Karl Renner ausgearbeitete Provisorische Verfassung an. Renner hatte bei ihrer Vorlage erklärt: „Wir sind über Nacht auf einmal ein Volk ohne Staat geworden."

Die sogar im Parlament herrschende Unsicherheit dem neuen Staatsgebilde gegenüber spricht auch aus Renners Vorschlag, es als unabhängigen Freistaat „Südostdeutschland" zu bezeichnen. In der Nacht vom 30. zum 31. Oktober bildete sich dann die erste deutschösterreichische Regierung unter der Staatskanzlerschaft Renners. Die drei stärksten im Parlament vertretenen Parteien gehörten ihr an. In der Zwischenzeit war es zur endgültigen Trennung der Südslawen, Tschechen und Ungarn gekommen. Der Waffenstillstand mit Italien vom 3. November führte zur Räumung Südtirols bis zum Brenner. In dieser Situation traf in Wien die Nachricht von der Revolutlon in Deutschland und der Abdankung des deutschen Kaisers Wilhelm II. ein. Nun waren die österreichischen Sozialdemokraten entschieden für die Ausrufung der Republik und den Anschluß an das Deutsche Reich. Dasselbe wollten auch die Deutschnationalen und die Liberalen. Nur die Wiener Gruppe der Christlichsozialen und der Wiener Kardinal Piffl setzten sich noch für die Erhaltung der Monarchie ein. Prälat Hauser und Jodok Fink, die eigentlichen Führer der Christlichsozialen, erklärten jedoch unter Berufung auf die Stimmung der Bauern in Tirol, Kärnten und Oberösterreich, daß die Entwicklung von einer Partei allein nicht mehr aufgehalten werden könne, und votierten ebenfalls für die Republik.

Damit war die Entscheidung gefallen. Prälat Seipel, der kommende Mann der Christlichsozialen und Sozialminister im Kabinett Lammasch, änderte den Entwurf für eine Abdankungserklärung des Kaisers im Sinne eines zeitweiligen Thronverzichts und erreichte damit die Zustimmung des Monarchen. Am 11. November 1918 unterschrieb der letzte österreichische Kaiser eine Erklärung, in der es unter anderem hieß: „Nach wie vor von unwandelbarer Liebe für alle Meine Völker erfüllt, will Ich ihrer freien Entfaltung Meine Person nicht als Hindernis entgegenstellen. Im voraus erkenne Ich die Entscheidung an, die Deutschösterreich über seine künftige Staatsform trifft. Das Volk hat durch seine Vertreter die Regierung übernommen. Ich verzichte auf jeden Anteil an den Staatsgeschäften."

Noch am selben Tag beschloß der Staatsrat gegen drei christlichsoziale Stimmen die Ausrufung der Republik und gegen eine christlichsoziale Stimme, und zwar die des nachmaligen Bundespräsidenten Wilhelm Miklas, den Anschluß an das Deutsche Reich. Die Provisorische Nationalversammlung nahm die Vorlage dieser Beschlüsse am 12. November 1918 einstimmig an. Beide Beschlüsse sind von der Konstituierenden Nationalversammlung am 12. März 1919 bestätigt worden.

Am frühen Nachmittag des 12. November verkündete der erste Präsident der Provisorischen Nationalversammlung, der Großdeutsche Dinghofer, von der Rampe des Parlaments der wartenden Menge, daß Deutschösterreich eine demokratische Republik sei. Kurz darauf begann vermutlich die ebenfalls auf der Rampe postierte Rote Garde, eine kleine bewaffnete kommunistische Formation, eine ziellose Schießerei. Zwei Menschen fielen ihr zum Opfer, es gab Verletzte. Die Fahne mit den neuen Staatsfarben Rot-Weiß-Rot war bei ihrer Hissung heruntergerissen und ihres weißen Mittelstreifens beraubt worden. Diese Vorfälle und die eher absurden Attacken der Roten Garde auf das Militärkommando und einige Zeitungsredaktionen waren die einzigen „revolutionären" Ereignisse bei der Entstehung der Republik Österreich. Einer ihrer bedeutendsten Geburtshelfer, Victor Adler, der Einiger und Führer der österreichischen Sozialdemokratie, der am 11. November 1918 jäh verschieden war, hatte als „Hofrat der Revolution" gegolten. Die von Karl Renner verfaßte Proklamation der Provisorischen Nationalversammlung vom 12. November stellte fest, daß sich Bürger, Bauern und Arbeiter zusammengetan hätten, „das neue Deutschösterreich zu begründen". Trotzdem haben die Arbeiter allzubald die von ihren neuen Führern verbreitete Legende von ihrer „siegreichen Revolution" über Gebühr strapaziert, während Bürger und Bauern ebenso rasch vergaßen, daß die Republik auch durch das Votum ihrer Vertreter zustande gekommen war.

1.2 Die ersten Wahlen

Schon in der Proklamation der Provisorischen Nationalversammlung vom 12. November 1918 waren für den kommenden Jänner allgemeine Wahlen angekündigt worden. Sie fanden dann erst am 16. Februar 1919 statt. Erstmals in der Geschichte Österreichs gingen auch die Frauen zur Wahlurne.

Die stärkste Partei wurde mit 72 Mandaten die sozialdemokratische. Ihr folgte mit 69 Mandaten die christlichsoziale, während die Deutschnationalen mit 26 Mandaten weit zurückgefallen waren. Aufgrund dieser Ergebnisse kam es zu einer sozialdemokratisch-christlichsozialen Koalitionsregierung unter Karl Renner. Die Anfang November 1918 gegründete Kommunistische Partei hatte nicht ein einziges Mandat errungen. Die „Einheit der Arbeiterklasse", das oberste Ziel der sozialdemokratischen Führer, blieb gewahrt. Es war dies ein Erfolg der geschickten, aber nicht ungefährlichen Taktik von Friedrich Adler und Julius Deutsch gegenüber den Linksradikalen in ihrer eigenen Partei. Friedrich Adler, der Sohn Victor Adlers, hatte 1916 den damaligen österreichischen Ministerpräsidenten Stürgkh als Repräsentanten der „Kriegsdiktatur" erschossen und war seit seiner Rückkehr aus dem Gefängnis der vielbewunderte Heros der Partei, der auch bei den Arbeiterräten beträchtlichen Einfluß besaß.

Die Arbeiterräte waren schon vor den Jännerstreiks von 1918 entstanden und spielten in der unmittelbaren Nachkriegszeit bei der Organisation der Arbeiterschaft eine große Rolle. Eine Reichskonferenz der Arbeiterräte beschloß am 1. März 1919, daß auch Kommunisten in den Arbeiterrat gewählt werden konnten, sodaß die Grenzen ihnen gegenüber nicht mehr klar gezogen waren.

Zur Bildung von Soldatenräten war es Ende Oktober und Anfang November 1918 gekommen. Der Staatsrat dachte ihnen bald eine ordnende Funktion bei der Aufstellung der neuen Wehrmacht zu, der sogenannten Volkswehr.

Im Frühjahr 1919 kam es im benachbarten Ungarn und in Bayern zur Ausrufung der Räterepublik. In Österreich wünschten die Kommunisten, der linke Flügel der sozialdemokratischen Partei und die Arbeiter- und Soldatenräte eine ähnliche Entwicklung. Die maßgeblichen Theoretiker und Praktiker der Partei waren sich jedoch darüber einig, daß dieser Weg für Österreich nicht nur wegen der mit Sicherheit zu erwartenden Sanktionen der Entente nicht gangbar war. Die Bauern waren zu stark und keineswegs gesonnen, sich einer Rätediktatur zu beugen.

Die Distanzierung gegenüber den Kommunisten wurde immer klarer. Schon der Putschversuch der Kommunisten am 17. April 1919 in Wien, bei dem sogar das Parlament gestürmt wurde, konnte mit Hilfe von Teilen der Volkswehr niedergechlagen werden. Der weitaus gefährlichere, mit Finanzhilfe der ungarischen Räterepublik unter Bela Kun planmäßig für den 15. Juni 1919 vorbereitete Putsch scheiterte an den Abwehraktionen der Polizei und der Sozialdemokratie. Der den Großdeutschen nahestehende Wiener Polizeipräsident Schober ließ in der Nacht vor dem 15. Juni die kommunistischen Führer verhaften. Die von Friedrich Adler durch die Arbeiterräte informierten sozialdemokratischen Arbeiter blieben der Demonstration am kommenden Morgen fern, und Soldatenräte, die sich parallel zu den Arbeiterräten konstituiert hatten, hinderten das kommunistische Bataillon 41 der Volkswehr am Eingreifen in das zwischen Polizei und Demonstranten ausgebrochene Gefecht. In seinem Verlauf wurden 17 Menschen getötet. Bereits nach dem 15. Juni, vollends aber nach dem Zusammenbruch der Herrschaft Bela Kuns in Ungarn, waren die Kommunisten in Österreich bedeutungslos geworden. Das Verdienst der österreichischen Sozialdemokraten an dieser Entwicklung ist damals in der christlichsozialen „Reichspost" gewürdigt worden. Wenige Jahre später las man dort nichts mehr davon, wie auch die Sozialdemokraten sehr rasch vergaßen, daß Karl Renner am 12. November 1918 im Parlament ausdrücklich die verständnisvolle Haltung des Kaisers in der neuen politischen Situation gerühmt hatte. Als man Karl und seine Familie unter beschämenden Umständen des Landes verwies, wobei er bei seiner Ausreise in Feldkirch alle seine Erklärungen seit dem Oktober 1918 durch das sogenannte „Feldkircher Manifest" vom 24. März zurücknahm, und die Nationalversammlung am 3. April 1919 die Gesetze über die Beschlagnahme des Habsburgervermögens beschloß, war davon nicht mehr die Rede. Jetzt galt es, den radikalen Elementen in der eigenen Partei zu beweisen, daß man doch revolutionär, wenn auch nicht kommunistisch war. Die meist nur in Form der „radikalen Phrase" (Otto Bauer) abgegoltenen verbalen Zugeständnisse an den linken Flügel der Partei und die als Ersatz für die eigentlichen politischen Ziele – sozialistisches Wirtschaftssystem und Anschluß an die Weimarer Republik – in mancher Hinsicht vorgenommenen Maßnahmen waren der verhängnisvolle Fehler der österreichischen Sozialdemokratie der Zwischenkriegszeit. Die politischen Gegner wurden dadurch zu Feinden.

Eine nicht unwesentliche Rolle in dieser Entwicklung spielte die Kulturpolitik. Durch aggressive kirchenfeindliche Propaganda, Ehegesetzreformversuche und heute, nach den Erfahrungen mit dem Nationalsozialismus, eher selbstverständlich wirkende, aber nicht mit der Kirche vereinbarte Schulerlässe, wie jener vom April 1919 über die Nichtberücksichtigung der Teilnahme an den religiösen Übungen bei der Notengebung im Religionsunterricht, wurden die Katholiken in eine Abwehrhaltung gedrängt, die zunächst nur den Sozialdemokraten, später aber auch der Demokratie als solcher galt. Am 12. November 1918 hatte der Wiener Kardinal Piffl in seiner Weisung an den Klerus unter Berufung auf Thomas von Aquin die Demokratie noch positiv bewertet. Die Katholiken waren sogar zur Mitarbeit am Aufbau der Republik aufgefordert worden. Nach dem Frühjahr 1919 haben die österreichischen Bischöfe so nicht mehr gesprochen. Im Gegenteil, sie erwarteten im neuen Staat einen Kulturkampf, für den sich zu rüsten sie die Gläubigen aufriefen. Die Angst vor einem Kulturkampf bestimmte auch die Politik des neuen Führers der Christlichsozialen Partei, des Prälaten Ignaz Seipel, der seine Partei als weltliche Schutzmacht der Kirche betrachtete und als solche einsetzte.

2. Die Anfänge der Republik

Das Schlagwort von der Lebensunfähigkeit Österreichs prägte die Anfänge der Republik

2.1 Die Volksabstimmungen

Die Provisorische Nationalversammlung hat schon in ihrer ersten Sitzung am 21. Oktober 1918 beschlossen, daß der neue deutschösterreichische Staat das ganze deutsche Siedlungsgebiet der Monarchie umfassen solle, also auch das Sudetenland und Südtirol. Es konstituierten sich daher zunächst auch eine deutschböhmische und eine mährisch-schlesische Landesversammlung, die den Beitritt Deutschböhmens und des Sudetenlandes zu Deutschösterreich schon Ende Oktober 1918 beschlossen, und in Wien und Troppau Landesregierungen für Deutschböhmen und das Sudetenland sowie eine Kreisregierung für Deutschsüdmähren in Znaim. Diese Institutionen sind infolge der von der tschechoslowakischen Republik gesetzten Fakten nicht mehr aktionsfähig geworden und mußten schließlich ins Exil gehen. Auch das von der Staatsregierung errichtete Staatsamt für das besetzte Deutschböhmen konnte keine Funktionen ausüben.

Das Schicksal der Südtiroler hat die Innenpolitik der jungen österreichischen Republik so bewegt, daß es zunächst schien, als ob das Land Tirol eher bereit wäre, sich von Österreich zu trennen als Südtirol aufzugeben, obwohl der Tiroler Nationalrat schon am 25. November 1918 den Beitritt Tirols zur Republik Österreich beschlossen hatte. Im Frühjahr 1919 hat dann die Tiroler Landesversammlung tatsächlich Tirol zum neutralen von Böhmen, Mähren und Schlesien, Italien die strategische Brennergrenze, und Jugoslawien wurde zumindest in der Südsteiermark mit Gebietszuwächsen entschädigt.

Der Vertrag von St. Germain ist von dem österreichischen Bevollmächtigten Karl Renner am 10. September 1919 unterschrieben worden. Die Provisorische Nationalversammlung erteilte ihm gegen die Stimmen der Großdeutschen „unter feierlichem Protest vor der Welt" ihre Zustimmung, bezeichnete ihn aber künftig ebenso wie die österreichischen Diplomaten und Rechtsgelehrten – ausschließlich als „Staats-" und nicht als Friedensvertrag. Das Schlagwort vom „Unrecht des Diktats von St. Germain" sollte tiefgehende Wirkungen haben.

2.3 Die Verfassung von 1920

Neben der Sicherung des Staatsgebietes war die Ordnung des inneren Gefüges der Republik und dessen Legalisierung die wichtigste Aufgabe der österreichischen Regierung und Volksvertretung. Karl Renner hat sich ihr von Anfang an gestellt und alle Vorarbeiten für eine neue Verfassung eingeleitet. Schon bei ihnen ging es um jene beiden Probleme, die dann auch im Verfassungswerk selbst nur mit Kompromissen gelöst werden konnten: um den Ausgleich der Ansprüche des Bundes und der Länder sowie der Regierung und des Parlaments.

Die „historisch-politischen Individualitäten" der Länder waren ja gerade in der Umbruchssituation als Träger des Staates besonders zur Geltung gekommen. Diese waren nicht gesonnen, ihr Eigenleben von den Zentralisten in Wien einschränken zu lassen. Auch die politischen Parteien, die sich als Schöpfer der Republik fühlten, wollten ihren Anteil an der Macht erhalten wissen. Eine wichtige Rolle spielten in dieser Phase die sogenannten Länderkonferenzen. Die erste fand Ende Jänner 1919 statt. Schon auf ihr prallten die Meinungen der Föderalisten, im wesentlichen Christlichsoziale, und der Zentralisten, der Sozialdemokraten, hart aufeinander. Der Bruch der sozialdemokratisch-christlichsozialen Koalition im Juni 1920 hat die Spannungen nur noch vergrößert. Einem Verfassungsausschuß des Parlaments, dem unter anderen Hans Kelsen, Karl Renner, Ignaz Seipel und Jodok Fink angehörten, gelang es dennoch bis zum Herbst 1920, einen Kompromißentwurf zu erstellen. Das Verfassungswerk über den Bundesstaat Österreich wurde am 1. Oktober 1920 vom Parlament angenommen. 1925 und 1929 gab es Novellierungen, ansonsten blieb die Verfassung bis zur Proklamierung des Ständestaates am 1. Mai 1934 gültig. Am 1. Mai 1945 wurde sie in der Fassung von 1929 von der Provisorischen Staatsregierung wieder in Kraft gesetzt und ist im wesentlichen auch heute die Verfassung unserer Republik.

3. Der Weg zur „Sanierung" von Währung und Wirtschaft

Mitte der zwanziger Jahre schien es „bergauf" zu gehen

Der junge Staat hatte aber nicht nur Grenz- und Verfassungsprobleme zu bewältigen, sondern vor allem die wirtschaftliche Lage. Der Hunger der Bevölkerung in den ersten Nachkriegsjahren war durch Lebensmittellieferungen der Alliierten notdürftig gestillt worden. Die darniederliegende Wirtschaft und vor allem die sich unaufhaltsam verschlechternde Währung konnten ebenfalls nur mit ausländischen Kredithilfen saniert werden. Um sie bemühte sich jedoch eine Reihe österreichischer Regierungen jahrelang vergeblich. Vor allem Bundeskanzler Michael Mayr war bei seinen unermüdlichen Anstrengungen kein Erfolg beschieden.

Mayr war nach dem Wahlsieg der Christlichsozialen vom Oktober 1920, bei dem diese 82 Mandate gegenüber 66 sozialdemokratischen erhalten hatten, und nachdem keine Koalition der beiden großen Parteien mehr zustande gekommen war, der Chef eines aus Christlichsozialen und Beamten bestehenden Kabinetts geworden. Angesichts der drückenden Not der Bevölkerung, die Ende 1921 in Wien sogar zu Ausschreitungen führte, war auch die sozialdemokratische Opposition bereit, jene Sicherstellungen zu garantieren, die ein Finanzkomitee des Völkerbundes für die Kredithilfe an Österreich verlangt hatte. Diese Bereitschaft nützte jedoch ebensowenig wie das internationale Ansehen des ersten von der Bundesversammlung gewählten österreichischen Bundespräsidenten Michael Hainisch. Es kam zu keiner Kredithilfe an Österreich, obwohl dessen Währung ins Bodenlose abzusinken begann. Mittlerweile stürzte die Regierung Mayr infolge der Tiroler und Salzburger Volksabstimmungen, die für den Anschluß votierten. Mayrs Nachfolger, der Wiener Polizeipräsident Johann Schober, bildete ein Beamtenkabinett, dem je ein Vertreter der Christlichsozialen und der Großdeutschen angehörte. Ihm gelang es, einen Vertrag mit der Tschechoslowakei zu schließen, durch den Österreich einen Kredit von 500 Millionen Tschechenkronen zum Ankauf von Zucker und Kohle erhielt. Da das Abkommen jedoch den gegenseitigen territorialen Besitzstand und die Durchführung der Verträge von St. Germain und Trianon garantierte, sahen die Großdeutschen in ihm einen Verrat an den Sudetendeutschen und begannen von nun an, die Politik Schobers systematisch zu boykottieren.

Daraufhin geriet der Mann, den das Ausland damals noch als besten Garanten für die Aufrechterhaltung von Ruhe und Ordnung in Österreich ansah, in eine immer ausweglosere Situation. Sein fähiger zweiter Finanzminister, der Christlichsoziale Alfred Gürtler, wurde von den Großdeutschen und den Sozialdemokraten gestürzt, die seit dem Herbst 1921 einen eigenen Finanzplan mit einer Sanierung ohne Auslandshilfe vertraten.

Auch auf die Loyalität der Christlichsozialen konnte sich Schober nicht mehr verlassen, da deren Führer, Ignaz Seipel, nun selbst die Regierung übernehmen wollte, wozu er sich ein Jahr früher noch nicht bereit gefunden hatte. Daher kam es im Frühjahr 1922 zum Sturz Schobers gerade zu dem Zeitpunkt, als er bei der Wiederaufbaukonferenz der Großmächte in Genua die Rückstellung der meisten Pfandrechte erreicht hatte, die den Alliierten im Vertrag von St. Germain als Sicherstellung für die österreichischen Reparationen zugestanden worden waren. Diese Rückstellung war die Voraussetzung für die Gewährung einer Völkerbundanleihe. Schober glaubte, sie damit gesichert zu haben. Er hat es nie verwunden, daß er im Augenblick seines bisher größten Erfolges gestürzt wurde und ihm, wie er glaubte, Seipel knapp vor dem Ziel den Ruhm nahm, der Retter Österreichs zu sein. Der Weg bis zur endgültigen Gewährung eines ins Gewicht fallenden Völkerbundkredits war aber noch weiter, als Schober gedacht hatte. Selbst Seipel, dem es gelingen sollte, einen Koalitionspakt mit den Großdeutschen zu schließen und damit eine regierungsfähige Mehrheit der bürgerlichen Parteien – den „Bürgerblock“, wie ihn die Sozialdemokraten nannten – im Parlament zu bilden, geriet mehrmals in Gefahr, zu scheitern.

Im Sommer 1922 erreichten Wirtschaftskrise und Inflation ihren Höhepunkt. Am 1. Juli erhielt man für 100 Schweizer Franken bereits 360.000 Kronen; ein Jahr zuvor waren es 12.000 gewesen und im Juli 1919 nur 567. Daraufhin lehnten die englischen und französischen Banken, mit deren Hilfe Seipel und sein neuer Finanzminister Kienböck bei der Errichtung einer österreichischen Notenbank fest gerechnet hatten, ihre Beteiligung ab. Auch die verzweifelten Hilferufe der österreichischen Regierung an die britische fan-

Bundeskanzler Prälat Ignaz Seipel vor dem Lueger-Denkmal in Wien

den kein positives Echo, obwohl der in ihnen angekündigte Zusammenbruch Österreichs von einer großen Zahl seiner Bürger wirklich als unmittelbar bevorstehend befürchtet wurde.

In dieser hoffnungslosen Situation zeigte Seipel das ganze Ausmaß seiner staatsmännischen Fähigkeiten. Durch kluge Verhandlungen mit dem Deutschen Reich, Italien und der Tschechoslowakei, deren Unterstützung beim Völkerbund er sich sicherte, bereitete er seine Reise nach Genf vor. Er ließ sich von ihr auch nicht von den Sozialdemokraten abbringen, die unter der Führung Otto Bauers bis zum Anschluß an Deutschland die Selbständigkeit Österreichs unbedingt gewahrt wissen wollten und daher eine ausländische Anleihe nach wie vor ablehnten.

In Genf gelang es Seipel Ende August 1922, den Völkerbund, dem Österreich seit 1920 angehörte, in zwei großen Reden von der Notwendigkeit einer Hilfe für Österreich zu überzeugen. Man glaubte dem Priester mit dem eindrucksvollen Cäsarenkopf, als er erklärte: „Ehe das Volk Österreichs in seiner Absperrung zugrundegeht, wird es alles tun, um die Schranken und Ketten, die es beengen und drücken, zu sprengen."

Die zwischen England, Frankreich, Italien, der Tschechoslowakei und Österreich abgeschlossenen drei Genfer Protokolle vom 4. Oktober 1922 garantierten Österreich eine Anleihe von 650 Millionen Goldkronen und die Aufrechterhaltung seiner territorialen und politischen Unabhängigkeit. Österreich seinerseits verpflichtete sich, diese in den nächsten zwanzig Jahren nicht aufzugeben, selbst ein Sanierungsprogramm zu erstellen und innerhalb von zwei Jahren durchzuführen. Dafür sollte die österreichische Regierung vom Parlament besondere Vollmachten erhalten, wozu eine Zweidrittelmehrheit erforderlich war, da es sich um die Änderung von Verfassungsbestimmungen handelte.

Es bedurfte eines wochenlangen zähen Kampfes mit der sozialdemokratischen Opposition, ehe sich diese zu dem Kompromiß bereit fand, die Vollmachten einem Parlamentsausschuß zu übertragen, dem auch die Regierungsmitglieder angehörten. Damit war die Durchführung der Genfer Protokolle gesichert. Für einige Jahre waren damit die Voraussetzungen für die Sicherung der Währung und die Ankurbelung der Wirtschaft gegeben. Die Erste Republik verdankt der Genfer Anleihe ihre wirtschaftlich ruhigsten Jahre. Die auch vom Völkerbund geforderte Hartwährungs- und geringe Investitions-Politik der Regierung verhinderte jedoch eine langfristige Sanierung der österreichischen Volkswirtschaft, da Investitionen erschwert waren. So konnte der wirtschaftliche Aufschwung in den zwanziger Jahren die sozialen und politischen Spannungen des jungen Staates nur kurze Zeit erleichtern.

4. Die Wende: 15. Juli 1927

Der Justizpalast wird gestürmt

4.1 Die Spannungen werden größer

Je länger die österreichische Sozialdemokratie in der Opposition verharrte, desto schärfer verlangte sie die Erfüllung jener Forderungen, die sie vor allem im Interesse ihrer eigenen Wähler stellte. Dazu gehörte in erster Linie die Altersversorgung für die Arbeiter, zu der die Regierung jedoch nur bereit war, wenn die Zahl der Arbeitslosen unter 100.000 sank. Da das selbst in den wirtschaftlich besten Jahren der Ersten Republik nie der Fall war, ließ Seipel in seiner zweiten Regierungsperiode (von 1926 bis 1929) das am l. April 1927 vom Parlament angenommene Gesetz über die Altersversicherung der Arbeiter nicht in Kraft treten. Damit unterblieb ein Schritt, der wesentlich zur sozialpolitischen Befriedung beigetragen hätte.

Es gab aber noch eine Reihe anderer ungelöster Probleme und außerdem Finanzskandale, die die Bevölkerung erbitterten und von der Opposition propagandistisch ausgewertet wurden. Der drohende Zusammenbruch der Zentralbank der deutschen Sparkassen kostete den österreichischen Staat bzw. die Steuerzahler 62,5 Millionen Schilling, die Sanierung der Postsparkasse genau doppelt soviel.

Auch die nach wie vor umstrittene geplante Novellierung der Mietenregelung, in der die Sozialdemokraten den noch im Krieg während der Regierungszeit Kaiser Karls eingeführten Mieterschutz keinesfalls preisgeben wollten, trug zur Unzufriedenheit im Volke bei. Sie schlug sich im Ergebnis der Wahlen vom April 1927 nieder. Der Vorsprung der Christlichsozialen Partei gegenüber den Sozialdemokraten mit ihrem neuen, zum Teil sehr radikalen Parteiprogramm vom November 1926 schmolz auf zwei Mandate zusammen (73 zu 71).

Eine regierungsfähige Mehrheit der christlichsozial-großdeutschen Einheitsliste (85 Mandate) kam nur durch den Eintritt der nationalliberalen Bauernpartei, des Landbundes, in das neue Kabinett Seipel zustande. Es konnte, bedingt durch das Kräfteverhältnis im Parlament, zunächst keine konsequente oder energische Politik betreiben. Seine Lage änderte sich jedoch im Sommer 1927 infolge der Ereignisse eines einzigen Tages, an dem sich die jahrelang aufgestaute und von sozialdemokratischen Politikern verbal unterstützte Erbitterung der Arbeiterschaft gegen den Willen ihrer Führer entlud. Der Anlaß war das Urteil eines Wiener Geschworenengerichtes im sogenannten „Schattendorfer Prozeß".

4.2 Schattendorf

Im kleinen burgenländischen Ort Schattendorf war es am 30. Jänner 1927 zu einem Zusammenstoß zwischen Angehörigen des Republikanischen Schutzbundes, der bewaffneten Formation der Sozialdemokraten, und Mitgliedern einer Frontkämpfervereinigung gekommen. Zwischen den im Chaos des Zusammenbruchs der Monarchie entstandenen Volks- und Arbeiterwehren, den Vorläufern des offiziell erst 1923 gegründeten Schutzbundes einerseits, und den vor allem in Tirol, Kärnten und der Steiermark verbreiteten konservativen Frontkämpfervereinigungen und Heimatwehren andererseits hatte von Anfang an eine latente Gegnerschaft bestanden. Sie nahm zu, als im Laufe der zwanziger Jahre unter dem Eindruck der Erfolge Mussolinis in Italien der Faschismus in Süd- und Osteuropa, z. B. in Ungarn und Rumänien, Schule zu machen begann. Zwischen den bewaffneten Verbänden der beiden großen politischen Lager in Österreich kam es zu einem Wettrüsten, in dem die Heimwehr zunächst von der österreichischen Industrie und dann noch mit ausländischem Geld, vor allem aus Ungarn und Italien, unterstützt wurde. Immer wieder kam es zu Zusammenstößen. So auch in Schattendorf, bei dem Frontkämpfer sich vor den Schutzbündlern in ein Gasthaus zurückzogen, aus dem sie auf Vorbeimarschierende schossen und dabei einen Invaliden und ein Kind töteten. Am 14. Juli 1927 aber sprachen Wiener Geschworene die drei Schützen sogar von der Anklage der Notwehrüberschreitung frei. Die Empörung der Sozialdemokraten über das Fehlurteil war groß, doch glaubte die Parteispitze nicht, daß es deshalb zu Demonstrationen kommen würde. Julius Deutsch teilte diese Auffassung dem Wiener Polizeipräsidenten Schober auf dessen Anfrage am Abend des 14. Juli mit. Man war, wie schon so oft, der Meinung, daß die „radikale Phrase" als Ventil genüge. Sie stammte von Friedrich Austerlitz, dem Chefredakteur der „Arbeiter-Zeitung". In seinem Leitartikel vom 15. Juli 1927 hieß es: „Die bürgerliche Welt warnt immer vor dem Bürgerkrieg. Aber ist nicht dieser bedingungslose, erschütternde Freispruch von Menschen, die Arbeiter töteten, schon an sich Bürgerkrieg? Wir warnen sie alle! Denn aus den Saaten des Unrechts kann nichts als schweres Unheil erwachsen!“

4.3 Der 15. Juli 1927

Schon am Morgen des 15. Juli 1927 kam es in den großen Betrieben von Wien zu Arbeitsniederlegungen. Tausende von Arbeitern aus den Vorstädten zogen in die Innere Stadt zu einer Protestdemonstration. Unter ihnen befanden sich auch viele Kommunisten, die – im Parlament der Zwischenkriegszeit nie vertreten – jede der sich bietenden Gelegenheiten nützten, um ihre Existenz zu beweisen und die sozialdemokratischen Arbeiter zu revolutionären Schritten aufzustacheln.

Von den Demonstranten hatten etliche Benzinkanister mitgebracht. Bald kam es zu Zusammenstößen mit kleineren Polizeiformationen. Als eine Abteilung berittener Polizei die Demonstranten vom Parlament abdrängte, wobei einige Polizisten von ihren Pferden gerissen und verletzt wurden, konzentrierte sich die nunmehr aufs höchste erregte Masse um den Justizpalast, drang in ihn ein und setzte ihn in Brand. Nun kannte die Hysterie keine Grenzen mehr. Auch Frauen rissen mit den Zähnen die Verschnürungen der Aktenbündel auf, die eingedrungene Demonstranten auf die Straße geworfen hatten. Die Akten – Unterlagen der inneren Verwaltung sowie der Grundbücher – wurden mit Benzin übergossen und als brennende Ballen in das Justizgebäude zurückgeschleudert.

Polizei und Feuerwehr wurden nicht herangelassen, und selbst der äußerst populäre sozialdemokratische Bürgermeister von Wien, Karl Seitz, der den von Schober geforderten Einsatz des Bundesheeres abgelehnt hatte und persönlich von einem Spritzenwagen der Feuerwehr aus die Demonstranten beschwor, vernünftig zu werden, erreichte nichts.

Eine Polizeiwachstube in der Inneren Stadt und die Redaktionen der „Reichspost“ sowie der „Wiener Neuesten Nachrichten“ wurden gestürmt. In dieser Situation entschloß sich der Polizeipräsident, Ruhe und Ordnung mit Gewalt wiederherzustellen. Schober rüstete mit Bewilligung des Bundeskanzlers Seipel und der Regierung, aber ohne Einwilligung des Bürgermeisters Seitz einen Teil der Wiener Polizei mit Gewehren aus und setzte ihn zur Räumung der Umgebung des Justizpalastes ein. Es gehört zur besonderen Tragik jenes Tages, daß zum Zeitpunkt des Einsatzes von Feuerwaffen der Zorn des Volkes bereits im Abflauen war. Er hatte sein Opfer gefunden: Der Justizpalast brannte. Hunderte von neugierigen Wienern waren mittlerweile herbeigeströmt, um bei diesem Schauspiel mit dabeigewesen zu sein. Schon gab es Limonadenverkäufer, deren Ware in der Hitze des schwülen Hochsommertages reißenden Absatz fand. Langsam begann das Ganze den Charakter einer „großen Hetz“ anzunehmen – da fielen die ersten Schüsse der Polizei. Der Widerstand, der sich daraufhin erneut zu regen begann, wurde rasch gebrochen: 89 Tote und

1057 Verwundete gehören zur blutigen Bilanz jenes Tages, der sogar die Tschechoslowakei und Ungarn zu einer kurzfristigen Mobilisierung an ihren Grenzen veranlaßte.

Der Anteil der Exekutive an den Toten betrug nur vier Mann. Dies ist mit ein Beweis dafür, daß die Demonstranten nicht mit Schußwaffen ausgerüstet waren und keinen Putsch geplant hatten. Trotzdem hatten die Zeitgenossen den Eindruck, daß eine bedeutsame Schlacht geschlagen worden war, deren unbestrittene Sieger Seipel, Schober und die Heimwehren waren.

4.4 Die Folgen

Der Sieger des 15. Juli war Ignaz Seipel. An seiner entschlossenen Haltung scheiterte die Rücktrittsforderung der sozialdemokratischen Opposition. Er verharrte weiter auf seinem Standpunkt, auch als die sozialdemokratische Parteiführung zu einem eintägigen Generalstreik und zu einem daran anschließenden unbegrenzten Verkehrsstreik aufrief. Vor dessen Abbruch war er zu keinerlei Verhandlungen mit den Sozialdemokraten bereit. So war denn der Verkehrsstreik nur von kurzer Dauer, wozu in den Bundesländern die Heimwehr nach Kräften beitrug, die sich als Hilfspolizei betätigte. In der großen Parlamentsdebatte vom 26. Juli 1927 standen Seipel und Bauer einander als Sieger und Besiegter gegenüber. Otto Bauer klagte Regierung und Polizei an und bat geradezu inständig um eine Amnestie für die am 15. Juli und in den anschließenden Tagen Verhafteten. Ignaz Seipel konnte sich zweifellos auf den Macht- und Rechtsstandpunkt berufen, als er antwortete: „Verlangen Sie nichts vom Parlament und von der Regierung, was gegenüber den Opfern und Schuldigen dieses Unglückstages milde erscheint, aber grausam wäre gegenüber der verwundeten Republik."

Seipel hatte mit diesen Worten der Opposition das Schlagwort für ihren Propagandafeldzug gegen den „Prälaten ohne Milde" geliefert, unter dessen Eindruck noch im selben Jahr 28.000 Österreicher aus der katholischen Kirche austraten. Diese Folgen seiner Politik dürften den Priester Seipel doch sehr getroffen haben. Es spricht manches dafür, daß seine Äußerung nach seinem Rücktritt 1929, damit vielleicht eine „tragische Schuld" zu sühnen, sich auf das Jahr 1927 bezieht. Diese Erkenntnis hinderte Seipel zunächst aber nicht, die Schwäche der Sozialdemokraten, die sich seit dem 15.Juli eindeutig in der Defensive befanden, für eine Stärkung der Staats- und Regierungsautorität auszunützen. Er bediente sich dabei bewußt der Heimwehr. Weite Teile des bürgerlichen Lagers feierten den 15. Juli 1927 als Brechung der sozialdemokratischen „Herrschaft der Straße", die im ersten Jahrzehnt der Republik zeitweise tatsächlich den Gang der Innenpolitik mitbestimmt hatte. Sie übersahen dabei sehr zum Schaden der Republik, daß Regierung und Exekutive der Opposition nicht nur eine Niederlage bereitet hatten, sondern daß von nun an fast die gesamte Arbeiterschaft dem Staat mißtraute.

5. Dem Ständestaat entgegen

Bundeskanzler Engelbert Dollfuß fand Rückendeckung beim italienischen Duce Benito Mussolini

5.1 Die Zollunion

Der Autoritätsgewinn Seipels nach dem 15. Juli 1927 war so groß, daß er es wagen konnte, im Herbst des darauffolgenden Jahres zwei für denselben Tag in Wiener Neustadt angekündigte Großkundgebungen der Heimwehr und des Schutzbundes gleichzeitig – allerdings durch ein gewaltiges Militär- und Polizeiaufgebot getrennt – stattfinden zu lassen, ohne daß es zu den in ganz Österreich befürchteten Zusammenstößen kam. Die daraufhin von den Sozialdemokraten angeregten Verhandlungen über die Abrüstung der Selbstschutzverbände scheiterten jedoch an beiderseitigem mangelnden Vertrauen. Außerdem war Seipel an einer Entwaffnung der Heimwehr, in jener Zeit einer seiner wirksamsten „Prellböcke" gegen die Sozialdemokraten, nicht interessiert. Er förderte sie im Gegenteil sogar kräftig. Anläßlich der Zehnjahresfeier der Republik machte er dann den Vorschlag einer Verfassungsänderung im Sinne einer Stärkung der Position des künftig vom Volk zu wählenden Bundespräsidenten, was die Sozialdemokraten ihrerseits zunächst jedoch entschieden ablehnten. Die von Seipel angestrebte Verfassungsreform kam daher nicht mehr unter seiner Regierung zustande. Seipel trat im Frühjahr gen die Regierung, die in der Frage der Lausanner Anleihe erstmalig an einen österreichischen Patriotismus appellierte, waren dagegen kraß und zu jener Zeit auch ungerecht. Am Tage der Abstimmung, am 17. August 1932, erklärte Otto Bauer: „Es ist nicht unsere Sache, der Regierung, einer Regierung von notorischen Putschisten, notorischen Feinden der Verfassung, der Republik aus der Verlegenheit zu helfen, in die sie sich selbst geführt hat." Diese Haltung hat Dollfuß, der seinen politischen Aufstieg als Funktionär der Landwirtschaftskammer gemacht hatte, dem Parlament von Anfang an entfremdet. Das war umso verhängnisvoller, als antiparlamentarische und antidemokratische Tendenzen in der österreichischen Innenpolitik als Folge der wirtschaftlichen Krise ohnedies im Ansteigen waren.

Die Heimwehr hatte seit 1928 über Intervention aus Ungarn bei Mussolini auch italienische Gelder erhalten. Die Folge war, daß die Heimwehr einen immer radikaleren Kurs steuerte und gar kein Hehl aus ihrem Streben nach der Macht im Staate machte. Ihr Bundesführer Richard Steidle bekannte sich auf einer Tagung der Heimwehrführer in Korneuburg am 18. Mai 1930 ausdrücklich zu diesem Ziel. Als weitere Grundsätze der Heimwehr verkündete er die strikte Ablehnung von Demokratie und Parlamentarismus, die Selbstverwaltung der Stände und eine starke Staatsführung. Dieses Programm war der Inhalt des sogenannten „Korneuburger Eides", den die meisten Teilnehmer an diesem Treffen über Drängen Steidles beschworen. Steidle wurde zwar schon im Herbst 1930 gestürzt – sein Nachfolger wurde der junge Fürst Rüdiger Starhemberg –, doch bedeutete dieser Führungswechsel keineswegs ein Abflauen der antidemokratischen Tendenzen.

5.3 Die Ausschaltung des Parlaments

Die Nationalsozialisten mit ihrem Führer Adolf Hitler waren zu diesem Zeitpunkt auch in Österreich im Vormarsch. Bei den Novemberwahlen 1930 hatte die Nationalsozialistische Deutsche Arbeiter-Partei, die NSDAP, zwar über 100.000 Stimmen erhalten, aber noch kein Mandat für den Nationalrat erreichen können. Bei den Landtagswahlen in Wien, Niederösterreich, Salzburg, Kärnten und der Steiermark im April 1932 stiegen die Stimmen für die Nationalsozialisten jedoch zum Teil auf das Sechsfache an. Insgesamt haben damals 336.000 Österreicher nationalsozialistisch gewählt, von denen der weitaus größte Teil aus dem großdeutschen Lager kam, aber auch die Christlichsozialen und vor allem die Heimwehr mußten Stimmeneinbußen in Kauf nehmen, während die Sozialdemokraten ungefähr bei ihrer früheren Wählerzahl blieben. Dieses Ergebnis verstärkte die seit 1930 latente Angst der Christlichsozialen Partei vor Neuwahlen für das Parlament, die nunmehr die Sozialdemokraten und die Nationalsozialisten forderten. Wahlen zu verhindern, war schon das Ziel von Buresch gewesen. Dollfuß hat es erreicht: um den Preis der Zerstörung der parlamentarischen Demokratie.

Als Dollfuß im Mai 1932 Bundeskanzler wurde, war er noch nicht eindeutig auf einen autoritär-faschistischen Kurs festgelegt. Selbst die Heimwehr, obwohl in seinem Kabinett seit Herbst 1932 mit zwei prominenten Führern, Emil Fey und Odo Neustädter-Stürmer, vertreten, war sich seiner zunächst noch keineswegs sicher, wie man aus den Verhandlungen Starhembergs mit Ungarn und Italien weiß. Auf seiten der Heimwehr hielt man angesichts des wachsenden Drucks der Nationalsozialisten eine schwarz-rote Koalition für möglich, die ja zweifellos die besten Abwehrchancen geboten hätte. Ein Zusammengehen von Dollfuß mit den Nationalsozialisten war seit seiner entschiedenen Wendung zur Bejahung und Bewahrung der Eigenstaatlichkeit Österreichs in seinem Kampf um die Anleihe von Lausanne fast unmöglich geworden. Den Weg zu den Sozialdemokraten versperrten ihm jedoch immer mehr persönliche und politische Motive. Seine Abneigung gegen das Parlament, in dem ihn die Sozialdemokraten wahrlich nicht geschont hatten, wurde schon erwähnt. Sie wurde verstärkt durch den Widerstand, den die Opposition im Herbst 1932 gegen den Budgetvoranschlag des darauffolgenden Jahres leistete. Dollfuß sprach daher bereits im Oktober 1932 von der Notwendigkeit, „selbst ohne vorherige endlose parlamentarische Kämpfe sofort gewisse dringliche Maßnahmen in die Tat umzusetzen".

Den Weg dazu ebnete die zur selben Zeit vom Justizminister Dr. Kurt Schuschnigg aufgrund des kriegswirtschaftlichen Ermächtigungsgesetzes vom Juli 1917 erlassene Verordnung über die Haftung der verantwortlichen Funktionäre der Creditanstalt für die durch die Geschäftsführung eingetretenen Verluste. Das Ermächtigungsgesetz war nie außer Kraft gesetzt worden und daher gültig. Sich seiner zu bedienen, ging auf die Vorschläge des juristischen Beraters von Vaugoin und dann von Dollfuß, Sektionschef Dr. Robert Hecht, zurück. Erst jetzt wurde den Sozialdemokraten völlig klar, welche Möglichkeiten es der Regierung bot. Sie beantragten daher im Oktober 1932 im Parlament vergeblich seine Aufhebung.

Das innenpolitische Klima wurde durch eine Korruptionsaffäre im Zusammenhang mit Waffenlieferungen der Hirtenberger Munitionsfabrik noch weiter verschlechtert. Über die sozialdemokratische Presse wurde damals bekannt, daß der Generaldirektor der Bundesbahnen versucht hatte, den Führer der Eisenbahnergewerkschaft durch Bestechung zur Weiterleitung von Waffen aus Italien nach Ungarn zu bewegen, was von den Siegermächten untersagt worden war. Die Aufregung über die Verletzung der Friedensverträge von St. Germain und Trianon legte sich in der Presse des In- und Auslandes jedoch rasch. Seit dem 30. Jänner 1933 hatte Europa andere Sorgen.

Die Machtergreifung Hitlers wirkte sich sofort auf das Verhalten der österreichischen Nationalsozialisten aus. Sie verstärkten ihre Forderung nach Neuwahlen, veranstalteten Massenkundgebungen und waren mit Hilfe deutschen Geldes propagandistisch aktiv wie nie zuvor. Beim Streik der Eisenbahner Anfang März des Jahres 1933 gegen die Auszahlung der März-Gehälter in drei Raten schürten vor allem die nationalsozialistischen

Eisenbahnergewerkschafter die Erregung. Die Vorgänge bei der Brechung des Streiks durch die Polizei veranlaßten die großdeutsche und sozialdemokratische Opposition am 4. März 1933 im Parlament zu einem Mißtrauensantrag gegen die Regierung, die nur über eine Majorität von einer einzigen Stimme verfügte.

In dieser für Dollfuß äußerst prekären Situation konnten sich die Mandatare über einen Formfehler bei der Abstimmung nicht einigen. Der sozialdemokratische Präsident Renner legte daraufhin auf Rat von Robert Danneberg sein Amt nieder. Ihm folgten der christlichsoziale Zweite Präsident Rudolf Ramek und der großdeutsche Dritte Präsident Sepp Straffner, jeder unter begeistertem Applaus seiner Parteifreunde. Niemand war sich der Tragweite dieses Parteienstreits bewußt, der wegen einer das Schicksal der österreichischen Regierung entscheidenden Stimme ausgebrochen war. Und auch die Geschäftsordnung hatte diesen Fall nicht vorgesehen. Nur Dollfuß erkannte, daß ihm die augenblickliche Aktionsunfähigkeit des Parlaments die Chance bot, sich seiner Fesseln zu entledigen. Er bot dem Bundespräsidenten seinen Rücktritt an. Miklas betraute ihn jedoch sofort mit der Weiterführung der Regierung und begab sich damit seiner einzigen Möglichkeit zur Wiederaktivierung des Parlaments.

Schon am 7. März 1933 erließ die Regierung eine Kundmachung, in der es hieß, daß sie von der „Selbstausschaltung" des Parlaments nicht betroffen sei: die Parlamentskrise sei keine Staatskrise.

Die vom Präsidenten Straffner für den 15. März einberufene Parlamentssitzung wurde durch die Regierung verhindert. Kriminalpolizei ließ die Abgeordneten nicht in den Sitzungssaal. Bereits vor der Aktion der Polizei eingetroffene sozialdemokratische und großdeutsche Mandatare verließen das Parlament unter Protest.

Vom 12. März an erließ die Regierung in rascher Folge eine Reihe von Verordnungen aufgrund des kriegswirtschaftlichen Ermächtigungsgesetzes. Die ersten waren Notverordnungen zum Schutz des Gewerbes, zur Aufbesserung des Staatshaushaltes und zur Einschränkung der Presse- und Versammlungsfreiheit. Die österreichische Opposition – Sozialdemokraten, Großdeutsche und Nationalsozialisten – protestierte nach dem 15. März heftig, aber vergeblich gegen das Vorgehen der Regierung.

Den Bedenken in den eigenen Reihen, darunter auch jenen von Bundespräsident Miklas, begegnete Dollfuß mit dem Hinweis auf den Zweifrontenkrieg, den er gegen Nationalsozialismus und Marxismus zu führen gezwungen sei.

Da das Ergebnis der deutschen Wahlen vom 5. März 1933 die Herrschaft Hitlers besiegelt hatte, vermieden die Sozialdemokraten angesichts der drohenden nationalsozialistischen Gefahr offenen Widerstand und Generalstreik – sogar nach der Auflösung des Republikanischen Schutzbundes am 31. März 1933. Trotzdem suchte Dollfuß Schutz und Stärkung im Ausland. Er fand sie in Ungarn und Italien.

6. Das autoritäre Regime

1. Mai 1933: Der traditionelle Maiaufmarsch der Sozialdemokraten wird verhindert

6.1 Auf dem Weg zum Bürgerkrieg

Der Führer der italienischen Faschisten, der „Duce" Mussolini, hatte Dollfuß schon bei dessen erstem Besuch in Rom zu Ostern 1933 seine Unterstützung bei der Wahrung der Selbständigkeit Österreichs zugesagt. Dafür forderte er ein energisches Vorgehen des Kanzlers gegen die österreichischen Sozialdemokraten. Am 1. Juli 1933 schrieb Mussolini an Dollfuß, daß er sich zwar den Opportunitätsgründen nicht verschließe, die diesen veranlaßt hätten, bis jetzt gegen die Sozialdemokratische Partei nicht so entschlossen zu handeln, wie es in seinem Programm für den inneren Aufbau Österreichs vorgesehen sei. Trotzdem glaube er, daß Besorgnisse parlamentarischer Natur „heute in die zweite Linie rücken müssen" und die Zerschlagung der Linken, für die er ihm seine zehnjährigen Erfahrungen zur Verfügung stelle, unvermeidbar sei. Es bestehe sonst die Gefahr, meinte Mussolini weiter, daß der Nationalsozialismus für sich in Anspruch nehme, der einzige Retter vor dem Marxismus zu sein. Daraufhin teilte Dollfuß am 22. Juli Mussolini mit, daß er vor allem nach der ehestmöglichen Verwirklichung des autoritären Regimes in Österreich strebe. Die Ausarbeitung einer berufsständischen Verfassung habe er bereits in Auftrag gegeben. Nach der Ausschaltung der Linken wolle die österreichische Regierung ein eigenes österreichisches Nationalbewußtsein entwickeln, wobei die im Mai von Dollfuß gegründete und unter seiner Führung stehende „Vaterländische Front" eine wichtige Rolle spielen werde.

Nach ungarisch-italienischen Verhandlungen Ende Juli in Rom über die engere Zusammenarbeit Italiens, Ungarns und Österreichs fuhr Dollfuß auf Mussolinis Wunsch am 19. August nach Riccione, wo ihn Mussolini zur Durchführung der Verfassungsreform, zum Ausbau der „Vaterländischen Front“ und zum energischen Kampf gegen den Marxismus verpflichtete. Wenige Tage später fuhr auch Starhemberg nach Rom, um den Einfluß Mussolinis für eine noch stärkere Radikalisierung der österreichischen Innenpolitik zu gewinnen. Mussolini schrieb dann tatsächlich am 9. September an Dollfuß: „Es ist notwendig, in entscheidender Weise den Weg der Faschisierung des österreichischen Staates einzuschlagen.“ Dafür sei auch die Entfernung der beiden noch in der Regierung befindlichen Vertreter des Landbundes erforderlich, heißt es in dem Mussolini-Brief weiter. Schon zwei Tage später proklamierte Dollfuß auf einer Kundgebung der „Vaterländischen Front“ auf dem Wiener Trabrennplatz sein neues Regierungsprogramm. Die Kundgebung gehörte nicht zu den Veranstaltungen des damals in Wien stattfindenden Allgemeinen Deutschen Katholikentages, an dem die deutschen Katholiken wegen der mittlerweile von Hitler über Österreich verhängten Tausend-Mark-Sperre nicht teilnehmen konnten. Dollfuß sagte in seiner Rede ausdrücklich: „. . . wir wollen einen sozialen, christlichdeutschen Staat auf ständischer Grundlage mit einer starken autoritären Führung.“

Dollfuß berief sich dabei auf die Sozial-Enzyklika von Papst Pius XI., „Quadragesimo anno“, von 1931, in der der ständische Aufbau der Gesellschaft empfohlen worden war: „Das kleine Österreich wird beweisen, daß es als erstes Land der Welt bereit ist, dem Ruf der Enzyklika Folge zu leisten“, führte Dollfuß weiter aus.

Noch im September 1933 erfolgte die von Mussolini gewünschte Regierungsumbildung. Der Landbund wurde ausgeschaltet, der Heimwehrführer Emil Fey wurde Vizekanzler. Starhemberg löste die Partei des Heimatblockes auf und trat mit der Heimwehr geschlossen in die „Vaterländische Front“ ein, deren stellvertretender Führer er wurde.

Das wieder durch eine Notverordnung der Regierung am 28. Dezember 1933 in Kraft gesetzte Budget für 1934 enthielt bereits erhöhte Ausgabenansätze für Heer und Polizei. Trotzdem schob Dollfuß die gewaltsame Auseinandersetzung mit den Sozialdemokraten länger auf, als Mussolini und die Heimwehr es wünschten.

Im Oktober hatte der tschechoslowakische Ministerpräsident Eduard Benesch, so wie schon im Frühsommer der französische Ministerpräsident, für einen Modus vivendi mit den Sozialdemokraten bei Dollfuß interveniert und vor einem Bürgerkrieg gewarnt. Die österreichische Sozialdemokratie ihrerseits, die das Schicksal ihrer großen Bruderpartei im Deutschen Reich vor Augen hatte, scheute vor einem offenen Zusammenstoß mit der Staatsgewalt zurück. Schon im Mai 1933 hatte sie die seit 1918 intensiv vertretene Forderung nach dem Anschluß aus ihrem Programm gestrichen.

Der sozialdemokratische Parteitag im Oktober 1933 beschloß zwar den Kampf für den Fall einer Verfassungsänderung, der Einsetzung eines Regierungskommissärs für Wien, der Auflösung der Partei und der Gleichschaltung der freien Gewerkschaften. Die Parteiführer versuchten jedoch, das Eintreten dieser Situation durch weitgehende Zugeständnisse zu verhindern. Renner und Vertreter der als Pragmatiker bekannten niederösterreichischen Sozialdemokraten verhandelten mit christlichsozialen Abgeordneten. Renner entwarf ein Staatsnotstandsgesetz, das der Regierung auf fünf Jahre alle Vollmachten übertragen und nur den Schutz des Wahlrechts und die Koalitionsfreiheit garantieren sollte. Schließlich machte sogar Otto Bauer in der „Arbeiter-Zeitung" seine Bereitschaft zur Anerkennung berufsständischer Elemente in der neuen Verfassung kund. Auch dem christlichsozialen Unterhändler mit den sozialdemokratischen Führern, Emmerich Czermak, kamen diese im Dezember 1933 weit mehr entgegen, als Dollfuß erwartete. Als der Kanzler davon hörte, sagte er jedoch: „Das wäre sehr schön, aber wenn ich das tue, wirft mich Mussolini Hitler in den Rachen."

Wenige Wochen später, Mitte Jänner 1934, schickte Mussolini seinen Unterstaatssekretär im Außenamt, Fulvio Suvich, nach Wien, um die Einlösung der in Riccione gegebenen Versprechen zu fordern. Der Kanzler zögerte aber noch immer. Seine Rede vor dem christlichsozialen Parteitag am Tag nach dem Besuch von Suvich klang sogar eher nach Versöhnung. Die Heimwehr dagegen wartete nur auf den Moment des Zuschlagens. Schon am 10. Jänner hatte Starhemberg erklärt, daß die „restlose Niederwerfung des Austro-Bolschewismus, die Befreiung der Heimat von verantwortungslosen nationalsozialistischen Terroristen" zu den Zielen des österreichischen Heimatschutzes gehörten.

Nach dem Besuch von Suvich ließ die Heimwehr keinen Zweifel daran bestehen, daß sie jedenfalls zur Verwirklichung des erstgenannten Zieles entschlossen sei, und forcierte ihre Suche nach Waffen in ehemaligen Schutzbund-Lokalen und in sozialdemokratischen Parteiheimen.

Dollfuß ließ sie gewähren. Daß die fortgesetzten Provokationen der Sozialdemokraten durch die Heimwehr in Kürze zu einer gewaltsamen Reaktion führen mußten, war jedoch nicht nur ihm klar.

Anfang Februar 1934 rechneten die in Wien akkreditierten ausländischen Diplomaten bereits mit dem Bürgerkrieg. Die gemäßigten Politiker auf beiden Seiten versuchten noch im letzten Moment, das drohende Unheil abzuwenden.

Der Sozialdemokrat Oskar Helmer überbrachte am 7. Februar einem Freund des Kanzlers einen Kompromißvorschlag Renners, der eine enorme Stärkung der Position des Bundespräsidenten vorsah.

Am 9. Februar 1934 richtete der Christlichsoziale Leopold Kunschak im Wiener Gemeinderat einen eindringlichen Appell an die beiden großen Parteien, die Gegensätze zurückzustellen und gemeinsam gegen den Nationalsozialismus zu kampfen. Er schloß mit den bewegenden Worten: „Gebe Gott, daß die Wunden, die Geist und Seele unseres Volkes und seiner Führer zerreißen, bald geheilt sein werden, ehe Volk und Land an Gräbern steht und weint." Die nächste Zukunft gehörte jedoch nicht dem politisch notwendigen und vernünftigen Kompromiß, sondern der Gewalt. Am 11. Februar 1934 betonte Emil Fey bei einer Kundgebung der Heimwehr in Groß-Enzersdorf, daß der Bundeskanzler ganz auf ihrer Seite stünde. Fey rief aus: „Österreich über alles, weil wir vom Heimatschutz es wollen! . . . Wir werden morgen an die Arbeit gehen und ganze Arbeit leisten . . ."

Am selben 11. Februar, an dem die Polizei schon in ganz Österreich planmäßige Waffensuchen vornahm und Schutzbundführer verhaftete, teilte der Kommandant des oberösterreichischen Schutzbundes, Richard Bernaschek, den sozialdemokratischen Spitzenpolitikern Otto Bauer und Julius Deutsch mit, daß er entschlossen sei, das Zeichen zum bewaffneten Widerstand zu geben.

Am 12. Februar wurde das Linzer Parteiheim im Hotel Schiff nach Waffen durchsucht. Bernaschek setzte sich mit Schüssen zur Wehr. Das Signal zum Aufstand war gegeben. In Wien, Wiener Neustadt, Steyr, in St. Pölten, Kapfenberg, Bruck an der Mur und Wörgl, also vor allem in den Industriezentren des Landes, kam es zu bewaffneten Erhebungen des Schutzbundes, obwohl Renner und Körner noch jetzt vermitteln wollten und beim Bundespräsidenten und beim niederösterreichischen Landeshauptmann vorsprachen. Engelbert Dollfuß setzte das Heer und die Polizei zur Niederwerfung der Unruhen ein. Dabei kam es zu heftigen Gefechten, an denen sich die Heimwehr an der Seite der Exekutive beteiligte.

Die Regierung verfügte potentiell über mehr als 100.000 Mann (Bundesheer, Exekutive, Heimwehr und sonstige Kampfverbände), von denen insgesamt ca. 22.000 Mann in Wien zum Einsatz kamen, der Schutzbund theoretisch über ca. 40.000, doch griff nur ein Teil der etwa 17.000 Wiener Schutzbündler wirklich zu den Waffen. Die Parole „Generalstreik" wurde nur vom Wiener Elektrizitätswerk befolgt. Die Mehrheit der sozialdemokratischen Arbeiter war an sich nicht kämpferisch-revolutionär eingestellt. Seit 1927 in die Defensive gedrängt, hatte die Parteiführung in verstärktem Maß die „radikale Phrase" gebraucht, der sie jedoch nie die radikale Tat folgen ließ. Ihre Anhänger hatten sich so an diese Taktik gewöhnt, daß sich nun am Entscheidungskampf um die Existenz der Partei nur eine Minderheit beteiligte. Diese kämpfte allerdings tapfer und erbittert. Sie verschanzte sich in Parteiheimen und Gemeindebauten, wie z. B. im Karl-Marx-Hof in Wien, gegen den schließlich schwere Artillerie eingesetzt wurde. Über Wien, Niederösterreich, Oberösterreich, die Steiermark und über Kärnten wurde der Ausnahmezustand verhängt.

Nach zwei Tagen brach der Widerstand des Schutzbundes zusammen, die Übermacht der anderen Seite war zu groß. Am 14. Februar um 23 Uhr sicherte Dollfuß über den Rundfunk den noch Kämpfenden Pardon zu, wenn sie bis zum Mittag des nächsten Tages die Waffen niederlegten. Man kam dem Aufruf des Kanzlers nach. Am 15. Februar 1934 war der Bürgerkrieg zu Ende. Er hatte bei Exekutive und Heimwehr 47 Tote und

123 Verwundete gefordert, auf seiten allein des Wiener Schutzbundes nach neueren Forschungen weit über tausend Mann (Tote und Verwundete nicht gesondert angegeben), und unter der Zivilbevölkerung 109 Tote und 233 Verwundete.

Insgesamt neun Schutzbundführer, darunter der schwerverletzte Karl Münichreiter, wurden vom Standgericht zum Tode verurteilt und hingerichtet. Sechs Sozialdemokraten wurden vom Bundesheer erschossen. Die Sozialdemokratische Partei war schon während der Kämpfe aufgelöst, ihre prominenten Führer waren, soweit sie nicht wie Bauer und Deutsch in die Tschechoslowakei geflohen waren, verhaftet worden. Der sozialdemokratische Bürgermeister von Wien, Seitz, wurde durch einen Regierungskommissar ersetzt. Eineinhalb Jahrzehnte war die Stadt der Stolz und die Hochburg der österreichischen Sozialdemokratie gewesen und hatte mit ihrer von Julius Tandler aufgebauten Sozialfürsorge Weltruf erlangt.

Nach der Aufhebung des Ausnahmezustandes am 21. Februar wurden alle Sozialdemokraten in leitender Position beim Bund, in den Ländern und Gemeinden ihrer Posten enthoben, alle sozialdemokratischen Mandate annulliert, die parteipolitisch gebundenen Gewerkschaften aufgelöst und durch eine Einheitsgewerkschaft mit ernannten Funktionären ersetzt.

Damit waren alle Forderungen Mussolinis erfüllt. Der Lohn ließ nicht lange auf sich warten. Bereits am 17. März 1934 wurden die „Römischen Protokolle“ über die wirtschaftliche und politische Zusammenarbeit Österreichs, Italiens und Ungarns und die Aufrechterhaltung der Unabhängigkeit Österreichs unterzeichnet. Die Römischen Protokolle beseitigten jedoch keineswegs alle Sorgen der Regierung Dollfuß.

6.2 Der Ständestaat

Seit dem Erfolg des Buches des Wiener Rechtsphilosophen Othmar Spann „Der wahre Staat“ (1921), vor allem aber seit der Etablierung des Faschismus in Italien hatte der bereits im 19. Jahrhundert von der katholischen Romantik gepriesene Gedanke des „Ständestaates“ eine wachsende Zahl von Anhängern gewonnen. Die schon erwähnte Enzyklika Pius XI. „Quadragesimo anno“ von 1931 gab der Diskussion neuen Auftrieb, ja manche Katholiken Österreichs – an ihrer Spitze Dollfuß – sahen in ihr sogar die ausdrückliche päpstliche Sanktion des Ständestaates als solchen. Bei der Ausarbeitung einer Verfassung setzten sich vor allem die Vorschläge des schon genannten Sektionschefs im Bundeskanzleramt, Robert Hecht, für ein autoritäres System durch. Am 30. April 1934 wurde der Nationalrat, aus dem die Sozialdemokraten ausgeschlossen waren, zum letzten Male zusammengerufen. In dieser Sitzung bestätigte er gemeinsam mit dem Konkordat vom 5. Juni 1933 die Verfassung, die jedoch nicht mehr als demokratisch gewertet werden kann. Sie hat von Anfang an die Kritik der Staatsrechtslehrer hervorgerufen.

Die am 1. Mai 1934 feierlich proklamierte Verfassung beginnt mit folgender Präambel:

„Im Namen Gottes, des Allmächtigen, von dem alles Recht ausgeht, erhält das österreichische Volk für seinen christlichen, deutschen Bundesstaat diese Verfassung." Das Wort Republik kommt in ihr nicht mehr vor. Alle Macht des „ständisch geordneten Bundesstaates Österreich" lag bei der Bundesregierung. Umso komplizierter war die von der Verfassung vorgesehene Struktur der sogenannten „Organe der Bundesregierung". Als Übergangszeit für die Realisierung der verschiedenen ständisch zusammengesetzten Beiräte wurde eine Frist festgesetzt, die so lange dauerte wie der Ständestaat: bis zum 11. März 1938.

Einige Anzeichen sprechen allerdings dafür, daß sich auch im Ständestaat langsam und mühselig nach und nach wieder demokratische Tendenzen durchsetzten. Der „Christlichen Arbeiterbewegung" eines Leopold Kunschak war es zwar nicht gelungen, die Auflösung der freien Gewerkschaften und die Errichtung einer Einheitsgewerkschaft, des „Österreichischen Gewerkschaftsbundes", mit ernannten Funktionären zu verhindern. Kunschak hatte aber nach dem 12. Februar 1934 seinen „Christlichsozialen Arbeiterverein" in den „Bund der christlichen Arbeiter und Angestellten" umbenannt, ihn in eine kulturelle Organisation umgewandelt und als solche der Katholischen Aktion eingegliedert. Damit stand ihm im Gegensatz zu den in die Illegalität gedrängten Sozialdemokraten wenigstens eine offizielle Plattform zur Verfügung. Bei der Maifeier der Einheitsgewerkschaft am 9. Mai 1936 reihte sich übrigens Bundeskanzler Kurt Schuschnigg, der auf den 1934 ermordeten Bundeskanzler Dollfuß gefolgt war, demonstrativ in den Zug der über den Ring marschierenden christlichen Arbeiter und Angestellten ein. Die Heimwehr, die schon durch die Regierungsumbildung vom 17. Oktober 1935 an Einfluß verloren hatte, wurde weitgehend entmachtet. Starhemberg mußte aus der Regierung ausscheiden, Schuschnigg übernahm selbst die Führung der „Vaterländischen Front". Ende 1937 kündigte Sozialminister Resch Wahlen im Gewerkschaftsbund an, der damals immerhin schon 400.000 Mitglieder zählte. Ein Urteil darüber, ob sich der Ständestaat demokratisiert hätte, wäre ihm eine längere Dauer beschieden gewesen, ist durch die Entwicklung, die im sogenannten Anschluß endete, unmöglich gemacht worden.

6.3 Der nationalsozialistische Putsch vom Juli 1934

Nach der Machtergreifung Hitlers im Deutschen Reich hatte die Anschluß-Begeisterung in Österreich merklich nachgelassen, zumindest bei den Sozialdemokraten und Christlichsozialen. Das Schwergewicht der Anschlußbemühungen lag ab nun in Deutschland. Im Jahr 1933 spielte dabei der nationalsozialistische Landesinspekteur für Österreich, Theo Habicht, eine entscheidende Rolle. Von ihm ließ sich Hitler über die Lage in Österreich informieren. Habicht gewann im April 1933 den steirischen Heimatschutz für eine Kampfgemeinschaft mit den Nationalsozialisten. Im Frühsommer 1933 verhandelte Habicht mit Dollfuß. Dollfuß bot zwei Ministerposten, doch Habicht forderte Neuwahlen. Unmittelbar danach setzte eine nationalsozialistische Terrorwelle mit Sprengstoffanschlägen in einem bisher noch nie dagewesenen Ausmaß ein. Gegenmaßnahmen des Dollfuß-Regimes beantwortete Hitler mit der sogenannten Tausend-Mark-Sperre, die dem österreichischen Fremdenverkehr einen tödlichen Schlag versetzen sollte.

Auf dem Höhepunkt der Terrorwelle wurde schließlich nach einem Sprengstoffattentat auf christliche Turner in Niederösterreich, die dabei einen Toten und 29 Verletzte zu beklagen hatten, am 19.Juni 1933 die NSDAP verboten. Die Nationalsozialisten setzten jedoch ihre Schulungs- und Agitationsarbeit in der Illegalität fort.

Im Oktober 1933 wurden in Wöllersdorf bei Wiener Neustadt und in Kaisersteinbruch nach deutschem „Vorbild" die ersten politischen Anhaltelager errichtet, in die zunächst nur Nationalsozialisten und Kommunisten, nach dem Februar 1934 auch Sozialdemokraten gebracht wurden. Die Behandlung der Häftlinge war zwar unvergleichlich besser als jene in den deutschen Konzentrationslagern, trotzdem hat diese Institution das allgemeine Unbehagen in Österreich verstärkt. Das gleiche gilt von der Ausschaltung des Verfassungsgerichtshofes und von der Einführung von Standgerichten im November 1933.

Im Frühsommer des Jahres 1934 gab es wieder eine Reihe von Sprengstoffanschlägen von seiten der illegalen Nationalsozialisten. Sie bewirkten die Wiedereinführung der Todesstrafe im ordentlichen Verfahren. Am 12. Juli 1934 wurden Besitz und Verbreitung von Sprengstoff unter Todesstrafe gestellt.

Zu diesem Zeitpunkt liefen bereits Vorbereitungen für einen bewaffneten Aufstand der Nationalsozialisten. Die Pläne sahen unter anderem die Verhaftung des Ministerrates durch als Bundesheersoldaten getarnte Putschisten vor. Zur selben Zeit hätten Gruppen der SS-Standarte 89 in Zivil die Telefonzentrale und die Sendezentrale des Rundfunks, der RAVAG, zu besetzen gehabt. Die über das Radio durchgegebene Meldung vom Rücktritt der Regierung Dollfuß hätte das Zeichen für den Aufstand im ganzen Land sein sollen. Als Nachfolger war Anton Rintelen vorgesehen, vormals steirischer Landeshauptmann, 1932/33 Unterrichtsminister und nun österreichischer Gesandter in Rom.

Am 24. Juli 1934 lief die Aktion an. Sie mußte jedoch kurzfristig abgeblasen werden, da der Ministerrat im letzten Augenblick um einen Tag verschoben wurde. Noch am 24. wurden zwei Verschwörer, die Bundespräsident Miklas in seinem Urlaubsort Velden hätten verhaften sollen, von der Polizei festgenommen. Zwei weitere entzogen sich der Verhaftung durch Flucht in das Ausland. Mittlerweile war das geplante Attentat von mehreren Seiten verraten worden, darunter auch von nationalsozialistischen Kontaktpersonen. Nur eine einzige Meldung, die des Polizeiinspektors Dobler, gelangte über Heimwehrfunktionäre und zuletzt über Fey bis zu Dollfuß.

Der von Fey am 25. Juli um 11.54 Uhr informierte Bundeskanzler brach daraufhin die Sitzung des Ministerrats ab. Auf seine Weisung verließen die Minister das Kanzleramt. Nur die Staatssekretäre für Sicherkeit, Karwinsky und Zehner, sowie Fey blieben zurück. Trotz der seit 12.10 Uhr anlaufenden Sicherheitsmaßnahmen durch Polizei und Heimwehr gelang es um 12.53 Uhr 154 als Soldaten des Bundesheeres verkleideten bewaffneten Nationalsozialisten, unmittelbar nach der Wachablöse in den Hof des Bundeskanzleramtes einzufahren.

Die Überraschung war so groß, daß es ihnen innerhalb einer knappen Viertelstunde gelang, das ganze Gebäude zu besetzen, ohne auf Gegenwehr zu stoßen. Dollfuß traf auf der Suche nach einem Fluchtweg mit einer Gruppe der Eindringlinge unter der Führung Otto Planettas im Eckzimmer des Kanzleramtes zusammen. Er wurde dabei von einem Schuß Planettas und später noch durch einen zweiten, von einem nationalsozialistischen Polizisten abgegebenen in den Hals getroffen.

Die Putschisten, die Dollfuß bis zuletzt für Soldaten des Bundesheeres hielt, warfen noch dem tödlich Verletzten seine Politik und ihre Arbeitslosigkeit vor. Den später über seinen Wunsch herbeigeholten Fey bat er, Mussolini zu ersuchen, für seine Frau und seine Kinder zu sorgen. Schuschnigg solle die Regierung übernehmen. Über Drängen der Nationalsozialisten erklärte er schließlich, daß unnötiges Blutvergießen vermieden werden und Rintelen Frieden schließen solle. Ohne Priester und Arzt, nach denen er vergeblich verlangt hatte, ist er um 16.15 Uhr gestorben.

Zu diesem Zeitpunkt hatte die Polizei nach einem harten Kampf die ebenfalls von Nationalsozialisten besetzte Sendestation der RAVAG in der Johannesgasse bereits wieder in ihre Hand bekommen. Das Bundeskanzleramt war von verläßlichen Einheiten der Polizei, des Bundesheeres und der Heimwehr eingeschlossen. Ab 17.15 Uhr verhandelten Zehner und Neustädter-Stürmer mit den Aufständischen, denen freier Abzug bzw. freies Geleit bis an die deutsche Grenze zugesichert wurde, obwohl Neustädter-Stürmer vor Schluß der Verhandlungen bereits vom Tode Dollfuß' wußte.

Damit war die Bedingung der mittlerweile vom Bundespräsidenten ernannten Regierung Schuschnigg, daß kein Menschenleben zu beklagen sein dürfe, unerfüllbar, doch sah man keinen anderen Ausweg, einen blutigen Kampf um das Kanzleramt zu verhindern. Um 19.15 Uhr wurden seine Tore geöffnet, die Rebellen verhaftet und in die Marokkanerkaserne transportiert. Den Organisatoren gelang die Flucht in das Ausland.

Am 30. Juli waren die Kämpfe in ganz Österreich beendet. Mehr als 220 Tote und über 700 Verletzte waren die Opfer. Von den Aufständischen in ganz Österreich wurden 73 standgerichtlich zum Tode verurteilt. An 12 wurde das Urteil vollstreckt, auch an Planetta, der bis zuletzt beteuerte, Dollfuß unabsichtlich getroffen zu haben. Die übrigen wurden begnadigt. Rintelen, der in der Nacht vom 25. zum 26. Juli einen Selbstmordversuch unternommen hatte, wurde im März 1935 zu lebenslänglichem Kerker verurteilt. Zu dieser Zeit war bereits ein Großteil der nach dem Juliputsch verhafteten Nationalsozialisten begnadigt worden. Die letzten wurden am 16. Februar 1936 aus der Haft entlassen.

Die deutsche Reichsregierung hatte sich schon am 26. Juli 1934 in einer „amtlichen Mitteilung" von den österreichischen Nationalsozialisten distanziert und drohte den Aufständischen bei einer Flucht nach Deutschland sofortige Verhaftung an. Hitler tat das im Interesse seines internationalen Prestiges, vor allem aber infolge der Haltung Mussolinis, der noch am Abend des 25. Juli vier Divisionen am Brenner aufmarschieren ließ und zu einer bewaffneten Intervention zugunsten Österreichs entschlossen gewesen sein dürfte. Der deutsche Gesandte in Wien, Kurt Rieth, wurde abberufen. Theo Habicht wurde seiner Ämter enthoben und die „Österreichische Legion" „offiziell" aufgelöst. Der frühere Vizekanzler Hitlers, Franz von Papen, ein katholischer Nationalkonservativer, wurde zum außerordentlichen Gesandten in Wien ernannt. Er erhielt den Auftrag, freundschaftliche Beziehungen zu Österreich herzustellen. Papen forderte und erlangte im voraus Hitlers Zustimmung zu seiner Politik der Ausschaltung der Gewalt, der Annäherung. Wie sich bald zeigen sollte, war sie erfolgreich.

6.4 Das Ende der Ersten Republik

Bundeskanzler Kurt Schuschnigg setzte zunächst die Außenpolitik seines erschossenen Amtsvorgängers fort. Seine ersten offiziellen Auslandsbesuche galten Ungarn und Italien, den Partnern der „Römischen Protokolle". Schon am 21. August 1934 traf er in Florenz mit Mussolini zusammen, und man betonte die „völlige Übereinstimmung Italiens und Österreichs hinsichtlich der Richtlinien und Wege zur Aufrechterhaltung der Unabhängigkeit und Integrität Österreichs".

Deren Notwendigkeit wurde im September 1934 auch in einer gemeinsamen Deklaration Englands, Frankreichs und Italiens bestätigt. Auch die in jene Zeit fallende Annäherung zwischen Italien und Frankreich stärkte die österreichische Position.

Der geplante mitteleuropäische Nichteinmischungspakt kam allerdings infolge der Bedenken der Staaten der Kleinen Entente und des passiven Widerstandes des Deutschen Reiches nicht zustande. Der positive Ausgang der Saarabstimmung und die ohne Widerstand der Unterzeichner des Versailler Vertrages proklamierte Wiedereinführung der Allgemeinen Wehrpflicht verbesserten aber seit dem Frühjahr 1935 auch die außenpolitische Situation Hitlers beträchtlich. Er konnte daher damit rechnen, wenigstens in einigen Hauptstädten Europas für seine am 21. Mai 1935 vor dem Reichstag abgegebene Versicherung Glauben zu finden, daß Deutschland nicht beabsichtige, „sich in die inneren österreichischen Verhältnisse einzumengen", Österreich etwa zu annektieren oder anzuschließen.

Diese Erklärung lag ganz auf der Linie der Politik Papens, der seit seiner Entsendung nach Wien beharrlich daran arbeitete, die Lösung der österreichischen Frage dem Eingriff auswärtiger Mächte durch eine betont friedliebende Haltung Deutschlands zu entziehen und das Zusammenwachsen der beiden Länder auf evolutionärem Weg unter Ausschaltung der Gewalt zu fördern. Sie wurde auch in Österreich von höchster Stelle als Zeichen dafür gewertet, daß Deutschland wirklich eine Verständigung mit seinem kleinen Nachbarn anstrebe, der 1936 ebenfalls die Allgemeine Wehrpflicht eingeführt hatte.

Wenige Tage später erklärte Mussolini, daß „das italienisch-abessinische Problem jeden Tag in seiner furchtbarsten und radikalsten Form gestellt werden könne". Damit konfrontierte er die Weltöffentlichkeit mit einer Krise, die eine grundlegende Veränderung der internationalen Lage bewirken sollte. Der Abessinien-Krieg entfremdete Italien den in dieser Frage untereinander nicht ganz einigen Westmächten und führte es an die Seite Deutschlands.

In dieser neuen Situation erzielte Papen seinen ersten merkbaren Erfolg, den Abschluß eines deutsch-österreichischen Presseabkommens. Theoretisch für beide Partner gleich verpflichtend, bedeutete es in der Praxis nur für Österreich eine Beeinträchtigung der Freiheit der Presse. Papen hatte aber schon vorher den österreichischen Außenminister Egon Berger-Waldenegg mit seinen Vorstellungen von der Normalisierung der Beziehungen zwischen dem Deutschen Reich und Österreich bekannt gemacht, wobei er bereits einen persönlichen Entwurf eines Freundschaftsabkommens vorlegte. Die österreichischen Diplomaten ließen sich mit seiner Prüfung Zeit. Mittlerweile festigte aber der Ausgang der Abessinienkrise die deutsche Verhandlungsposition so sehr, daß Papen im Spätherbst 1935 seinerseits kein Interesse an der Weiterführung der Verhandlungen zeigte. Nach der Besetzung des Rheinlandes durch deutsche Truppen im Frühjahr 1936 erfuhren Schuschnigg und Berger-Waldenegg bei einem Besuch in Rom von Mussolini, daß Italien derzeit anderwärts gebunden sei und Österreich „auf eigenen Füßen stehen müsse".

In der Erkenntnis, den Schutz des Duce endgültig verloren zu haben, nahm Schuschnigg durch den Vizedirektor der Präsidentschaftskanzlei, Guido Schmidt, der sein besonderes Vertrauen genoß, im Mai 1936 seinerseits die Verhandlungen mit Papen über einen „Modus vivendi" wieder auf. Sie wurden in den nächsten Wochen streng geheim geführt und endeten mit der Unterzeichnung des „Gentleman's-Agreement" am 11. Juli 1936.

Es enthielt die Anerkennung der vollen Souveränität Österreichs durch die deutsche Reichsregierung sowie die Erklärung beider Regierungen, daß sie die Innenpolitik des anderen Landes einschließlich der Frage des österreichischen Nationalsozialismus als eine innere Angelegenheit des anderen betrachteten, auf die sie weder direkt noch indirekt einwirken würden. Die österreichische Bundesregierung verpflichtete sich dafür, ihre Politik im allgemeinen sowie insbesondere gegenüber dem Deutschen Reich grundsätzlich auf der Linie zu halten, die der Tatsache, „daß Österreich sich als deutscher Staat bekennt", entspreche. Damit verzichtete Österreich letztlich auf eine eigenständige Außenpolitik.

Obwohl das Abkommen allen Einsichtigen klarmachte, wohin der mit ihm beschrittene Weg führen mußte, wurde es von den sogenannten „Katholisch-Nationalen" zum Teil geradezu enthusiastisch begrüßt. Aus ihrem Kreis kamen allerdings auch jene Männer, die Schuschnigg aufgrund der nichtveröffentlichten Durchführungsbestimmungen des Abkommens in seine Regierung aufnahm. Edmund Glaise-Horstenau sollte als Minister ohne Portefeuille für die nationale Befriedung Österreichs sorgen, während Guido Schmidt Staatssekretär für Äußere Angelegenheiten wurde. Weit weniger positiv als die „Katholisch-Nationalen" nahmen die österreichischen Nationalsozialisten das Juli-Abkommen auf. Ein Teil von ihnen glaubte sogar, Hitler habe damit auf den Anschluß verzichtet, und fühlte sich verraten. Hitler sah sich daher veranlaßt, einer Gruppe österreichischer Nationalsozialisten bereits am 16. Juli folgendes zu erklären: „Ich brauche noch zwei Jahre, um Politik machen zu können. So lange hat die Partei in Österreich Disziplin zu bewahren . . . Ich werde euch nicht verlassen."

Im Juni 1937 wurde innerhalb der „Vaterländischen Front" für die bisher „abseits stehende nationale Opposition" ein eigenes „Volkspolitisches Referat" geschaffen, mit dessen Leitung der vormalige großdeutsche Innsbrucker Bürgermeister Dr. Pembaur betraut wurde. Der aus dem katholisch-nationalen Lager kommende Wiener Rechtsanwalt Arthur Seyß-Inquart wurde zum Staatsrat ernannt.

Alle diese Zugeständnisse konnten jedoch Hitler nicht zur Aufgabe seiner Pläne bringen, von denen er bereits sehr konkrete Vorstellungen hatte. Am 5. November 1937 unterrichtete er den deutschen Generalstab über seine Pläne. Er führte von Oberst Hoßbach protokollierte militärische und wirtschaftliche Gründe für die baldige Niederwerfung der Tschechoslowakei und Österreichs an, unter anderem den Gewinn von Nahrungsmitteln für fünf bis sechs Millionen Menschen.

Um die Jahreswende 1937/38 verschärften sich infolge der schwachen außenpolitischen Situation Österreichs die Spannungen im Verhältnis zum deutschen Nachbarn beträchtlich. Der österreichische Gesandte in Berlin war der Meinung, daß eine Vereinigung Österreichs mit dem Deutschen Reich unmittelbar bevorstehe. Bereits am 1. Jänner 1938 war der österreichische Generalstabschef Alfred Jansa, der für den Fall eines deutschen Einmarsches einen Verteidigungsplan ausgearbeitet hatte, über deutschen Druck von seinem Posten entfernt worden. Anläßlich einer Razzia, die die Polizei Ende Jänner im Wiener Büro des „Siebenerausschusses" vornahm, wurde ein von Dr. Franz Tavs ausgearbeiteter „Aktionsplan" für 1938 gefunden, in dem von der gewaltsamen Absetzung Schuschniggs im nächsten Frühjahr die Rede war.

Die schwierige Lage versuchte Schuschnigg durch Kontakte mit Papen zu verbessern. Dieser bot ihm die Vermittlung einer persönlichen Aussprache mit Hitler an, was der Bundeskanzler jedoch zunächst ablehnte. Schließlich sah er in ihr doch den besten Weg, eine schriftliche Bekräftigung zu erreichen, daß das Deutsche Reich die Unabhängigkeit Österreichs anerkenne und sich nicht in dessen innere Angelegenheiten einmischen werde.

Zu diesem Zweck traf er sich am 11. Februar 1938 mit Seyß-Inquart und dem Generalsekretär der „Vaterländischen Front", Guido Zernatto. Zernatto hatte „Punktationen" ausgearbeitet, die das Maximum an Konzessionen enthielten, zu dem Schuschnigg bereit war. Seyß-Inquart leitete den Entwurf Zernattos sofort nach Berlin weiter, sodaß Hitler, als er am 12. Februar in Berchtesgaden Schuschnigg empfing, auch die letzte österreichische Rückzugslinie kannte.

Hitler war bei dieser Zusammenkunft von den Spitzen der am 4. Februar nach seinen Wünschen ausgewechselten Führung der Deutschen Wehrmacht umgeben. Seine Taktik gegenüber Schuschnigg war Einschüchterung und Erpressung. In seinen stundenlangen, zeitweise im Brüllton vorgebrachten Haßtiraden gegen den „ununterbrochenen Volksverrat" in der österreichischen Geschichte der Vergangenheit und Gegenwart drohte er schließlich mit dem Einmarsch deutscher Truppen, der SA und der Österreichischen Legion in Österreich.

Nach solchen Präludien kam es zur Unterzeichnung des „Protokolls über die Besprechung am 12. Februar 1938" durch den unter schwerstem Druck stehenden österreichischen Bundeskanzler und Hitler. Es enthielt folgende Forderungen Hitlers: die Anerkennung des Nationalsozialismus in Österreich als eine der Vaterländischen Front völlig gleichberechtigte Bewegung, die Verpflichtung Schuschniggs, Seyß-Inquart als Innenminister und Hans Fischböck als Finanzminister in seine Regierung aufzunehmen, alle verhafteten österreichischen Offiziere und Beamten wieder einzustellen. Weiters waren ein regelmäßiger Austausch von Offizieren der beiden Armeen vorgesehen sowie die Angleichung des österreichischen Wirtschaftssystems an das deutsche. Schuschnigg sollte bis zum 15. Februar verbindlichen Bescheid geben, ob diese Forderungen von Österreich angenommen würden. Die Entscheidung der führenden österreichischen Politiker über das Berchtesgadener Protokoll fiel in der Nacht vom 14. zum 15. Februar in den Amtsräumen des Bundespräsidenten Miklas. Dieser hatte die größten Bedenken gegen das Protokoll und vor allem gegen die Aufnahme Seyß-Inquarts in die Regierung geäußert, dann aber aus Furcht vor einem deutschen Einmarsch ebenfalls nachgegeben. Daher wurde am 15. Februar um 2 Uhr früh das neue Kabinett mit Seyß-Inquart als Innen- und Sicherheitsminister gebildet.

Wenn die österreichische Öffentlichkeit auch nicht über das ganze Ausmaß der Berchtesgadener Abmachungen informiert wurde und einige Zeitungen sogar von einem „Erfolg" Schuschniggs sprachen, so war doch allen Einsichtigen klar, daß nun Österreichs Existenz unmittelbar gefährdet war.

Dr. Otto Habsburg reagierte auf die Nachricht von Berchtesgaden schon am 17. Februar mit einem Brief an Schuschnigg, in dem er „von der Bedrohung der verehrenswerten übernationalen österreichischen Idee durch den Nationalsozialismus" spricht und den Kanzler vor Männern in seiner nächsten Umgebung warnt, die mit dem Nationalsozialismus sympathisierten. Er rät Schuschnigg dringend zu einer Versöhnung mit der Linken, die die sicherste Stütze Österreichs sei. Der Kanzler solle Deutschland keinerlei Konzession machen und ihm sein Amt abtreten, wenn er dem Druck der Deutschen nicht mehr standhalten könne.

Schuschnigg, der seit 1935 enge Kontakte zu Otto Habsburg gepflegt hatte – in den letzten Jahren war diesem von mehr als 1000 österreichischen Gemeinden die Ehrenbürgerschaft verliehen worden –, antwortete, daß er das Angebot nicht annehmen könne, da es den Kriegsfall für Deutschland und andere Nachbarstaaten bedeuten würde.

Angesichts des nach Berchtesgaden steigenden Drucks von innen und außen antwortete Schuschnigg am 24. Februar vor dem Bundestag direkt auf die Forderungen und Anschuldigungen Hitlers. Die Regierung erachte es als ihre erste und selbstverständliche Pflicht, mit allen ihren Kräften die unversehrte Freiheit und Unabhängigkeit des österreichischen Vaterlandes zu erhalten. Die Devise sei: „Rot-weiß-rot bis in den Tod!"

Außerdem entschloß sich Schuschnigg, einem Rat zu folgen, der Ende Februar mehrmals in der französischen Presse aufgetaucht und auch vom französischen Gesandten in Wien, Puaux, lanciert worden war. Er gab den Auftrag zur geheimen Vorbereitung einer Volksabstimmung, die am ersten Sonntag nach ihrer Verkündigung durchgeführt werden sollte. Wahlberechtigt sollten alle Österreicher über 24 Jahre sein. An die Anlegung von Wählerlisten wurde in Anbetracht der kurzen Zeit gar nicht gedacht.

Zur Vorbereitung dieser Wahl gehörte auch die Aufnahme von Kontakten mit den Sozialdemokraten, auf deren Stimmen Schuschnigg nun angewiesen war. Vertrauensmänner der illegalen Freien Gewerkschaften hatten ihm schon im April 1937 eine Denkschrift überreicht, in der sie sich für die Unabhängigkeit Österreichs aussprachen. Es kam daher nach einer neuerlichen Kundgebung von seiten der Sozialdemokraten, daß sie in dieser schweren Zeit trotz allem zur Zusammenarbeit bereit seien, am 3. März zu einer Aussprache des Kanzlers mit einigen Sozialdemokraten unter Führung des Gewerkschaftlers Hillegeist.

Die Sozialdemokraten erklärten, daß sie Schuschnigg unter folgenden Bedingungen unterstützen würden: gleiche Betätigungsfreiheit wie die Nationalsozialisten, freie Wahlen im Gewerkschaftsbund, Herausgabe einer Tageszeitung und Garantie eines sozialen Kurses. Die Verhandlungen über diese Forderungen wurden in der Nacht vom 10. zum 11. März erfolgreich abgeschlossen. Am Abend des 11. März sollte ein Mitglied der „Revolutionären Sozialisten" über den Rundfunk die österreichischen Arbeiter auffordern, für Schuschnigg zu stimmen.

Mittlerweile war die für den 13. März angesetzte Volksabstimmung von Schuschnigg in einer großen und mitreißenden Rede am Abend des 9. März in Innsbruck verkündet worden. Der Kanzler forderte die Österreicher auf, für ein freies und deutsches, unabhängiges Österreich zu stimmen: „Tiroler, Österreicher, sagt ja zu Tirol, sagt ja zu Österreich!“

7. Ein Teil des Dritten Reiches

März 1938: „Anschluß"- Szenen in Innsbruck, Mühlau, Wien

7.1 Der „Anschluß"

Die plötzliche Ankündigung einer Volksabstimmung war eine Verzweiflungstat Schuschniggs. Sie sollte Österreich und die Welt aufrütteln, vor allem aber sollte durch sie Hitler überrumpelt werden, dem Schuschnigg künftig durch ein Votum des Volkes gestärkt entgegentreten wollte. Die Geheimhaltung des Planes bis zu seiner Bekanntmachung war jedoch nicht geglückt. Die österreichischen Nationalsozialisten stellten sich sofort auf den Standpunkt, die Volksabstimmung sei eine schwere Verletzung des Berchtesgadener Abkommens und zudem verfassungswidrig. Sie sprachen sich daher von Anfang an zumindest für eine Verschiebung der Wahl aus. Seyß-Inquart agierte auf der gleichen Linie, wenn er auch schließlich am Abend des 10. März einer Volksabstimmung grundsätzlich zustimmte.

Zu diesem Zeitpunkt war aber in Berlin bereits die Entscheidung gefallen. Hitler hatte den Befehl zur Ausarbeitung von Plänen für einen sofortigen Einmarsch in Österreich und den Mobilmachungsbefehl für die 8. Armee gegeben. Die Volksabstimmung sollte mit allen Mitteln verhindert werden. Ein Demissionsschreiben Schuschniggs und der Text der Widerrufung der Abstimmung über den Rundfunk wurden entworfen. Glaise-Horstenau, der von einer Vortragsreise durch Deutschland zur Berichterstattung und Befehlsentgegennahme in die Reichskanzlei berufen worden war, weigerte sich allerdings, diese Dokumente mit nach Wien zu nehmen.

Am Morgen des 11. März wurde dann der Ernst der Lage den Politikern in Wien völlig klar. Glaise-Horstenau und Seyß-Inquart überbrachten Schuschnigg das Ultimatum Hitlers, die Volksabstimmung innerhalb einer Stunde abzusetzen, sie um einige Wochen zu verschieben und sodann nach dem Vorbild der Saarabstimmung durchzuführen. Schuschnigg weigerte sich zunächst.

Dem für 14 Uhr einberufenen Ministerrat legte er drei Verhaltensmöglichkeiten zur Entscheidung vor: 1. Ablehnung des Ultimatums mit gleichzeitiger Kündigung des Berchtesgadener Abkommens; 2. Annahme des Ultimatums und Rücktritt Schuschniggs; 3. Annahme der Berliner Forderungen bezüglich der Durchführung der Abstimmung, aber nicht deren Verschiebung.

Obwohl sich der Ministerrat für den dritten Weg entschieden hatte, entschloß sich Schuschnigg während eines nachfolgenden Gesprächs mit dem Bundespräsidenten zur Absage der Volksabstimmung. Zu diesem Zeitpunkt war aber der von Hitler und Göring festgesetzte Termin für das Ultimatum bereits abgelaufen. Da sie von der von Seyß-Inquart konzedierten Fristverlängerung von vier Stunden nicht „offiziell" informiert worden waren, gab Hitler bereits am Mittag des 11. März den ersten Befehl für den spätestens am nächsten Tag geplanten Einmarsch der deutschen Truppen in Österreich.

Nach dem Eintreffen der Nachricht von der Verschiebung der Volksabstimmung war es dann Göring, der Hitler dazu brachte, sich mit diesem Erfolg nicht mehr zufriedenzugeben. Die deutsche Reichsregierung sei durch Schuschniggs Bruch des Berchtesgadener Abkommens gezwungen, seine Demission zu verlangen. Göring gab diese neue Forderung persönlich telephonisch an Seyß-Inquart durch. Seyß-Inquart müsse bis spätestens 17 Uhr eine nationalsozialistische Regierung bilden. Wenn das aber nicht gelänge, so würden die deutschen Truppen sofort einmarschieren. Angesichts dieser neuen Erpressung kapitulierte Schuschnigg und bot dem Bundespräsidenten seinen Rücktritt an. Er wurde jedoch von Miklas gebeten, bis zur Bestellung eines Nachfolgers im Amt zu bleiben, der jedoch nach dem Willen des Präsidenten keinesfalls Seyß-Inquart sein sollte.

Die Nachrichten vom Widerstand Miklas' veranlaßten Göring zum Befehl an Seyß-Inquart, dem Bundespräsidenten mitzuteilen, der Einmarsch der deutschen Truppen noch in derselben Nacht könne nur dann verhindert werden, wenn Seyß-Inquart bis spätestens 19.30 Uhr mit der Regierungsbildung betraut sei. Miklas und Schuschnigg standen somit vor der Entscheidung, nachzugeben oder sich mit Waffengewalt zu wehren. Sie wußten, daß das österreichische Bundesheer zwar kampfbereit, aber schlecht ausgerüstet war und nur Munition für zwei starke Kampftage besaß. Sie mußten weiters zur Kenntnis nehmen, daß Österreich von auswärts keine Hilfe erwarten konnte, da Österreich keinen konsequenten Kontakt mit den Staaten Westeuropas gepflegt hatte und die Westmächte ihr Eingreifen von der Haltung Italiens abhängig gemacht hatten, Italien seinerseits aber bereits durch Hitlers Versprechen der Respektierung der Brenner-Grenze für das deutsche Vorgehen gewonnen worden war.

Widerstand schien daher nur im Hinblick auf eine Zukunft nach und ohne Hitler sinnvoll. Daß sie den österreichischen Politikern gerade damals nur schwer vorstellbar war und sie vor allem den in ihren Augen hoffnungslosen blutigen Kampf vermeiden wollten, gab schließlich den Ausschlag.

Um 19.25 Uhr teilte Schuschnigg den Österreichern über die RAVAG folgendes mit:

„Der heutige Tag hat uns vor eine schwere und entscheidende Situation gestellt. Ich bin beauftragt, dem österreichischen Volk über die Ereignisse des Tages zu berichten. Die deutsche Reichsregierung hat dem Herrn Bundespräsidenten ein befristetes Ultimatum gestellt, nach welchem der Herr Bundespräsident einen ihm vorgeschlagenen Kandidaten zum Bundeskanzler zu ernennen und die Regierung nach den Vorschlägen der deutschen Reichsregierung zu bestellen hätte, widrigenfalls der Einmarsch deutscher Truppen für diese Stunde in Aussicht genommen würde. Ich stelle fest vor der Welt, daß die Nachrichten, die in Österreich verbreitet wurden, daß Arbeiterunruhen gewesen seien, daß die Regierung nicht Herrin der Lage wäre und aus eigenem nicht hätte Ordnung machen können, von A bis Z erfunden sind. Der Herr Bundespräsident beauftragt mich, dem österreichischen Volk mitzuteilen, daß wir der Gewalt weichen. Wir haben, weil wir um keinen Preis, auch in dieser ernsten Stunde nicht, deutsches Blut zu vergießen gesonnen sind, unserer Wehrmacht den Auftrag gegeben, für den Fall, daß der Einmarsch durchgeführt wird – ohne wesentlichen Widerstand – ohne Widerstand sich zurückzuziehen und die Entscheidungen der nächsten Stunden abzuwarten. Der Herr Bundespräsident hat den General der Infanterie Schilhawsky, den Generaltruppeninspektor, mit der Führung der Wehrmacht betraut. Durch ihn werden weitere Weisungen an die Wehrmacht ergehen. So verabschiede ich mich in dieser Stunde von dem österreichischen Volke mit einem deutschen Wort und einem Herzenswunsch: Gott schütze Österreich!"

Zur selben Zeit verbreitete der deutsche Rundfunk laufend Nachrichten über „blutige Kommunistenunruhen in ganz Österreich". In Kärnten und der Steiermark ergriffen die Nationalsozialisten bereits auf Weisung Kepplers die Macht. Um 20.20 Uhr gab Seyß-Inquart ebenfalls über die RAVAG bekannt, daß er sich als Innen- und Sicherheitsminister nach wie vor im Amt befinde. Ein Widerstand gegen das allfällig einrückende deutsche Heer komme auf gar keinen Fall in Frage. Kurze Zeit später unterzeichnete Hitler die Weisung Nr. 2 der „Operation Otto" (Deckname für die militärische Besetzung Österreichs), da die österreichische Regierung das deutsche Ultimatum nicht erfüllt habe: „Um weiteres Blutvergießen in den österreichischen Städten zu vermeiden, wird der Einmarsch der deutschen Wehrmacht in Österreich gemäß der Weisung Nr. 1 bei Tagesanbruch am 12. März beginnen."

Göring forderte zum gleichen Zeitpunkt von Seyß-Inquart die telegraphische Bitte der provisorischen österreichischen Regierung um Entsendung der deutschen Truppen zur Wiederherstellung von Ruhe und Ordnung. Seyß-Inquart weigerte sich jedoch, ein derartiges Telegramm abzusenden. Es wurde daher nur von Keppler telephonisch durchgegeben.

Miklas gab erst nach, als der deutsche Rundfunk meldete, Seyß-Inquart habe um das Eingreifen deutscher Truppen ersucht. Um Mitternacht unterzeichnete er die Ernennung Seyß-Inquarts zum Bundeskanzler und wenig später auch die Liste der neuen Kabinettsmitglieder. Sie waren mehrheitlich sogenannte „Katholisch-" oder „Betont-Nationale", die trotz aller großdeutschen Sympathien Österreich eine Sonderstellung zu wahren wünschten. Der neue Bundeskanzler ließ seinen Amtsvorgänger Schuschnigg, der eine Flucht entschieden ablehnte, im Morgengrauen nach Hause bringen. Schuschnigg wurde dort zunächst zehn Wochen in Hausarrest gehalten, dann folgten sieben Jahre „Schutzhaft" im Gefängnis und KZ.

Am frühen Morgen des 12. März überschritten die ersten deutschen Truppeneinheiten die österreichischen Grenzen. Sie wurden vom Jubel weiter Bevölkerungskreise empfangen, zum Teil sogar mit Blumen überschüttet. Dieser Empfang veranlaßte Hitler, persönlich nach Österreich zu kommen, „um das Grab seiner Eltern zu besuchen".

Die ihn in seiner oberösterreichischen Heimat umbrandende Begeisterung und das sichere Bewußtsein von der Nichteinmischung der Großmächte bewogen ihn dazu, noch am 13. März in Linz das österreichische Bundesheer der deutschen Wehrmacht einzuverleiben und die Ausarbeitung eines Anschlußgesetzes anzuordnen. Es wurde schon am selben Nachmittag Seyß-Inquart und Miklas zur Unterschrift vorgelegt. Der Bundespräsident verweigerte die Unterzeichnung. Zuletzt erklärte er sich an der Ausübung seines Amtes gehindert und übertrug gemäß Artikel 77 des Bundesverfassungsgesetzes seine Funktionen dem Bundeskanzler. Daraufhin unterzeichnete Seyß-Inquart das „Gesetz über die Wiedervereinigung Österreichs mit dem Deutschen Reich“. Dem Ministerrat teilte er dieses Faktum lediglich mit und ließ den Text des Gesetzes ohne Verlesung im Ministerrat sofort veröffentlichen. Die ersten Artikel lauteten:

„1. Österreich ist ein Land des Deutschen Reiches; 2. Sonntag, den 10. April 1938, findet eine freie und geheime Volksabstimmung der über 20 Jahre alten Männer und Frauen Österreichs über die Wiedervereinigung mit dem Deutschen Reich statt.“

Ebenfalls noch am 13. März ernannte Hitler seinen Spezialisten für Volksabstimmungen, den Gauleiter der Saarpfalz Joseph Bürckel, zum kommissarischen Leiter der NSDAP in Österreich. Am 15. März wurde Hitler auf dem Heldenplatz in Wien von ungefähr 200.000 Wienern, einem Zehntel der Bevölkerung der Stadt, begeistert begrüßt und gefeiert. Die Weltöffentlichkeit hat diese Ereignisse in Bildern festgehalten, die den

Man sah nur jene, die jubelten

Österreichern bis in die Gegenwart hinein vorgehalten werden und immer wieder die Frage provozieren: Wie war das möglich? Es gibt auf sie keine undifferenzierte Antwort. Folgendes steht zwar fest: 1. Der Nationalsozialismus konnte vor 1938 nie mehr als höchstens 25 Prozent der Österreicher zu seinen Anhängern zählen, d. h. er ist zahlenmäßig nur wenig über das Potential der früheren Großdeutschen hinausgelangt. 2. Seine Gegner, von kleinen Jugend- und Arbeitergruppen abgesehen, sind in jenen Märztagen nicht auf die Straße gegangen. Sie wurden daher ebensowenig photographiert wie die Tausenden von Österreichern, die schon unmittelbar nach dem Einmarsch der deutschen Truppen von der Gestapo verhaftet worden sind. Trotzdem war im März und April 1938 zweifellos viel echte Zustimmung zum Anschluß vorhanden. Der alte, gerade unter den Bürgern und Intellektuellen so starke Wunsch nach ihm war 1919 am Veto der Alliierten gescheitert. Jetzt erwachte er noch ein letztes Mal. Er ist auch ein Grund dafür, daß die österreichischen Bischöfe unter der Führung des Wiener Kardinals Innitzer ebenso wie der Evangelische Oberkirchenrat Österreichs und der frühere sozialdemokratische Staatskanzler Renner öffentlich erklärten, sie würden am 10. April mit Ja stimmen. Vor allem aber wollten die Kirchen damit Freiheit für die Seelsorge erkaufen, und Renner erhoffte sich laut sozialdemokratischer Version die Rettung seines Freundes Danneberg. Dennoch steht mittlerweile fest, daß Renner seine öffentliche Zustimmung freiwillig abgegeben hat. Außerdem war in dem von politischen und wirtschaftlichen Kri-

Die Propaganda des Dritten Reiches versuchte alle anzusprechen

sen so schwer erschütterten kleinen Land mit mehr als 300.000 Arbeitslosen ein großes Bedürfnis nach wirtschaftlichem Aufschwung vorhanden.

Die Wahlkampagne für den 10. April wurde mit einer in Österreich bis dahin unbekannten Intensität geführt. Eine wahre Flut nationalsozialistischer Propaganda ergoß sich über das Land. Sie wurde von Gesten der Hilfe für die „hungernde" Bevölkerung durch die Entsendung von Hilfszügen der NSV (Nationalsozialistische Volkswohlfahrt) begleitet. Zur selben Zeit wurden die beachtlichen Goldreserven der Österreichischen Nationalbank nach Berlin transportiert, kauften die „deutschen Brüder" die Warenlager österreichischer Geschäfte mit der schon am 17. März in Österreich eingeführten Reichsmark aus. Der „Anschluß" wurde in Politik, Heer und Wirtschaft innerhalb weniger Tage durchgeführt. Mit der raschen Angleichung der Gesetzgebung und Verwaltung wurde ebenfalls noch vor dem 10. April Bürckel betraut. An diesem Tag gingen von 4,474.138 wahlberechtigten Österreichern 4,460.778 zur Wahl. 4,443.208 stimmten für den „Anschluß", 11.807 gegen ihn, und 5763 gaben ungültige Stimmzettel ab. Damit hat Österreich mit 99,73 Prozent Ja-Stimmen das sogenannte „Altreich" um 0,71 Prozent übertroffen. Die Propaganda und die Abstimmungsmethoden, der offene und geheime Terror hatten ihr Ziel erreicht. Diese Zahlen haben das Ausland in seiner Meinung bestärkt, daß es sich im Fall Österreich um eine „Familienangelegenheit" handle, in die sich einzumischen nicht am Platze sei. Daher haben bei der Herbstsession des Völkerbundes, die bereits unter dem Eindruck der deutschen Besetzung des Sudetenlandes stand, nur Chile, China, Mexiko, die Republik Spanien und die Sowjetunion gegen den „Anschluß" protestiert. Aber nur Mexiko legte ein offizielles Veto ein. Der Untergang Österreichs schien endgültig zu sein.

7.2 Der Widerstand

Den ersten Aktionen der deutschen Herrschaft in Österreich – Eingliederung des Bundesheeres in die deutsche Wehrmacht und Anschlußgesetz – folgten rasch weitere. Schon am 15. März ordnete Hitler die Einführung des Reichsflaggengesetzes, des Gesetzes gegen die Neubildung von Parteien, des Gesetzes zur Sicherung der Einheit von Partei und Staat, des Reichsstatthaltergesetzes an.

Zwei Tage später wurden durch das Gesetz über den Neuaufbau des Reiches der Österreichische Bundestag, die Bundesversammlung und die Landtage aufgehoben. Die Hoheitsrechte des Bundes und der Länder gingen auf das Reich über.

Am selben Tag erging die Verordnung zur Übernahme der Österreichischen Nationalbank durch die Reichsbank, die rechtliche Grundlage für den unmittelbaren Abtransport von 90.000 kg gemünztem und ungemünztem Gold im Wert von 540 Millionen Schilling und 60 Millionen Schilling in Valuten aus dem „armen" Österreich nach

Berlin. Die gleichzeitig anbefohlene Währungsumstellung wurde mit einem Umrechnungskurs von 1 RM = 1,5 S durchgeführt. Er erleichterte den systematischen Aufkauf österreichischer Betriebe und Anteile durch deutsche Firmen und Gesellschaften beträchtlich. Auf diese Weise sank der österreichische Anteil am Stammkapital der größten österreichischen Industriebetriebe bis 1943 auf 3,2 Prozent gegenüber 75,7 Prozent deutscher Anteile.

Die bereits 1938 völlig auf Aufrüstung umgestellte deutsche Wirtschaftspolitik hat die Industrie- und Energieproduktion auch in Österreich wesentlich erhöht. Allein die Erzeugung von Strom durch Wasserkraft ist um 68 Prozent gestiegen, die 1938 erst in den Anfängen befindliche Erdölgewinnung in Zistersdorf wurde entscheidend gefördert, und die nach österreichischen Plänen aufgebauten früheren Hermann-Göring-Werke in Linz waren nach 1945 eine wichtige neue Basis für die österreichische Schwerindustrie.

In den genannten Wirtschaftszweigen, in der chemischen Industrie und auch in dem aus strategischen Gründen forcierten Straßenbau wurden so viele Arbeiter benötigt, daß die Zahl der österreichischen Arbeitslosen schon 1938 rapid sank.

Nach Ausbruch des Krieges wurde dann auch in Österreich die Frauenarbeit immer stärker forciert. Im Jänner 1943 wurde schließlich wie im ganzen Deutschen Reich die Arbeitsdienstpflicht für Männer vom 16. bis zum 65., für Frauen vom 17. bis zum 45. Lebensjahr eingeführt.

Parallel mit der restlosen Ausschöpfung der österreichischen Arbeitskraft ging die deutsche Aneignung der Produktionsmittel: 1944 befanden sich 83 Prozent der österreichischen Banken, im Bergbau und in der chemischen Industrie über 70 Prozent, im Maschinenbau über 60 Prozent, im Bau- und Transportwesen über 50 Prozent der Betriebe in deutschem Besitz.

Mittlerweile war in Justiz und Verwaltung durch eine Flut von Verordnungen die totale Angleichung erzielt, die österreichische Eigenständigkeit beseitigt worden; Bürckel hatte seine Aufgabe erfüllt. Er wurde durch den Reichsjugendführer Baldur von Schirach ersetzt. Auch die politischen und administrativen Schlüsselpositionen wurden mit Deutschen besetzt.

Schon 1938 waren die Nürnberger Rassengesetze, die deutschen Wehrgesetze, die obligatorische Zivilehe, das Beamtengesetz, das Erbhofgesetz und die Rechtsfahrordnung eingeführt worden. 1939 folgten das deutsche Sozialversicherungsrecht und die Kirchenbeitragspflicht, mit der die Nationalsozialisten die Kirche in ihrer Existenzgrundlage treffen wollten, da man sich davon eine Welle von Austritten erhoffte. Ab 30. August 1939 galt auch in Österreich die Kriegswirtschaftsordnung. Völlig beseitigt wurde jede Bindung der früheren österreichischen Bundesländer an Wien.

Ende Oktober 1938 wurden dem Gau Niederdonau 16 und dem Gau Oberdonau fünf sudetendeutsche Bezirke einverleibt. Das Gesetz über den Aufbau der Verwaltung in der Ostmark vom 14. April 1939 unterstellte die Gaue der Ostmark direkt den zentralen

Reichsbehörden: „Österreich schied als Zwischenglied zwischen den Ländern der Ostmark und dem Reich aus."

Sein historischer Name wurde ausgetilgt. Aber selbst die Bezeichnung „Ostmark" erinnerte die deutschen Machthaber noch zu sehr an die früher vorhandene Einheit und Selbständigkeit. Daher wurde der „Ostmark" 1942 durch einen Erlaß der Reichskanzlei der Name „Alpen- und Donau-Reichsgaue" gegeben. Maßnahmen dieser Art haben jedoch österreichisches Staats- und Nationalbewußtsein in ungeahntem Ausmaß gestärkt, bei vielen Österreichern sogar erst geweckt.

Im Frühjahr 1938 war nur eine Minderheit von überzeugten Kommunisten, Legitimisten, Sozialisten, jungen Katholiken und Christlichsozialen, wie der Wiener Bürgermeister Richard Schmitz, zu einem aktiven Widerstand gegen die einmarschierenden deutschen Truppen bereit gewesen.

Die Mehrheit fand sich mit den „herrischen deutschen Brüdern" zunächst ab, aber schon im Winter 1939/40, also nach dem siegreichen Polen-Feldzug, ergab sich aus den geheimen Lageberichten des Sicherheitsdienstes der SS, daß der Widerstand gegen den Nationalsozialismus in Österreich relativ stärker war als im übrigen Reichsgebiet.

An einigen österreichischen Fabrikswänden standen bereits Parolen wie „Nieder mit dem Hitlerismus", in den Landgebieten verbargen vor allem Patres aufgehobener Klöster nicht ihre Meinung über den Nationalsozialismus, sondern hielten laut Berichten des SD „Hetzreden".

Die von Anbeginn der nationalsozialistischen Herrschaft in Österreich vorhandene Widerstandsgesinnung ergriff immer größere Kreise. Diese bestanden bald nicht mehr nur aus den Verwandten und Freunden der bereits im Frühjahr 1938 in das KZ Dachau verbrachten Österreicher, unter ihnen fast die gesamte Führungsschicht des Ständestaates. Auch die illegalen Vertrauensleute der Sozialdemokraten und Kommunisten riskierten ihr Leben für den Widerstand. Und auch die wegen ihrer politischen Haltung aus dem Dienst Entlassenen (allein unter den Beamten waren es über 16.000) waren ein Hort des Widerstandes. Auch wenn viele Österreicher hohe Ränge in der nationalsozialistischen Hierarchie bekleideten und eine nicht geringe Zahl an Kriegsverbrechen beteiligt war, so hat doch in den letzten Kriegsjahren die Mehrheit der österreichischen Bevölkerung dem Nationalsozialismus als deutscher Herrschaft zumindest passiven Widerstand geleistet.

Im aktiven österreichischen Widerstand trat außerhalb der KZs nach dem Frühjahr 1938 folgende Entwicklung ein: Die „Revolutionären Sozialisten", die sich seit dem Mai 1938 mit den „Freien Gewerkschaften" zusammenschlossen, und die Kommunisten blieben in der schon gewohnten, aber jetzt ungleich gefährlicheren Illegalität. Einige katholisch-konservative Gruppen (Graues Freikorps des österreichischen Jungvolks, Akademisches Korps „Ottonen", Gruppe „Astra") gingen geschlossen in die Illegalität.

„Was ist so schön, wie unterzugehen von der Welt zu Gott? Feuer und Kreuz, Zerschneiden und Zerstückeln, Zermalmung des Körpers und Zerstreuung der Gebeine, des Teufels schrecklichste Plagen mögen über mich kommen, nur daß ich zu Jesus Christus gelange!" (Ignatius v. Antiochien)

Zum frommen Gedenken im Gebete an die

Ehrwürdige

Sr. M. Restituta

(Helene Kafka).

Die liebe von uns Dahingegangene war geboren am 1. Mai 1894 in Hussowitz, Mähren, verlebte aber ihre Jugendzeit bis zum Eintritt ins Kloster in Wien. Noch jung an Jahren, durfte sie sich am 23. Oktober 1916 in der hl. Profeß Gott dem Herrn zum Opfer bringen und kam bald darauf als Operationsschwester ins Mödlinger Krankenhaus. Was sie hier leistete, was sie hier Gutes an der seelisch und körperlich kranken Menschheit wirkte, weiß der Vergelter alles Guten und die, die das Glück hatten, mit ihr arbeiten zu dürfen.

Energisch trat sie auf, wo es gegen Gott und Kirche ging. Sie kannte keine Menschenfurcht und siegreich kämpfte sie dagegen an, als man daranging, Kruzifixe und religiöse Bilder aus den Sälen des Krankenhauses zu entfernen. Diese und ähnliche Umstände sollten Anlaß zu ihrer Verhaftung, Februar 1942, werden. Nach achtmonatiger Einkerkerung wurde das Todesurteil ausgesprochen. Gottergeben, wie einst Christus vor Pilatus, nahm sie diesen ungerechten Urteilsspruch entgegen. Er wurde jedoch nicht sofort vollstreckt, als wolle man durch die Marter der Todeserwartung den Mut der Schwester brechen.

5 Monate waren verflossen und der 30. März des Jahres 1943, der Tag der Urteilsvollstreckung, war angebrochen. 11 Uhr vormittags wurde ihr der Tod durch Enthauptung bekanntgegeben. Von dieser Stunde an war sie gewürdigt, Ketten zu tragen, gefesselt zu sein. Weder Angst noch Trauer umflorten ihr Antlitz, himmlische Freude und Sehnsucht nach ihrem Gott, für den sie ihren Tod erleiden sollte, leuchtete aus ihren Augen. Nach Empfang der hl. Sakramente erneuerte sie mit lauter Stimme die hl. Gelübde und bat den himmlischen Vater um Verzeihung für die, die Schuld an ihrem Lose tragen. Ihre Mitgefangenen waren von dieser heroischen Opfergesinnung tief ergriffen.

Mit den Worten „Ich gehe zum Feste, ich gehe in den Himmel" verließ sie 18.30 Uhr mit auf den Rücken gebundenen Händen ihre Zelle. Singend und innerlich jubilierend trat sie aufs Schafott und nach den herrlichen Worten „Für Christus habe ich gelebt, für Christus will ich sterben" fiel das Henkerbeil.

Ihr Glaube war schon lebendig in den Zeiten der Ruhe und konnte darum sofort wirken, als man der Kirche Gewalt antun wollte. Das Opfer ihres Lebens, das ihr zu Beginn ihrer langen Haftzeit eindeutig vor der Seele stand, hat sie stets als Ausdruck des göttlichen Willens ergeben hingenommen. Und diese Gesinnung bewahrte sie auch starken Herzens bis zur Todesstunde. Möge Gott, den sie hienieden immer gesucht, dem sie stets gedient, für den sie gelitten, jetzt ihr überreicher, ewiger Lohn sein.

R. I. P.

Nachruf auf Schwester Restituta – Dr. Alfred Klahr, hingerichtet 1944 – Ferdinand Käs, der die kampflose Übergabe Wiens zu erreichen versuchte

Die erste größere Demonstration gegen den Nationalsozialismus, die auch der Öffentlichkeit bekannt und daher von den Nationalsozialisten blutig gerächt wurde, kam von der Katholischen Jugend Wiens am 7. Oktober 1938. Tausende Jugendliche demonstrierten damals auf dem Stephansplatz. Die Kundgebung und der Gegenschlag – der Sturm auf das Erzbischöfliche Palais am 8. Oktober – sind ein Markstein auf dem Weg der Kirche in Österreich von der zunächst vom März bis zum September 1938 angestrebten Annäherung bis zum entschlossenen Widerstand. Der österreichische Klerus hat daher, gemessen an seiner Gesamtzahl, den prozentuell höchsten Anteil an den Opfern des österreichischen Widerstandes. Die österreichischen Eisenbahner waren die zweite Gruppe, die besonders viele Opfer im Widerstandskampf zu beklagen hatte.

Im Herbst 1938 gründete der Klosterneuburger Chorherr Karl Roman Scholz eine illegale Bewegung, die sich nach Kriegsausbruch „Österreichische Freiheitsbewegung" nannte und laut Anklageschrift das Ziel verfolgte, „die nationalsozialistische Staatsführung zu stürzen und unter Losreißung der Donau- und Alpengaue einen neuen österreichischen Staat zu errichten". Der ÖFB, die in mehrere Untergruppen gegliedert war (z. B. Stift Wilhering), gehörten schließlich 400 Mitglieder an. Sie wurde ebenso wie die mit ihr eng zusammenarbeitende „Österreichische Freiheitsbewegung" Karl Lederers und die „Großösterreichische Freiheitsbewegung" des führenden Funktionärs der Katholischen Aktion Jakob Kastelic verraten. Scholz wurde am 22. Juli 1940 verhaftet; in der Folge erlitten weitere 340 Mitglieder aller drei Gruppen das gleiche Schicksal. Schon vor Scholz und seinem Kreis hatte der Schlag der Gestapo andere kommunistische, sozialistische und legitimistische Widerstandsgruppen getroffen. Alle wurden durch Spitzel verraten. Die erste Tagung des Volksgerichtshofes in Wien im Sommer 1939 galt den „Revolutionären Sozialisten".

Trotz der Verschärfung der Verfolgungsmaßnahmen nach Kriegsausbruch und trotz der weitgehenden Zerstörung der österreichischen Widerstandsgruppen 1939/40 ist ab 1941 der Wiederaufbau des Widerstandes vor allem von Männern und Frauen, die bereits durch die Hölle der KZs gegangen waren und daher ganz genau wußten, wofür sie kämpften, in Angriff genommen worden.

Im Tiroler Ötztal gab es seit 1941 auch Partisanen, die sich aus katholischen und sozialistischen Kreisen rekrutierten. Ende 1944 waren sie über 60 Mann stark. Im Frühjahr 1942 führte die brutale Vertreibung der Kärntner Slowenen zu Partisanentätigkeit im slowenischen Südkärnten, aber auch in Oberkärnten. 1943 bildeten sich in der Obersteiermark, 1944 im Gailtal und im Gebiet der Koralpe Partisanengruppen, im Spätherbst 1944 entstand im Bachergebirge eine „Österreichische Legion".

Bereits 1942 war aufgrund einer Initiative von Otto Habsburg, die die Unterstützung des amerikanischen Präsidenten Roosevelt gefunden hatte, innerhalb der amerikanischen Armee eine eigene österreichische Truppeneinheit, das sogenannte selbständige Infanteriebataillon 101, errichtet worden. Es wurde jedoch wegen seiner geringen Stärke und vor allem wegen der internen Differenzen der österreichischen Emigranten in den Vereinigten Staaten schon 1943 wieder aufgelöst.

Bei den Partisanen war der kommunistische Anteil besonders groß. Sie wurden von den deutschen Soldaten mit gnadenloser Grausamkeit bekämpft. Aber auch die anderen Widerstandsgruppen wurden noch in den letzten Kriegsjahren und -monaten hart getroffen.

In der deutschen Wehrmacht wurden seit 1940 Widerstandszellen aufgebaut. Zu der seit Anfang 1942 im Wiener Wehrkreiskommando XVII Tätigen stieß 1943 Hauptmann Karl Szokoll, der bald die Führung übernahm und auch eine zentrale Rolle bei den Ereignissen des 20. Juli 1944 in Wien spielte.

Im Wiener militärischen Bereich hatten die Männer des 20. Juli sogar einen kurzzeitigen Erfolg zu verzeichnen. Nach dem durch die Ereignisse in Berlin bedingten Scheitern des Militäraufstandes kam es auch in Wien zu zahlreichen Verhaftungen. Szokoll wurde jedoch nicht entdeckt und arbeitete weiter für die Vorbereitung österreichischer Aufstände, wobei er manches aus dem Konzept Stauffenbergs, des Organisators des 20. Juli 1944, übernahm wie z. B. den Plan des Einsatzes des Heimatheeres. Seit November 1944 hatte Szokoll auch Verbindung zu zivilen Widerstandsgruppen, von denen die seit Beginn des Jahres 1944 gebildete „O5" (Chiffre für Österreich) eine gesamtösterreichische Widerstandsorganisation anstrebte. Im Dezember 1944 konstituierte sich in Wien das Provisorische Österreichische Nationalkomitee (POEN), das zunächst aus Katholisch-Konservativen bestand, aber von Anfang an auch Kontakte zu den Sozialisten (Schärf) und Kommunisten (Matejka) hatte und Verbindung mit militärischen und politischen Führungsstellen der Alliierten aufnahm. Die in der Schweiz gedruckte illegale „Arbeiter-Zeitung 1945", Nr. 1, rief daher zur Unterstützung der O5 als überparteilicher österreichischer Widerstandsbewegung auf.

Aber selbst in dieser letzten Kriegsphase, als die nationalsozialistische Niederlage schon zum Greifen nahe war, mußte der österreichische Widerstand noch schwere Opfer bringen. In Wien scheiterte der Ende März 1945 von einem Ausschuß der O5 und Vertretern des Wehrkreiskommandos XVII ausgearbeitete Aufstands- und Besetzungsplan für Wien, der am 6. April verwirklicht werden sollte, am Verrat des NS-Führungsoffiziers Hanslik. Der Kommandant der Heeresstreife Groß-Wien Major Biedermann, Hauptmann Huth und Oberleutnant Raschke, enge Mitarbeiter Szokolls, wurden verhaftet und noch am 8. April 1945 auf dem Floridsdorfer Spitz nach grausamen Folterungen an Straßenbahnmasten gehängt. Trotz des Verzweiflungskampfes der SS und der letzten verbohrten Nationalsozialisten war es aber in der Nacht vom 2. auf den 3. April dem Oberfeldwebel Käs als offiziellem Unterhändler der österreichischen Widerstandsbewegung gelungen, durch die Frontlinie in das russische Hauptquartier südlich von Wiener Neustadt zu gelangen und dort die Umgehung Wiens, den Angriff von Westen und die kampflose Übergabe der Stadt vorzuschlagen. Das letztere scheiterte am

Verrat Hansliks, doch den die SS überraschenden Westangriff führten die Russen durch.

Am 9. April kam es zur Verbindung der Widerstandsbewegung mit russischen Truppen. Am selben Tag wehte vom Palais Auersperg in Wien, seit dem 7. April Hauptquartier der Widerstandsbewegung, und auf dem damals noch unzerstörten Stephansdom die rot-weiß-rote Fahne.

Im Westen Österreichs, der nach den Plänen des Tiroler Gauleiters Hofer und der nationalsozialistischen Führer als „Alpenfestung“ das letzte Refugium des Nationalsozialismus werden sollte, dauerte der Weg zur Befreiung noch etwas länger. Dort nahm noch in den letzten Tagen die Gestapo eine Verhaftungswelle vor. Am 2. Mai begannen die Tiroler Widerstandskämpfer, bei denen seit März Karl Gruber eine führende Position erlangt hatte, aber trotzdem mit der etappenweisen Besetzung von Innsbruck. Als am Abend des 3. Mai die Amerikaner in Innsbruck einmarschierten, kamen sie bereits in eine vom Nationalsozialismus völlig befreite und festlich geschmückte Stadt.

In den nächsten Tagen fanden in Tirol noch die letzten Kämpfe mit der SS statt, bei denen der Widerstandskämpfer Major Gangl fiel. Am 8. Mai 1945 endete das Dritte Reich mit der bedingungslosen Kapitulation, Millionen Tote und ein weitgehend zerstörtes und zum Teil besetztes Europa zurücklassend. Der österreichische Widerstand hat folgende Opfer gefordert: 2700 Österreicher wurden in Gerichtsverfahren als aktive Widerstandskämpfer zum Tode verurteilt und hingerichtet. 16.493 wurden in den KZs ermordet, davon Tausende in dem 1938 errichteten KZ Mauthausen mit seinem berüchtigten Steinbruch, 9687 wurden in Gestapogefängnissen ermordet, 6420 gingen in Zuchthäusern und Gefängnissen in den von der deutschen Wehrmacht besetzten Ländern zugrunde. Diese durch amtliche Unterlagen gesicherten Zahlen enthalten nicht die Opfer der Wehrmachtsjustiz, deren Unterlagen zum Großteil verlorengegangen sind. Zu ihnen gehört eine Reihe von Wehrdienstverweigerern, wie der oberösterreichische Bauer und Mesner Franz Jägerstätter.

Nach dem Stand der bisherigen Erhebungen haben 35.300 Österreicher ihr Leben im Kampf gegen den Nationalsozialismus hingegeben.

7.3 Judenverfolgung

Für das österreichische Judentum, seit Schönerer und Lueger mit einem aggressiven Antisemitismus konfrontiert, war die nationalsozialistische Herrschaft vernichtend. Sie begann mit Ausschreitungen und Quälereien: In den ersten Tagen nach dem Einmarsch der deutschen Truppen waren Verhaftungen und Überfälle auf Juden an der Tagesordnung. Österreichische Nationalsozialisten scheuten nicht davor zurück, jüdische Männer und Frauen zu zwingen, vor den Augen eines schadenfrohen Pöbels die Straßen mit heißem Wasser und den bloßen Händen aufzuwaschen. Bereits am 15. März waren alle jüdischen Beamten ihres Amtes enthoben worden. Vor den jüdischen Geschäften wurden Posten aufgestellt, die die „Arier“ am Eintritt hinderten. Schon im ersten österreichischen Transport, der am 1. April 1938 in das KZ Dachau abgefertigt wurde und der aus 151 Männern bestand, befanden sich 60 Juden. Im April erfolgte die Entlassung aller jüdischen Schüler aus den öffentlichen Schulen. Nach Beendigung des Schuljahres 1938/39 wurde dann jeder Unterricht für jüdische Kinder verboten. Im Mai wurde die „Vermögensverkehrsstelle für Juden“ errichtet, die die „Arisierung“ jüdischer Unternehmen durchzuführen und zu überwachen hatte.

Die Arisierung ging so vor sich, daß die jüdischen Betriebe entweder weit unter ihrem Wert verkauft oder überhaupt ohne jede Entschädigung „kommissarischen Verwaltern“ übergeben wurden. Ende September 1938 wurden bereits 4339 jüdische Betriebe kommissarisch verwaltet. Von allen freien Berufen wurden die Juden systematisch ausgeschaltet. So verbot z. B. eine Verordnung vom 25. Juli 1938 jüdischen Ärzten die Behandlung „deutschblütiger Menschen“.

Am 24. Mai hatte die Gestapo die unverzügliche Verhaftung „unliebsamer, insbesondere kriminell vorbestrafter Juden“ angeordnet, was der Denunziation Tür und Tor öffnete. Ungefähr 2000 österreichische Juden fielen ihr zum Opfer. Sie wurden im Sommer 1938 nach Dachau gebracht und später nach Buchenwald überstellt. Angesichts dieser Situation nahmen sich viele Juden wie z.B. der bekannte Schriftsteller Egon Friedell selbst das Leben. Allein im März und April 1938 stieg die jüdische Todesrate um 23 bzw. 27 Prozent. Andere suchten Rettung in der Emigration, wenn sie die von den nationalsozialistischen Auswanderungsbehörden gestellten materiellen Bedingungen erfüllen konnten. Sie erreichte im August 1938 mit 9729 auswandernden Juden ihren ersten Höhepunkt.

Damals hatten die Nationalsozialisten bereits eine „Zentralstelle für jüdische Auswanderer“ in Wien errichtet, die dem späteren SS-Obersturmbannführer und Leiter der Deportationen Adolf Eichmann unterstellt wurde. Er erfand zur Erpressung der zur Auswanderung entschlossenen Juden immer neue Schikanen. Wirkliche Auswanderungshilfe boten dagegen die jüdischen Selbsthilfeorganisationen und die Stellen, die sich jener Menschen annahmen, die nicht dem jüdischen Glaubensbekenntnis angehörten, aber trotzdem unter die Bestimmungen der Nürnberger Rassengesetze fielen. Die im Palais des Kardinals Innitzer untergebrachte „Hilfsstelle für nichtarische Katholiken“ unter der Leitung des Jesuiten P. Bichlmair, die nach dessen Ausweisung aus Österreich durch die Gestapo später von seinem Ordensbruder P. Ludger Born fortgeführt wurde sowie die Hilfsaktionen des Pastors Gildemeester und der Quäker sind hier zu nennen.

Sie alle führten einen verzweifelten Kampf, um Einreisegenehmigungen für ihre Schützlinge zu einem Zeitpunkt zu erhalten, zu dem das Dritte Reich sie noch aus ihrem Machtbereich entließ.

Wenn von den europäischen Ländern auch Großbritannien die meisten österreichischen Juden aufnahm, so zeigte sich auf der Flüchtlingskonferenz von Evian im Sommer 1938 doch ein erschreckender Mangel an internationaler Hilfsbereitschaft für das schwerbedrängte Judentum. Erst nach der sogenannten „Reichskristallnacht" vom 10. November 1938 begann die Welt, dessen wahre Lage zu erkennen.

Die nach der Ermordung des deutschen Botschaftssekretärs in Paris vom Rath durch den jungen Juden Herschel Grynszpan, der die Vertreibung seines alten Vaters aus Polen rächen wollte, von SS und SA organisierte Terrorwelle traf die Wiener Juden besonders hart. 4000 wurden verhaftet. 49 Synagogen wurden niedergebrannt oder ausgeraubt. Zahllose Juden wurden schwer mißhandelt, 680 begingen Selbstmord, 4038 jüdische Geschäfte wurden geplündert und danach beschlagnahmt.

In ganz Österreich wurden 4600 Juden verhaftet und in das KZ Dachau transportiert. Von ihnen wurden im ersten Halbjahr 1939 noch alle jene entlassen, die sich verpflichteten, innerhalb von 14 Tagen Deutschland zu verlassen. Die theoretische Möglichkeit dazu bestand bis zum 1. Oktober 1941, doch konnten nach Kriegsausbruch nur noch wenige Juden von ihr Gebrauch machen.

Bis Mitte November 1941 sind von den 1938 in Österreich lebenden 185.246 Juden insgesamt 128.500 in alle Erdteile emigriert, darunter viele Wissenschaftler und Künstler von Weltruf. Schon am 10. und 11. September 1939 fand in Wien eine neuerliche große Verhaftungsaktion statt, in deren Rahmen über 1000 staatenlose Juden nach Buchenwald gebracht wurden. Im Sommer 1940 waren bereits zwei Drittel von ihnen gestorben oder getötet worden. Die Deportationen nach Polen begannen im Oktober 1939. Der erste Transport mit 912 Menschen wurde in Wien am 20., der zweite mit 672 am 26. Oktober nach Nisko zum Aufbau eines Barackendorfes abgefertigt. Obwohl vorgesehen war, künftig wöchentlich zwei Transporte mit je 1000 Juden durchzuführen, kam es Ende

Krematorium in Majdanek – „Endlösung"

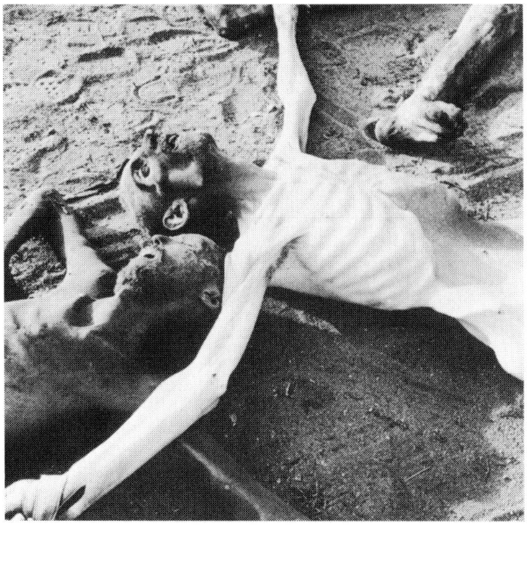

Oktober zur Einstellung der Deportationen. Sie wurden erst wieder Anfang Februar 1941 aufgenommen. Im Februar und März 1941 wurden ungefähr 5000 Wiener Juden in das Generalgouvernement verschickt. War das Schicksal der ersten Transporte schon schrecklich gewesen – Deportation, Zerreißung der Familien, Zwangsarbeit in der Fremde unter härtesten Bedingungen und lebensbedrohender Mangel an Nahrungsmitteln –, so bestanden für sie doch noch minimale Überlebenschancen. Nach der Konferenz in Berlin-Wannsee am 20. Jänner 1942, in der die „Endlösung" der Judenfrage koordiniert wurde, war das Los der verschleppten Juden nur mehr der Tod in den Gaskammern der Vernichtungslager. Ihm wurden vor allem die Wiener Juden überliefert, die im Laufe des Jahres 1942 fast zur Gänze nach Polen deportiert wurden. Von den von 1938 bis 1945 in KZs verbrachten oder nach Polen, Riga und Minsk deportierten 67.601 österreichischen Juden, von denen allein 1500 im Exil wieder unter deutsche Herrschaft gerieten und in die Vernichtungslager transportiert worden sind, haben 2142 das Ende des Krieges überlebt: 65.459 wurden umgebracht.

8. Österreichs Befreiung

Amerikanische Truppen mit deutschen Kriegsgefangenen in der Nähe von Waidhofen an der Ybbs im Mai 1945

8.1 Kriegsende

Der Zweite Weltkrieg ist von jenen Österreichern, die nicht überzeugte Nationalsozialisten waren, von Anfang an mit Skepsis betrachtet worden. Daher fehlte zu Kriegsausbruch im Gegensatz zu 1914 jede Begeisterung, und auch die Aussichten für einen Endsieg des Deutschen Reiches wurden besonders seit dem Überfall auf Rußland pessimistisch beurteilt.

Wenn auch alle sechs wegen Wehrdienstverweigerung von den Deutschen hingerichteten katholischen Pazifisten Österreicher waren – oder wie Max Joseph Metzger entscheidende Perioden ihres Lebens in Österreich verbracht hatten –, so hat sich allerdings die Mehrheit der Einziehung zur deutschen Wehrmacht und der Kriegsdienstleistung nicht entziehen können.

Als Soldaten dieser Wehrmacht haben sie an allen Fronten, als Gebirgsjäger vor allem in Norwegen und auf dem Balkan gekämpft. In deutscher Uniform sind 170.800 Österreicher gefallen, 76.200 vermißt, Tausende von ihnen allein im Kessel von Stalingrad.

Vom Luftkrieg wurde Österreich lange verschont. Ab 1943 kam es jedoch auch zu Bombardierungen größerer österreichischer Städte. Vom 10. September 1944 an, an dem auch die Wiener Innenstadt von Bomben getroffen wurde, standen die Wiener Industriebezirke im Vordergrund der Angriffe. Die im Verhältnis zu ihrer Größe am meisten in Mitleidenschaft gezogene Stadt war jedoch Wiener Neustadt. 24.300 Österreicher fielen dem Luftkrieg zum Opfer.

Mit dem Ende des Jahres 1944 rückte auch die Kampffront in bedrohliche Nähe. Seit Weihnachten war die Schlacht um Budapest im Gang. Nach dem Fall Budapests Mitte Februar 1945 war es klar, daß das nächste Ziel der russischen Truppen die Einnahme Wiens war.

Obwohl die Deutschen versuchten, den russischen Vormarsch durch SS-Divisionen beim Plattensee zum Stillstand zu bringen, konnten die Sowjets bereits am 28. März die österreichische Grenze überschreiten.

Am 5. April verließ Reichsstatthalter Baldur von Schirach die zum Verteidigungsbereich erklärte Stadt Wien, in die schon am nächsten Tag vom Süden her die ersten russischen Soldaten eindrangen. Sie wurden besonders in den Arbeiterbezirken, in denen die deutschen Soldaten von den nun offen auftretenden Wiener Widerstandskämpfern zeitweilig stärker unter Feuer genommen wurden als von den Russen, zunächst mit aufrichtiger Freude als Befreier begrüßt.

Diese Freude verwandelte sich allerdings infolge der bald einsetzenden Plünderungen und Vergewaltigungen, die den Parolen der nationalsozialistischen Propaganda recht zu geben schienen, rasch in das Gegenteil.

Die anfänglich freundliche Aufnahme durch die österreichische Bevölkerung und ihre Unterstützung der russischen Truppen wurden von der Sowjetregierung in deren am 9. April in der „Prawda“ veröffentlichtem Aufruf an die Österreicher ausdrücklich zur Kenntnis genommen. Hitler dagegen telegraphierte aus Berlin: „Gegen die Aufständischen in Wien mit den brutalsten Mitteln vorgehen.“

Im russischen Aufruf hieß es, daß die Sowjetregierung nicht beabsichtige, „irgendeinen Teil des österreichischen Territoriums zu erwerben oder die soziale Struktur Österreichs zu verändern“. Bereits am 8. April fielen den nun auch schon vom Westen her vorrückenden Russen die westlichen Außenbezirke zu.

Am 9. April hißte ein Wiener SS-Mann, der der Widerstandsbewegung angehörte, auf dem Stephansdom die rot-weiß-rote Fahne. In der Nacht vom 9. zum 10. April zogen sich die noch kämpfenden SS-Verbände auf das östliche Ufer des Donaukanals zurück. Es waren die Geschoße ihrer Geschütze, die im letzten Moment schwerste Schäden in der Wiener Innenstadt, vor allem aber den Brand des Stephansdomes verursachten. Die Wiener konnten nur versuchen, ihn mit in Kübeln herangeschlepptem Wasser zu löschen, da der zu Kampfbeginn nach dem Westen geflohene Bürgermeister Blaschke sämtliche Löschzüge der Feuerwehr abkommandiert hatte.

Vom 12. bis 14. April zog die SS auch aus den nördlichen Stadtteilen ab. Die Schlacht um Wien war beendet. Radio Moskau erklärte am Abend des 13. April:

„Die Bevölkerung Wiens und anderer Teile Österreichs hat der Roten Armee geholfen und ... hat die Ehre der österreichischen Nation gerettet."

Nach der Einnahme Wiens stießen die Russen weiter nach Westen und Norden vor. Ende April befanden sich das Burgenland, Niederösterreich und ein beträchtlicher Teil der Steiermark unter ihrer Kontrolle.

Zur selben Zeit drangen französische Truppen in Vorarlberg und amerikanische in Tirol, Salzburg und Oberösterreich ein. Wenige Tage später rückten vom Süden her britische Truppen in Kärnten ein, in das allerdings schon vorher jugoslawische Partisanen einmarschiert waren und sogar Klagenfurt besetzt hatten, um auf diese Weise den Volksentscheid von 1920 zu korrigieren. Jugoslawien hat dann erst über russischen Druck Südkärnten für die britische Besatzung freigegeben.

In ganz Österreich wurden schon am 7. Mai, einem Tag vor dem Inkrafttreten des Waffenstillstandes, die Kämpfe eingestellt. Damit waren auch die obskuren Pläne des Tiroler Gauleiters Hofer und anderer hoher nationalsozialistischer Funktionäre, die nur in ihrer Phantasie bestehende „Alpenfestung" noch ein Jahr halten zu können, hinfällig geworden.

Mittlerweile wurden die österreichischen Interessen schon von der Ende April 1945 in Wien unter Staatskanzler Karl Renner gebildeten Provisorischen Staatsregierung vertreten.

8.2 Die Provisorische Staatsregierung

Die Voraussetzung für ihre Bildung war die Gründung österreichischer politischer Parteien gewesen, die bereits Mitte April vor sich gegangen war. Die neue „Sozialistische Partei" entstand aus dem Zusammenschluß der „Revolutionären Sozialisten" der illegalen Zeit unter Josef Afritsch und Felix Slavik mit Sozialdemokraten wie Karl Renner, Theodor Körner, Oskar Helmer und Adolf Schärf. Bereits am 24. April lehnte sie den Wunsch der Kommunisten nach Errichtung einer Aktionsgemeinschaft entschieden ab.

Die „Österreichische Volkspartei" wurde von demokratischen Christlichsozialen als eine aus drei Bünden bestehende Partei gegründet. Zum ersten Obmann wurde Leopold Kunschak gewählt, zum provisorischen Obmann Hans Pernter, zu Obmannstellvertretern die Bündevertreter Leopold Figl (Bauernbund), Julius Raab (Wirtschaftsbund) und Lois Weinberger (Arbeiter- und Angestelltenbund), zum Generalsekretär Felix Hurdes. Den Gründern dieser zwei demokratischen Parteien, die nun die Nachfolge der beiden großen österreichischen Parteien der Zwischenkriegszeit antraten, war gemeinsam, daß sie in ihrer Mehrheit dem aktiven Widerstand angehört und zum Teil viele Jahre in den

KZs der Nationalsozialisten verbracht hatten. Dort hatten sie ihre seinerzeitigen politischen Gegner getroffen, sie verstehen und achten gelernt und beschlossen, in einer besseren Zukunft nicht mehr gegen-, sondern miteinander für Österreich zu arbeiten.

Die Führer der wiedererrichteten Kommunistischen Partei, Johann Koplenig, Friedl Fürnberg, Franz Honner und Ernst Fischer, waren im Gefolge der russischen Truppen aus jahrelangem Exil in der Sowjetunion zurückgekehrt. Die kleineren Funktionäre der Partei, die vor ihrem Verbot 1933 in ganz Österreich nicht mehr als 24.000 Mitglieder gehabt hatte, waren in großer Zahl dem nationalsozialistischen Terror zum Opfer gefallen.

Die Vertreter aller drei genannten Parteien erließen am 27. April 1945 eine gemeinsame aus fünf Artikeln bestehende „Unabhängigkeitserklärung". Ihre ersten Artikel lauten:

„Art. I. Die demokratische Republik Österreich ist wiederhergestellt und im Geiste der Verfassung von 1920 einzurichten. Art. II. Der im Jahre 1938 dem österreichischen Volk aufgezwungene Anschluß ist null und nichtig. Art. III. Zur Durchführung dieser Erklärung wird unter Teilnahme aller antifaschistischen Parteirichtungen eine Provisorische Staatsregierung eingesetzt und vorbehaltlich der Rechte der besetzenden Mächte mit der vollen Gesetzgebungs- und Vollzugsgewalt betraut."

Noch am gleichen Tag wurde unter Staatskanzler Dr. Karl Renner die Provisorische Staatsregierung gebildet. Die Regierung war eine sogenannte Konzentrationsregierung. Als solche erhob sie noch am Tag ihrer Konstituierung die Unabhängigkeitserklärung der Parteien zum Beschluß. Sie bestand aus 10 Sozialisten, 9 Mitgliedern der Volkspartei, 7 Kommunisten und 3 Parteilosen bzw. Fachleuten. Auf den 75jährigen Karl Renner, den auch Stalin persönlich suchen ließ, waren die Russen anläßlich eines von ihm in ihrem Hauptquartier vorgebrachten Protestes gegen Mißhandlungen der Zivilbevölkerung aufmerksam geworden und hatten ihn von Gloggnitz am 17. April nach Wien gebracht, da sie ihn für einen gefügigen und für ihre Pläne geeigneten Politiker hielten – worin sie sich allerdings täuschen sollten.

Sie erkannten daher als erste und zunächst einzige Macht der Alliierten die Provisorische Staatsregierung an, während die über die Vorgänge in Ostösterreich vorläufig nur mangelhaft orientierten Westmächte noch abwarteten, ja sogar in ihr eine Verletzung der Abmachungen von Jalta sahen und bei Stalin protestierten. Die Provisorische Regierung hat bereits am 1. Mai mit der Annahme des Verfassungsüberleitungsgesetzes und der sogenannten „Vorläufigen Verfassung" Österreich für die kommende schwierige Aufbauzeit Verfassungskämpfe erspart. Das Bundesverfassungsgesetz in der Fassung von 1929 und alle anderen Bundesverfassungsgesetze traten mit Stand vom 5. März 1933 wieder in Kraft. Alle nach diesem Zeitpunkt erlassenen Gesetze wurden aufgehoben.

Die „Vorläufige Verfassung" übertrug der Regierung für die Zeit, in der noch keine parlamentarischen Vertretungskörper bestanden, deren Rechte. Sie verlor am 19. Dezember 1945, dem Tag des Zusammentritts des neuen Nationalrates, ihre Wirksamkeit.

Nach der Regelung der Verfassungsfrage war es die dringendste Aufgabe der Regierung, ihre Anerkennung als gesamtösterreichische Regierung sowohl von den Bundesländern als auch von den Westmächten zu erreichen.

Das erstere wurde so wie nach 1918 durch sogenannte „Länderkonferenzen" bewirkt, die im Spätsommer und Herbst 1945 in Salzburg und Wien abgehalten wurden. Ihr Ergebnis war die Aufnahme von Vertretern der Bundesländer in die Regierung, der nun mit dem Tiroler Karl Gruber auch ein Mann angehörte, der das Vertrauen der Westmächte besaß; weiters wurden gesamtösterreichische Wahlen für den 25. November, von denen die ehemaligen Nationalsozialisten ausgeschlossen sein sollten, ausgeschrieben. Wesentlich schwieriger war die Regelung des Verhältnisses zu den Alliierten. Von ihnen war die Wiederherstellung eines unabhängigen Österreich in den Grenzen von 1937 ja bereits während des Krieges geplant worden.

Stalin hatte sie schon Ende 1942 dem britischen Außenminister Eden vorgeschlagen. Auch die Engländer und Amerikaner stellten Erwägungen in dieser Richtung an, wobei Churchill und Roosevelt zeitweilig an einen süddeutschen Staatenbund dachten. Auf der Moskauer Konferenz von 1943, an der die Außenminister der UdSSR, der USA und Großbritanniens teilnahmen, legte Eden einen Entwurf einer Deklaration über den künftigen Status Österreichs vor. Der Passus in der endgültigen „Erklärung über Österreich" vom 1. November 1943, daß Österreich „für die Teilnahme am Krieg an der Seite Hitler-Deutschlands eine Verantwortung trägt, der es nicht entrinnen kann", und daß sein Beitrag zur Befreiung bei der endgültigen Abrechnung unvermeidlich in Rechnung gestellt werden würde, geht auf einen Antrag des russischen Außenministers Wyschinskij zurück.

Der ab Jänner 1944 tagende Europäische Beratungsausschuß der Alliierten, in den Ende 1944 auch Frankreich aufgenommen wurde, kam im April 1945 aufgrund eines britischen Entwurfes zu einem Beschluß über die Besetzung Österreichs in vier Zonen: Niederösterreich, Burgenland und das Mühlviertel sollten zur sowjetischen, Steiermark, Kärnten und Osttirol zur britischen, Nordtirol und Vorarlberg zur französischen, Salzburg und Oberösterreich zur amerikanischen Zone gehören. Die Wiener Bezirke wurden ebenfalls in vier Zonen eingeteilt, die Innenstadt sollte von den vier Alliierten gemeinsam kontrolliert werden.

Es dauerte geraume Zeit, bis dieser Plan durchgeführt werden konnte: Am 4. Juli 1945 unterzeichnete die Beratungskommission das Erste Kontrollabkommen, das das alliierte Kontrollsystem für Österreich festlegte und einen Alliierten Rat vorsah, der einstimmige Beschlüsse fassen mußte.

Am 9. Juli wurde das Abkommen über die Besatzungszonen und die Verwaltung

Wiens geschlossen. Die Viermächtebesetzung Wiens war am 1. September vollzogen. Sie wurde ebenso wie die gemeinsame Kontrolle des 1. Bezirkes durch die „Vier im Jeep" selbst während der Höhepunkte des „Kalten Krieges" nicht verändert und bis 1955 beibehalten.

Am 11. September hielt der Alliierte Rat in Wien seine erste Sitzung ab. Mehr als 200 sollten ihr noch folgen. Der in der ersten Sitzung von Marschall Konjew gestellte Antrag, den Machtbereich der Regierung Renner auf ganz Österreich auszudehnen, wurde infolge des britischen Einspruchs noch nicht angenommen. Nach der Erweiterung der Regierung durch Bundesländervertreter stimmten jedoch alle vier Alliierten dieser Erweiterung der Autorität der Provisorischen Regierung und der Abhaltung freier Wahlen unter der Bedingung der Anerkennung des Kontrollrechtes der Alliierten zu.

8.3 Die ersten Wahlen – Leopold Figl wird Kanzler

Die ersten freien Wahlen fanden, wie angekündigt, am 25. November statt. Trotz oder eher wegen der massiven Unterstützung, die die russischen Truppen in Ostösterreich und Wien der Kommunistischen Partei erwiesen, legten die von Hunger, Kälte und Entbehrungen aller Art schwer geplagten Österreicher ein eindrucksvolles Bekenntnis zur Demokratie ab.

Da die Mehrzahl der Kriegsgefangenen zu dieser Zeit noch nicht heimgekehrt war und die ehemaligen Nationalsozialisten nicht wählen durften, waren von den 3,449.605 Wahlberechtigten 64 Prozent Frauen.

Die in ganz Österreich frei und geheim durchgeführten Wahlen ergaben folgende Mandatsverteilung: 85 Mandate für die ÖVP, 76 für die SPÖ und 4 für die KPÖ.

Aufgrund dieses Ergebnisses kam es im Dezember zur Bildung einer Koalition zwischen den beiden großen Parteien und der definitiven österreichischen Koalitionsregierung Figl-Schärf, in die allerdings noch ein kommunistischer Minister aufgenommen wurde.

Mit der Wahl Karl Renners zum Bundespräsidenten durch die Bundesversammlung am 20. Dezember wurde die erste Aufbauphase des neuen Österreich erfolgreich abgeschlossen. Ihre Leistungen wurden auch von den Alliierten durch das 2. Kontrollabkommen vom 28. Juni 1946 bestätigt, in dem die Autorität der österreichischen Regierung weitgehend anerkannt wurde.

9. Die zehn Besatzungsjahre

Die „Vier im Jeep“

9.1 Die Verschleppungen

Das Besatzungsregime traf die Bevölkerung in der russischen Zone am härtesten. Die sowjetischen Besatzungspraktiken unterschieden sich von denen der anderen drei Alliierten erheblich. Auch diese gaben freilich jene Polizeibefugnisse nicht ab, die sie für die Sicherheit ihrer Truppen notwendig hielten, verhafteten Österreicher wegen Vergehen gegen ihre Streitkräfte, stellten sie vor Gericht und verurteilten sie aber nach einem meistens öffentlichen Verfahren.

Die Russen dagegen bedienten sich häufig des Mittels der Entführung durch Agenten. Auf diese Weise verschwanden während der Besatzungszeit Hunderte Österreicher, viele von ihnen für immer.

Noch 1954 befanden sich in sowjetischen Gefängnissen 900 erst nach Kriegsende verhaftete Österreicher. Sie wurden im allgemeinen der Spionage, der Sabotage oder der Hilfe für russische Deserteure beschuldigt, obwohl z. B. 1946 ein Niederösterreicher nur wegen der Verbreitung des „verleumderischen Gerüchtes“ verhaftet worden war, sein Haus sei von sowjetischen Truppen geplündert worden.

Besonders gefährdet waren die österreichischen Beamten, die Konfliktfälle zwischen Österreichern und Besatzungsangehörigen behandeln mußten.

Der letzte Fall in der bis zum Abschluß des Staatsvertrages nie ganz abreißenden Kette von Verhaftungen war der des Chefdolmetschers der Wiener Stadtverwaltung, Dr. Sokolowski, im Jänner 1955.

Außerdem verbreiteten während der ganzen Besatzungszeit Plünderungen und Vergewaltigungen durch russische Soldaten Angst und Schrecken; nach dem Ende der unmittelbaren Nachkriegszeit wurden diese Vorfälle freilich seltener. Vor allem die „Arbeiter-Zeitung“ hat sich trotz der damit verbundenen Gefahr für ihre Redakteure nicht gescheut, über diese Gewalttaten „Unbekannter“ regelmäßig zu berichten. Sie haben den Antikommunismus der Österreicher ebenso gestärkt wie der permanente sowjetische Druck auf die österreichische Verwaltung und die Aufrichtung eines sowjetischen Wirtschaftsimperiums: Bei den im Mai 1950 trotz sowjetischen Widerstandes durchgeführten niederösterreichischen Gemeinderatswahlen wurden von den von sowjetischen Kommandanten gegen den Willen der Wähler ernannten 11 kommunistischen Bürgermeistern 10 abgewählt.

Der unbeugsame österreichische Wille zur Erhaltung der Demokratie hat sich auf allen Ebenen dokumentiert. Die Bundesregierung, die Landesregierungen und die Mandatare der demokratischen Parteien waren dabei beispielgebend. Diese Haltung ist zweifellos auch von dem Faktum bestimmt worden, daß acht der elf Mitglieder der Regierung Figl und 118 der 215 National- und Bundesratsabgeordneten ehemalige Gestapohäftlinge oder aktive Widerstandskämpfer gegen den Nationalsozialismus gewesen waren.

9.2 Das deutsche Eigentum

In der Frage der wirtschaftlichen Ausbeutung durch die Sowjetunion waren der österreichischen Regierung allerdings weitgehend die Hände gebunden, da Stalin auf der Konferenz von Potsdam im Sommer 1945 die Zustimmung der westlichen Alliierten zu seinem Vorschlag erhalten hatte, das deutsche Eigentum im östlichen Österreich der Sowjetunion zuzusprechen, wobei nicht genau definiert worden war, was darunter zu verstehen sei. Die Russen verstanden jedenfalls darunter alles, was bis 1945 in Österreich in deutschen Besitz gelangt war. Dadurch kam die Inbesitznahme weiter Bereiche der österreichischen Wirtschaft durch deutsches Kapital nun ihnen zugute. Sie demontierten daher nicht nur ganze Fabriken als „Kriegsbeute“, sondern erklärten im Befehl Nr. 17 des russischen Oberbefehlshabers in Österreich vom 27. Juni 1946, daß das gesamte deutsche Eigentum im östlichen Österreich als „deutsche Wiedergutmachungszahlung in ihren Besitz“ übergegangen sei.

Die drei Westmächte übergaben im Juli 1946 das in ihren Besatzungszonen gelegene deutsche Eigentum der österreichischen Regierung zur treuhändigen Verwaltung bis zur endgültigen Regelung der Frage.

Der österreichischen Regierung und dem Parlament gelang es zwar, durch die Annahme des Verstaatlichungsgesetzes am 26. Juli 1946 die drei größten österreichischen Banken, die wichtigsten Kohlenbergwerke und die bedeutendsten Betriebe der Grundstoffindustrie, der Verkehrs- und der Elektroindustrie für Österreich zu retten. Trotzdem brachten die Russen 471 österreichische Unternehmen, davon 351 industrielle und 100 landwirtschaftliche, unter ihre Kontrolle. Zu ihnen gehörten die gesamte Erdölförderung und die Donaudampfschiffahrtsgesellschaft. Sie wurden der „Verwaltung sowjetischen Eigentums in Österreich", der USIA („Uprawlenye Sowjetskogo Imuschteschestwa w Awstrii"), unterstellt. Die Produktion dieser USIA-Betriebe, die dem österreichischen Staat keine Steuern zahlten, betrug 30 Prozent der Gesamtproduktion in der russischen Zone und 7 Prozent der gesamten österreichischen Produktion. Die USIA-eigenen Läden erzielten einen Jahresumsatz von 700 Millionen Schilling. Für die Ausbeutung der Erdölfelder wurde die Sowjetische Mineralöl-Verwaltung (SMV) gegründet. Am Ende der Besatzungszeit beschäftigten die sowjetischen Betriebe 63.000 Menschen. Sie besaßen einen eigenen 2000 Mann starken bewaffneten Werkschutz.

So drückend die Anwesenheit der Besatzungsmächte samt „Besatzungskosten" für Österreich war, so haben sie doch auch gerade in der schwersten Nachkriegszeit entscheidend geholfen. Ohne die zwar qualitativ schlechten Lebensmittellieferungen der Russen 1945/46 wären in Ostösterreich Tausende Menschen verhungert. Von Juni bis Oktober 1946 lebten 80 Prozent der österreichischen Nichtselbstversorger von den Rationen aus den Sendungen der UNRRA (United Nations Relief and Rehabilitation Administration). Österreich hat während der Besatzungszeit Auslandshilfen im Wert von 1585 Millionen Dollar erhalten. 87 Prozent stammten aus den Vereinigten Staaten. Die gesamte Hilfe, die Österreich nach dem Zweiten Weltkrieg vom Ausland zukam, war mehr als sechsmal so groß wie die Völkerbundanleihe von 1922 zur Sanierung der österreichischen Währung.

9.3 Zensur und Entnazifizierung

Auch zum Aufbau eines demokratischen Presse- und Rundfunkwesens haben die Besatzungsmächte trotz starker Zensur und Kontrolle beigetragen. Es waren übrigens amerikanische Zensurfachleute, die den Sowjets aus militärischen Sicherheitsgründen den Aufbau einer modernen Zensurorganisation in Österreich lehrten.

Die westlichen Alliierten hielten sie allerdings nur für eine sehr beschränkte Zeit für notwendig, während die Russen in ihrem Machtbereich bis zuletzt alle Kommunikationsmittel genauestens überwachten.

Die Westmächte, die an der Demokratisierung Österreichs besonders interessiert waren, führten in ihren Besatzungszonen anfangs die Entnazifizierung selbst durch, während die Russen sie zunächst der Regierung Renner überließen. Sie wurden in dieser Frage erst nach den Wahlen vom November 1945 aktiv. Vor allem auf ihre Veränderungswünsche geht die endgültige Fassung des Gesetzes vom 6. Februar 1947 zurück, aufgrund dessen sich 523.833 Österreicher als Nationalsozialisten registrieren lassen mußten.

Je nach ihrer Einstufung als Kriegsverbrecher oder gerichtlich zu verfolgende Personen, belastete und minderbelastete Nationalsozialisten wurden sie strafrechtlich verfolgt oder zu Sühneleistungen herangezogen. Das Gesetz wurde in den Besatzungszonen unterschiedlich durchgeführt. Es hat nicht verhindert, daß viele kleine Mitläufer Vermögen oder Posten verloren, während wirklich Schuldige nicht selten straflos ausgingen.

Da es außerdem nicht möglich war, eine halbe Million Österreicher auf Dauer von den demokratischen Rechten auszuschließen, kam es aufgrund des Amnestiegesetzes vom 21. April 1948 zur Aufhebung der Sanktionen für rund 482.000 der von der Entnazifizierung Betroffenen. Sie konnten bereits an den Wahlen von 1949 teilnehmen, bei denen vor allem der im Februar dieses Jahres gegründete und von den Alliierten, im besonderen auch von den Russen zugelassene „Verband der Unabhängigen“ (VdU) um ihre Stimmen warb.

Für seine Zulassung hatte sich auch der sozialistische Innenminister Helmer eingesetzt, da er der Meinung war, der VdU würde in erster Linie Wähler der Volkspartei anziehen. Deren Politiker hatten sich ihrerseits in direkten Kontakte mit prominenten ehemaligen Nationalsozialisten Ende Mai 1949 in Oberweis um nationalsozialistische Stimmen zu bemühen versucht, doch scheiterten diese Bestrebungen auch am Widerstand aus den eigenen Reihen der ÖVP.

Als es dem WdU (Wahlverband der Unabhängigen) bei den Wahlen im Oktober gelang, 12 Prozent der Stimmen auf sich zu vereinigen, änderte die Sowjetunion ihre anfängliche Haltung und deklarierte den Erfolg des WdU als Wiederaufleben des Nazismus.

Mit dieser Begründung legte der sowjetische Stellvertretende Außenminister Zarubin bei den Londoner Staatsvertragsverhandlungen Ende April 1950 einen unannehmbaren Zusatz zum Artikel 9, Auflösung von Naziorganisationen, des Vertragsentwurfes vor. Er trug zum weiteren Festfahren der Verhandlungen und damit zur Verlängerung der Besatzung bei.

9.4 Streiks

Die enge Bindung der KPÖ an die russische Besatzungsmacht hat die Verdienste österreichischer Kommunisten im Widerstand gegen den Nationalsozialismus im Bewußtsein der Österreicher rasch verdrängt.

Sie hat auch die Aktionsfreiheit der kommunistischen Regierungsmitglieder und Politiker völlig eingeschränkt. Diese wurden daher von der Bevölkerung als russische Interessenvertreter angesehen. Ihre Haltung war allerdings ebenso wie der Tenor der kommunistischen Presse nicht dazu geeignet, das Mißtrauen der Österreicher zu beseitigen, ihnen sei das gleiche Schicksal zugedacht wie den Tschechen, Ungarn und Polen. Der Kommentar der „Volksstimme", des Organs der KPÖ, zum Ausgang der Wahlen vom November 1945 lautete: „Wir haben eine Schlacht verloren, wir stehen aber erst am Anfang der Schlacht um Österreich, und diese Schlacht werden wir gewinnen."

Daß der Ausgang dieser „Schlacht" nicht den Hoffnungen der Kommunisten entsprechen sollte, ist zwar auch die Folge einer glücklichen Konstellation der Weltpolitik, sehr wesentlich aber auch das Ergebnis der entschlossenen Abwehr aller kommunistischen Versuche, Unruhe in die österreichische Innenpolitik zu tragen.

In der Regierung bestand dazu nach den Wahlen vom November 1945 kaum mehr eine Möglichkeit, da es nur noch einen kommunistischen Minister gab. Auch er trat 1947 aus Protest gegen das Währungsreformgesetz zurück, für das die österreichische Regierung die russische Zustimmung im Alliierten Rat um 490 Millionen Schilling erkauft hatte.

Polizei und Gendarmerie standen infolge der entschlossenen Personalpolitik des sozialistischen Innenministers Helmer nicht mehr auf der Seite der Kommunisten. Von der Anlehnung an die russische Besatzungsmacht abgesehen, blieben ihnen daher nur mehr die Mittel der Demonstration und des Streiks. Beide haben sie mehrmals – allerdings erfolglos – angewendet.

Die ersten größeren Aktionen dieser Art fielen mit der kommunistischen Machtüber-

Demonstration gegen das vierte Lohn- und Preisabkommen im Herbst 1950

nahme in Ungarn zusammen. Unmittelbar nach ihr machte das damalige Mitglied des Politbüros und des ZK der KPÖ, Ernst Fischer, im Juni 1947 Bundeskanzler Figl Vorschläge, wie man die Zustimmung der Russen zum Staatsvertrag erhalten könne: Vermehrung der kommunistischen Regierungsmitglieder, Ausschluß der Sozialisten aus der Regierung, Besetzung des Kanzlerpostens mit einem den Kommunisten genehmen Mann.

Der Alarm, den Karl Gruber über den Wiener Korrespondenten von Associated Press in der Weltpresse schlug, verhinderte jedoch alle weiteren Bemühungen der Kommunisten in dieser Richtung. Auch die direkte Korrespondenz der vier kommunistischen Abgeordneten über die Kriegsgefangenenfrage mit Stalin, der ihnen versprach, alle Kriegsgefangenen vor Ende 1947 nach Österreich zu entlassen, ließ den Österreichern eine stärkere Beteiligung der Kommunisten an der Regierung nicht attraktiv erscheinen.

Die kommunistische Machtergreifung in der benachbarten Tschechoslowakei im Februar 1948 führte in Österreich nur dazu, daß die beiden Koalitionspartner ihre Meinungsverschiedenheiten in der Lohn-Preis-Politik schleunigst beilegten und gemeinsam entschlossene Maßnahmen setzten.

Das Parlament verabschiedete noch im Frühjahr 1948 Gesetze, aufgrund deren die Amtsobliegenheiten des Bundespräsidenten und der drei Parlamentspräsidenten von Stellvertretern übernommen werden konnten, falls sie an der Ausübung ihrer Ämter „verhindert" sein sollten.

Der Gewerkschaftsbund vereitelte alle kommunistischen Bemühungen, nach tschechischem Vorbild „Aktionskomitees" zu bilden, und setzte allen Streikplänen ein entschiedenes Nein entgegen. Trotzdem versuchten die Kommunisten, ihren Zielen mit einem Generalstreik näherzukommen.

Den Anlaß dazu bot ihnen die inflationäre Lohn-Preis-Bewegung, die die Regierung zwar seit 1947 mit Lohn-Preis-Abkommen immer wieder ausglich, die im Sommer 1950 aber weltweit infolge des Korea-Krieges bedrohliche Ausmaße angenommen hatte. Nach schwierigen Verhandlungen war am 22. September 1950 das vierte Lohn-Preis-Abkommen von den Koalitionsparteien abgeschlossen worden. Die Sorge der Arbeiter vor seinen einkommensschmälernden Folgen und die Unzufriedenheit waren groß. Sie wurden von den Kommunisten dazu ausgenützt, ab 26. September durch Propagandakampagnen, zum Teil gewalttätige Demonstrationen und Streiks von USIA-Arbeitern und die gelegentliche Blockierung des Straßenbahn- und Eisenbahnverkehrs eine Stimmung allgemeiner Unruhe zu schaffen. Die Streikbewegung griff auch auf die anderen österreichischen Besatzungszonen über, wo sie anfänglich auch vom VdU unterstützt wurde. In Linz wurde sogar der Präsident der Arbeiterkammer durch Gewaltandrohung zum Rücktritt gezwungen.

Wenn den österreichischen Arbeitern die politische Natur des Streiks auch rasch klar wurde, so befanden sich vom 26. bis 30. September doch 120.000 im Ausstand, davon 40.000 in USIA-Betrieben. Eine von den Kommunisten für den 30. September einberuso gehörte wie die Argumentation, die Existenz einer angloamerikanischen Militärbasis in Triest sei eine Verletzung des italienischen Friedensvertrages und verhindere den Abschluß des österreichischen Staatsvertrages. Am Jahresende 1949 waren von den vorgesehenen 53 Vertragsartikeln dennoch 48 fertig – für Österreich zum Teil allerdings wesentlich ungünstiger als 1955. Die sowjetische Taktik war erfolgreich. Bis zum Frühjahr 1952 gerieten die Verhandlungen völlig ins Stocken, wozu auch die Amerikaner beitrugen. Im März 1952 legten die Westmächte einen aus acht Artikeln bestehenden Entwurf eines „Kurzvertrages" vor. Ihm zufolge sollte Österreich das deutsche Eigentum zurückerhalten, was – wie erwartet – von der UdSSR abgelehnt wurde.

Ende 1953, im Jahr von Stalins Tod, empfahl die Sowjetunion die Abhaltung einer Außenministerkonferenz in Berlin über das deutsche Problem und die Frage der europäischen Sicherheit. Diese Konferenz begann unter der erstmaligen Teilnahme des österreichischen Außenministers Figl Ende Jänner 1954. Letzter Punkt ihrer Tagesordnung war der österreichische Staatsvertrag. Bei seiner Behandlung schlug Molotow einen ganz neuen Vertrag vor. Er sah die Auflösung des Alliierten Rates, das Verbleiben von alliierten Besatzungstruppen in Österreich bis zum Abschluß des deutschen Friedensvertrages als Garantie der Verhinderung eines neuen Anschlusses, die militärische Neutralität Österreichs und die Ablösung des deutschen Eigentums durch Österreich in Form von Waren vor. Seine Bereitschaft zur Neutralität hatte Österreich schon 1953 die UdSSR durch Pandit Nehru wissen lassen.

Das Verbleiben alliierter Truppen auch nach Abschluß des Staatsvertrages lehnten Österreich und die westlichen Alliierten jedoch entschieden ab, während die Sowjetunion auf ihm beharrte, obwohl Österreich schließlich anbot, die Frist für den Abzug der Besatzungstruppen bis zum 30. Juni 1955 zu verlängern. Damit war auch die Berliner Konferenz gescheitert.

Übrigens trat während des ganzen Jahres 1954 eine Verschärfung der Haltung der Sowjetunion in der Frage des Staatsvertrages zutage. Im Hinblick auf die Einbeziehung der Bundesrepublik Deutschland in die NATO wurden weitere Verhandlungen für nutzlos erklärt.

Erst nach der Ablösung des sowjetischen Ministerpräsidenten Malenkow durch Bulganin, die den Sieg des Ersten Sekretärs der KPdSU Chruschtschow im Kampf um die Nachfolge Stalins manifestierte, kam es zur entscheidenden Wende. Sie zeichnete sich in der außenpolitischen Grundsatzrede Molotows vom 8. Februar 1955 ab, in der er eine Viermächtekonferenz über die deutsche Frage und den österreichischen Staatsvertrag forderte und den Abzug der alliierten Truppen aus Österreich vor Abschluß des Friedensvertrages bei entsprechenden Garantien für die Verhinderung eines Anschlusses auch für die Sowjetunion als akzeptabel erklärte.

10.2 Der Durchbruch

Die neue Haltung erläuterte Molotow dem österreichischen Botschafter in Moskau, Norbert Bischoff, in zwei Unterredungen Ende Februar und Anfang März. Ihre Folge war eine Note der österreichischen Regierung vom 14. März mit der Feststellung, daß sie jede Garantie für die Freiheit und Unabhängigkeit Österreichs befürworte, den Beitritt zu Militärbündnissen und die Errichtung ausländischer Militärbasen auf österreichischem Boden ablehne und bereit sei, über diese Frage mit der Sowjetunion noch vor einer allgemeinen Staatsvertragskonferenz zu diskutieren.

Daraufhin lud Molotow Bundeskanzler Raab und andere Vertreter Österreichs nach Moskau ein. Die österreichische Regierung nahm die Einladung am 29. März an. Am 4. April stimmten die Westmächte diesem Entschluß formell zu, obwohl vor allem die Vereinigten Staaten diesem Alleingang Österreichs skeptisch gegenüberstanden.

An den österreichisch-sowjetischen Verhandlungen in Moskau vom 12. bis 15. April 1955 nahmen Bundeskanzler Raab und Außenminister Figl, Vizekanzler Schärf und Staatssekretär Kreisky und Experten von österreichischer Seite teil. Für die Sowjetunion verhandelten vor allem Außenminister Molotow und der Stellvertretende Ministerpräsident Mikojan.

Die einvernehmlich erzielten Verhandlungsergebnisse wurden in einem am 15. April

Rußland-Heimkehrer

paraphierten Memorandum niedergelegt. Sie bestanden im Vorschlag des raschesten Abschlusses des Staatsvertrages, der Verpflichtung Österreichs, keine Militärbasen auf österreichischem Boden zuzulassen, im Abzug der Besatzungstruppen bis 31. Dezember 1955, in der Zahlung von 150 Millionen Dollar an die UdSSR als Ablöse für das deutsche Eigentum und von zwei Millionen Dollar als Ablöse für den Besitz der Donaudampfschiffahrtsgesellschaft, in der Lieferung von einer Million Tonnen Rohöl pro Jahr für die Dauer von zehn Jahren als Ablöse für das Erdöleigentum und die Erdölrechte der UdSSR, in der Normalisierung der Handelsbeziehungen und in einem Abkommen über die Rückkehr der noch in der UdSSR gefangengehaltenen Österreicher bis zum Abzug der sowjetischen Truppen.

Der von der Sowjetunion vorgeschlagenen und von den Westmächten akzeptierten Außenministerkonferenz über den Staatsvertrag ging eine am 2. Mai beginnende, von den Westmächten vorgeschlagene Konferenz der vier alliierten Botschafter in Wien voraus.

Auf ihr ergaben sich Differenzen über die Frage der Repatriierung von „Displaced Persons“ und Flüchtlingen (Artikel 16), der Beschränkung der Stärke der österreichischen Streitkräfte (Artikel 17) und über die Forderung der Vertreter der Westmächte, dem Artikel 35 des Staatsvertrages die Abmachungen des Memorandums vom 15. April über das deutsche Eigentum anzufügen, was für Österreich sehr wesentlich war. Sie konnten bis zum 12. Mai dadurch beigelegt werden, daß die Sowjetunion der Streichung der Artikel 16 und 17 und der Ergänzung des Artikels 35 im gewünschten Sinn durch einen Annex zustimmte.

Daraufhin hatten sich die Außenminister Figl, Dulles, MacMillan, Pinay und Molotow in ihrer Abschlußbesprechung am 14. Mai nur mehr über die Garantie der öster-

15. Mai 1955: Leopold Figl unterzeichnet als österreichischer Außenminister den Staatsvertrag

reichischen Neutralität zu einigen, was im Sinn des sowjetischen Vorschlages geschah, daß die UdSSR, die USA, Großbritannien und Frankreich die österreichische Neutralität nach dem Vorbild der Schweiz „berücksichtigen und einhalten würden".

Außenminister Figl gelang es, noch bei dieser letzten Gelegenheit die Streichung des Passus aus der Präambel zu erreichen, der von einer „gewissen Verantwortung" Österreichs für seine Teilnahme am Krieg sprach.

Am folgenden Tag, am 15. Mai 1955, wurde der Vertrag im Belvedere feierlich unterzeichnet. Dieser Akt der endgültigen Befreiung Österreichs wurde von der Bevölkerung mit Begeisterung begrüßt. Vor dem Belvedere kam es zu einer spontanen Freudenkundgebung vieler Tausender Wiener. Sie brachen in nicht endenwollenden Jubel aus, als die fünf Außenminister den Balkon des Schlosses betraten und Leopold Figl den soeben unterzeichneten Vertrag hochhob, damit ihn alle sehen konnten.

Bereits im Juni trafen die ersten Transporte mit Österreichern aus der Sowjetunion ein. Ende Juni wurden die auf Befehl der Alliierten eingeführten Identitätskarten abgeschafft, und am 27. Juli beendete der Alliierte Rat in seiner 249. Sitzung seine Tätigkeit in Österreich. Als eine der wenigen Stellen, in denen sogar auf den Höhepunkten der Auseinandersetzungen zwischen West und Ost praktische Zusammenarbeit möglich war, hat er während seiner für Österreich zweifellos viel zu langen Tätigkeit doch auch eine weit über die österreichischen Grenzen hinausreichende positive Funktion erfüllt.

Am 19. September verließen die letzten sowjetischen Soldaten Ostösterreich. Die letzten amerikanischen Einheiten zogen von Salzburg, das sie vor allem in wirtschaftlicher Hinsicht in dankbarer Erinnerung behielt, am 21. Oktober ab. Der offizielle Termin für das Ende der Besatzung war der 25. Oktober. Am Tag danach, dem 26. Oktober 1955, nahm das Parlament ein Verfassungsgesetz über die immerwährende österreichische Neutralität an. Er wurde zunächst als „Tag der Fahne" gefeiert. 1965 wurde er vom Nationalrat zum Österreichischen Nationalfeiertag erklärt.

Auch seinen materiellen Staatsvertragsverpflichtungen ist Österreich pünktlich nachgekommen. Mit Ausnahme eines zweimaligen Nachlasses der Erdöllieferungen von insgesamt vier Millionen Tonnen, der von der Sowjetunion 1958 und 1960 gewährt wurde, hat es alle im Staatsvertrag vorgesehenen Zahlungen und Lieferungen termingerecht, ja sogar vorzeitig geleistet, was im österreichisch-russischen Protokoll vom 20. Februar 1964 festgehalten wurde. Die Zweite Republik hat damit den Beweis erbracht, daß sie im Gegensatz zur Ersten Republik auch schwere Opfer ohne Gefährdung ihrer Existenz auf sich nehmen kann.

11. Die erste große Koalition

Die Koalitionsregierung Raab IV (Vizekanzler Bruno Pittermann) auf dem Weg zur Angelobung durch Bundespräsident Schärf am 3. November 1960

11.1 Julius Raab

Der wirtschaftliche Aufstieg Österreichs und seine innenpolitische Stabilität nach 1945 (siehe Kapitel „Wirtschaft") sind von einer Reihe von Faktoren bewirkt worden, die trotz gelegentlicher Differenzen die spannungsgeladene Atmosphäre der Zwischenkriegszeit lange in ein Klima vertrauensvoller Zusammenarbeit verwandelt haben. An ihrer Spitze steht die schon genannte geänderte Einstellung der Österreicher zu ihrem Staat. Zu ihnen gehören aber auch die einvernehmliche Kooperation der Sozialpartner und die besonders durch den Wiener Kardinal König manifestierte neue Position der Kirche, die sich seit 1945 bewußt von jeder einseitigen parteipolitischen Bindung frei gehalten hat.

Die wesentlichste Rolle in der Aufbauzeit spielte jedoch die Koalition zwischen der ÖVP und der SPÖ. Bis zu ihrer Auflösung im Frühjahr 1966 hat sie alle Führungswechsel in den beiden großen Parteien überdauert. Zur ersten kam es Ende Jänner 1952, als Julius Raab anstelle von Leopold Figl zum Obmann der ÖVP gewählt wurde.

Nach den Nationalratswahlen von 1953, bei denen der 1949 noch zehn Mandate ausmachende Vorsprung der ÖVP gegenüber der SPÖ auf ein Mandat zusammenschmolz, löste Raab Figl auch im Kanzleramt ab. Die mit dem Raab-Kamitz-Kurs verbundene Wirtschaftskonjunktur und vor allem der Staatsvertrag ließen den Vorsprung der Volkspartei 1956 wieder auf acht Mandate anwachsen. Die Wahl des Vizekanzlers und sozialistischen Parteivorsitzenden Adolf Schärf zum Nachfolger des verstorbenen Theodor Körner, des ersten vom Volk gewählten Bundespräsidenten (1951), führte im Frühjahr 1957 auch bei der SPÖ zu bedeutungsvollen Veränderungen.

Bruno Pittermann rückte als Vizekanzler und Parteiobmann nach. Er war zunächst unangefochten der „starke Mann", unter dessen Vorsitz 1958 auch ein neues, gegenüber der Zwischenkriegszeit weitgehend liberalisiertes Parteiprogramm beschlossen wurde, während in der ÖVP ein zunächst rasch überwundener Schlaganfall Raabs den Einfluß der drei Bünde anwachsen ließ. Diese Strukturschwäche fand einen Niederschlag im Wahlergebnis von 1959: 79 Mandate für die ÖVP, 78 für die SPÖ, 8 für die FPÖ. Die Kommunistische Partei konnte erstmals kein Mandat erringen. Trotz ihrer ungefähr 45.000 eingeschriebenen Mitglieder ist es ihr auch bei den folgenden Wahlen nicht mehr gelungen.

In der Volkspartei setzten sich nun die bis dahin vor allem in den Bundesländern tätigen „Reformer" durch. Im Februar 1960 wurde der Steirer Alfons Gorbach Obmann der Partei, im Frühjahr 1961 auch Bundeskanzler, der Salzburger Landeshauptmann Josef Klaus Finanzminister, Hermann Withalm übernahm nach Alfred Maleta, der seinerseits Felix Hurdes abgelöst hatte, das Generalsekretariat. Julius Raab wurde Präsident der Bundeswirtschaftskammer. In dieser Funktion schloß er im Jänner 1962 mit dem Präsidenten des Österreichischen Gewerkschaftsbundes, Franz Olah, der nach dem Tod des alten Raab-Freundes Johann Böhm in diese Funktion nachgerückt war, ein Abkommen über die erweiterte Funktion der 1957 gegründeten Paritätischen Kommission der Sozialpartner, das sogenannte „Raab-Olah-Abkommen".

Das Revirement von 1960/61 verschaffte der ÖVP bei den vorzeitigen Wahlen vom November 1962 gegenüber der SPÖ zwar einen Vorsprung von fünf Mandaten, es genügte jedoch nicht, Regierung und Koalitionspakt in dem von der ÖVP gewünschten Maß zu reformieren. Dazu kam, daß der gesundheitlich bereits sehr angegriffene „Staatsvertragskanzler" Raab bei den Präsidentschaftswahlen im April 1963 gegen den zum zweiten Mal kandidierenden Präsidenten Schärf mit 1,814.125 gegen 2,473.349 Stimmen unterlag. Der Kandidat der Europäischen Föderalisten Kimmel erhielt 176.646 Stimmen.

11.2 Die Habsburgkrise

Wenige Monate später zeigte die seit 1961 anhängige Habsburgfrage die mittlerweile erreichte Labilität der Koalition an. Der Ministerrat hatte im Juni 1961 die Loyalitätserklärung Dr. Otto Habsburgs, des ältesten Sohnes des letzten österreichischen Kaisers, als ungenügend abgelehnt. Da sie die Voraussetzung für die legale Einreise Habsburgs nach Österreich ist, brachte er dagegen beim Verfassungsgerichtshof Beschwerde ein. Sie wurde im Dezember 1961 wegen Nichtzuständigkeit des Gerichtshofes abgewiesen. Der daraufhin von Dr. Habsburg angerufene Verwaltungsgerichtshof entschied am 24. Mai 1963, daß die Verzichtserklärung ausreichend und die Landesverweisung des Beschwerdeführers zu beenden sei.

Am Ende der am 5. Juni aufgrund einer dringlichen Anfrage der Sozialisten durchgeführten turbulenten Parlamentsdebatte über diese Frage kam es gegen die Stimmen der ÖVP zur Annahme eines Entschließungsantrages der FPÖ, in dem die Bundesregierung ersucht wurde, Gesetzesvorlagen zur Vermeidung widersprechender Entscheidungen der Höchstgerichte bis spätestens 26. Juni 1963 dem Parlament vorzulegen. Damit war zum ersten Mal in der Geschichte der Zweiten Republik ein Entschließungsantrag der Opposition mit den Stimmen einer Koalitionspartei, der SPÖ, angenommen worden, während die den Standpunkt der Anerkennung der Entscheidung des Verwaltungsgerichtshofes im Interesse des Rechtsstaates vertretende ÖVP unterlegen war.

Die schon seit längerem latente Krise der Koalition war nicht mehr zu übersehen, die zunächst nur von der ÖVP geforderte Lockerung der Koalition war von der SPÖ praktiziert worden. Sie führte sogar zu (mit finanziellen Transaktionen verbundenen) Geheimverhandlungen der SPÖ mit der FPÖ über eine eventuelle „Kleine“ Koalition. In der „Arbeiter-Zeitung“ wurde die Gesprächsbereitschaft mit der FPÖ auch öffentlich zum Ausdruck gebracht. Zur selben Zeit fanden auch Kontakte zwischen der ÖVP und der FPÖ statt, die sich erstmals mit einem gewissen Recht als „Zünglein an der Waage“ fühlen konnte.

Der Widerstand innerhalb der SPÖ gegen eine Koalition mit der FPÖ und die klare Parteinahme des Bundespräsidenten Schärf für die Große Koalition nach dem Beispiel Körners von 1953 machten die Hoffnungen der FPÖ jedoch rasch zunichte. Obwohl es nach der einstimmigen Annahme eines Gesetzes über die authentische Auslegung der Habsburgergesetze durch das Parlament am 4. Juli noch zur Annahme einer von SPÖ und FPÖ gemeinsam eingebrachten Entschließung über die Unerwünschtheit der Rückkehr Otto Habsburgs gegen die Stimmen der ÖVP kam, setzten die beiden großen Parteien ihre Zusammenarbeit fort. Sie gelangten am 24. März 1964 sogar zu einer Einigung in der Habsburgfrage, da Dr. Withalm von Dr. Habsburg die Zusage erhalten hatte, in der gegenwärtigen Legislaturperiode von seinem Einreiserecht keinen Gebrauch zu machen. Dr. Habsburg tat dies auch erst, nachdem er im Sommer 1966 vom Innenminister die Einreisegenehmigung erhalten hatte.

Mittlerweile sind Vorträge Otto Habsburgs, der 1972 einen dauernden Wohnsitz in Österreich nahm, oder die ÖVP-Kandidatur seines Sohnes Karl für die Nationalratswahlen 1994 auch für die SPÖ kein Anlaß zu politischer Besorgnis.

Anfang April 1964 löste Josef Klaus Gorbach als Kanzler ab, da dieser nicht mehr das Vertrauen der Führung seiner Partei besaß. Klaus war als Finanzminister im ersten Kabinett Gorbach aus Protest gegen die übermäßigen Budgetforderungen aus den Reihen beider Koalitionsparteien zurückgetreten und im September 1963 auf dem Klagenfurter Parteitag der ÖVP gegen den langjährigen Unterrichtsminister Drimmel zum neuen Obmann gewählt worden. Withalm blieb Generalsekretär. Damit hatte der Umbildungs- bzw. Generationsablösungsprozeß in der ÖVP einen Abschluß erreicht. Bei der SPÖ kam er erst später in Gang.

11.3 Die Olah-Krise und Fussach

Der frühere Gewerkschaftspräsident Franz Olah, der auch bei den Kontakten mit der FPÖ eine Rolle gespielt hatte, fiel als Innenminister der Regierungen Gorbach II und Klaus I rasch durch eine ungewohnte und eigenwillige Amtsführung auf. Die Mischung von demokratischen und zentralistisch-eigenmächtigen Tendenzen rief in seiner eigenen Partei eine heftige Diskussion über Führungsfragen hervor.

Sie endete unter wenig schönen Begleitumständen – Diffamierung und Schuldbekenntnis Olahs, Fehler und Kompetenzüberschreitungen begangen zu haben – am 27. Oktober 1964 mit dem Rücktritt des bei den Arbeitern sehr beliebten Politikers von allen Funktionen und seiner Abberufung als Innenminister durch die SPÖ. Daraufhin kam es zu Demonstrationen vor der Wiener Parteizentrale der SPÖ und in einigen Wiener und niederösterreichischen Betrieben auch zu Streiks.

Die Ereignisse des Herbstes 1964 haben den Sozialisten aber auch in anderer Beziehung zu schaffen gemacht. Das von einem Aktionskomitee von 44 unabhängigen Zeitungen und Zeitschriften veranlaßte Volksbegehren zur Rundfunkreform, gegen das vor allem die SPÖ vehement Stellung genommen hatte, wurde im Oktober mit 833.389 Unterschriften abgeschlossen. Dadurch war das Parlament verpflichtet, sich mit dem Rundfunkreformgesetzentwurf des Aktionskomitees zu befassen, das eine Stärkung der parteipolitischen Unabhängigkeit von Hörfunk und Fernsehen anstrebte.

Nach wechselvollen Verhandlungen wurde das Gesetz schließlich in der Ära der ÖVP-Alleinregierung am 8. Juli 1966 mit den Stimmen von ÖVP und FPÖ verabschiedet. Die Rundfunkreform selbst wurde 1967 durchgeführt.

Im November 1964 kam es anläßlich des Stapellaufes eines Bodenseeschiffes in Fussach in Vorarlberg zu Ausschreitungen, da der sozialistische Verkehrsminister Probst es abgelehnt hatte, dem Wunsch der Vorarlberger Landesregierung zu entsprechen und dem Schiff statt des Namens „Karl Renner" den Namen „Vorarlberg" zu geben. Die feierliche Namensgebung konnte nicht stattfinden, da Probst am Betreten des Festplatzes von Demonstranten gehindert wurde, die das Schiff unter Absingen der Vorarlberger Landeshymne auf den Namen „Vorarlberg" „nottauften".

Die Rechnung für das Jahr 1964 wurde der SPÖ erst bei den Nationalratswahlen vom 6. März 1966 präsentiert. Die Präsidentschaftswahlen vom Mai 1965 hatte der soziali-

Wahlplakate 1966

stische Wiener Bürgermeister Franz Jonas gegen Alfons Gorbach mit einem Vorsprung von 63.487 Stimmen gewinnen können. Sie waren durch den unerwarteten Tod von Adolf Schärf notwendig geworden. Julius Raab war ihm schon im Februar 1964 vorausgegangen. Leopold Figl folgte im Mai 1965. Der Tod hielt unter den Politikern der Nachkriegskoalition reiche Ernte. Das Ende einer Epoche zeichnete sich auch auf diese Weise ab.

Im Frühjahr 1965 fanden die beiden Koalitionsparteien aber mit der Annahme des Strafrechtsänderungsgesetzes 1965, das die Unverjährbarkeit aller schweren Verbrechen und damit auch der Kriegsverbrechen sicherte, wieder zur früheren bewährten Gemeinsamkeit zurück. Es wurde ebenso wie eine Aufforderung an die Regierung, alle radikalen Strömungen in der österreichischen Innenpolitik, „die zu einer Gefährdung der Eigenstaatlichkeit Österreichs führen könnten, insbesondere aber antiösterreichische oder antisemitische Tendenzen genau zu beobachten“ und im Rahmen des Rechtsstaates alle Schritte zur Abwendung solcher Gefahren zu unternehmen, von ÖVP und SPÖ am 31. März 1965 angenommen.

Am selben Tag war es anläßlich einer von der Widerstandsbewegung organisierten Demonstration wegen der antisemitischen und antiösterreichischen Äußerungen des Professors Borodajkewycz an der Wiener Hochschule für Welthandel zu tätlichen Auseinandersetzungen zwischen den Anhängern des Professors und Demonstranten gekommen. Der Pensionist Kirchweger wurde im Tumult niedergeschlagen und starb. An seinem Begräbnis nahmen führende Politiker beider Regierungsparteien teil.

Die Nationalratswahlen 1966 wurden nach dem Rücktritt der Regierung Klaus I wegen nicht rechtzeitiger Verabschiedung des Budgets 1966 ausgeschrieben. Für sie kandidierte eine neue Partei, die von Franz Olah nach seinem Ausschluß aus der SPÖ im Herbst 1965 gegründete „Demokratisch-Fortschrittliche Partei (DFP)“, während die KPÖ nur in einem Wahlkreis eine eigene Liste aufstellte, ansonsten aber ihren Mitgliedern empfahl, für die SPÖ zu stimmen.

Beides kam der ÖVP zugute, die den Wahlkampf vor allem auf die Persönlichkeit des Bundeskanzlers Klaus abstellte und mit 85 Mandaten erstmals wieder ihre Mandatszahl von 1945 und damit die absolute Mehrheit gewann.

Auf die SPÖ entfielen 74, auf die FPÖ 6 Mandate. Die DFP Olahs errang mit 148.521 Stimmen zwar einen Achtungserfolg, aber kein Mandat.

Trotz dieses Wahlergebnisses fanden zunächst zwischen den beiden großen Parteien Verhandlungen über eine Koalition statt. Aufgrund der geänderten Mehrheitsverhältnisse verlangte die ÖVP das Justizministerium und Kompetenzverstärkungen in einigen anderen Ministerien sowie die Neuordnung und parteipolitische Neutralisierung der Verstaatlichten Industrie. Außerdem lehnte sie ein Koalitionsabkommen sowie eine Vereinbarung über die Dauer der Koalition ab.

Diese Bedingungen wurden von einem außerordentlichen Parteitag der SPÖ, auf dem sich Vizekanzler Pittermann und Außenminister Kreisky für eine Beteiligung an der Regierung aussprachen, am 15. April abgelehnt.

Daraufhin kam es am 18. April noch einmal zu Verhandlungen, bei denen die ÖVP zwar einige ihrer ursprünglichen Forderungen milderte, an den wichtigsten jedoch festhielt. Ihr neues Angebot wurde noch am selben Tag vom Parteivorstand der SPÖ mit 30 gegen 10 Stimmen verworfen. Die Verhandlungen waren endgültig gescheitert. Daraufhin bildete Bundeskanzler Klaus ebenfalls noch am 18. April eine neue Regierung, in der erstmals seit 1945 die Sozialisten nicht mehr vertreten waren. Die ÖVP-Alleinregierung, der mit Grete Rehor als Sozialminister zum ersten Mal in der Geschichte der Republik eine Frau angehörte, wurde am 19. April 1966 von Bundespräsident Jonas angelobt.

12. Alleinregierungen

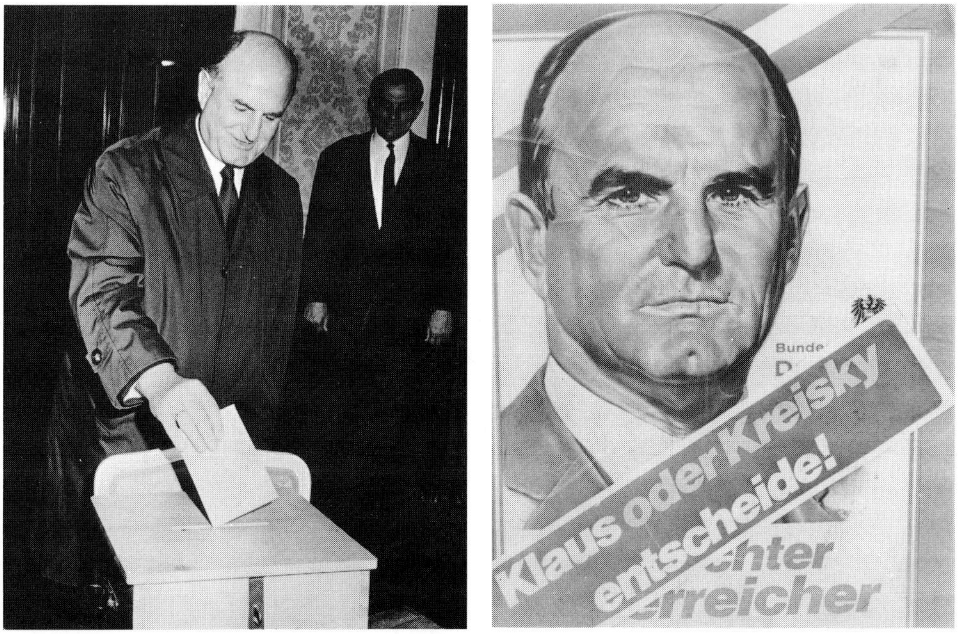

Der erste Bundeskanzler einer Alleinregierung: Dr. Josef Klaus – Wahlplakat 1970

12.1 Die ÖVP-Alleinregierung Klaus 1966–1970

Mit dem 18. April 1966 begann ein neuer Abschnitt der österreichischen Geschichte. Regierung und Opposition mußten sich zunächst einmal erst an ihre neuen Rollen, an das den Regeln der westlichen Demokratie entsprechende, durch Koalitionsvereinbarungen unbehinderte Spiel der politischen Kräfte gewöhnen. Diese Anpassungsschwierigkeiten bewirkten bei der Regierungspartei im ersten Jahr ihrer Alleinregierung eine gewisse Hektik, die sich besonders in der allzu raschen Vorlage von Gesetzesentwürfen auswirkte, da die ÖVP zeigen wollte, wie rasch sie in der Koalitionszeit unerledigt gebliebene Probleme lösen könne. Dabei kam die in den alten Demokratien übliche Information der Opposition durch die Regierung gelegentlich etwas zu kurz, was die durch zwei Jahrzehnte an die Mitregierung gewöhnte SPÖ genau vermerkte.

Die Bereitschaft zur Überwindung von Übergangsschwierigkeiten dieser Art wurde jedoch von beiden Parteien betont. Besonders nach dem Einmarsch der Truppen von fünf Mitgliedstaaten des Warschauer Paktes unter der Führung der Sowjetunion am 21. August 1968 in die ČSSR bewies das einvernehmliche Vorgehen von Regierung und Opposition, daß man nach wie vor zusammenarbeiten konnte.

Die SPÖ ihrerseits zog aus der Niederlage vom März 1966 die schon seit längerem fällige Konsequenz der Erneuerung ihrer Führungsspitze. Am 1. Februar 1967 wurde vom Parteitag in Wien Bruno Kreisky gegen den letzten Innenminister der SPÖ in der Koalitionsregierung, Hans Czettel, zum neuen Vorsitzenden gewählt. Pittermann übernahm wieder die Führung der SPÖ-Fraktion im Parlament.

Kreisky bemühte sich seit seiner Wahl um die Durchsetzung seines Konzeptes, zu dem die scharfe Abgrenzung gegen die Kommunisten ebenso gehörte wie eine weitere Bereinigung der Beziehung der Sozialisten zur Kirche. Modernisierung und Liberalisierung der Partei nach skandinavischem Vorbild auch in wirtschaftlicher Hinsicht waren die Ziele seiner Reform, die in der SPÖ nicht ganz unumstritten waren. Die Erfolge der Sozialisten bei den oberösterreichischen und burgenländischen Landtagswahlen, den Kärntner und Salzburger Gemeinderatswahlen im Herbst 1967 und im Frühjahr 1968 haben jedoch die innerparteiliche Position Kreiskys weiter gestärkt.

Die Erringung des Gleichgewichtes mit der ÖVP im oberösterreichischen Landtag – jede Partei gewann 23 Mandate, während 1961 der Vorsprung der ÖVP noch sechs Mandate betragen hatte – bewirkte denselben Zustand erstmals seit 1945 auch im Bundesrat (27: 27), wodurch diesem in der neuen politischen Lage mehr Bedeutung als bisher zukam.

Die ÖVP nahm nach dem für sie auch durch die Budgetforderungen ihrer Bünde unruhigen Herbst 1967 Anfang 1968 im Kabinett Klaus II einige Veränderungen vor. Die wichtigsten waren die Übernahme des Postens des Vizekanzlers durch Generalsekretär und Klubobmann Hermann Withalm sowie die Ablösung des Finanzministers Wolfgang Schmitz durch Professor Stephan Koren.

Der sich schon 1968 deutlich abzeichnende Trend zugunsten der SPÖ hielt jedoch trotz dieser personellen Veränderungen in der ÖVP-Regierung und der im November 1968 vom Nationalrat beschlossenen Herabsetzung des aktiven (von 21 auf 19 Jahre) und passiven (von 26 auf 25 Jahre) Wahlalters weiter an.

Die Landtagswahlen 1969 in Salzburg, Wien und Vorarlberg sowie 1970 in Kärnten und Steiermark brachten durchwegs Gewinne der SPÖ, die auf diese Weise auch die Mehrheit im Bundesrat errang.

Mit dieser Entwicklung nichts zu tun hatte der Rücktritt des Unterrichtsministers Dr. Theodor Piffl-Perčevič am 29. Mai 1969. Aufgrund der Schulgesetze von 1962 stand die Einführung des neunten Schuljahres auch an den Allgemeinbildenden höheren Schulen bevor. Ein von Elternvereinigungen initiiertes Volksbegehren gegen diese Maßnahme erhielt 340.000 Stimmen, worauf die ÖVP sich bereit erklärte, die Einführung dieses neunten Schuljahres für fünf Jahre auszusetzen. Da Minister Piffl diesen Beschluß als nicht mit seiner Überzeugung vereinbar hielt, zog er die Konsequenzen. Sein Nachfolger wurde Dr. Alois Mock. Ebenfalls noch in der Zeit der ÖVP-Alleinregierung wurde am 11. Dezember 1969 das Bundesgesetz über die stufenweise Einführung der 40-Stunden-Woche bis 1. Jänner 1975 angenommen, da ein diesbezügliches von der SPÖ betriebenes Volksbegehren von fast 900.000 Österreichern unterzeichnet worden war.

Das Wahljahr 1970 begann mit der Erklärung des Obmannes der Freiheitlichen Partei Friedrich Peter in einer Pressekonferenz am 16. Jänner, nach den Wahlen keinesfalls eine Regierungskoalition mit der SPÖ einzugehen. Bundeskanzler Klaus hingegen legte sich für seine Person auf die neuerliche Erringung der absoluten Mehrheit für die ÖVP fest.

Bei den Wahlen am 1. März 1970 errang aber die SPÖ mit 81 Mandaten (1966: 74) die relative Mehrheit; die ÖVP erhielt 79 Mandate, von denen sie nach der Wiederholungswahl im Herbst 1970 in drei Wiener Wahlkreisen noch eines an die FPÖ (nunmehr 6) verlor.

Die Gründe für diesen eher überraschenden Wahlausgang lagen vermutlich in der noch nicht ganz überwundenen Rezession 1967/68 bzw. in der von dieser mitbedingten Inkonsequenz der Steuerpolitik der Regierung, in personellen Differenzen in der Führungsspitze der Volkspartei und in den Wahlversprechen der SPÖ, z. B. der Herabsetzung der Bundesheerdienstpflicht um drei Monate, die dann auch – ebenso wie der Zivildienst (1974) – eingeführt wurde.

12.2 Der Beginn der Ära Kreisky

Bundespräsident Jonas beauftragte am 3. März Dr. Kreisky mit der Regierungsbildung, worauf dieser zunächst Verhandlungen mit der ÖVP über eine neue Große Koalition unter sozialistischer Führung aufnahm. Diese Verhandlungen scheiterten am 20. April vor allem wegen der von der SPÖ angebotenen Ressortverteilung. Als Kreisky daraufhin von Jonas neuerlich den Auftrag zur Regierungsbildung erhielt, präsentierte er am 21. April 1970 die erste sozialistische Alleinregierung der Republik, das Minderheitskabinett Kreisky I.

Von den Staatssekretariaten der Regierung Klaus abgesehen, war es bis zum Sommer in die gleichen Ressorts eingeteilt. Im Juli 1970 wurden vom Unterrichtsministerium Wissenschaft und Forschung und zunächst auch Kunst als eigenes Ministerium abgetrennt und unter die Leitung Dr. Hertha Firnbergs gestellt. Der SPÖ-Alleinregierung Kreisky I gehörte nur ein Parteiloser, Außenminister Dr. Rudolf Kirchschläger, an.

Da Dr. Klaus sein Wahlziel nicht erreicht hatte, trat er vom Vorsitz der ÖVP zurück und verzichtete auch auf sein Mandat. Auf dem Bundesparteitag der ÖVP am 22. Mai 1970 wurden Dr. Hermann Withalm zum Obmann und Dr. Karl Schleinzer zum Generalsekretär der ÖVP gewählt, die sich nach 25 Jahren in bzw. an der Regierung sehr mühsam an die Rolle der Opposition zu gewöhnen begann. Auf jeden Fall war sie von vornherein entschlossen, dem Budgetvoranschlag 1971 der Regierung Kreisky nicht zuzustimmen, was sie bereits vor der Budgetbeschließung bekanntgab.

Anders taktierte die FPÖ, die am 20. November 1970 dem Budget 1971 im Nationalrat ihre Stimmen gab und damit die Annahme ermöglichte. Bereits sieben Tage später wurde mit den Stimmen der SPÖ und der FPÖ die sogenannte „kleine Wahlrechtsreform“ verabschiedet. Durch sie wurden die neun Wahlkreise mit den neun Bundesländern identisch, die auf zwei Wahlkreisverbände aufgeteilte Zahl der Mandate von 165 auf 183 erhöht und deren Erringung durch kleinere Parteien, die bis dahin mehr Stimmen für ein Mandat aufbringen mußten, erleichtert, was selbstverständlich zunächst der FPÖ zugute kommen mußte, da außer ihr keine weitere kleine Partei im Nationalrat vertreten war.

Am 25. April 1971 gewann der für eine zweite Amtsperiode kandidierende Bundespräsident Franz Jonas gegen den Kandidaten der ÖVP Dr. Kurt Waldheim die Präsidentschaftswahlen mit 52,7 Prozent aller Stimmen. Diese nicht ganz unerwartete Niederlage ermöglichte dem früheren Außenminister Waldheim jedoch die Kandidatur für den Posten des UNO-Generalsekretärs, den er auch noch im Dezember 1971 erlangte.

Dr. Hermann Withalm dagegen, der sich der ÖVP nur für die Zeit des Überganges als Vorsitzender zur Verfügung gestellt hatte, trat am außerordentlichen Parteitag der ÖVP am 4. Juni 1971 zurück. Dr. Karl Schleinzer wurde sein Nachfolger als Obmann, Dr. Herbert Kohlmaier neuer Generalsekretär.

21. April 1970: Dr. Bruno Kreisky als neuer Bundeskanzler

In der Regierung Kreisky hatte mittlerweile ein zweiter Parteiloser, Brigadier Karl Lütgendorf, das Verteidigungsressort übernommen, das wegen der seit Jahren fälligen, aber immer nur experimentell unternommenen Reform des Bundesheeres ständig Gegenstand öffentlicher Kritik war. Für das Budget 1972 wollte Kreisky jedoch eine sicherere Situation als 1970. Daher wurde das Parlament aufgrund eines Beschlusses der SPÖ und der FPÖ vom 14. Juli 1971 vorzeitig aufgelöst. Neuwahlen wurden für den 10. Oktober 1971 ausgeschrieben. Die SPÖ stellte ihre Wahlwerbung unter das Motto „Laßt Kreisky und sein Team arbeiten!" Sie gewann damit am 10. Oktober mit 93 Mandaten die absolute Mehrheit, während die ÖVP mit 80 Mandaten und die FPÖ mit 10 Mandaten im geschlagenen Feld landeten. Aufgrund dieses Ergebnisses dachte auch Kreisky, der 1966 zu den engagiertesten Anhängern der Großen Koalition gehört hatte, nicht mehr an eine solche Lösung. Bereits am 12. Oktober beschloß die SPÖ-Führung eine Alleinregierung. Sie wurde am 21. Oktober angelobt. Neue Ressorts waren ein Ministerium für Gesundheit und Umweltschutz unter der Leitung der Primaria Dr. Ingrid Leodolter und ein Staatssekretariat für Familienpolitik im Bundeskanzleramt unter Elfriede Karl. Ebenfalls Staatssekretär im Bundeskanzleramt wurde Dr. Ernst Veselsky für die Verstaatlichte Industrie und für die Verwaltungsreform. Neu trat in das Kabinett auch der burgenländische Landesrat Dr. Fred Sinowatz ein. Er übernahm von Leopold Gratz, der den aus Altersgründen ausscheidenden Klubobmann der SPÖ, Dr. Bruno Pittermann, im Parlament ablöste, das Ministerium für Unterricht und Kunst. Das Bundesministerium für Wissenschaft und Forschung leitete weiter Dr. Hertha Firnberg.

Auch das Justizressort blieb weiter in den Händen von Dr. Christian Broda, der es schon zur Zeit der Großen Koalition geleitet und schon damals bei den Verhandlungen über die große Strafrechtsreform fast einen erfolgreichen Abschluß erreicht hatte.

12.3 Die Legislaturperiode 1971-1975

Das Jahr 1972 brachte zunächst eine Reihe von Gesetzen, die die SPÖ initiiert hatte, wie z.B. den Abbau der Steuerprivilegien für Politiker bei gleichzeitiger beträchtlicher Erhöhung von deren Bezügen oder das Gesetz über die Förderung der politischen Parteien (durch Finanzierung von Institutionen für politische Bildung) und der Publizistik, aber auch das schon von der Großen Koalition angestrebte Arrangement mit der EWG. Das am 6. Juli 1972 im Nationalrat nur mit den Stimmen der SPÖ angenommene Gesetz über zweisprachige topographische Bezeichnungen in den Bezirken Kärntens mit slowenischer oder gemischter Bevölkerung (gemäß Art. 7, Abs. 3 des Staatsvertrages von 1955), das 205 Ortschaften aus 36 Kärntner Gemeinden betraf, löste allerdings bei seiner Durchführung im Herbst 1972 Vorfälle aus, deren Folgen bis heute noch nicht ganz überwunden sind. Am 10. Oktober wurden von deutschnationalen Kärntnern alle slowenischen Ortstafeln entfernt, wobei es zu Demonstrationen kam, bei denen gerufen wurde: „Kärnten frei und ungeteilt!“ sowie „Nie mehr zweisprachige Tafeln!“. Bei slowenischen Gegendemonstrationen wurden dagegen Rufe laut wie: „Es lebe Slowenisch-Kärnten!“ und „Freiheit für Kärntens Slowenen!“. Der sozialistische Kärntner Landeshauptmann Sima, der schließlich wegen des Ortstafelstreites von seiner eigenen Partei zum Rücktritt gezwungen wurde, aber auch Bundeskanzler Kreisky selbst wurden bei Vermittlungsversuchen in Kärnten mit Unmutsbezeugungen bedacht.

Bereits am 8. November traf in Wien die erste jugoslawische Protestnote wegen der Vorgänge um die zweisprachigen Ortstafeln ein. Ihr folgten weitere, im Ton immer schärfere. Den Höhepunkt hat diese Streitfrage zwischen Jugoslawien und Österreich, die seit den fünfziger Jahren in guten Beziehungen miteinander gestanden waren, im Frühjahr 1975 mit der Rückberufung des österreichischen Botschafters aus Belgrad zur Berichterstattung nach Wien erreicht.

Ohne Zustimmung der Vertreter der Slowenenverbände einigten sich die drei im Parlament vertretenen Parteien am 1. Juli 1976 auf eine Vorgangsweise, die zur geheimen Erhebung der Muttersprache und zum Volksgruppengesetz führte. Das Volksgruppengesetz und die Novelle zum Volkszählungsgesetz wurden bereits am 7. Juli 1976 vom Nationalrat einstimmig beschlossen. Die geheime Erhebung der Muttersprache in ganz Österreich („Volkszählung besonderer Art“) fand am 14. November statt. Da aber u. a. nach Solidaritätsaufrufen für die Slowenen nur 26,9 Prozent aller Teilnahmeberechtigten abstimmten (in Kärnten 86,3 Prozent) und in Wien von 4747 Bürgern gegen nur 3941 in Kärnten Slowenisch als Muttersprache angegeben wurde, kam es zu keinem brauchbaren Ergebnis. Weitere Verhandlungen und erhöhte Zuwendungen des Bundes an das Land Kärnten vor dem Inkrafttreten des Volksgruppengesetzes mit 1. Juli 1977, das unter anderem Slowenisch als zusätzliche Amtssprache vorsieht, führten Ende Juni 1977 zu einem gemeinsamen Aufruf der drei im Landtag vertretenen Parteien an die Kärntner zu Versöhnung und friedlicher Zusammenarbeit. Mittlerweile hat sich die Lage durch das sogenannte „Pädagogenmodell“ zur Neuregelung des zweisprachigen Schulwesens wieder verschärft. Die außenpolitische Verstimmung mit Jugoslawien ist seit dem Besuch des jugoslawischen Außenministers im Oktober 1979 in Wien und dem Staatsbesuch Kreiskys in Belgrad im Frühjahr 1980, dem ersten in der Ära nach Tito, beigelegt.

Das Jahr 1972 brachte auch in einer anderen wichtigen Frage eine folgenreiche Entscheidung: Auf dem Villacher Parteitag der SPÖ im April gelang es der Frauenbewegung der SPÖ, den Parteitag für ihre Forderung nach Einführung der sogenannten Fristenlösung (Schwangerschaftsabbruch auf Wunsch der Mutter bis zum dritten Monat der Schwangerschaft straffrei) in das neue Strafgesetz zu gewinnen. Das alte, aus dem 19. Jahrhundert stammende Strafgesetz hatte in den Paragraphen 144 bis 148 Abtreibung als Verbrechen mit Kerkerstrafen von ein bis fünf Jahren geahndet. Eine Revision bzw.

Die Fristenlösung hat immer wieder zu Demonstrationen von Anhängern oder Gegnern geführt

die Aufhebung dieser Paragraphen hatten Abgeordnete der Sozialdemokratischen Partei schon im Parlament der Ersten Republik verlangt, doch hatten sie sie nicht erreicht. Die Strafrechtsreformkommission der großen Koalitionsära, die seit den fünfziger Jahren an einem Gesamtreformentwurf arbeitete und deren Ergebnisse in die von Justizminister Broda 1964 bzw. 1966 vorgelegten Ministerialentwürfe einflossen, hatte eine erweiterte Indikationenlösung (Straffreiheit der Abtreibung aus ärztlich bzw. kommissionell festgestellten medizinischen, sozialen, ethischen und eugenischen Gründen) vorgesehen. Die Realisierung dieses Vorschlages scheiterte zur Zeit der Alleinregierung der ÖVP am kirchlichen bzw. katholischen Widerstand, obwohl die ÖVP selbst für die Indikationenlösung zu gewinnen gewesen wäre.

Die Regierungsvorlage 1971 für das neue Strafgesetz enthielt sie jedenfalls noch. Nach dem Villacher Parteitag schlossen sich jedoch auch Justizminister Broda und die Regierung, deren Chef Kreisky die Bedeutung dieser Frage für das kulturpolitische Klima vermutlich unterschätzt hat, der Fristenlösung an, was intensive und massive kirchliche Proteste zur Folge hatte. Das Strafgesetz mit Fristenlösung wurde dennoch im Nationalrat am 29. November 1973 mit den Stimmen der SPÖ angenommen, während die Opposition (ÖVP und FPÖ) wegen der Fristenlösung diesem großen und in vieler Beziehung fortschrittlichen Gesetzeswerk ihre Zustimmung versagte.

Nach der Ablehnung des Strafgesetzes durch den Bundesrat, in dem die ÖVP aufgrund der für sie günstigen Landtagswahlen in Tirol, im Burgenland und in Oberösterreich (1970/73) wieder eine Abstimmungsmehrheit besaß, faßte die SPÖ am 23. Jänner 1974 im Nationalrat mit 92 gegen 89 Stimmen einen Beharrungsbeschluß, wodurch das neue Strafgesetz mit 1. Jänner 1975 wirksam wurde. Einen Monat zuvor war das Volksbegehren der „Aktion Leben" gegen die Fristenlösung mit einem Ergebnis von 896.579 Unterschriften abgeschlossen worden. Im März 1976 wurde dem Nationalrat das Volksbegehren zur Behandlung vorgelegt. Der damit befaßte Ausschuß stimmte jedoch nach mehr als einjähriger Beratung im April 1977 mehrheitlich für die Beibehaltung der „Fristenlösung".

Für die Österreicher weit weniger kontrovers war dagegen ein Vorfall, der internationale Bedeutung erlangte: Am 28. September 1973 überfielen Palästinenser einen aus der UdSSR kommenden Zug mit 37 nach Israel auswandernden Juden in der österreichischen Grenzstation Marchegg und schlugen sich mit drei Juden und einem österreichischen Zöllner als Geiseln zum Flughafen Schwechat durch. Zu den Verhandlungen mit den Terroristen zog Bundeskanzler Kreisky die Botschafter Iraks, des Libanons und Libyens hinzu. Dabei erklärte sich die österreichische Regierung bereit, das Transitlager für aus der UdSSR nach Israel auswandernde Juden in Schloß Schönau zu schließen. Am 29. September wurden die Terroristen, die die Geiseln unverletzt freigelassen hatten, nach Tripolis geflogen. Am 1. Oktober verlangte das israelische Parlament (die Knesseth) und am 2. Oktober die damalige israelische Ministerpräsidentin Golda Meir von Bundeskanzler Kreisky persönlich, er möge wegen der Beispielsfolgen dieses in seiner Art erstmaligen Erfolges von Terroristen den Beschluß der Schließung des Lagers Schönau revidieren. Auch der Senat der USA faßte eine diesbezügliche Resolution. Kreisky blieb jedoch trotzdem bei seiner Entscheidung bzw. schlug vor, die UNO möge den Schutz dieses Lagers, dessen Bestand eine permanente Gefahr für Österreich darstelle, übernehmen, was Generalsekretär Dr. Waldheim jedoch ablehnte. Am 5. Oktober berichtete Außenminister Dr. Kirchschläger vor der Generalversammlung der UNO in New York über die Vorfälle, wobei er darauf verwies, daß seit 1960 165.000 Juden aus der UdSSR über Österreich ausgewandert seien. Am 31. November 1973 wurde das Durchgangslager Schönau durch eine Rotkreuzstation in Wöllersdorf ersetzt. Dessen Funktion übernahm dann das Flüchtlingslager Traiskirchen.

Am 21. Oktober 1973 gewann die ÖVP die oberösterreichischen Landtagswahlen (ÖVP: 28 Mandate, SPÖ: 24, FPÖ: 4). Am gleichen Tag erhöhte jedoch die Wiener SPÖ unter der Führung ihres neuen Bürgermeisterkandidaten Leopold Gratz, der den durch den Ausgang von Bürgerinitiativen, z. B. über das Schicksal des Wiener Sternwarteparks, und andere Affären angeschlagenen Bürgermeister Felix Slavik abgelöst hatte, ihre absolute Mehrheit im Wiener Landtag von 64 auf 66 Mandate (ÖVP: 31, FPÖ: 3).

Auch die nach dem Tod von Bundespräsident Franz Jonas (24. April 1974) am 23. Juni 1974 durchgeführte Wahl des Bundespräsidenten gewann der Kandidat der SPÖ, der parteilose Außenminister Kirchschläger, ein praktizierender Katholik, gegen den Kandidaten der ÖVP, den Innsbrucker Bürgermeister Lugger, mit 51,7 Prozent der abgegebenen Stimmen. Lugger war erst kurz vor der offiziellen Nominierung der Kandidaten am 30. April durch den massiven Einsatz einiger Landeshauptleute, an ihrer Spitze der Steirer Niederl, gekürt worden, nachdem einige führende Politiker der ÖVP und Wirtschaftskreise kurzfristig eine gemeinsame SPÖ-ÖVP-Nominierung Kirchschlägers erwogen hatten und danach die Kandidatur Hermann Withalms, für den bereits Wahlplakate gedruckt worden waren, festzustehen schien.

Die Landtagswahlen in Niederösterreich im Juni 1974 gewann wiederum die ÖVP mit 31 Mandaten, während die SPÖ mit 25 Mandaten ein Mandat verlor. Inwieweit der Kampf der SPÖ gegen den dynamischen und eigenwilligen ORF-Generalintendanten Gerd Bacher, der 1967 im Zuge der ÖVP-ORF-Reform bestellt worden war, sich auf den für die SPÖ ungünstigen Ausgang vor allem der steirischen Landtagswahlen am 20. Oktober 1974 ausgewirkt hat, sei dahingestellt. Jedenfalls war es am 10. Juli 1974 zu einer ORF-Gesetzesnovelle gekommen, die das Ende der Ära Bacher I brachte.

Die ORF-Gesetzesnovelle setzte an die Stelle des bisherigen Aufsichtsrates und der Generalversammlung ein Kuratorium, in dem die SPÖ über eine Mehrheit von 16 Stimmen verfügte. Die ÖVP hat wegen dieser Novelle einen Mißtrauensantrag gegen die Bundesregierung eingebracht, der jedoch mit 93 Stimmen gegen 88 Stimmen abgelehnt wurde.

Einstimmig wurde dagegen am 10. Juli 1974 eine Verfassungsgesetznovelle über die Unabhängigkeit des ORF angenommen, der als Anstalt öffentlichen Rechtes ohne Regierungseingriffe als eigener Wirtschaftskörper geführt werden soll. Die personelle Folge der ORF-Novelle war die parteipolitisch heftig umstrittene Ablösung des bisherigen Führungsteams, an seiner Spitze Gerd Bacher. An seine Stelle trat der Sektionsrat im Justizministerium Dr. Otto Oberhammer, doch wurde Bacher 1978 vom ORF-Kuratorium wiedergewählt.

In der Öffentlichkeit weit weniger Aufsehen erregte das am 11. April 1975 gegen die Stimmen von ÖVP und FPÖ angenommene Universitätsorganisationsgesetz (UOG), für das noch der seinerzeitige ÖVP-Unterrichtsminister Mock Ende der sechziger Jahre einen ersten Entwurf erstellt hatte. Die durch dieses Gesetz bewirkte, von der Mehrheit der Professoren abgelehnte Umstrukturierung des österreichischen Hochschulwesens dürfte auch durch allfällige Novellierungen nicht mehr grundlegend veränderbar sein (Mitbestimmung der Assistenten und Studenten). Deutlich zugenommen hat jedenfalls die Zahl der Studenten, vor allem aber auch der Studentinnen. Die Studentenzahl betrug im Wintersemester 1993/94 210.450 (115.100 Männer, 95.350 Frauen). Der Anteil von Maturanten, die nach der Reifeprüfung studieren, ist in den letzten Jahren mit ca. 60 Prozent (Übertrittsrate) nahezu stabil geblieben.

Weit mehr trafen die Österreicher die infolge der internationalen Energiekrise gestiegenen Preise – von Ende Dezember 1973 bis Ende Dezember 1974 um 9,7 Prozent – und die Erhöhung der Inflationsrate im gleichen Zeitraum um 9,5 Prozent. Dennoch hatte der 1973/74 bei Landtagswahlen sichtbar gewordene Popularitätsverlust der SPÖ, in dem manche bereits eine Parallele zum Schicksal der ÖVP-Alleinregierung sahen, 1975 schon wieder nachgelassen. Dafür sprach als erstes das Ergebnis der Kärntner Landtagswahlen vom 2. März 1975, die der Nachfolger Simas als Landeshauptmann, Leopold Wagner, überlegen gewann (SPÖ: 20 Mandate, ÖVP: 12, FPÖ: 4). Dann traf die große Oppositionspartei ein unvorhersehbarer Schlag: Der Bundesparteiobmann und Kanzlerkandidat der ÖVP, Dr. Karl Schleinzer, wurde am 19. Juli 1975 im Alter von 51 Jahren das Opfer eines tödlichen Verkehrsunfalles. Die durch dieses tragische Ereignis zweieinhalb Monate vor den Nationalratswahlen zu raschem Handeln gezwungene Bundesparteileitung der ÖVP unter dem Vorsitz des Präsidenten des Wirtschaftsbundes Rudolf Sallinger designierte daher bereits unmittelbar nach dem Begräbnis Schleinzers den 42jährigen ehemaligen Staatssekretär in der Alleinregierung Klaus und nachmaligen Generaldirektor der Giro-Zentrale, Dr. Josef Taus, zum Bundesparteiobmann und Kanzlerkandidaten und nach dem Rücktritt von Dr. Herbert Kohlmaier den 34jährigen Generalsekretär des Wirtschaftsbundes Dr. Erhard Busek zum Generalsekretär der ÖVP. Das neue Führungsteam wurde vom außerordentlichen Bundesparteitag der ÖVP am 31. Juli 1975 in Wien fast einstimmig in seinen Funktionen bestätigt.

Ehe jedoch auf die Nationalratswahlen vom Oktober eingegangen wird, seien noch drei wichtige Gesetze aus der XIII. Gesetzgebungsperiode angeführt: das 1973 von SPÖ und ÖVP angenommene Arbeitsverfassungsgesetz (vorbereitet von der 1967 von der damaligen Sozialministerin Grete Rehor eingesetzten Arbeitsrechtskodifikationskommission), das vom Nationalrat am 12. Juni 1975 verabschiedete Gesetz zur Edelstahlfusionierung (die „Vereinigte Edelstahl AG“ umfaßte nunmehr die Firmen Gebrüder Böhler & Co., Schoeller-Bleckmann und die Steirischen Gußstahlwerke) und das am 1. Juli 1975 vom Nationalrat beschlossene Gesetz über die Neuordnung der persönlichen Rechtswirkungen der Ehe. Es bildet einen Teil der von Justizminister Broda angestrebten und mittlerweile auch erreichten Reform des Familienrechtes, das, so wie das alte Strafrecht, zum Großteil noch aus dem 19. Jahrhundert stammte. Es dürfte unbestritten sein, daß auf lange Sicht die stärksten gesellschaftsverändernden Impulse der sozialistischen Alleinregierungen von den Rechtsreformen Brodas ausgehen werden. Sie kamen nach oft zähen und langen Verhandlungen meistens im Konsens zustande, zu dem auch der langjährige Justizsprecher der ÖVP, Dr. Walter Hauser, beitrug.

12.4 Nach der Wahl von 1975

Was die Wahlen vom 4. Oktober 1975 betrifft, so ging ihnen eine Fernsehdiskussion der beiden Kanzlerkandidaten Kreisky und Taus voraus, bei der Taus, zwar ein hervorragender Wirtschaftsfachmann, aber das Medium Fernsehen nicht gewöhnt, dem „Journalistenkanzler“ Kreisky nicht gewachsen war. Bei den Wahlen selbst gewann die SPÖ mit 93 Mandaten wieder die absolute Mehrheit. Die ÖVP errang 80, die FPÖ 10 Mandate. Das am 28. Oktober angelobte Kabinett Kreisky III blieb unverändert im Amt. Bei der konstituierenden Sitzung des neuen Nationalrates am 4. November wurde ÖGB-Präsident Anton Benya zum 1., Bauernbundpräsident Roland Minkowitsch, der Dr. Alfred Maleta ablöste, zum 2. und Otto Probst zum 3. Präsidenten gewählt. Ebenfalls noch im November wurde Dr. Heinz Fischer neuer Klubobmann der SPÖ im Parlament, Prof. Dr. Stephan Koren wieder ÖVP-Klubobmann. Der Bundesparteivorstand der SPÖ bestellte den Nationalratsabgeordneten Karl Blecha neben Fritz Marsch zum zweiten gleichberechtigten Zentralsekretär der SPÖ, und Rudolf Sallinger wurde wieder zum Präsidenten der Kammer der gewerblichen Wirtschaft gewählt. Andreas Maurer löste Dipl.-Ing. Eduard Hartmann als Landeshauptmann von Niederösterreich ab.

Am Tag nach den Wahlen teilte Simon Wiesenthal, der Leiter des jüdischen Dokumentationszentrums und als „Eichmann-Jäger“ bekannt, in einer Pressekonferenz mit, daß der Bundesparteiobmann der FPÖ, Friedrich Peter, Mitglied einer berüchtigten SS-Einsatzgruppe gewesen war, die im Zweiten Weltkrieg hinter der Ostfront zahllose Kriegsverbrechen begangen hatte. Peter bestritt die Mitgliedschaft nicht, wohl aber eine persönliche Täterschaft, die ihm auch nicht nachgewiesen werden konnte. Bundeskanzler Kreisky stellte sich massiv vor Peter und gegen Wiesenthal, woraus eine lange und harte, vor allem in den Medien ausgetragene Kontroverse zwischen ihm und dem mit der ÖVP sympathisierenden Wiesenthal entstand. Zu einem Prozeß kam es nicht, da der Nationalrat der von Kreisky gewünschten Aufhebung seiner Immunität nicht zustimmte. Wiesenthal gab schließlich dem von vielen Seiten, auch von verängstigten Juden, auf ihn ausgeübten Druck nach und stellte seine Tätigkeit in Österreich ein.

Wenige Tage vor dem Jahresende erreichte der internationale Terror wieder einmal auch Österreich: 5 Terroristen brachten 11 im Sitz der OPEC auf der Ringstraße gegenüber der Universität tagende Minister erdölproduzierender Länder in ihre Gewalt, wobei 3 Personen, unter ihnen ein Wiener Kriminalbeamter, getötet und mehrere verletzt wurden. Nachdem die Terroristen die Forderung der Bundesregierung nach Freilassung der österreichischen Geiseln erfüllt hatten, wurden sie mit 33 Geiseln mit einer AUA-Maschine ihrem Wunsch gemäß nach Algier geflogen, wo die Aktion glücklicherweise mit der Befreiung der Geiseln endete.

Am 4. Februar 1976 eröffnete Bundespräsident Kirchschläger in Innsbruck die XII. Olympischen Winterspiele. Vor allem aufgrund der Initiative der führenden Tiroler Politiker, aber auch der Bundesregierung, wurden damit innerhalb weniger Jahre zweimal in Österreich Olympische Spiele durchgeführt. Auch sonst verlief die erste Hälfte des ersten Nachwahljahres politisch eher ruhig. Am 19. Mai beschloß der Nationalrat die neuen Marktordnungsgesetze, denen zufolge der Viehverkehrsfonds aufgelöst, dafür aber im Landwirtschaftsministerium eine eigene Kommission eingerichtet wurde, und der ÖGB auch eine Vertretung im Getreide- und Milchwirtschaftsfonds erhielt. Vom „Volksgruppengesetz“ war schon die Rede. Am Tag seines Beschlusses (7. Juli 1976) nahm der Nationalrat auch ein umfangreiches „Sozialpaket“ an, durch das unter anderem ab 1977 ein Mindesturlaub von 4 Wochen und ein Pflegeurlaub für unmittelbar Verwandte eingeführt wurde.

Turbulenter wurde es nach dem Einsturz der Wiener Reichsbrücke in den frühen Morgenstunden des 1. August. Die Untersuchung ergab aus der Bauzeit (1934-1937) stammende Mängel und ungenaue Kontrolle, worauf der Wiener Planungs- und Verkehrsstadtrat, Fritz Hofmann, zurücktrat. Das Rücktrittsangebot von Bürgermeister Gratz war von der SPÖ abgelehnt worden.

Am 26. August löste die Landesparteileitung der ÖVP Wien ihren bisherigen Obmann Dr. Franz Bauer durch Dr. Erhard Busek ab, dessen Nachfolger als Generalsekretär der ÖVP der Bauernbunddirektor Dr. Sixtus Lanner wurde. Am 15. Oktober wurde Busek von einem außerordentlichen Landesparteitag der ÖVP Wien mit 707 von 731 Stimmen auch zum Landesparteiobmann gewählt. Schon am 1. Oktober war die von Bundeskanzler Kreisky bereits im Sommer angekündigte Umbildung seiner Regierung erfolgt. Finanzminister Androsch wurde nunmehr auch Vizekanzler, neuer (parteiloser) Außenminister wurde Dr. Willibald Pahr, Sozialminister Gerhard Weissenberg, Minister für Land- und Forstwirtschaft Dipl.-Ing. Günther Haiden und Staatssekretär im Landwirtschaftsministerium der Kärntner Bauer Albin Schober.

Anfang November begann in Wien der sogenannte „Bauringprozeß". Es ging dabei um die hohe Verschuldung (1,4 Milliarden Schilling) dieser Baufirma der Gemeinde Wien und um in Arabien gezahlte Provisionen (176,1 Millionen Schilling). Der Prozeß endete im Dezember mit der Verurteilung des Architekten Herbert Ursprunger zu 6 Jahren Gefängnis. In diesem Prozeß wurde wieder einmal ein Phänomen deutlich, das in allen politischen Systemen vorhanden ist, aber nur in Demokratien an die Öffentlichkeit gelangt und auch zu ordnungsgemäßer strafgerichtlicher Ahndung führen kann: Korruption und zwielichtige Geschäfte im Umkreis der öffentlichen Hand. Daß sie vom jeweiligen politischen Gegner und dessen Medien propagandistisch verwertet und manchmal auch aufgebauscht werden, ist kaum zu vermeiden.

Obwohl zur Außenpolitik gehörend, soll die Skizzierung der wichtigsten politischen Ereignisse des Jahres 1976 für Österreich doch nicht ohne die Erwähnung abgeschlossen werden, daß am 7. Dezember 1976 in New York Dr. Kurt Waldheim wieder zum Generalsekretär der UNO gewählt wurde.

Anfang 1977 wurde bekannt, daß einen Monat vorher im Flughafen Wien-Schwechat eine für Syrien, also ein kriegführendes Land, bestimmte Sendung von Gewehren und 400.000 Schuß Munition aus den Beständen des Bundesheeres zurückgehalten worden war. Dieses Faktum führte zu einer Sondersitzung des Nationalrates und wegen der Beziehungen von Verteidigungsminister Lütgendorf zum Waffenhändler Weichselbaumer letztlich zum Rücktritt Lütgendorfs Ende März. Die weitere Folge war eine Umbildung der Regierung am 8. Juni, bei der der bisherige Innenminister Otto Rösch das Verteidigungsministerium, Verkehrsminister Erwin Lanc das Innenministerium und Staatssekretär Lausecker das Verkehrsministerium übernahm. Der Wiener Senatsrat Dr. Franz Löschnak wurde Staatssekretär für den öffentlichen Dienst im Bundeskanzleramt. Am 24. Februar beschloß der Nationalrat einstimmig das Gesetz über die Einführung der Volksanwaltschaft (Ombudsmann), zu deren Mitgliedern ebenfalls einstimmig im Mai Robert Weisz (SPÖ), Dr. Franz Bauer (ÖVP) und Dr. Gustav Zeillinger (FPÖ) gewählt wurden. Am 29. Juni wurde die Wehrgesetznovelle angenommen, nach der bis zu 12 Prozent eines wehrfähigen Jahrganges zwangsweise zum Kaderdienst eingezogen werden können. Diese Novelle war Folge und Ausgangspunkt der Reform des Bundesheeres nach den Plänen von General Spannocchi als Teil der schon 1975 vom Nationalrat als Ergänzung zur Bundesverfassung beschlossenen umfassenden Doktrin zur Landesverteidigung.

Aufgrund der Novelle ist der Aufbau eines Milizheeres möglich. Am folgenden Tag wurde mit Wirksamkeit ab 1. Jänner 1978 das Kindschaftsrecht beschlossen, das für beide Elternteile gleiche Rechte und Pflichten vorsieht. Am 5. November wurde nach langer Debatte mit den Stimmen der SPÖ das sogenannte „Maßnahmenpaket" der Bundesregierung zur Verbesserung der Budget- und Zahlungsbilanz angenommen. Es enthielt die Beseitigung einiger Steuerabschreibemöglichkeiten für Selbständige, die Einführung der sogenannten „Luxussteuer" (3. Mehrwertsteuersatz von 30 Prozent), Änderungen im Familienlastenausgleich, eine Erhöhung der Sozialversicherungsbeiträge der Arbeitgeber und einen um 1 Prozent geringeren Zuschuß des Bundes dazu. Diese von der Opposition stark kritisierten Maßnahmen waren deshalb notwendig geworden, weil es 1977 zwar den höchsten Beschäftigtenstand (2,742.038) der letzten Jahre, dafür aber auch eine Erhöhung der Staatsschulden um 23 Prozent gegeben hatte und die Ölpreise ständig weiter gestiegen waren.

1977 gab es nur Landtags- und Gemeinderatswahlen im Burgenland und Gemeinderatswahlen in Salzburg, Innsbruck und Krems. Sie fanden alle im Oktober statt. Deutlich gewann dabei die SPÖ nur im Burgenland; überall sonst mußte sie Verluste von 1 bis 2 Mandaten hinnehmen. In Salzburg gingen sie an eine Bürgerliste, sonst an die ÖVP. Diese hatte schon im März auf ihrem ordentlichen Bundesparteitag Taus und Lanner mit je 99 Prozent in ihren Funktionen wiedergewählt. Taus wurde dadurch auch Kanzlerkandidat der ÖVP für 1979. Ebenfalls im März war Dr. Norbert Steger vom Wiener Landesparteitag der FPÖ zum neuen Obmann gewählt worden. Sonstige personelle Veränderungen in der Bundesregierung und in Landesregierungen gab es 1977 relativ wenige. Im Oktober trat Staatssekretär Dr. Eugen Veselsky wegen Differenzen mit dem Bundeskanzler zurück. Sein Nachfolger wurde Univ.-Prof. Dr. Adolf Nußbaumer. Anfang Oktober war der oberösterreichische Landeshauptmann Dr. Erwin Wenzl aus gesundheitlichen Gründen zurückgetreten. Sein Nachfolger wurde Landesrat Dr. Josef Ratzenböck, Wenzls seinerzeitiger Wahlkampfleiter. Er wurde mit den Stimmen der ÖVP und der FPÖ gewählt. In Salzburg war schon im April Landeshauptmann DDr. Hans

Lechner, der nach Klaus 16 Jahre Landeshauptmann gewesen war, zurückgetreten, um für die Wahlen 1979 einem jüngeren Kandidaten, dem bisherigen Landeshauptmannstellvertreter Dr. Wilfried Haslauer, Platz zu machen.

Nicht unerwähnt soll auch die Eröffnung der seit 1970 geplanten Hochschule, der Universität für Bildungswissenschaften, in Klagenfurt im Oktober 1977 durch Bundespräsident Kirchschläger bleiben.

Am Jahresende 1977 kam es erstmals zu kriminellen Entführungen. Der Wiener Großindustrielle Michael Palmers und die Frau des Wiener Textilunternehmers Leopold Böhm, Lotte Böhm, waren die Opfer. Beide wurden nach der Zahlung von vielen Millionen Schilling Lösegeld freigelassen.

Das zentrale Ereignis 1978 war die Auseinandersetzung bzw. die Entscheidung für oder gegen die Inbetriebnahme des um 9 Milliarden Schilling fertiggestellten Atomkraftwerkes im niederösterreichischen Zwentendorf. 1960 waren die Österreicher auf ihr erstes Reaktorzentrum in Seibersdorf, ebenfalls in Niederösterreich, noch so stolz gewesen, daß es Schulklassen aus ganz Österreich besichtigen mußten. Nun, da jenseits der Grenzen, im Norden sogar nur 50 km von Wien entfernt, eine ganze Reihe von Atomkraftwerken Strom erzeugten und man selbst zusätzliche Energie dringend brauchte, hatten die Furcht vor atomaren Unfällen und die Angst vor der Lagerung des Atommülls auch Österreich erreicht. Industrie und Gewerkschaft, SPÖ und ÖVP waren aus wirtschaftlichen Gründen für die Inbetriebnahme. Engagierte Atomgegner gab es mittlerweile jedoch in allen Parteien, in Bürgerinitiativgruppen und bei sogenannten „Grünen“. Daß man wegen des Baues von Atomkraftwerken sogar Wahlen verlieren konnte, hatten ausländische Beispiele gezeigt. Die Bundesregierung beschloß daher bei ihrer Klausurtagung im Jänner, Zwentendorf nur nach einer positiven Willensäußerung des Nationalrates in Betrieb nehmen zu lassen. Da die Heftigkeit der Auseinandersetzung über Zwentendorf auch im Nationalrat immer stärker wurde, schlug schließlich Ende Juni die SPÖ eine Volksabstimmung über die Inbetriebnahme vor. Sie wurde am 5. November durchgeführt. Da Bundeskanzler Kreisky zuletzt das Ja zu Zwentendorf mit einer Entscheidung über seine Person verknüpft hatte, ÖVP-Politiker dagegen unterschiedliche Positionen einnahmen bzw. keine Empfehlung abgaben, fast 40 Prozent der Stimmberechtigten nicht an der Abstimmung teilnahmen und die Vorarlberger fast geschlossen gegen die Inbetriebnahme stimmten, errangen die Atomgegner einen knappen Sieg (50,47 Prozent : 49,53 Prozent). In der Folge sprachen die obersten Führungsgremien der SPÖ Kreisky ihr uneingeschränktes Vertrauen aus und erteilten ihm besondere Vollmachten, von denen er allerdings keinen Gebrauch machte. Im Dezember beschloß der Nationalrat ein „Atomsperrgesetz“ mit Verfassungsrang, das daher nur mit einer Zweidrittelmehrheit wieder aufgehoben werden kann. Da die Energiepreise jedoch immer weiter stiegen und damit alle Bürger trafen, stießen die Bemühungen aller jener, die sofort nach der Volksabstimmung für eine Revision eintraten, nicht nur auf taube Ohren.

1980 erklärte sich der Bundesparteiobmann der ÖVP Dr. Mock gesprächsbereit. Schon im Mai 1980 hatten sich bei einer Meinungsumfrage 58 Prozent der Österreicher für die friedliche Nutzung der Atomkraft ausgesprochen, innerhalb der ÖVP stand es im Oktober 1980 allerdings 59: 25 gegen Zwentendorf. Kreisky selbst hielt eine Inbetriebnahme nur nach einer neuerlichen Volksabstimmung für möglich.

Auch sonst war 1978 ein innenpolitisch bewegtes Jahr. Schon im Jänner übernahm der ÖVP-Parlamentsklubobmann Koren die Präsidentschaft der Nationalbank. Daraufhin wurde Dr. Mock zum Klubobmann gewählt. Im März beschlossen im Nationalrat SPÖ und ÖVP eine Änderung des Schulzeitgesetzes, demzufolge die Schulwoche auf 5 Tage verkürzt werden kann. Nach einer Wiener Elternbefragung 1979, bei der sich 45 Prozent der Eltern für die Fünftagewoche aussprachen, gibt es sie mittlerweile in den meisten Wiener Volksschulen. Auch die Frage der Schulorganisation trat 1978 stärker als bisher in den Vordergrund. Die SPÖ strebt die Verwirklichung eines Zieles an, das schon im Schulreformprogramm Otto Glöckels in der Ersten Republik enthalten war: die integrierte Gesamtschule (einheitliche Schule für alle 10- bis 14jährigen). 1978 und in den folgenden Jahren sind Unterrichtsminister Sinowatz und Wissenschaftsministerin Firnberg und auch Unterrichtsminister Scholten besonders nachdrücklich für sie eingetreten. Die ÖVP ist dagegen für eine Verbesserung der Hauptschule und die Beibehaltung der Langform der Allgemeinbildenden höheren Schulen. Schulversuche zur Lösung dieser Frage wurden aufgrund der 6. Schulorganisationsnovelle vom 30. Juni 1979 bis 1982 weitergeführt. 1986 wurden die Schulversuche zur Integrierten Gesamtschule in der Form der „Neuen Hauptschule mit Leistungsgruppen“ beendet. Durch SchOG § 131b des Jahres 1991 wurden jedoch neuerlich Schulversuche zur Differenzierung an der Hauptschule ermöglicht. Wann und ob die vom neuen Unterrichtsminister Vizekanzler Busek (seit 30. November 1994) angekündigten Einstellungen der derzeit noch durchgeführten Gesamtschulversuche stattfinden werden, ist offen.

Im Mai beschloß der Bundesparteitag der SPÖ deren neues Parteiprogramm. Mehrere Jahre war an ihm gearbeitet worden. Es enthielt die Ziele der SPÖ für die achtziger Jahre.

Am 30. Juni faßte der Nationalrat mehrheitlich gegen die Stimmen der ÖVP einen Beharrungsbeschluß gegen die Bestimmung des neuen Ehegesetzes, aufgrund deren nach einer Trennungszeit von 6 Jahren Ehen auch gegen den Willen eines Partners geschieden werden können, was die Opposition abgelehnt hatte. An der Verbesserung des neuen Ehegesetzes vom 1. Juli 1978 als solches hatten sich Parlamentarierinnen aus SPÖ und ÖVP engagiert beteiligt. Als Protest gegen die im April beschlossene neue Straßenverkehrsabgabe blockierten dann im Juli LKW-Züge die österreichischen Grenzen, was mitten in der Reisesaison zu beträchtlichen Verkehrsstauungen führte. Schließlich einigte man sich dahingehend, daß es zwar bei der Straßenverkehrsabgabe blieb, Nachteile aus der LKW-Steuer aber vergütet werden. Ebenfalls heftig umstritten war das neue

Arbeiterkammerwahlgesetz, das Ende Juni vom Nationalrat mit Mehrheitsbeschluß angenommen wurde. Es schloß mitarbeitende Familienangehörige von selbständig Erwerbstätigen von den Arbeiterkammerwahlen aus, was von der ÖVP vor den Verfassungsgerichtshof gebracht wurde. Dieser hob 1979 die angefochtenen Bestimmungen auf. Einstimmig wurde dagegen im November das Gesetz über die Sozialversicherung der freiberuflich selbständig Erwerbstätigen beschlossen.

Schon am 30. Jänner 1978 hatten die Grazer Gemeinderatswahlen nicht nur für die FPÖ zu folgenreichen Ergebnissen geführt. Sie hatte auf Kosten von SPÖ und ÖVP 5 Mandate gewonnen, die SPÖ hatte 3, die ÖVP 2 Mandate verloren. Die dennoch mandatsstärkste SPÖ (23 Mandate) bot daraufhin der Grazer ÖVP (18 Mandate) an, deren Kandidaten Hasiba zum Bürgermeister zu wählen. Die ÖVP lehnte jedoch dieses Angebot ab und unterstützte die Wahl des Kandidaten der FPÖ (14 Mandate), Dr. Alexander Götz, designierter Nachfolger des langjährigen Bundesparteiobmannes der FPÖ Friedrich Peter. Götz übernahm dessen Funktion Ende September 1978, machte sich jedoch außerhalb von Graz und der Steiermark u. a. durch drastische Aussprüche über politische Gegner, im besonderen den Bundeskanzler, bald nicht sehr beliebt.

Bei den Gemeinderatswahlen in Wien verlor die SPÖ 4 Mandate an die ÖVP, und bei den steirischen Landtagswahlen im Oktober in der Steiermark büßte die ÖVP ein Mandat an die FPÖ ein. In Wien wurde infolge dieses Wahlergebnisses der ÖVP-Stadtrat Dr. Erhard Busek Vizebürgermeister.

Im Jänner 1979 beschloß der Bundesparteivorstand der SPÖ, die Nationalratswahlen auf den 6. Mai, also um ein halbes Jahr, vorzuverlegen. Finanzminister Androsch unterzeichnete eine Treuhandvereinbarung für seine Steuerberatungskanzlei „Consultatio“, wegen deren Weiterführung durch Angestellte und auch wegen seines hohen Einkommens er schon 1978 angegriffen worden war. Als nächste geriet die wegen ihrer Amtsführung von der Opposition jahrelang angegriffene Gesundheitsministerin Dr. Ingrid Leodolter infolge des vorzeitig bekanntgewordenen Rohentwurfes des Rechnungshofberichtes über die Vergabe eines 100-Millionen-Schilling-Auftrages an die ARGE-Kostenrechnung in Schwierigkeiten.

Ende Februar beschloß der Nationalrat die Arbeiterabfertigung, Anfang März das Konsumentenschutzgesetz. Ihm folgte das sogenannte „Gleichbehandlungsgesetz“ (gleicher Lohn für Mann und Frau für gleiche Arbeit). Daß in der abgelaufenen Legislaturperiode trotz aller Differenzen 70 Prozent der wichtigsten Gesetze vom Nationalrat einstimmig beschlossen worden waren, gab Klubobmann Fischer noch Anfang März bekannt.

12.5 Die Entwicklung 1979-1983

Bei den Landtagswahlen in Niederösterreich und Salzburg Ende März gewann die SPÖ 1 bzw. 2 Mandate auf Kosten der ÖVP. Bei den Kärntner Gemeinderatswahlen stieg die Zahl der sozialistischen Mandate von 1049 auf 1146, jene der ÖVP von 703 auf 711. Die FPÖ verlor 54, die KPÖ 13 Mandate. In diesen Ergebnissen zeigte sich die damalige Tendenz der Österreicher, in deutlich schwieriger werdenden Zeiten der SPÖ bzw. vor allem der Person Kreiskys den Vorzug zu geben. Die SPÖ gewann daher auch bei den Nationalratswahlen am 6. Mai 1979 zum dritten Mal die absolute Mehrheit (SPÖ 95, ÖVP 77, FPÖ 11 Mandate). Das am 5. Juni angelobte Kabinett Kreisky IV war personell mit der bisherigen Regierung identisch.

Der Bundesparteiobmann der ÖVP, Dr. Taus, teilte dagegen am 13. Juni dem Bundesparteivorstand mit, daß er nicht mehr als Obmann kandidieren werde, da die Partei seine Forderungen vor allem nach einer Beschränkung der Macht der Bünde nicht angenommen habe. Beim außerordentlichen Bundesparteitag der ÖVP am 7. Juli wurde daher Dr. Alois Mock zum neuen Bundesparteiobmann gewählt. Generalsekretär Dr. Lanner wurde in seinem Amt bestätigt.

Infolge dieser politischen Entwicklung wurden in den Bundesländern mit ÖVP-Mehrheit in der Landesregierung föderalistische Tendenzen wieder stärker. In Vorarlberg bildete sich im September sogar eine Bürgerinitiative „Pro Vorarlberg“, die ein Autonomiestatut verlangte. Gegen ein solches wendete sich die allerdings ebenfalls föderalistische Bewegung „Vorarlberg pro Wien“. Ende September konnte bei den Landtagswahlen in Tirol die ÖVP ihre Zweidrittelmehrheit sogar noch um ein Mandat auf Kosten der SPÖ ausbauen, was aber allgemein der besonderen Popularität von Landeshauptmann Wallnöfer zugeschrieben wurde. Bei den Landtagswahlen im Oktober in Oberösterreich, Kärnten und Vorarlberg gewann die ÖVP ebenfalls je 1 Mandat. In Kärnten erhielt die SPÖ zwar die meisten Stimmen seit 1945, doch blieb ihr Mandatsstand gleich. In Vorarlberg veränderte sich die Mandatsverteilung überhaupt nicht. Bei den oberösterreichischen Gemeinderatswahlen errangen beide Großparteien zusätzliche Mandate. Bei den Salzburger Gemeinderatswahlen kam es nur zu unwesentlichen Verschiebungen. Am 18. Oktober wurde Dr. Ratzenböck vom Landtag einstimmig wieder zum Landeshauptmann gewählt.

Das Rücktrittsangebot von Gesundheitsministerin Dr. Leodolter infolge der ARGE-Affäre leitete die von Kreisky schon seit längerem angekündigte Regierungsumbildung ein. Am 5. November wurden Dr. Herbert Salcher, zuvor Landeshauptmannstellvertreter von Tirol, als Minister für Gesundheit und Umweltschutz, der Gewerkschafter Karl Sekanina als Minister für Bauten und Technik, und vier Staatssekretärinnen vom Bundespräsidenten angelobt: Anneliese Albrecht für Konsumentenfragen im Handelsministerium, Johanna Dohnal für Frauenfragen im Bundeskanzleramt, Dr. Beatrix Eypeltauer im Bauten- und Franziska Fast im Sozialministerium. Staatssekretär Elfriede Karl wechselte in das Finanzministerium.

Nachdem FPÖ-Bundesparteiobmann Götz schon im November die Niederlegung seines Nationalratsmandates angekündigt hatte und FPÖ-Generalsekretär Dr. Krünes zurücktrat, kam der Rücktritt von Götz auch als Bundesparteiobmann am 1. Dezember 1979 wegen innerparteilicher Differenzen und wegen seines starken Grazer Engagements nicht mehr überraschend. Interimistischer Obmann wurde daraufhin Horst Schender. Er blieb es bis zur Wahl des Wiener FPÖ-Landesparteiobmannes Dr. Norbert Steger am Bundesparteitag der FPÖ in Linz am 2. März 1980. Steger erhielt etwas mehr als 50 Prozent der Delegiertenstimmen. Beim Parteitag der SPÖ am 16. November 1979 war Kreisky mit 489 von 490 Stimmen wieder zum Vorsitzenden gewählt worden. Außerdem wurden acht Stellvertreter gewählt: Vizekanzler Androsch, der niederösterreichische Landeshauptmannstellvertreter Czettel, Bundesminister Firnberg, Bürgermeister Gratz, der steirische Landeshauptmann-Stellvertreter Sebastian, Klubobmann Fischer, der burgenländische Landeshauptmann Kery und der Kärntner Landeshauptmann Wagner.

Obwohl – wie schon betont – die Außen- ebenso wie die Wirtschaftspolitik und die Kulturgeschichte in diesem Beitrag nicht behandelt werden, sei doch vermerkt, daß das innenpolitisch bewegte Jahr 1980 mit einem vielbeachteten internationalen Vorschlag Kreiskys begann. Im Sommer 1979 hatte er die noch von der Regierung Klaus beschlossene, nunmehr fertiggestellte UNO-City den Vereinten Nationen übergeben. Durch sie ist Wien jetzt nach New York und Genf die dritte UNO-Stadt. Ende Jänner 1980 stellte der durch seine rege internationale Aktivität weltweit bekannte Kanzler der 3. Generalversammlung der UNIDO in Neu-Delhi seinen „Marshall-Plan“ für die dritte Welt vor. Er hat diese zweifellos richtige und wichtige Idee mehrmals vertreten, doch konnte er nicht mehr tun, als für sie überall zu werben.

In Salzburg wurde beim Bundesparteitag der ÖVP am 2. März Dr. Mock mit 461 von 463 gültigen Stimmen wieder zum Bundesparteiobmann gewählt. Seine Stellvertreter wurden der oberösterreichische Landeshauptmann Ratzenböck, der Vorarlberger Arbeiterkammerpräsident Bertram Jäger, der heftig und zum Teil erfolgreich gegen das Arbeiterkammerwahlgesetz gekämpft hatte, der Wiener Vizebürgermeister Busek, die Nationalratsabgeordnete Dr. Marga Hubinek und Generalsekretär Lanner, der mit 68,4 Prozent der Stimmen am schlechtesten abschnitt.

Bei den Gemeinderatswahlen im März 1980 in Niederösterreich, Steiermark und Tirol wählte ein Drittel der wahlberechtigten Österreicher. Die meisten Stimmen erhielt in allen drei Bundesländern die ÖVP, im Sonderfall Tirol sogar 71,1 Prozent.

Am 6. April begann in Österreich die erste Sommerzeit nach dem Krieg. Sie dauerte bis zum 27. September 1980 und trägt auch weiterhin zur Energieeinsparung bei.

Mai und Oktober 1980 standen weitgehend im Zeichen der großen Jubiläumsfeiern der Zweiten Republik: 35 Jahre Republik, 25 Jahre Staatsvertrag und Immerwährende

Neutralität. Am Staatsvertragsfestakt im Belvedere im Mai nahmen in einer Zeit großer weltpolitischer Spannungen alle Außenminister der vier Signatarstaaten, einschließlich der UdSSR, teil.

Am 18. Mai wurde der neuerlich von der SPÖ nominierte amtierende Bundespräsident Kirchschläger mit 80 Prozent aller abgegebenen Stimmen gewählt. Die ÖVP hatte keinen eigenen Kandidaten aufgestellt und ihren Wählern eine freie Entscheidung überlassen. Der Kandidat der FPÖ, Botschafter Wilfried Gredler, erhielt 16,8 Prozent, jener der NDP, ihr Obmann Norbert Burger, 3,2 Prozent der abgegebenen Stimmen, was wegen dessen rechtsradikaler Position die größte und unangenehmste Überraschung bei dieser Wahl war.

Ende Juni gelobte der Bundespräsident den FPÖ-Nationalratsabgeordneten Dr. Tassilo Broesigke in der Nachfolge von Dr. Jörg Kandutsch als neuen Präsidenten des Rechnungshofes an. Im Juli löste Dr. Josef Krainer jr. Friedrich Niederl nach neunjähriger Amtszeit als steirischen Landeshauptmann ab.

Das die Innenpolitik, vor allem aber die Medien 1980 beherrschende Thema waren jedoch Finanzskandale von beträchtlichem Ausmaß. Der größte war der „AKH(Allgemeines Krankenhaus)-Skandal“. Es gingt dabei um beim langjährigen Bau des neuen Wiener Großkrankenhauses verplante bzw. zweckentfremdete Provisions- und Beste-

Wiederholung der berühmten Balkonszene im Mai 1980

chungsgelder von großer Höhe. Eine Reihe angesehener österreichischer Firmen hat Provisionen gezahlt, Scheinfirmen wurden gegründet, große Beträge auf Konten ausländischer Banken verschoben. Das führte einerseits zur Einsetzung eines parlamentarischen Untersuchungsausschusses unter dem Vorsitz des FPÖ-Obmannes Steger, andererseits zu einer Serie von Verhaftungen. Der prominenteste Untersuchungshäftling war der Ende August auf Antrag der Untersuchungsrichterin Partik-Pablé wegen „Verdunkelungsgefahr" verhaftete Präsident der Industriellenvereinigung Fritz Mayer. Das Hauptproblem war jedoch, daß Vizekanzler und Finanzminister Hannes Androsch, der sich noch immer nicht von der „Consultatio" getrennt hatte, Beziehungen zu einigen Hauptbeteiligten an dieser Affäre vorgeworfen wurden.

Er stand daher im Vordergrund der Angriffe, doch blieben auch Bürgermeister Gratz und die Wiener Stadträdte für Gesundheit, Planung und Finanzen, Prof. Stacher, Prof. Wurzer und Hans Mayr, vom Vorwurf mangelnder Kontrolle nicht verschont. Dennoch blieb Androsch die Hauptzielscheibe. Ununterbrochen wurden immer neue Verdächtigungen und Beschuldigungen gegen ihn erhoben. Obwohl ihm kein persönlicher Gewinn am AKH-Skandal nachgewiesen werden konnte, wurde der Vizekanzler und Finanzminister der Republik, dessen fachliche Kompetenz übrigens nicht bestritten wurde, auf diese Weise doch eine Belastung für die Regierung und die SPÖ, an ihrer Spitze Bruno Kreisky, zu dessen Nachfolgekandidaten Androsch zweifellos lange gehört hatte. Anfang September legte Kreisky der Partei ein 10-Punkte-Programm für Sauberkeit und Kontrolle in der Politik vor. Nur nach dessen Annahme wäre er bereit, weiter Verantwortung zu tragen. Außerdem ließ er keinen Zweifel darüber bestehen, daß er sich nun von Androsch endgültig trennen wolle. Das 10-Punkte-Programm wurde angenommen, der Rücktritt von Androsch im Herbst jedoch noch von einigen hohen Parteifreunden verhindert. Auch erklärte er, sich bis zum Frühjahr 1981 von der „Consultatio" gänzlich lösen zu wollen. Schon im Dezember 1980 erwies sich aber die Situation als unhaltbar. Androsch trat zurück und wurde Anfang Februar 1981 trotz des Widerstandes der ÖVP und von Kleinaktionären in den Vorstand der Creditanstalt-Bankverein gewählt. Im Frühjahr 1981 wurde er von den Vertretern der SPÖ und jenen der FPÖ im Aufsichtsrat zum Präsidenten der CA gewählt.

Wenn in der Größenordnung nicht vergleichbar, so blieb doch auch die ÖVP nicht frei vom Vorwurf, daß sie 1979 eine Spende von 10 Millionen Schilling unklarer Herkunft entgegengenommen habe. Anfang Oktober 1980 gab sie jedoch die volle Rückzahlung dieses Betrages bekannt.

Der einzige „Gewinner" in diesem unerfreulichen Kapitel österreichischer Zeitgeschichte von 1980 war der „Saubermann" Steger, der beim Bundesparteitag der FPÖ im September in Linz mit 87,8 Prozent der Delegiertenstimmen zum Bundesparteiobmann gewählt wurde. Obmann-Stellvertreterin wurde Klara Motter; damit erlangte erstmals eine Frau eine führende Position in der FPÖ.

1980 warfen außerösterreichische Probleme ihre blutigen Schatten auf Österreich. Ende Juli erklärte der Außenminister Diplomaten der irakischen Botschaft wegen der Beteiligung an einem Sprengstoffanschlag auf die Botschaft des Iran, bei dem sechs Personen verletzt und Schäden im Ausmaß von 5 Millionen Schilling verursacht worden waren, als „personae non gratae". Große Erregung in ganz Österreich rief die Ermordung des Wiener Stadtrates für Verkehr und Energie, Heinz Nittel, am Morgen des 1. Mai 1981 hervor. Nittel war engagierter Präsident der österreichisch-israelischen Gesellschaft. Wegen dieser Funktion wurde er das Opfer fanatischer Palästinenser. Die SPÖ sagte ihren traditionellen Mai-Aufmarsch über die Ringstraße ab und veranstaltete eine große öffentliche Trauerkundgebung. Von Antisemitismus war damals zumindest öffentlich nichts zu spüren. Am 29. Oktober 1981 wurde ein Terroranschlag auf die Synagoge in der Wiener Innenstadt verübt, bei dem zwei Personen getötet und 18 verletzt wurden. Zwei Attentäter wurden verhaftet. Sie gehörten der radikalen palästinensischen Splittergruppe „Al Assifa" des Rechtsanwaltes Abu Nidal an. Ein Verhafteter, der Araber Husham Rajik, gestand Anfang Oktober auch den Mord an Stadtrat Nittel.

Von personellen Veränderungen im militärischen und politischen Bereich seien für 1980/81 nur zwei genannt. Am 1. Oktober 1980 starb der Minister für Soziale Verwaltung, Gerhard Weißenberg. Sein Nachfolger wurde acht Tage später der Vizepräsident des ÖGB, Alfred Dallinger. Am 30. September 1981 übernahm Ernest Bernadiner, der Chef des Stabes des Armeekommandos, von dem in den Ruhestand getretenen, allseits angesehenen General Spannocchi, der einen auch für ein kleines Land geeigneten Verteidigungsplan ausgearbeitet hatte („Spannocchi-Plan"), das Kommando über das österreichische Bundesheer.

Das Jahr 1982 war innenpolitisch und wirtschaftlich ein relativ ruhiges Jahr. Am 30. Juni 1982 wurde vom Nationalrat die 7. Schulorganisationsgesetz-Novelle beschlossen. Ihr Inhalt war die Beibehaltung der Langform der Allgemeinbildenden höheren Schulen und die Einführung der sogenannten „Neuen Hauptschule" ab dem Schuljahr 1985/86. Im Juli gab es 66.000 Arbeitslose, von denen die Hälfte Gastarbeiter waren (80% Jugoslawen, 20% Türken). Anfang Oktober erzielte die SPÖ bei den burgenländischen Landtagswahlen mit 53,2 Prozent der Stimmen und 20 Mandaten das beste Ergebnis seit 1945. Die ÖVP verlor 2,1 Prozent der Stimmen und erreichte 16 Mandate. Den anderen kandidierenden Parteien (FPÖ, KPÖ, NDP) gelang der Sprung in den Landtag nicht. Damit war die Alleinherrschaft der SPÖ bzw. des langjährigen Landeshauptmarmes Theodor Kery auf weitere fünf Jahre gesichert.

Anders verliefen die Grazer Gemeinderatswahlen am 23. Jänner 1983. Die SPÖ errang 24 (+1), die ÖVP 18 (0), die FPÖ 9 (- 5) Mandate. Die Alternativen Grünen erreichten 4 (0) Mandate und die KPÖ 1 (0). Dieses Ergebnis machte eine Fortsetzung der bisherigen FPÖ-ÖVP-Regierung des FPÖ-Bürgermeisters Alexander Götz unmöglich. Daher einigte man sich am 8.März, daß der ÖVP-Spitzenkandidat Franz Hasiba bis Ende

1984 und der SPÖ-Vizebürgermeister Alfred Stingl die folgenden drei Jahre Bürgermeister von Graz sein sollte. Ebenfalls am 8. März stimmte der Ministerrat einem neuen Staatsvertrag mit Kärnten zu, der die Fortsetzung der im September 1979 begonnenen kodifizierten Politik zwischen Bund und dem Land Kärnten ermöglichte. Er garantierte vor allem eine gemeinsame Arbeitsplatzförderung, Verstärkung der Förderungsmaßnahmen für den Fremdenverkehr sowie des agrarischen Grenzlandförderungsprogrammes, Verstärkung des Autobahn- und Brückenbaus in Kärnten, Förderung des Nationalparks Hohe Tauern und Fortsetzung der finanziellen Unterstützung von Vorhaben zur Seereinhaltung.

Im Wahlkampf für die Nationalratswahlen am 24. April 1983 gab der seit 1970 im Amt befindliche SPÖ-Bundeskanzler Bruno Kreisky bei seiner wöchentlichen Pressekonferenz am 25. März eine Grundsatzerklarung ab. Zwischen der SPÖ und der ÖVP gebe es „Klüfte", die eine von vielen Österreichern gewünschte Große Koalition unmöglich mache: 1. Die Vorstellung des ÖVP-Obmannes Alois Mock, Ministerien abzuschaffen, sei „barock" und werde zur Bildung von Monsterministerien führen, in denen die politische Verantwortung bei den Sektionschefs liegen würde. 2. Die ÖVP betreibe eine populistische Politik und lehne auch alles ab, was sie selbst seinerzeit erfunden habe, wie z. B. das Konferenzzentrum oder die UNO-City in Wien (bei einem von der ÖVP initiierten Volksbegehren hatten sich im Mai 1982 1,361.000 Österreicherinnen und Österreicher gegen den Bau des Konferenzzentrums ausgesprochen). 3. Sollte die SPÖ die absolute Mehrheit verlieren, sei er der Hauptverantwortliche dafür und werde die Konsequenzen tragen. Am 9. März hatte Kreisky bereits erklärt, daß er sicher kein Koalitionskanzler sein werde. Nach einer Niederlage würde er sich ohne Groll aus seinem Amt zurückziehen. Die FPÖ betreibe im Gegensatz zur ÖVP eine nuancierte Oppositionspolitik. Mit diesen Aussagen erweckte der 72jährige nierenkranke Kanzler einerseits den Eindruck, daß er selbst an die Erringung einer neuerlichen (vierten) absoluten Mehrheit für die SPÖ nicht mehr glaubte, und stellte zugleich bereits für diesen Fall die Weichen in Richtung einer „kleinen" SPÖ-FPÖ-Koalition. Bereits am 16. Februar hatte ÖVP-Obmann Alois Mock das Wirtschaftsprogramm der ÖVP für die nächsten vier Jahre vorgestellt. Seine Kernaussagen waren: Schaffung von 90.000 Arbeitsplätzen und Sanierung des Staatsbudgets durch Einsparungen im öffentlichen Bereich und der Verschiebung angekündigter neuer Sozialleistungen. Auf die von Kreisky und Finanzminister Salcher, dem Nachfolger von Androsch, angekündigten Sparmaßnahmen wie die Zinsertragsteuer und die Besteuerung des 13. und 14. Monatsgehaltes („Mallorca-Paket") werde seine Regierung verzichten.

Der Obmann der FPÖ, Norbert Steger, versicherte in einem am 16. April erschienenen Interview, er glaube, die SPÖ werde die absolute Mehrheit verlieren. Daher werde seine Partei das „Zünglein an der Waage" sein. Koalitionsverhandlungen seien jedoch schwierig: „Die Kassen sind leer, das Budget hat zu einer Ausweitung der Staatsverschuldung geführt. Es gibt eine irrsinnige Machtverhärtung in der SPÖ und interessanterweise kaum nennenswerte Alternativen durch die ÖVP."

Am 24. April 1983 gab es eine Wahlbeteiligung von 92,5 Prozent. 2,312.529 (47,65 Prozent) wählten die SPÖ, die 90 Mandate (- 5) errang, 2,097.808 (43,22 Prozent) die ÖVP, die damit 81 Mandate (+ 4) errang, 241.789 (4,98 Prozent) die FPÖ mit 12 Mandaten (+ 1). Die Vereinten Grünen Österreichs (VGÖ), die Alternative Liste Österreich (ALÖ), die KPÖ, die Österreich-Partei, die nur in den Wahlkreisen Wien, Steiermark und Tirol kandidierten, und die rechts-extreme Ausländer-Halt-Bewegung (AUS) (Kandidatur nur in Wien) errangen kein Mandat. Noch am Wahlabend erklärte Kreisky, er halte sein Wort, nur für eine Alleinregierung der SPÖ, nicht aber für eine Koalition zur Verfügung zu stehen. In Krisenzeiten sei ein Verlust von 5 Mandaten keine Naturkatastrophe, dennoch betrachte er diesen Verlust auch als persönliche Niederlage. Die „Süddeutsche Zeitung" veröffentlichte dazu als Kommentar, das Wahlergebnis könne zwar, allein von den Zahlen her, nicht als Erdrutsch bezeichnet werden und doch handle es sich um einen solchen, möglicherweise sogar um eine „historische Wende", denn die Wähler „haben das politische Monument Kreisky gestürzt".

13. Koalitionsregierungen

Die SPÖ-FPÖ-Koalitionsregierung

13.1 Die Regierung Sinowatz-Steger (1983-1986)

Am 25. April 1983 einigte sich der Vorstand der SPÖ, dem Wunsch Kreiskys folgend, einstimmig darauf, den bisherigen Unterrichtsminister und Vizekanzler Fred Sinowatz zum Kanzlerkandidaten für eine Koalitionsregierung zu nominieren. Der Vorschlag Kreiskys, bereits im Juni einen Bundesparteitag einzuberufen und einen neuen Vorsitzenden der Partei zu wählen, wurde allerdings abgelehnt. Kreisky sollte bis zum Parteitag im Herbst weiter Vorsitzender bleiben.

Ebenfalls am 24. April hatten in Wien Gemeinderats-(= Landtags-)Wahlen stattgefunden, die zu keinen wesentlichen Änderungen geführt hatten. Die SPÖ mit ihrem Spitzenkandidaten Bürgermeister Leopold Gratz gewann bei einer Wahlbeteiligung von 83,9 Prozent 53,5 Prozent der Stimmen und 61 Mandate (- 1), die ÖVP mit Vizebürgermeister Erhard Busek 34,8 Prozent und 37 Mandate (+ 2), die FPÖ 5,4 Prozent und 2 Mandate (-1). Die (grüne) Alternative Liste und die KPÖ gelangten nicht in den Gemeinderat. Die in den nächsten Wochen für eine Regierungsbildung notwendigen Koalitionsgespräche zeigten bald, daß die SPÖ damals an einer Großen Koalition mit der ÖVP nicht ernstlich interessiert war. Schon am 12. Mai wurden ihre Verhandlungen mit der FPÖ nach vier Gesprächsrunden erfolgreich abgeschlossen. Nach den Erklärungen von SPÖ-Klubobmann Heinz Fischer und FPÖ-Obmann Norbert Steger enthielt das Koalitionsabkommen 20 Punkte, an der Spitze die Verpflichtung zur kooperativen Weiterführung der bisherigen Politik, deren wichtigste Aufgabe für die SPÖ die Wirtschaftspolitik mit der Erhaltung der Arbeitsplätze sei. Die geplanten Steuererhöhungen waren bis zu einer großen Steuerreform zurückgestellt worden. Die Aufteilung der Ressorts war so erfolgt, daß die FPÖ Handel, Justiz und Landesverteidigung übernahm und 3 Staatssekretäre stellte. Die Regierung Sinowatz-Steger verfügte im Nationalrat über eine Mehrheit von 102 Mandaten gegen 81 Mandate der ÖVP. Am 31. Mai 1983 wurde das gemeinsame Programm der Regierung dem Nationalrat vorgetragen, der aus Altersgründen zwei langjährige profilierte Mitglieder nicht mehr angehörten: Justizminister Christian Broda und die erste Ministerin für Wissenschaft und Forschung, Hertha Firnberg. Auf Broda folgte der freiheitliche Harald Ofner, auf Firnberg Heinz Fischer. Neuer Unterrichtsminister wurde Helmut Zilk. Erwin Lanc wurde Außenminister, Herbert Salcher blieb Finanzminister. Frischenschlager übernahm von Friedrich Peter die Klubobmannschaft der FPÖ im Nationalrat. Dieser hatte im Mai 1983 große innenpolitische Erregung hervorgerufen, weil die FPÖ den Posten des Dritten Nationalratspräsidenten mit ihm besetzen wollte. Unter dem starken Druck der öffentlichen Meinung verzichtete Peter, der im Krieg einer SS-Einsatzgruppe angehört hatte, am 17. Mai auf die Kandidatur für das Amt des Dritten Präsidenten des Nationalrates, das dann Gerulf Stix übernahm. Das große Handelsressort übernahm FPÖ-Vizekanzler Steger, das Verteidigungsministerium Friedhelm Frischenschlager, der im April 1986 durch Helmut Krünes abgelöst wurde.

Zum ersten Mal seit ihrer Gründung hatte die FPÖ Regierungsbeteiligung übernommen; allerdings in einer Zeit, in der Regierungserfolge durch wirtschaftliche Probleme schwieriger geworden waren. Schon seit 1981 hatte Österreich aufgrund fehlender außenwirtschaftlicher Impulse nur mehr 2 Prozent Wirtschaftswachstum erreichen können. 1982 war es erstmals zu einer Zunahme der Arbeitslosigkeit von 2,4 Prozent auf 3,7 Prozent gekommen, die nun auf 4,6 Prozent anzuwachsen drohte. Die Regierung hatte darauf schon 1975 mit dem konjunkturpolitischen Einsatz des Staatshaushaltes reagiert. 1977 war die Leistungsbilanzproblematik durch eine Kombination von anbotsseitiger Strukturpolitik und sozial ausgewogener Nachfrageabschöpfung bewältigt worden. Die Arbeitsmarktsituation hatte man durch den gezielten Einsatz von öffentlichen Investitionen und Mitteln der Arbeitsmarktförderung beruhigen können. Dennoch war nach Meinung von Finanz- und Wirtschaftsexperten der Staatshaushalt bereits 1982 in eine kritische Lage geraten. Als nun Bundeskanzler Sinowatz am 12. Juli, sechs Tage nach dem Beginn der Sommerpause des Nationalrates, erklärte, daß das voraussichtliche Defizit im Budget 1983 den Voranschlag um über 20 Milliarden überschreiten und ca. 95 Milliarden erreichen und damit das Nettodefizit mit 68 Milliarden Schilling um ein Drittel höher ausfallen werde, als vom Finanzminister geplant und vom Parlament beschlossen worden war, erklärte die ÖVP das Budget 1983 als „Scheinbudget“ und erzwang die Einberufung einer Sondersitzung des Nationalrates am 22. Juli. Dabei forderte die ÖVP in 3 Anträgen den Rücktritt von Finanzminister Salcher sowie neue Budgetentwürfe bzw. Richtlinien für die Budgetpolitik 1983 und 1984 und eine Sonderprüfung der Budgets 1982 und 1983 durch den Rechnungshof. Sinowatz und Salcher schilderten die Situation und die für ihre Verbesserung vorgesehenen Maßnahmen. Die Finanzschuld des Bundes werde 1983 ca. 409 Milliarden Schilling ausmachen. Dennoch sei Österreich nach wie vor ein Land bester internationaler Bonität mit einer der härtesten Währungen der Welt. ÖVP-Obmann Mock erklärte seine Partei zur einzigen Vertretung der Steuerzahler und schlug Einsparungs- und Steuerkonzepte vor. Bei den Abstimmungen erreichte jedoch kein einziger Antrag der ÖVP die erforderliche Mehrheit, da die Regierungskoalition geschlossen gegen sie stimmte. Das war auch am 20. Oktober der Fall, als der Mißtrauensantrag der ÖVP gegen die Wirtschaftspolitik der Regierung abgelehnt und die Budgetbegleitgesetze angenommen wurden. Ihnen zufolge standen für 1984 436,5 Milliarden Ausgaben 341,9 Milliarden Einnahmen gegenüber. Zuvor hatte die Koalitionsregierung am 16. September ein umfangreiches Maßnahmenpaket zur Belebung der Wirtschaft vorgelegt, das von Dr. Mock als „Belastungspaket“ kritisiert worden war.

Im Interesse der Öffentlichkeit stand damals allerdings nicht die Budgetproblematik, sondern der erste Besuch eines Papstes in Österreich seit 1786: Vom 10. bis 13. September hielt sich Papst Johannes Paul II. aus Anlaß des Österreichischen Katholikentages in Österreich auf, wo er von Hunderttausenden gesehen und bejubelt wurde. Von Spannungen zwischen dem Vatikan und dem österreichischen Episkopat war damals noch nicht die Rede. Der Papst erinnerte in seinen Ansprachen oft an die Geschichte Österreichs. Noch eindringlicher war das in der Abschiedsrede Bruno Kreiskys am 28. November vor dem Nationalrat, dem er seit 1956 angehört hatte, der Fall. Er gab einen Überblick über die ganze Geschichte der Zweiten Republik mit ihren Höhepunkten. Auf seine eigene dreizehnjährige Kanzlerschaft ging er nicht näher ein, da der Aufstieg Österreichs das Werk der gesamten Zweiten Republik sei.

Am 26. Oktober 1983 fanden die niederösterreichischen Landtagswahlen statt, an der sich 83,9 Prozent der Wahlberechtigten beteiligten. Die ÖVP errang mit 54,5 Prozent 32 Mandate (+ 3), die SPÖ mit 41,4 Prozent 24 (- 3) Mandate. Allen anderen Parteien, auch der FPÖ, gelang der Einzug in den Landtag nicht, in dem sich Landeshauptmann Ludwig für eine Zusammenarbeit mit der SPÖ aussprach. Durch dieses Wahlergebnis änderte sich übrigens auch die Zusammensetzung des Bundesrates zugunsten der ÖVP (33 : 31). Am 29. Oktober 1983 wählte der SPÖ-Parteitag Bundeskanzler Sinowatz auch zum neuen Parteivorsitzenden.

Auch bei den Salzburger Landtagswahlen im März 1984 war die ÖVP erfolgreich. Sie gewann mit Landeshauptmann Wilfried Haslauer bei 79,7 Prozent Wahlbeteiligung zum ersten Mal knapp die absolute Mehrheit (50,1 Prozent) = 19 Mandate (+ 2); die SPÖ erhielt mit 35,2 Prozent 13 (- 1) und die FPÖ mit 8,7 Prozent 4 Mandate (- 1). In der neuen Landesregierung (4 ÖVP, 3 SPÖ) war die FPÖ nicht mehr vertreten. Der Vorgänger von Norbert Steger als FPÖ-Obmann, der frühere Grazer Bürgermeister Götz, gab Steger die Schuld am schlechten Ergebnis der FPÖ. Der Bundeskanzler äußerte im Hinblick auf die SPÖ-FPÖ-Koalition auf Bundesebene seine Besorgnis über dieses Ergebnis.

Anfang April wurden in Wien neun Neonazis zu Haftstrafen zwischen drei Monaten bedingt und fünf Jahren unbedingt verurteilt. Der Hauptangeklagte Weil, ein deutscher Staatsangehöriger, erhielt wegen Bombenanschlägen in Salzburg und Wien im Sommer 1982, Einbruches in ein Salzburger Sprengstofflager und unerlaubten Waffenbesitzes fünf Jahre Haft, wurde aber von der Anklage wegen eines Anschlages auf Simon Wiesenthal, den Leiter des jüdischen Dokumentationszentrums in Wien, freigesprochen. Bei einigen Angeklagten wirkte sich die bisherige Unbescholtenheit, bei anderen das jugendliche Alter von 21 Jahren strafmildernd aus. Auf jeden Fall hatte dieser erste große Prozeß gegen Neonazis in der Zweiten Republik gezeigt, daß das Ausmaß des Rechtsextremismus, der auch vor der Anwendung von Gewalt nicht zurückschreckte, in der Zweiten Republik nicht mehr mit Stillschweigen übergangen werden konnte.

Bei den Tiroler Landtagswahlen im Juni setzten sich die Erfolge der ÖVP noch fort, was auch nach Aussage des Bundesparteiobmannes Mock auf den Bonus von Eduard Wallnöfer zurückging, der seit 1963 Landeshauptmann war. Dieser hatte seit 1970 als Zeichen der Zusammengehörigkeit mit Südtirol jährlich eine gemeinsame Sitzung des Nord- und Südtiroler Landtages in Innsbruck bzw. Bozen abhalten lassen. Bei 87,4 Prozent Wahlbeteiligung gewann die ÖVP mit 64,6 Prozent der Stimmen 25 Mandate (+ 1), die SPÖ mit 25,3 Prozent 9 Mandate (- 1). Den Freiheitlichen gelang mit 6 Prozent der Stimmen die Erringung von 2 Mandaten und damit der Einzug in den Landtag. Der Erfolgskurs der ÖVP in den Bundesländern wurde bei den Vorarlberger Landtagswahlen im Oktober 1984 durch den ersten großen Erfolg der Grünen (13 Prozent der Stimmen und 4 Mandate) gestoppt. Deren Spitzenkandidat war der 30jährige Bauer Kaspar Ignaz (Kaspanaze) Simma aus dem Bregenzer Wald, der sich jedoch nicht für die Bundespolitik der Grünen gewinnen ließ. Das Ergebnis für die anderen Parteien sah folgendermaßen aus: ÖVP mit 51,6 Prozent und 20 Mandaten (-2) noch immer im Besitz der absoluten Mehrheit, SPÖ mit 24 Prozent 9 Mandate (- 1) und FPÖ mit 10,5 Prozent 3 Mandate (- 1). Der Bundesobmann der Vereinigten Grünen Österreichs (VGÖ) Buchner bezeichnete den erstmaligen Einzug der Grünen in einen Landtag als „Signal für ganz Österreich" und als Denkzettel für die etablierten Parteien. Wenn in den nächsten beiden Jahren auch ihre Anziehungskraft zur Geltung kam, so zeigten doch ständige innere Richtungsstreitigkeiten spätestens bei den Wiener Gemeinderatswahlen 1987 ihren Niedergang.

Im September war die Regierung Sinowatz-Steger umgebildet worden. Am 3. September billigte der Parteivorstand der SPÖ die Berufung von Franz Vranitzky, der seit April 1981 die Länderbank geführt und saniert hatte, zum Finanzminister – Herbert Salcher war wohl zu sehr in den Kampf gegen seinen Vorgänger Androsch auf Steuer- und Gerichtsebene involviert. Leopold Gratz, seit 1973 Bürgermeister von Wien, löste Erwin Lanc als Außenminister ab. Die Wiener Vizebürgermeisterin Gertrude Fröhlich-Sandner wurde Familienministerin und, da Unterrichtsminister Helmut Zilk am 4. September von der Wiener SPÖ mit 50 von 61 Stimmen zum Bürgermeister von Wien gewählt wurde, übernahm dessen Ressort der bisherige stellvertretende Landeshauptmann von Salzburg, Herbert Moritz. Obwohl die Bezeichnung des ÖVP-Generalsekretärs Michael Graff für die Regierungsumbildung als „Panikreaktion" von Sinowatz und „Strafaktion" gegen Salcher und Lanc, der sich als einziger mit Androsch solidarisch erklärt hatte, überzogen war, gab es zweifellos in der SPÖ nach Kreisky Richtungsstreitigkeiten. Sie wurden vor allem von der „Jungen Generation" der SPÖ artikuliert.

Bei den Landtagswahlen Ende September 1984 in Kärnten hielt SPÖ-Landeshauptmann Leopold Wagner bei einer Wahlbeteiligung von 82,2 Prozent trotz eines Stimmenverlustes von 2,4 Prozent die absolute Mehrheit und 20 Mandate. Die ÖVP erlitt ebenfalls Stimmenverluste von 3,6 Prozent, behielt aber ihre 11 Mandate. Den einzigen Gewinn mit einem Stimmenzuwachs von 4,3 Prozent erzielte die FPÖ, die mit 5 Mandaten in den Landtag einzog. Ihr Kärntner Landesparteiobmann, Jörg Haider, hatte ein Volksbegehren für getrennten Schulunterricht im gemischtsprachigen (slowenisch-deutsch) Gebiet Kärntens initiiert.

Das Ende des Jahres 1984 stand im Zeichen der basisdemokratischen grünen Aktion gegen die Errichtung eines großen Wasserkraftwerkes in der Stopfenreuther Au bei Hainburg. Bei Beginn der ersten Baumschlägerungen zogen ca. 3000 Menschen, unter ihnen sehr viele Jugendliche, am 11. Dezember in die Au, besetzten sie und biwakierten trotz winterlicher Kälte, um weitere Schlägerungen zu verhindern. Dabei dominierten der langjährige sozialistische Präsident der Journalistengewerkschaft, Günther Nenning, und die engagierte „Grüne" Freda Meissner-Blau. Die Aktion wurde publizistisch massiv von der „Neuen Kronen-Zeitung", dem auflagenstärksten Blatt Österreichs, unterstützt. Obwohl sich Demonstranten und Polizei im allgemeinen friedlich verhielten, kam es doch zu kleineren Zusammenstößen mit 19 Verletzten und 40 vorübergehenden Verhaftungen. Um eine weitere Eskalation zu verhindern, wurden, nachdem sich auch Bundespräsident Kirchschläger eingeschaltet hatte, auf Anordnung von Bundeskanzler Sinowatz vor Weihnachten die Schlägerungen eingestellt. Am 4. Jänner 1985 verzichtete die Regierung vorläufig auf den Bau eines Kraftwerkes in der Au. Die „Grünen" hatten ihren größten Sieg errungen.

Wenige Wochen später kam es zum „Fall Reder“. Am 24. Jänner war der frühere SS-Sturmbannführer der Waffen-SS, Walter Reder, ein gebürtiger Österreicher, vorzeitig aus italienischer Haft entlassen worden. Er gilt als Hauptverantwortlicher für das „Massaker von Marzabotto“, bei dem im Oktober 1944 fast 1.800 Einwohner einer kleinen Stadt bei Bologna ermordet worden waren. 1951 wurde Reder zu lebenslänglicher Haft verurteilt und in der Festung Gaeta inhaftiert. 1980 wurde seine Haft bis Mitte 1985 befristet. Reder wurde ein halbes Jahr früher mit einer italienischen Militärmaschine nach Graz geflogen, wo ihn der junge Verteidigungsminister Frischenschlager offiziell und mit Handschlag empfing und sogar noch beim Weiterflug nach Baden begleitete. Reders vorzeitige Entlassung, für die hohe österreichische Politiker und auch Kardinal König interveniert hatten, wurde vom Außenministerium und von Vizekanzler Steger begrüßt. Politiker der ÖVP und der SPÖ verlangten den Rücktritt Frischenschlagers. Dieser erklärte, im Auftrag von Außenminister Gratz gehandelt zu haben. Dabei habe er sicher einen Fehler gemacht, zurücktreten werde er jedoch nicht, wozu er auch trotz der Aufforderung einiger SPÖ- und ÖVP-Politiker nicht gezwungen wurde.

Am 22. Februar trat Bautenminister Karl Sekanina zurück, nachdem er bereits drei Tage zuvor auf sein Amt als Vorsitzender der Gewerkschaft Metall, Bergbau und Energie verzichtet hatte. Diese Rücktritte erfolgten im Zusammenhang mit Vorwürfen wegen eines Personalkredites und des äußerst günstigen Ankaufs einer Villa in Wien-Hietzing von einer Baufirma. Sein Nachfolger wurde der bisherige Generalpostdirektor Dr. Heinrich Übleis.

Vom 4. bis 11. März 1985 wurden Unterschriften für das Konrad-Lorenz-Volksbegehren gesammelt und von der Neuen Kronen-Zeitung massiv unterstützt. Es forderte ein Grundrecht auf Umweltqualität mit entsprechenden Auflagen für die Regierung. Es wurde von 353.908 Bürgern (6,55 Prozent der stimmberechtigten Österreicher) unterstützt, ein Ergebnis, das nur ein Drittel des von den Initiatoren erwarteten war. Am 21. März wurde im Nationalrat über die Zukunft des Kernkraftwerkes Zwentendorf diskutiert: Ein Antrag der SPÖ für eine Volksabstimmung über die friedliche Nutzung der Kernenergie und ein Antrag der ÖVP lagen vor, in dem die Bundesregierung aufgefordert wurde, einen Gesetzesentwurf zur Aufhebung des Atomsperrgesetzes vorzulegen. Da sich die Koalitionspartner in dieser Frage nicht einig waren und daher keine gemeinsame Regierungserklärung vorlag, wurde der Antrag für eine Volksabstimmung mit 91 gegen 90 Stimmen und 2 Enthaltungen angenommen. Gegen das Referendum hatten 80 Abgeordnete der ÖVP, 9 der FPÖ und 1 der SPÖ gestimmt. Die knappe Mehrheit reichte zur Durchführung der Volksabstimmung nicht aus.

Am 9. Juli 1985 warnte das Bundesgesundheitsministerium in Bonn vor dem Genuß österreichischer Prädikatsweine wegen möglicher gesundheitlicher Schäden, da in einigen burgenländischen Weinen Diäthylenglykol, ein chemisches Frostschutzmittel, enthalten war, das zum Süßen verwendet worden war. Der Weinskandal war bereits im April aufgedeckt worden, und seitdem war kein gepanschter Wein mehr ausgeliefert, sondern beschlagnahmt worden. Gegen sechs Weinhändler ermittelte unterdessen die Staatsanwaltschaft. Trotz Beruhigungsversuchen des österreichischen Landwirtschaftsministeriums und von Bundeskanzler Sinowatz veröffentlichte das Bonner Gesundheitsministerium eine vorläufige Liste von 82 österreichischen Weinsorten der Jahrgänge 1978-1984, in denen bei 192 Proben Glykol gefunden worden war. Schließlich stellte sich noch heraus, daß diese gefährliche Anpassung an den Weingeschmack des größten Abnehmers österreichischer Weine, der BRD, nicht auf das Burgenland beschränkt gewesen war. Insgesamt wurden dann aber nur 27 Firmen wegen Glykolpantscherei angezeigt. Der materielle Schaden und die Schädigung des Rufes österreichischer Weine war jedoch beträchtlich.

Das Ende des Jahres 1985 stand unter dem Eindruck der Terror-Anschläge im römischen Flughafen „Leonardo da Vinci" und in Wien-Schwechat. In Wien-Schwechat wurden 3 Männer getötet, darunter 1 Terrorist, 40 Personen zum Teil schwer verletzt. Die Terroristen hatten unter die wartenden Passagiere Handgranaten geworfen und wild um sich geschossen. Verschiedene Palästinensergruppen standen im Verdacht der Urheberschaft des Anschlages. Das Hauptquartier in Tunis stritt dagegen jede Verantwortlichkeit ab. Eine Reihe von Indizien sprach dafür, daß die radikale Palästinensergruppe Abu Nidals, die sich ein Jahrzehnt vorher von der PLO getrennt hatte, die Anschläge in Wien und Rom organisiert hat.

Die Krise des größten staatlichen Industriekonzerns, der VOEST-Alpine, die 1975 zum letzten Mal mit Gewinn abgeschlossen hatte, war Ende 1985 Gegenstand heftiger Debatten im Nationalrat. Am 5. Dezember fanden Vorstandssitzungen der drei Parlamentsparteien statt. Der Bundesvorstand der SPÖ bekannte sich voll zur Verstaatlichten Industrie, betonte aber die Notwendigkeit der Reformen bei Strategie und Struktur und eine verstärkte Kontrolle. Der Vorstand der ÖVP forderte den Rücktritt der Regierung und Neuwahlen. 14 Tage später wurde bekannt, daß die VOEST-Tochter Intertrading und die Chemie-Linz-Tochter-Firma Merx durch Ölspekulationen ca. 550 Millionen Schilling verloren hatten. Die beiden verantwortlichen Direktoren wurden sofort entlassen. Der zuständige Minister Lacina bot seinen von Kanzler Sinowatz nicht angenommenen Rücktritt an.

Am 17. Dezember nahm Bundespräsident Kirchschläger den Rücktritt des Gesundheitsministers Dr. Kurt Steyrer, des Kandidaten der SPÖ für die Bundespräsidentschaftswahlen im Mai 1986, an. Nachfolger Steyrers als Gesundheits- und Umweltminister wurde der ORF-Intendant Franz Kreuzer. Franz Löschnak wurde zum Minister im Bundeskanzleramt ernannt.

Anfang März 1986 fand in Niederösterreich ein Volksbegehren über die von Landeshauptmann Ludwig forcierte Idee einer eigenen Hauptstadt für Niederösterreich statt. Bei einer Stimmbeteiligung von 36 Prozent votierten 61,4 Prozent für eine eigene Landeshauptstadt. Von den zur Wahl gestellten Städten Krems, Baden, Tulln, Wiener Neustadt und St.Pölten sprachen sich 45 Prozent für St. Pölten aus.

13.2 Die Bundespräsidentenwahl 1986 und ihre Folgen

Um die Stimmen von 5,436.726 österreichischen Bürgern bewarben sich der frühere UN-Generalsekretär Kurt Waldheim als parteiloser Kandidat der oppositionellen ÖVP, Kurt Steyrer als Kandidat der SPÖ, die durch ihr Hainburger Engagement bekanntgewordene Kandidatin der Grünen Freda Meissner-Blau, seit Hainburg die Gallionsfigur der Grünen, und das „beurlaubte" FPÖ-Mitglied Otto Scrinzi als „unabhängiger Kandidat der rechten Mitte". Der populäre Bundespräsident Kirchschläger hätte nach zwei vollen Amtsperioden nur aufgrund einer Verfassungsänderung wieder kandidieren können, die er selbst jedoch entschieden ablehnte. Ab März 1986 wurde der Wahlkampf im wesentlichen von der Frage der Tätigkeit Waldheims im Zweiten Weltkrieg beherrscht. Sie war in Österreich durch die Veröffentlichung seiner Wehrstammkarte aufgeworfen worden, derzufolge er Mitglied der Reiter-SA und des Nationalsozialistischen Deutschen Studentenbundes gewesen war. Schwerer wogen die Anfang März in der „New York Times" veröffentlichten Informationen unter Berufung auf Dokumente des Jüdischen Weltkongresses (WJC): Waldheim hatte 1942/43 der Stabsabteilung der Heeresgruppe Löhr angehört, die brutal gegen jugoslawische Partisanen vorgegangen und an der Massendeportation griechischer Juden beteiligt gewesen war. Waldheim wies alle Beschuldigungen strikt zurück, was, wie sich zeigen sollte, keine glückliche Taktik war. Wenn ihm auch keine direkte Beteiligung an Kriegsverbrechen nachgewiesen werden konnte, so zeigte sich doch, daß seine Angaben über seine Aufenthaltsorte im Krieg, vor allem am Balkan, nicht den Fakten entsprachen. Das führte nicht nur zu einer Eskalation in Österreich, wo die Aussage, er habe nur seine Pflicht getan, und die Devise „Jetzt erst recht" ihm zweifellos Sympathien einbrachten. Die Verschärfung des Konfliktes mit dem WJC belastete auch die Beziehungen zwischen Österreich und den USA und veranlaßte den in Österreich immer noch latenten Antisemitismus zu deutlichen Manifestationen. Schließlich wurde Bundespräsident Kirchschläger zur Beurteilung der Dokumente des WJC eingeschaltet. Er gab am 22. April 1986 über Fernsehen und Rundfunk eine „Erklärung an die österreichische Nation" ab. In ihr stellte er fest, daß er als Staatsanwalt es nicht wagen würde, aufgrund der vorgelegten Beweise eine Anklage vor einem ordentlichen Gericht zu erheben. Aufgrund seiner Funktion als Ordonnanzoffizier mußte Waldheim allerdings über die gesamte Lage in seinem Zuständigkeitsbereich Bescheid gewußt haben.

Am 4. Mai 1986 kam es bei einer Wahlbeteiligung von knapp 90 Prozent – bei der Bundespräsidentenwahl besteht Wahlpflicht – zu folgendem Ergebnis: Waldheim erhielt

49,64 Prozent, Steyrer 43,66 Prozent, Meissner-Blau 5,5 Prozent und Scrinzi 1,2 Prozent der abgegebenen Stimmen. Waldheim hatte in Tirol, Vorarlberg, Salzburg, Niederösterreich und in der Steiermark die absolute Mehrheit erreicht, was Steyrer nur in Wien gelang. Da keiner der Kandidaten die absolute Mehrheit errungen hatte, kam es am 8. Juni 1986 zu einer Stichwahl zwischen Waldheim und Steyrer. Noch vor der Wahl begann das amerikanische Justizministerium zu prüfen, ob gegen Waldheim wegen seines Verhaltens im Zweiten Weltkrieg ein Einreiseverbot für die USA verhängt werden solle. Auch der Staat Israel begann nun, sich in den Kampf gegen Waldheim einzuschalten. Er war international geworden und betraf nun ganz Österreich. Dennoch oder gerade deswegen gewann Waldheim die Stichwahl am 8. Juni bei einer Wahlbeteiligung von 87,17 Prozent mit 53,89 Prozent gegen Steyrer, der nur 46,11 Prozent erreicht hatte. Bundeskanzler Fred Sinowatz kündigte noch am Abend des Wahltages Konsequenzen der Niederlage Steyrers an. Waldheim müsse jedoch als Bundespräsident anerkannt werden. Bereits am folgenden Tag reichte Sinowatz seinen Rücktritt als Regierungschef ein. Als neuer Bundeskanzler wurde auf Vorschlag von Sinowatz der bisherige Finanzminister Franz Vranitzky vom Parteipräsidium der SPÖ mit nur 3 Gegenstimmen nominiert. Eine Auflösung der Koalition mit der FPÖ stand nicht zur Debatte. Auch nach der Vereidigung Waldheims durch Bundespräsident Kirchschläger am 8. Juli 1986 gingen die Auseinandersetzungen gegen Waldheim innerhalb und außerhalb Österreichs weiter. 1986/87 wurde Waldheim nur zu drei Staatsbesuchen eingeladen (Vatikan, Jordanien, Pakistan).

13.3 Machtwechsel in der FPÖ

Bundeskanzler Vranitzky stellte bereits am 13. Juni die neuen Mitglieder seiner Regierung vor, die drei Tage später im Parlament vereidigt wurde. Es waren dies Ferdinand Lacina als Finanzminister (bis dahin für das Verkehrsressort zuständig), Rudolf Streicher (Generaldirektor von Steyr-Daimler-Puch) als Minister für öffentliche Wirtschaft und Verkehr, Erich Schmidt (Staatssekretär im Handelsministerium) als Landwirtschaftsminister und Peter Jankowitsch (ehemaliger UN-Botschafter, internationaler Sekretär der SPÖ) als Außenminister. Aus der Regierung schieden auf eigenen Wunsch aus: der SPÖ-Parteivorsitzende Fred Sinowatz, Außenminister Gratz sowie Landwirtschaftsminister Günter Haiden. Die Regierungsmannschaft der FPÖ (Steger, Ofner, Krünes) blieb unverändert. Dennoch war es unverkennbar, daß der regierungstreue liberale Kurs des FPÖ-Vizekanzlers Norbert Steger innerhalb der FPÖ wachsenden Widerstand hervorrief. An seiner Spitze stand der damals 26jährige Kärntner FPÖ-Obmann, Jörg Haider, ein geschickter Machtpolitiker, der sich vom sozialpolitischen Sprecher seiner Partei im Nationalrat 1979-1983 zum Führer des rechten Flügels der FPÖ gewandelt hatte. Sein Ansehen in der Gesamtpartei basierte auf seinem Erfolg bei den Kärntner Landtagswahlen, bei denen er 16 Prozent der Wählerstimmen gewann, während die FPÖ bei den Nationalratswahlen nur 4,9 Prozent erhalten hatte. Seine Angriffe auf Steger wurden von diesem als „mörderischer Kampf" bezeichnet. Beim 18. Parteitag der FPÖ in Innsbruck am 14. September 1986 kandidierte Haider gegen den bisherigen Bundesparteiobmann Steger. Dieser versuchte einen Kompromiß zu erreichen. Im Fall des Verzichtes von Haider auf eine Kandidatur würde auch er verzichten und Verteidigungsminister Krünes als neuen Parteivorsitzenden vorschlagen. Haider lehnte ab und bezeichnete seine Kandidatur als „die stärkste und fürchterlichste Kampfansage" an die beiden Großparteien bzw. „alten Parteien", wie er sie seit 1986 immer wieder bezeichnet. Auch unter diesem Aspekt wurde Haider von 57,7 Prozent der Delegierten gewählt. 39,2 Prozent stimmten für Steger, 3,1 Prozent der Stimmen waren ungültig. Die Art, in der der Sieger Haider gefeiert und der Verlierer Steger gedemütigt wurde, kam auch in der Fernsehübertragung deutlich zum Ausdruck. Sie verhieß für die Zukunft nichts Gutes.

Steger reichte am 15. September seinen Rücktritt als Vizekanzler und Handelsminister ein. Bundeskanzler Vranitzky bat ihn jedoch, vorläufig noch im Amt zu bleiben. Eine Fortsetzung der Regierungsarbeit unter der Führung Haiders könne er sich nicht vorstellen. Er werde daher dem Präsidium der SPÖ vorschlagen, die Koalition mit der FPÖ aufzulösen und zum frühest möglichen Termin in der zweiten Novemberhälfte Neuwahlen abzuhalten. Als Wahlziel bezeichnete Vranitzky die Erhaltung der relativen Mehrheit der SPÖ und danach die Bildung einer großen Koalition SPÖ-ÖVP. ÖVP-Bundesobmann Mock begrüßte diese Entscheidung. Am 16. September konnte Vranitzky verkünden, daß der Nationalrat am 23.September seine Auflösung beschließen werde. Dadurch könnten am 23. November Nationalratswahlen abgehalten werden. Nach dem Ergebnis von Meinungsumfragen und der steirischen Landtagswahlen am 21. September waren die Chancen der ÖVP größer als jene der SPÖ, stärkste Partei zu werden. Sie hielt mit einem Plus von 0,86 Prozent der Stimmen ihre 30 Mandate und die absolute Mehrheit, die SPÖ verlor 3,8 Prozent und damit 2 Mandate, d. h. daß sie statt wie früher über 24 nur mehr über 22 Mandate verfügte. Die FPÖ verlor zwar 0,46 Prozent der Stimmen, zog aber wieder mit 2 Mandaten in den Landtag ein, was Haider nach einer Serie von zum Teil schweren Niederlagen der FPÖ in den letzten drei Jahren als Zeichen einer „Trendwende" wertete. Mit 3,73 Prozent der Stimmen zogen die auf einer gemeinsamen Liste kandidierenden Grünen mit 2 Mandaten erstmals in den steirischen Landtag ein.

13.4 Die zweite Große Koalition

Am 16. Oktober 1986 verabschiedete der Parteitag der SPÖ die Wahlplattform und bestimmte mit 99,5 Prozent der Stimmen Franz Vranitzky zum Spitzenkandidaten für die Wahl. Auf der Kandidatenliste wurde der Frauenanteil von 20 auf 26,7 Prozent gesteigert. Parteivorsitzender Sinowatz zog die positive Bilanz 13jähriger sozialistischer Regierungspolitik. Als wichtigste künftige Ziele nannte er die Budgetkonsolidierung und die Bewältigung der Krise in der Stahl- und Agrarwirtschaft. Vranitzky nannte ähnliche Ziele unter dem Aspekt der Modernisierung, engere Zusammenarbeit mit der EG, aber auch die Schaffung eines Klimas der Toleranz und Solidarität und die Weiterentwicklung der Demokratie. Sie gehörte auch zum Wahlprogramm einer siegessicheren ÖVP, das ihr Obmann Mock am 18. Oktober einem Wahlkongreß präsentierte. Das „Herzstück" des Programmes „Die Wende zum Besseren" war eine geplante umfangreiche Steuerreform. Weiters nannte er u. a. Einsparungen bei den öffentlichen Ausgaben sowie die Verringerung der Zahl der Minister und Staatssekretäre, die Einsparung öffentlicher Dienstposten durch geringere Nachbesetzungen.

Haider, der die Empfehlung der rechtsextremen NDP, diesmal FPÖ zu wählen, unwidersprochen akzeptiert hatte, erwartete eine große Koalition und erklärte, daß sich die FPÖ mit aller Kraft auf ihre Oppositionsrolle vorbereite. Dennoch ließ er weitere Optionen offen. Der grün-alternativen Bewegung gelang es nicht, sich auf eine gemeinsame Liste für die Nationalratswahlen zu einigen. Am 17. Oktober wurde die frühere Präsidentschaftskandidatin Meissner-Blau bei der Erstellung der Liste auf einen aussichtslosen Platz gesetzt, was sie nicht akzeptierte. Daher splitterte sich von ihrer Liste in Wien die linke „demokratische grün-alternative" Liste ab. Das Wahlprogramm von Meissner-Blau enthielt u. a. auch die Forderung nach einer Umweltanwaltschaft.

Die Wahlen am 23. November 1986 hatten nach einer Wahlbeteiligung von 90,46 Prozent folgendes Ergebnis: 43,13 Prozent und 80 Mandate für die SPÖ (1983: 90), 41,29 Prozent und 77 Mandate für die ÖVP (1983: 81), 9,73 Prozent und 18 Mandate (1983: 12) für die FPÖ, die Liste Meissner-Blau 4,82 Prozent und 8 Mandate. Damit behielt die SPÖ trotz des Verlustes von 10 Mandaten die relative Mehrheit, die ihr nur ihr neuer Spitzenkandidat ermöglicht hatte. Vranitzky war politisch unverbraucht und überzeugte durch seine ruhige Sachlichkeit. Die Wahlanalysen zeigten, daß die Gewinne der FPÖ zu gleichen Teilen von den großen Parteien kamen. Die FPÖ hatte auch relativ viele Grünwähler gewonnen, andererseits aber ein Drittel ihrer Wähler verloren. Diese hatten zum Großteil nicht oder grün gewählt.

In der nationalen und internationalen Presse wurde vor allem der Erfolg Haiders meist negativ kommentiert: „Die braunen Schatten im Lande scheinen länger geworden zu sein" (Basler Zeitung). Weichen für die Koalitionsverhandlungen waren insofern von Anfang an auf das Ziel Große Koalition gestellt, weil Vranitzky erklärt hatte, eine Koalition mit der FPÖ komme für ihn nicht in Frage. Diese und die ÖVP wollten sich nicht sofort festlegen und hatten daher einige gemeinsame Sitzungen. Dennoch erwartete man allgemein eine Große Koalition, die ja sogar das Wahlziel der ÖVP, allerdings unter ihrer Führung, gewesen war.

Am 17. Dezember fand die konstituierende Sitzung des Nationalrates statt, bei der der frühere Außenminister Leopold Gratz zum neuen Parlamentspräsidenten gewählt wurde. Seine Stellvertreter wurden Marga Hubinek für die ÖVP, die damit als erste Frau in das Parlamentspräsidium einzog, und Gerulf Stix für die FPÖ. Der scheidende Parlamentspräsident Benya appellierte in seiner Abschiedsrede an alle Parteien, darauf zu achten, bei allen Differenzen und Zielsetzungen doch das Wichtigste zu erhalten: die menschliche Würde, die gegenseitige Achtung, die Toleranz und das Verantwortungsbewußtsein.

Bereits am 15. Jänner 1987 konnte der designierte Bundeskanzler Vranitzky dem Bundespräsidenten offiziell mitteilen, daß sich SPÖ und ÖVP auf die Bildung einer Koalitionsregierung geeinigt hatten. Die Vereidigung durch den Bundespräsidenten erfolgte am 21. Jänner. Von den 17 Regierungsmitgliedern gehörten 8 der SPÖ und 8 der ÖVP an. Der damalige Justizminister Foregger war parteilos.

Der Regierung gehörten an: Kanzleramtsminister Franz Löschnak (SPÖ), Innenminister Karl Blecha (SPÖ), Finanzminister Ferdinand Lacina (SPÖ), Unterrichtsministerin Hilde Hawlicek (SPÖ), Sozialminister Alfred Dallinger (SPÖ), Minister für Verkehr und verstaatliche Betriebe Rudolf Streicher (SPÖ), Staatssekretärin für Frauenfragen im Bundeskanzleramt Johanna Dohnal (SPÖ), Vizekanzler und Außenminister Alois Mock (ÖVP), zweiter Kanzleramtsminister Heinrich Neisser (ÖVP), Verteidigungsminister Robert Lichal (ÖVP), Wirtschaftsminister Robert Graf (ÖVP), Wissenschaftsminister Hans Tuppy (ÖVP), Landwirtschaftsminister Josef Riegler (ÖVP), Familien- und Umweltministerin Marilies Flemming (ÖVP), Staatssekretär im Finanzministerium Johannes Ditz (ÖVP) und Justizminister Foregger. Die größten Probleme bereitete die Überlassung des Außenministeriums an die ÖVP bzw. Mock. Altbundeskanzler Kreisky legte aus Protest gegen diese Besetzung den Ehrenvorsitz in der SPÖ, den Vorsitz im Karl-Renner-Institut und seine Funktionen im Institut für internationale Politik nieder. Auch die persönlichen Beziehungen zu Sinowatz brach Kreisky ab. Am 16. Jänner unterzeichneten Vranitzky und Mock das Koalitionsabkommen, das vor allem die formalen Bedingungen der Zusammenarbeit regelte. Die inhaltlichen Ziele, von der Budgetsanierung bis zu Wirtschafts- und Umweltfragen sowie Demokratiereformmaßnahmen, waren in den 110 Seiten umfassenden Beilagen zusammengefaßt. Das gemeinsame Arbeitsprogramm war groß. Es war daher von vornherein klar, daß es nur durch eine gut funktionierende Kooperation zu verwirklichen war. Sie, aber auch die Außenpolitik, waren jedoch durch den Streit um Bundespräsident Waldheim belastet.

Am 27. April 1987 wurde der österreichische Botschafter in Washington Thomas Klestil von Präsident Reagan darüber informiert, daß Justizminister Meese Bundespräsident Waldheim auf die sogenannte Überprüfungsliste (Watch List) gesetzt habe. Das bedeutete ein Einreiseverbot für die Privatperson Waldheim, der kein Visum erhalten kann, ehe er nicht seine Unschuld im Zusammenhang mit den gegen ihn vorgebrachten Vorwürfen bewiesen hat. Sofort wies Außenminister Mock und am 28. April die gesamte Bundesregierung die Beschuldigungen gegen Waldheim in einer offiziellen Erklärung zurück. Das Aufsehen im In- und Ausland war groß. Es verstärkte auch den schon im Präsidentschaftswahlkampf manifester gewordenen Antisemitismus in Österreich, da man den Jüdischen Weltkongreß für die Entscheidung verantwortlich machte. Anfang Mai ersuchte Waldheim die Wiener Staatsanwaltschaft, gegen dessen Präsidenten Edgar Bronfman ein Strafverfahren wegen übler Nachrede einzuleiten, und bat die Bundesregierung schriftlich um die Einsetzung einer internationalen Historikerkommission zur Untersuchung der gegen ihn vorgebrachten Dokumente. Die sechstägige Reise von Bundeskanzler Vranitzky in die USA brachte diesem zwar viele Sympathien ein. Eine Streichung Waldheims von der Watch List zu erreichen, war und ist jedoch unmöglich.

Für die weitere gemeinsame Innenpolitik war die Regierungsklausur am 10. und 11. Juni in Pertisau in Tirol wichtig. Am 12. Juni einigten sich Regierung und Gewerkschaftsbund, bei der Privatisierung von Staatsbetrieben 49 Prozent nicht zu überschreiten. Ansonsten stand der Juni überwiegend im Zeichen der Kontroverse um Waldheim. Der Schweizer Militärhistoriker Prof. Dr. Hans-Rudolf Kurz wurde gebeten, die Leitung einer von ihm einzuberufenden internationalen Historikerkommission zu übernehmen. Er nahm die Aufgabe auf sich und konnte schließlich folgende Experten zur Mitarbeit gewinnen: den Freiburger Militärhistoriker Manfred Messerschmidt, den Vorsitzenden der israelischen Gesellschaft für Militärgeschichte, Yehuda Wallach, den britischen Militärhistoriker Gerald Fleming, den amerikanischen General a. D. und Militärhistoriker James Collins und den Belgier Jan Vanwelkenhuizen, Direktor des belgischen Forschungszentrums für den Zweiten Weltkrieg. Die Kommission nahm ihre Arbeit, die 1,5 Millionen Schilling kostete, am 1. September auf.

Auf dem Wiener Landesparteitag der SPÖ am 27. Juni verurteilte Bundeskanzler Vranitzky jüngste antisemitische Ausschreitungen (Anpöbelungen von Juden, antisemitische Schmieraktionen) schärfstens. Entgegen der Abmahnung des Wiener Parteiobmannes Leopold Gratz kam es zu einem Antrag des Bundes sozialistischer Freiheitskämpfer und sozialistischer Jugendverbände mit der Forderung nach dem Rücktritt von Bundespräsident Waldheim, der mit 268 gegen 217 Stimmen angenommen wurde. In der Debatte hatte der Freiheitskämpfer Josef Hindels Waldheim einen „hinterhältigen Lügner“ genannt, weswegen ihn der Bundespräsident jedoch nicht klagte. Als nächstes sorgte ein Brief des ÖVP-Vizebürgermeisters von Linz, Dr. Carl Hödl, an den Präsidenten des Jüdischen Weltkongresses, Bronfman, für Aufsehen. Hödl hatte die Angriffe auf Waldheim mit dem Prozeß Jesu verglichen. Daraufhin forderten 742 österreichische Intellektuelle, Publizisten und Politiker, unter ihnen Familienministerin Flemming (ÖVP) und Finanzminister Lacina (SPÖ), in einer Plakataktion Hödl zum Rücktritt auf. Hödl selbst erklärte zwar im Linzer Gemeinderat, daß er mit seinem Brief keine Schuldzuweisung an das jüdische Volk beabsichtigt hatte, sah im Hinblick auf „hunderte Briefe und Anrufe", die ihn zum Bleiben aufforderten, jedoch keinen Anlaß zum Rücktritt. Er stünde auch weiterhin zu seinem Brief: Was in der Bibel stehe, könne auch kein Konzil abändern. Der oberösterreichische Landeshauptmann Dr. Josef Ratzenböck stellte im Hörfunk fest, daß der Brief Hödls zwar „nicht sehr glücklich" abgefaßt sei, Hödl jedoch im Gemeinderat die notwendigen Klarstellungen vorgenommen habe. Daher halte auch er nichts von den Rücktrittsforderungen. Kurz nach dem Rücktritt des ÖVP-Generalsekretärs Dr. Michael Graff im November wegen einer noch zu berichtenden Äußerung wurde allerdings bekannt, daß der Rücktritt Hödls für Jänner 1988 ohnedies schon seit längerem vorgesehen war.

Im August wurde das schon länger angekündigte Waldheim-Weißbuch in englischer Sprache der Presse vorgestellt. Es war unter der Federführung des Außenministeriums von Außenminister a. D. Karl Gruber, Legationsrat Ralph Scheide, Botschaftsrat Ferdinand Trauttmannsdorf und dem Sohn Waldheims, einem Juristen, erarbeitet worden und bestätigte „im großen und ganzen" die Richtigkeit der Aussagen Waldheims. Nur bei seiner Aussage über die Länge seines Aufenthaltes in Westbosnien habe es eine „Ungenauigkeit" gegeben. Im Spätherbst war das Weiß- bzw. Grün-Buch dann auch in deutscher Sprache über den Buchhandel erhältlich.

Da der amerikanische Botschafter Lauder, seit April 1986 in Wien, im Herbst Österreich verlassen wollte, wurde am 19. August der Chefredakteur des amerikanischen Verlagshauses Time Inc., Henry Anatole Grünwald, zum neuen amerikanischen Botschafter in Österreich ernannt. Grünwald ist gebürtiger Wiener jüdischer Abstammung und hatte Österreich noch kurz vor Kriegsausbruch als 12jähriger verlassen können.

Im ersten Ministerrat nach der Sommerpause, am 27. August, wurde grundsätzlich der Sparkurs bei der Budgeterstellung von Minister Lacina für 1988 angenommen. Daß er vor allem die Verstaatlichten Betriebe, die Beamten und die Pensionisten sowie Sozialleistungen treffen würde, war schon bekannt, ehe Lacina den Inhalt seines Sparpaketes bei den Internationalen Hochschulwochen in Alpbach bekanntgab. Da in den Budgetvorverhandlungen Spannungen zwischen und in den Regierungsparteien auftraten und ein Ende der Waldheimkrise nicht abzusehen war, beschloß der Wiener Ausschuß der SPÖ am 31. August die Vorverlegung der im Frühjahr 1988 fälligen Wiener Landtags- und Gemeinderatswahlen auf den 8. November 1987. Auch der Wiener ÖVP-Obmann Vizebürgermeister Dr. Erhard Busek begrüßte diese Entscheidung. Zilk und Busek waren sich darüber einig, daß man in einem ohnedies schwierigen Klima das Gedenkjahr 1988 – 50 Jahre „Anschluß" – nicht noch mit einem Wahlkampf belasten sollte.

Die Regierung einigte sich nach intensiven Verhandlungen überraschend schnell am

9. September über das „sozial ausgewogene" umfangreiche Sparbudget 1988. Der ÖGB-Bundesvorstand bekannte sich am 10. September grundsätzlich zur Budgetkonsolidierung, lehnte jedoch eine Null-Lohnrunde ab.

Die erste Sitzung des Nationalrates nach der Sommerpause, am 30. September, war von einer Serie von Mißtrauensanträgen geprägt, von denen der Mißtrauensantrag der steirischen ÖVP gegen den ÖVP-Verteidigungsminister Robert Lichal als ungewöhnlich auffiel. Die Steirer hatten sich unter der Führung ihres Landeshauptmannes Krainer schon gegen den von der SPÖ-FPÖ-Koalition beschlossenen Ankauf schwedischer Draken (Luftwehrüberwachungsflugzeuge), die auf den Flughäfen Graz-Thalerhof und Zeltweg stationiert werden sollten, heftig gewehrt und in der Steiermark ein eigenes Volksbegehren durchgeführt. Da auch der neue Verteidigungsminister aus der eigenen Partei an dem bereits abgeschlossenen Vertrag mit den Schweden festhielt, wurde er vor allem der Mittäterschaft beschuldigt. Der Antrag wurde gegen 8 „Grüne" und 9 ÖVP-Stimmen abgelehnt. In weiteren Sitzungen ging es um die Waffenexporte der VOEST-Tochter Noricum. Dazu erklärte Innenminister Blecha, daß nur jener in den Iran nicht dem Gesetz gemäß abgewickelt worden sei.

Am 4. Oktober erlitt die SPÖ bei den Landtagswahlen im Burgenland eine deutliche Niederlage. Sie verlor 3 Mandate und damit die absolute Mehrheit. Statt wie früher 20 hatte sie nur mehr 17 Mandate, die ÖVP konnte ihre 16 Mandate halten, und die FPÖ zog mit 3 Mandaten nun in den Landtag ein. Das Ergebnis war auch die Folge vieler Stimmenthaltungen und ungültiger Stimmen. Die Grünen hatten in Eisenstadt mit 4,84 Prozent ihr bestes Ergebnis. Die „Burgenland-Liste" der wegen der Verbreitung parteiinterner Mißstände aus der SPÖ ausgeschlossenen ehemaligen Klubobfrau Ottilie Matysek erreichte nirgends 2 Prozent. Der 21 Jahre im Amt befindliche Landeshauptmann Kery nahm seine Niederlage gelassen zur Kenntnis und trat sofort von seiner Kandidatur zurück. Bei den Gemeinderatswahlen in Krems und Salzburg dagegen erzielten die Sozialisten beachtliche Erfolge. In Salzburg gewann die SPÖ unter der Führung des Bürgermeisters Reschen 21 Mandate und die absolute Mehrheit mit einem Gewinn von 6 Mandaten, dem besten Ergebnis für die SPÖ seit 1945. Die ÖVP sank von 12 auf 9 Mandate, die FPÖ hielt mit einer Zunahme von ca. 1000 Stimmen ihre 6 Mandate, die Grünen (Bürgerliste) sanken von 7 auf 4 Mandate und verloren ihren Stadtratsposten. Die Spitzenkandidatin der ÖVP, Sigune Neureiter, zog sich am Tag nach der Wahl aus der Politik zurück.

Beim 11. Bundeskongreß des ÖGB vom 3. bis 11. Oktober legte der 75jährige Präsident des ÖGB, Anton Benya, nach 24jähriger Tätigkeit in dieser Funktion sein Amt nieder. Zum Nachfolger des stets der Sozialpartnerschaft verpflichteten Präsidenten wurde der 42jährige Fritz Verzetnitsch einstimmig gewählt.

Am 13. Oktober wurde Staatssekretärin Johanna Dohnal in Wien mit 83,2 Prozent der Stimmen zur neuen Vorsitzenden der Sozialistischen Frauen gewählt.

Der Freispruch des Journalisten Alfred Worm, den der Vorsitzende der SPÖ, Fred Sinowatz, wegen der Verleumdung, schon im Oktober 1985 die NS-Kampagne gegen Waldheim geplant zu haben, geklagt hatte, was Sinowatz und 46 Zeugen bestritten hatten, erregte in der SPÖ beträchtlichen Unmut. Das Urteil stützte sich auf die Aussage von Ottilie Matysek und das Gutachten deutscher Graphologen über eine seinerzeitige Mitschrift Matyseks.

Der Budgetentwurf 1988 des Finanzministers Lacina wurde am 19. Oktober mit der verfassungsmäßig notwendigen Einstimmigkeit vom Ministerrat angenommen. Er sah ein Nettodefizit von 68,8 Milliarden Schilling vor. Gegen die vorgesehenen Einsparungen reagierten als erste die Studenten und Hochschullehrer mit Streiks. Am 1. Dezember folgten die Richter mit einem eintägigen Warnstreik.

Beim Bundesparteitag der SPÖ in Wien vom 27. bis 30. Oktober wurde Fred Sinowatz mit 88 Prozent der Stimmen wieder zum Vorsitzenden der SPÖ gewählt. Der Antrag der Sozialistischen Freiheitskämpfer, in dem Bundespräsident Waldheim neuerlich zum Rücktritt aufgefordert wurde, wurde mit 198 gegen 101 Stimmen abgelehnt.

In Eisenstadt wurde am 30. Oktober im Landtag völlig überraschend der sozialistische Landesrat und designierte SPÖ-Landesparteiobmann Hans Sipötz mit 18 Stimmen zum neuen Landeshauptmann gewählt, obwohl eine ÖVP-FPÖ-Koalition für den ÖVP-Kandidaten Ferdinand Sauerzopf bereits vereinbart war. Sie scheiterte am Wahlverhalten eines FPÖ-Abgeordneten, der damit die erste schwarz-blaue Koalition zu Fall brachte.

Von nun an ging es für die ÖVP Schlag auf Schlag. Bei den Wiener Landtags- und Gemeinderatswahlen am 8. November gewann bei einer Wahlbeteiligung von etwas mehr als 63 Prozent die SPÖ mit Bürgermeister Zilk 62 (+ 1) Mandate, die ÖVP erreichte 30 (- 7) und verlor den Vizebürgermeisterposten, und die FPÖ erreichte 8 (+ 2). Die gespaltenen Grünen gelangten nicht in den Gemeinderat. Für die Wiener ÖVP war die Niederlage besonders gravierend, weil ihr Spitzenkandidat, Vizebürgermeister Dr. Erhard Busek, Ende September erklärt hatte, zwar nicht gegen Alois Mock als Bundesparteiobmann kandidieren zu wollen, aber für dessen Funktion zur Verfügung zu stehen. Am 18. November trat ÖVP-Generalsekretär Dr. Michael Graff wegen einer Äußerung in einem Interview für das französische Nachrichtenmagazin „L'Express" zurück. Sie lautete, daß es keine Probleme gäbe, „solange nicht bewiesen sei, daß Waldheim sechs Juden eigenhändig erwürgt habe". Das Aufsehen in Österreich war so groß – sogar von den ÖVP-Politikern trat nur Verteidigungsminister Lichal für ihn ein –, daß Graff selbst innerhalb von 24 Stunden nach Bekanntwerden dieser Nachricht die Konsequenzen zog. Sein Nachfolger wurde der oberösterreichische Landesrat Mag. Helmut Kukacka, der gemeinsam mit dem erst im Frühherbst aus dem österreichischen Kulturinstitut in New York als Hauptgeschäftsführer der Bundes-ÖVP berufenen Peter Marboe die Zentrale und die Organisation der Partei reformieren soll.

Am 18. November einigten sich beim Wiener Schulgipfel die Obmänner der drei Parteien über das sogenannte „Pädagogenmodell“ zur Neuregelung des zweisprachigen Schulwesens in Kärnten ohne die Beiziehung der betroffenen Slowenen. Es sieht die Einführung eines „Zweitlehrersystems“ an zweisprachigen Volksschulen vor. Ab einer Zahl von sieben bzw. zehn slowenischen Schülern in einer Klasse soll diese in einigen Unterrichtsgegenständen auf zwei Parallelklassen aufgeteilt werden. In jeder Klasse soll ein zusätzlicher Lehrer eingestellt werden, um den Parallelunterricht zu ermöglichen. Die für dieses System zusätzlich benötigten 30 bis 40 Lehrer würden den Bund 50 bis 60 Millionen Schilling kosten. Dadurch wurde zumindest der Eindruck erweckt, daß angesichts bevorstehender Landtagswahlen in Kärnten 1988 die beiden Großparteien in diesem sensiblen Bereich doch auch Wünsche der Kärntner FPÖ berücksichtigen wollten.

Die wachsenden Erfolge der bundesweit einzigen Oppositionspartei unter der Führung ihres ebenso geschickten wie populistisch agierenden Obmannes Haider sind bis jetzt überwiegend zu Lasten der ÖVP zustande gekommen. Die besonders nach Hainburg als im Aufwind geltenden Grünen haben durch ihre internen Richtungsstreitigkeiten und Spaltungen viel an Einfluß verloren. Die SPÖ, die bis zu den Wahlen im November 1986 von allen Meinungsforschern schwächer als die ÖVP eingeschätzt wurde, ist durch ihre innerhalb eines Jahres auf über 60 Prozent gewachsene positive Beurteilung von Bundeskanzler Vranitzky vor dem Verlust der relativen Mehrheit bewahrt worden. Angesichts der wirtschaftlichen Situation, vor allem der für die Zweite Republik ungewöhnlich hohen Zahl der Arbeitslosen, im besonderen der Jugendlichen, und der notwendigen Sparmaßnahmen auf allen Gebieten wird die Partei gut beraten sein, dem auch die Wirtschaft überzeugenden Kurs des Bundeskanzlers zu folgen. Er hat mittlerweile bewiesen, daß er keineswegs nur ein guter „Banker“ ist. Das zeigten die Wahlergebnisse bis 1994 ebenso wie das Faktum, daß jeder zweite ÖVP-Wähler wünschte, Vranitzky wäre Obmann seiner Partei. Daß sie nicht zur Mittelpartei absinkt, liegt im Interesse aller Österreicher.

Das trifft auch auf das Verhältnis der Kirche zu Staat und Gesellschaft zu. Noch gilt die von den österreichischen Bischöfen seit 1945, vor allem von Kardinal König, praktizierte Trennung von Kirche und Parteipolitik. Seine strikte Ablehnung des Antisemitismus in jeder Form wurde vom österreichischen Episkopat unter seinem Nachfolger als Vorsitzender der Bischofskonferenz, dem Salzburger Erzbischof Karl Berg, fortgesetzt. Dennoch haben die letzten Bischofsernennungen in Wien, Salzburg, Bregenz und St.Pölten Zwietracht und Angst auch in der österreichischen Kirche bewirkt. Das alles erweckt den Eindruck, das soziale, geistige und politische Klima sei rauher geworden als in den siebziger Jahren. Diese Entwicklung hat sich im letzten Jahrzehnt verstärkt. Der neue Bischof von St. Pölten – vorher Weihbischof in Wien – Dr. Kurt Krenn steht an der Spitze jener ebenfalls erst in den letzten Jahren ernannten Bischöfe von Salzburg Georg Eder und Feldkirch Klaus Küng, die eine strenge konservative Linie vertreten.

Die 1994 von Papst Johannes Paul II. erlassene Wiederholung des Verbotes der Zulassung von wiederverheirateten Geschiedenen zu den Sakramenten hat nicht nur großes öffentliches Aufsehen erregt. Auch die Bischofskonferenz selbst ist gespalten. Bischof Reinhard Stecher von Innsbruck, Bischof Maximilian Aichern von Linz, Bischof Johann Weber von Graz, Bischof Egon Kapellari von Klagenfurt, Bischof Paul Iby von Eisenstadt und der Wiener Weihbischof Helmut Krätzl sehen die menschliche Problematik und suchen aus ihr hilfreiche Auswege. Dennoch ist bis Ende 1994 den Bischöfen auch in Klausurkonferenzen keine gemeinsame Stellungnahme gelungen, was 1989 beim vom Linzer Bischof Aichern konzipierten und verständnisvollen Sozialhirtenbrief noch der Fall gewesen war. Daß die katholische Kirche, der 78 % der Österreicher angehören, von denen allerdings nur ein schwaches Drittel praktizierende Katholiken sind, weiter an Attraktivität verliert, ist erwiesen. Seit der Fastenzeit 1995 befindet sich die Kirche in akuter Gefahr. Der zwar 20 Jahre zurückliegende Umgang des damaligen Rektors Hans Hermann Groër im Gymansium Hollabrunn mit Schülern wurde mit voller Nennung eines damaligen, offenbar besonders bevorzugten Schülers veröffentlicht. Weitere einschlägige Meldungen folgten. Der Kardinal schwieg, und die Unruhe in der Kirche stieg. Am 4. April wurde Groër dennoch im dritten Wahlgang mit einer Stimme Mehrheit zum Vorsitzenden der Bischofskonferenz gewählt. Am übernächsten Tag trat er zurück. Neuer Vorsitzender wurde der Grazer Bischof Weber. Obwohl der Kardinal offensichtlich auch gegenüber der Bischofskonferenz geschwiegen hatte, ließ er in der Neuen Kronen-Zeitung eine sehr allgemeine Erklärung publizieren. Sie hat auch in der Öffentlichkeit nicht beruhigend gewirkt. Bischöfe, Theologen und Laien bzw. deren Organisationen erwarten Aufklärung, wenn möglich durch eine Kommission. Sie ist nötig, um die österreichische Kirche, die sich im Jubiläumsjahr 1995 in ihrer größten Krise seit 1938 befindet, nicht in ihren Fundamenten zu erschüttern. Eine große Leistung erbringt die Kirche jedenfalls seit Beginn des Krieges im früheren Jugoslawien: Initiativen, Ansporn und Organisation für caritative Hilfe, die der junge Nachfolger des jahrzehntelang allgemein angesehenen Prälaten Ungar, Caritasdirektor Helmut Schüller, mit unermüdlichen Einsätzen und viel Erfolg bewerkstelligt.

Am 13. März 1989 setzte bei den Landtagswahlen in Tirol, Kärnten und Salzburg ein Trend ein, der sich bis 1994 noch wesentlich verstärkte: Der Aufstieg der FPÖ Jörg Haiders auf Kosten der Großparteien und der Einzug der Grünen in die Landtage. Die ÖVP verlor in Salzburg die absolute und in Tirol die Zwei-Drittel-Mehrheit. Die Verteilung der Mandate in den Landtagen zeigte die neue Konstellation. In Tirol 19 (1984 25), SPÖ 9 (9), FPÖ 5 (2), Grün-Alternative Liste 3 (erstmals im Landtag). In Salzburg ÖVP 16 (19), SPÖ 12 (13), FPÖ 6 (4), Grün-Alternative Bürgerliste 2 (erstmals im Landtag). In Kärnten SPÖ 17 (20), ÖVP 8 (11), FPÖ 11 (5). Der Salzburger Landeshauptmann Wilfried Haslauer trat noch am Abend des Wahltages zurück. Sein Nachfolger wurde Dr. Hans Katschthaler. Der Tiroler Landeshauptmann Alois Partl, noch nicht lange Nachfolger des verstorbenen, ungemein populären Landeshauptmannes Eduard Wallnöfer, blieb im Amt. Am schwierigsten war die Landeshauptmannfrage in Kärnten. In der seit Jahrzehnten sozialistischen Domäne war die FPÖ zum ersten Mal zweitstärkste Partei geworden. Landeshauptmann Peter Ambrozy, als Nachfolger des wegen eines Attentats eines verwirrten Lehrers aus der Politik ausgeschiedenen Landeshauptmanns Leopold Wagner ebenfalls erst seit wenigen Monaten im Amt, wollte in diesem bleiben. Das mit allen Mitteln zu verhindern, war jedoch das Ziel Haiders. Für die ÖVP-Stimmen bei der Landeshauptmannwahl in Kärnten bot er dem ÖVP-Bundesparteiobmann, Vizekanzler und Außenminister Alois Mock die Kanzlerschaft in einer ÖVP-FPÖ-Koalition an, was die Bundes-ÖVP aber ablehnte. Ehe jedoch die Kärntner Frage gelöst werden konnte, hatte sich der Bundesparteivorstand der ÖVP am 17. April auf den bisherigen Landwirtschaftsminister Josef Riegler als neuen Bundesvorsitzenden geeignet, der dadurch auch Vizekanzler und Kanzleramtsminister wurde. Mock blieb Außenminister und wurde Ehrenobmann der ÖVP. Auch in der Bundesregierung kam es daher zu Veränderungen: Franz Fischler rückte für Riegler als Landwirtschaftsminister nach, Wolfgang Schüssel wurde als Nachfolger von Robert Graf Wirtschaftsminister und der von Jugend an in verschiedenen ÖVP-Positionen tätige Erhard Busek Wissenschaftsminister als Nachfolger des ausscheidenden Univ.-Prof. Dr. Hans Tuppy.

In Kärnten wurde fast zwei Monate nach den Landtagswahlen und turbulenten Verhandlungen Jörg Haider mit den Stimmen der ÖVP und der FPÖ zum Landeshauptmann gewählt. Von einer diskutierten Teilzeitlösung hatte man Abstand genommen. Landeshauptmannstellvertreter wurden Christof Zernatto und Ambrozy, der Obmann der SPÖ. Diese Wahl Haiders erregte in ganz Österreich großes Aufsehen, führte aber nicht zum Bruch der großen Koalition.

Das bedeutungsvollste außenpolitische Ereignis des Jahres 1989 war die nach langen innen- und außenpolitischen Verhandlungen die Überbringung des Beitrittsansuchens Österreichs in die EG durch Außenminister Alois Mock am 19. Juli 1989 nach Brüssel. Die große Koalition hatte sich nach ebenfalls schwierigen Diskussionen – die SPÖ war lange gegen den Beitritt gewesen – über den Beitritt geeinigt. Die FPÖ hatte bis 1994 stets für den Beitritt votiert. Die Beibehaltung der Neutralität war im Beitrittsgesuch, wenn auch nicht mit sehr starker Betonung, als österreichische Bedingung genannt.

Trotz aller Turbulenzen und politisch-wirtschaftlicher Prozesse (Steuerhinterziehungen, Korruption, Versicherungsbetrug vor allem im SPÖ-Bereich) wurde die erste Legislaturperiode der zweiten Großen Koalition der Zweiten Republik voll zu Ende geführt.

13.5. Die dritte Große Koalition 1990-1994

Obwohl wieder alle Meinungsumfragen das Gegenteil vorhersagten, errang die SPÖ vor allem durch die Anstrengungen des populären Bundeskanzlers und SPÖ-Obmanns Vranitzky wiederum eine noch dazu gestiegene relative Mehrheit im Parlament (80 Mandate). Der rechte Flügel der FPÖ war mit 33 Mandaten der größte Gewinner, die „Grünen" (10 Mandate) und besonders die ÖVP (60 Mandate) waren die Verlierer dieser Wahl. Die unter der Führung der dritten Nationalratspräsidentin Heide Schmidt im Februar 1993 aus der FPÖ ausgetretenen 5 FPÖ-Mandatare bildeten als „Liberales Forum" eine eigene Parlamentsfraktion.

Die zwischenparteilichen Verhandlungen führten zu einer Fortführung der Großen Koalition, obwohl einige Gruppen in der ÖVP eine rechte Koalition mit der FPÖ vorgezogen hätten. Eine derartige Koalition gab es bereits auf lokaler Ebene in Kärnten und bereitete der ÖVP einige Probleme. Mittlerweile gibt es auch in der ÖVP weniger Befürworter einer Koalition mit der FPÖ. Zu Recht abschreckend hatte die Art der Verhandlungen Haiders mit dem Kärntner ÖVP-Landeshauptmann Christof Zernatto und dem nach der Niederlage auch der Sozialdemokraten bei den Landtagswahlen im März 1994 zur Sanierung der SPÖ nach Kärnten gesendeten Gesundheitsminister Dr. Michael Ausserwinkler gewirkt. Dazu kommt, daß Haider bereits einmal Kärntner Landeshauptmann (1989/91) gewesen war. Seine Aussage im Kärntner Landtag am 13. Mai 1991 über die „ordentliche Beschäftigungspolitik im Dritten Reich", „was nicht einmal Ihre Regierung in Wien zusammenbringt", erregte solches Aufsehen, daß der Ministerrat am 18. Juni verkündete, daß er Haiders Rücktritt erwarte. Nachdem der Kärntner Landtag am 21. Juni den Mißtrauensantrag von SPÖ und ÖVP gegen Haider mit 25 Stimmen angenommen hatte, trat Haider zurück. SPÖ und ÖVP wählten Zernatto zum Landeshauptmann. Haider ist seither mit dem deklarierten Ziel, 1994 Landeshauptmann, 1996 Bürgermeister von Wien und 1998 Bundeskanzler zu werden, landauf landab wahlwerbend unterwegs. Zu seiner bisher wohl am stärksten wirksamen Agitation gehört Ausländerfeindlichkeit. Die bisher größte Ablehnung von Fremdenfeindlichkeit war das „Lichtermeer" am 23. Jänner 1993 am Ring und am Heldenplatz in Wien, an der nach allen Zeitungsberichten ca. 200.000 Menschen teilnahmen. Die Demonstration richtete sich gegen das von Jörg Haider eingeleitete „Volksbegehren" für die Erschwerung der Aufnahme von Flüchtlingen und Ausländern in Österreich: „Österreich zuerst!" Der Erfolg der Demonstration bestand darin, daß das von Haider angegebene Ziel von mindestens 500.000 Unterschriften nicht erreicht wurde: Nur 417.248 haben bis 1. Februar 1993 unterschrieben. Daß die neue Asylgesetzgebung mit Wirksamkeit vom 1. Juli 1993 dennoch den Ängsten vieler Österreicher durch Verschärfung entgegenkam, ist allerdings auch nicht zu leugnen.

Dann versuchte Haider, für die Volksabstimmung am 12. Juni 1994 über den EU-Beitritt Österreichs möglichst viele Gegenstimmen zu gewinnen, obwohl früher die FPÖ und Haider selbst am stärksten für den EU-Beitritt geworben hatten. Dieser Beitritt hat – wie bereits geschildert – eine lange Geschichte. Schon bei der EWG-Gründung 1957 war der Beitritt Österreichs am Veto der UdSSR wegen der Neutralität gescheitert. Auch ein Assoziierungsabkommen war infolge des Einspruchs Italiens wegen der Bombenattentate in Südtirol nicht zur Verwirklichung gekommen. Daher trat Österreich mit den anderen neutralen Staaten Europas, Großbritannien und Portugal 1960 in die EFTA (Europäische Freihandelszone) ein. Erst die „Wende“ in der sowjetischen Politik durch Gorbatschow seit 1985/86 gab den österreichischen Bemühungen um die Aufnahme in die nunmehrige 12er-Gemeinschaft neuen Auftrieb. Bundeskanzler Vranitzky wurde bei seinem Staatsbesuch in Moskau im Herst 1991 offiziell mitgeteilt, daß Rußland keine Einwände gegen einen EG-Beitritt Österreichs habe. Auf die Neutralität wurde (und wird) allerdings vor allem von der SPÖ noch Wert gelegt. Ihre Beibehaltung hat Vranitzky auch im März 1993 für den Fall der EU-Mitgliedschaft ausdrücklich betont. Aber auch die neue Situation war nicht einfach: In Wien und Brüssel gab es Befürworter und Gegner. In Österreich waren zuerst ÖVP und FPÖ Befürworter, Gegner die SPÖ und danach die „Grünen“. Dann wurden die beiden Regierungsparteien die Vorkämpfer für einen Beitritt, die FPÖ seit Juni 1993 und die „Grünen“ waren von Anfang an Gegner. Unermüdlicher Motor der EG-Verhandlungen war Außenminister Dr. Alois Mock. Er hatte einerseits gegen die Brüsseler zentralistischen Tendenzen und ein gewisses Mißtrauen wegen der deutschen Patronage zu überwinden, andererseits die durchaus berechtigten sozialen Sorgen und Bedenken in Österreich zu verringern, da die Bauern und die kleinen Gewerbetreibenden sicher materielle Verluste erleiden und das „Transitland“ Österreich und seine Ökologie größeren Belastungen ausgesetzt sein werden. Der noch von Verkehrsminister Streicher ausgehandelte Transitvertrag verlor dadurch an Bedeutung. Alle diese Probleme haben bis zum Frühjahr 1994 Befürworter und Gegner trotz der Annahme des Vertrages von Maastricht in einem knappen Gleichgewicht gehalten. Das war auch nach der Übergabe des österreichischen Beitrittsansuchens am 17. Juli 1989 durch Mock in Brüssel der Fall. Was die von nicht wenigen befürchtete Beeinträchtigung der österreichischen Identität betrifft, so wird sie sich möglicherweise in einem großen Staatenbund stärker entwickeln, als man heute glaubt. Wie sehr die einzelnen EU-Mitglieder auf die Beibehaltung ihrer Position bedacht sind, läßt Hoffnung zu. Sicher hatten sich die Verhandlungen der Österreicher in Brüssel im April 1994 positiv auf die Abstimmung im Europa-Parlament am 4. Mai 1994 mit 378 Ja, 24 Nein, 61 Enthaltungen und im österreichischen Nationalrat am 6. Mai (140 Ja, SPÖ und ÖVP geschlossen und 1 Grüne, 35 Nein FPÖ und Grüne) positiv ausgewirkt. Den Gipfel erreichte die Zustimmung bei der Volksabstimmung am 12. Juni 1994: Bei einer Wahlbeteiligung von 81,27% stimmten 3,145.981 bzw. 66,58% dem Beitritt zu. 1,578.850 bzw. 33,42% der

Franz Vranitzky, Alois Mock, Erhard Busek und Franz Fischler während des Sonderministerrates nach Abschluß der EU-Verhandlungen

Wähler sprachen sich dagegen aus. Bei der Zustimmung führte das Burgenland mit 74,6%. Im von der Transitbelastung am meisten betroffenen Tirol war sie mit 56,4% am niedrigsten. Nach der Abstimmung erklärten sich Bundeskanzler Vranitzky und Vizekanzler Busek zur Fortsetzung der Großen Koalition auch nach der Nationalratswahlen am 9. Oktober 1994 bereit. Im Juni 1994 wurde auf Korfu beim Treffen der Staats- und Regierungsmitglieder der EU der Beitrittsvertrag Österreichs unterzeichnet. Ohne Zweifel waren für diese auch von Meinungsforschern in dieser Höhe nicht erwartete Akzeptanz auch der Zerfall Jugoslawiens und andere sicherheitspolitische Probleme maßgebend. Sie erzeugte für kurze Zeit eine Euphorie. Sie dauerte deswegen nicht lange, weil sofort nach der Volksabstimmung die beiden Koalitionsparteien einen Streit darüber begannen, wer in Brüssel die Beitrittsurkunden unterzeichnen werde. Auf der Strecke blieb die junge Staatssekretärin für Europafragen im Bundeskanzleramt Brigitte Ederer, die sich bei den Verhandlungen in Brüssel sehr bewährt hatte. Da die österreichischen Bürger erst seit 1945 eine durchgängig funktionierende Demokratie haben, hat sie die große Koalition, die letztlich immer einen Kompromiß finden muß, schätzen gelernt. Auch in den Umfragen waren bis 1994 67% für diese Form der parlamentarischen Demokratie. Erst die Regierungsverhandlungen Ende 1994 haben ihre Akzeptanz auf 50 % gesenkt. Das heißt, die Mehrheit der Österreicher ist konsens- um harmoniebedürftig. Deshalb schätzen sie Auseinandersetzungen um protokollarische Fragen oder Ressortverteilungen mit Härte, Intrigen und verbalen Ausschreitungen nicht. Daß die Politiker das nicht einsehen und Jörg Haider jede Gelegenheit nützt, um sogar die repräsentative Demokratie in Frage zu stellen und eine dritte Präsidialrepublik propagiert, ist gefährlich. Sicherlich sind die wirtschaftlichen, sozialen und außenpolitischen Rahmenbedingungen anders als in der Zwischenkriegszeit – dennoch: Augenmaß und Wachsamkeit sind geboten.

Die Innenpolitik der letzten Jahre war nicht so konstant, wie es in der Zweiten Republik lange der Fall war, allerdings auch nicht so belastet wie in der zweiten Hälfte der achtziger Jahre. Auf dem Bundesparteitag der ÖVP 1991 hatte Wissenschaftsminister Dr. Erhard Busek Landwirtschaftsminister Josef Riegler als Bundesparteiobmann der ÖVP und Vizekanzler abgelöst. Busek hat zudem die schwere Aufgabe übernommen, die ÖVP nach 13 Jahren Opposition und 8 Jahren Juniorpartnerschaft in der Großen Koalition vor weiteren Abstürzen zu bewahren. Die große Krise der ÖVP ist allerdings auch von der allgemeinen gesellschaftlichen Entwicklung bedingt. Ihre Stammwähler, Bürger und Bauern, nehmen an Zahl und Bedeutung ab, was z.T. auch für die früher fast ausschließlich die SPÖ wählende Arbeiterschaft gilt, die sich z.T für Haiders Populismus nicht unanfällig zeigt.

Dem europäischen Rechtstrend entspricht die Zunahme rechtsextremistischer und neonazistischer Gruppierungen und ihrer Propaganda. Ihre Fremdenfeindlichkeit ist von altneuem Antisemitismus begleitet. Dieser hat sich in Anschlägen auf Synagogen und jüdische Friedhöfe artikuliert. Die Aggressionen gegen Ausländer, die in Zeiten wirtschaftlicher Hochkonjunktur als produktive Arbeitskräfte nach Österreich geholt worden waren, und gegen Flüchtlinge hat ihren bisherigen Höhepunkt nicht in den Briefbombenattentaten Anfang Dezember 1993 erreicht, bei denen der populäre Wiener Bürgermeister Dr. Helmut Zilk schwere Verletzungen an seiner linken Hand erlitt. Im August 1994 wurde ein Kärntner Polizist schwer von einer Bombe verletzt. In der Nacht vom 4. auf den 5. Februar 1995 wurden im burgenländischen Oberwart 4 Roma Opfer eines heimtückischen Bombenattentates. Im ebenfalls burgenländischen Stinatz wurde im selben Monat ein Müllentsorger durch eine neben einem Müllcontainer deponierte Bombe schwer verletzt. Die einstimmige Novellierung des NS-Verbotsgesetzes in § 3 durch die Senkung der Mindeststrafe für NS-Propaganda und öffentliche Verbreitung der „Auschwitz-Lüge" von 5 auf 3 Jahre im Februar 1993 hat zwar Wirkung gezeigt. Geschworene und Richter sind eher bereit, Delikte dieser Art durch niedrigere Haftstrafen zu ahnden. Der neonazistische „Führer" Gottfried Küssel wurde 1993 – durchaus begründet – zu 10 Jahren Haft verurteilt. Ob die Briefbombenserie 1993, die erfolglose 1994 und die Bombenanschläge von 1995 mit diesem Urteil in Verbindung stehen, kann

Trauer um die vier Roma, die bei einem Bomenanschlag ums Leben kamen. Der Bombenterror traf auch den Wiener Bürgermeister

nur vermutet werden. Insgesamt hat sich jedoch das politische Klima seit den Anschlägen vom Februar 1995 eindeutig verschlechtert.

Ruhig waren die Bundespräsidentenwahlen im Frühjahr 1992 verlaufen. Die Stichwahlen am 24. Mai gewann der von der ÖVP nominierte, aber unabhängig auftretende Diplomat Dr. Thomas Klestil unerwartet hoch mit 56,9% gegen Verkehrsminister Dr. Rudolf Streicher. Im Unterschied zu seinen Vorgängern versucht er, die dem Bundespräsidenten in der Verfassungsnovelle von 1929 zugestandenen Rechte nach eigener Aussage voll ausnützen. Das führt nicht nur zu unterschiedlichen verfassungsrechtlichen Expertisen, sondern verstärkt auch den Ruf nach einer Verfassungsreform. Sie wird durch den EU-Beitritt und den Ausgleich zwischen Bundes- und Länderinteressen (u.a. auch die vom Verfassungsgericht am 15. Juli 1993 als verfassungwidrig erklärte Direktwahl des Bürgermeisters) ohnedies z.T. notwendig, eine totale Verfassungsreform wäre jedoch für die Republik insgesamt nicht nützlich. Am 2. März 1994 einigten sich jedoch die Vertreter von Bund und Ländern auf die Grundzüge einer Bundes-Verfassungsreform mit einer Ausweitung der Länderautonomie und Änderung von Kompetenzverteilungen, im Dezember 1994 wurde sie aber von den Landeshauptleuten abgelehnt.

1993 hatte auch die Rezession der österreichischen Wirtschaft im Sog der Weltwirtschaftskrise den tiefsten Punkt seit 1945 erreicht. Es kam zu geringen Erhöhungen der Abgaben und Kürzungen einzelner sozialer Leistungen, die vor allem die Arbeitnehmer trafen. Am 19. Oktober schlossen die Sozialpartner einen Solidarpakt, in dem sie Lohn- und Steuerdisziplin versprachen. Dennoch war bereits abzusehen, daß die für 1994 auf 67,2 Milliarden Schiling begrenzte Budgetüberschreitung nicht einzuhalten war. Im September 1994 sah der von Finanzminister Lacina nach intensiven Verhandlungen der ÖVP fertiggestellte Budgetentwurf für 1994 ein Defizit von ca. 80 Milliarden Schilling vor. Haider behauptete, auf jeden Beschäftigten komme 1994 eine Belastungswelle von öS 5.000 zu, während die Entlastung durch die Steuerreform nur öS 3.800 bringe. Die FPÖ verweigerte daher am 20. Oktober 1993 im Parlament dem Budget 1994 die Zustimmung. Auch die Erarbeitung des Budgets 1995, für das Finanzminister Lacina und Staatssekretär Ditz ein „Sparpaket" geschnürt haben, das sie allerdings erst nach den Wahlen vom 9. Oktober der Öffentlichkeit präsentierten, war mühsam und hart.

Das von der FPÖ mit 14 Vereinigungen im Jänner 1993 initiierte Ausländervolksbegehren „Österreich zuerst" (siehe oben) wurde am 23. September 1993 im Nationalrat gegen die Stimmen der FPÖ abgelehnt. Die am 17. Oktober 1993 erfolgte Einigung der beiden ideologisch unterschiedlich ausgerichteten ökologischen Parteien – die „Grünen-die grünen Alternativen" und die kleineren „Vereinigten Grünen Österreichs" (VGÖ) auf eine gemeinsame Kandidatenliste unter der Führung von Madelaine Petrovic gehörte bereits zu den Vorbereitungen des „Superwahljahres 1994".

1994 war die Europawahl die wichtigste, aber 3 Landtagswahlen (Salzburg, Tirol, Kärnten) und die Nationalratswahlen vom 9. Oktober 1994 wurden von vornherein als Signal für mögliche größere Änderungen in der Innenpolitik gewertet. Dazu gehörte auch die Annahme der „Freiheitlichen Thesen zur politischen Erneuerung Österreichs" durch den Vorstand der FPÖ am 2. November 1993. Sie bestehen aus 19 Thesen, in deren die FPÖ zugleich als gesellschaftlichsverändernde Kraft und als Bewahrerin der österreichischen Identität bezeichnet wird. Erstmals fehlt in einem programmartigen Dokument der FPÖ ihr Bekenntnis zur deutschen Volks- und Kulturgemeinschaft. Am 11. Dezember 1993 wurden diese Thesen in einer öffentlichen Sitzung der Parteiführung in Salzburg endgültig verabschiedet. Ende November 1993 stellte Haider sein Buch „Die Freiheit, die ich meine. Das Ende des Proporzstaates. Plädoyer für die Dritte Republik" vor, in dem er das derzeitige politische System Österreichs als Konglomerat von Korruption, Mißwirtschaft, Verschwendung und Parteienproporz beschrieb. Die „neuen" liberalen Kräfte und Parteien wie die FPÖ, die italienische Lega Nord, Teile der CSU und andere konservative Kräfte sollten sich in einer „Freiheitlichen Union" sammeln, die für den Nationalstaat, die direkte Demokratie und die Verteidigung abendländischen Werte eintrete. Diese Union sollte zweifellos ein Ersatz dafür sein, daß die Internationale Liberale Union 1993 die FPÖ ausgeschlossen hatte. Die verbale Ablehnung extrem rechter Gesinnung zeigte deutlich den Gegensatz zwischen Theorie und Realität. Nachdem der geschäftsführende Landesobmann der Kärntner FPÖ und Vizebürgermeister von Klagenfurt Gaugg das Wort „Nazi“ neu definierte: „Neu, attraktiv, zielstrebig und ideenreich“, übernahm angesichts der massiven Kritik an diesem Ausspruch Haider selbst die Führung der Kärntner FPÖ. Beim Neujahrstreffen 1994 der FPÖ in Salzburg erklärte Haider, daß die nächsten Jahre im Zeichen einer großen Konfrontation zwischen ihm und Bundeskanzler Vranitzky stehen werde: „Wir müssen dieses Land politisch säubern.“ Spätestens 1998 werde die „blaue Flagge der Freiheit über den rot-schwarzen Zwingburgen“ wehen, „. . . wir gehen den Weg in die Dritte Republik.“ Unter dem Eindruck der Niederlage beim Ausländervolksbegehren und der EU-Abstimmung war Haider während des Sommers 1994 relativ ruhig. Daher schenkte man diesen Aussagen keine besondere Beachtung und war auf diese Wahlmunition, die Haider gemeinsam mit der Argument der Ausländerfeindlichkeit in seinem Wahlkampf in den Medien, vor allem im Fernsehen verwendete, nicht entsprechend vorbereitet, wie der zweifellos erfolgreiche Angriff Haiders auf die Privilegien der Kammerfunktionäre und ihre mehr als überhöhten Gehälter zeigte. Nun wird man sich wohl mit dem Taktiker und Populisten Haider auseinandersetzen müssen, dem die „Neue Kronen-Zeitung“ von Hans Dichand, die relativ größte Zeitung der Welt, und Kurt Falks „täglich alles“ immer wieder in seinen Zielen unterstützten und ihm Flankenschutz gewährten: Am 9. Oktober 1994 haben ihm immerhin 21% der österreichischen Wähler/innen ihre Stimme gegeben. Dazu kommt, daß seine politischen Gegner ihn offensichtlich unterschätzt hatten. Noch den ganzen Sommer 1994 hatten die Meinungsforscher einen überwältigenden Sieg der SPÖ dank Vranitzky, des beliebtesten Politiker Österreichs, vorhergesagt. Das führte dazu, daß sich die SPÖ im Wahlkampf nicht sehr anstrengte – das Plakat Vranitzkys mit beruhigenden Aussagen zierte serienweise die Plakatflächen. Das Ergebnis der Landtagswahlen in Burgenland vom 16. Mai 1993 war nicht so spektakulär gewesen, daß man es als Zeichen an der Wand verstand. Die FPÖ hatte 2 Mandate gewonnen, aber der eigentliche Sieger was das junge Liberale Forum mit 3 Mandaten Gewinn. Die stärkste Partei war die SPÖ, die auch den Landeshauptmann stellte. Die im Jänner 1993 durchgeführte Grazer Gemeinderatswahl hätte allerdings mehr Aufsehen erregen müssen: SPÖ und ÖVP verloren je 4 Mandate, die FPÖ gewann 5. Die Alarmglocken für die Nationalratswahlen schrillten erst bei den Landtagswahlen am 13. März 1994 in Tirol, Salzburg und Kärnten. In Tirol konnte die ÖVP mit dem neuen Landeshauptmann Wendelin Weingartner an der Spitze (seit September 1993) ohne Mandatsverlust knapp die absolute Mehrheit halten: Die SPÖ verlor 2 Mandate, FPÖ und Grüne Alternative gewannen je 1 Mandat. In Salzburg verlor die ÖVP 2 Mandate, die SPÖ verlor 1 Mandat, die FPÖ gewann 2 Mandate und eine Bürgerliste 1. Demnach ist die FPÖ künftig mit 2 Landes-

III. Das politische System Österreichs

von Anton Pelinka

1. Politik als Entscheidungsprozeß

Demokratie bedarf des Engagements jedes einzelnen Staatsbürgers
Antifaschistische Demonstration 1980

Das politische System in Österreich folgt grundsätzlich den Maßstäben liberaler, „westlicher" Systeme.

Allerdings findet man zwei verschiedene Ebenen unserer demokratischen Wirklichkeit, die sich zum Teil überschneiden und zum Teil gegensätzliche Tendenzen verfolgen. Da gibt es auf der einen Seite ein liberal-demokratisches Subsystem, bei dem Demokratie vor allem in Form eines Parteienwettbewerbs verwirklicht wird. Der Kampf um die Stimmen entscheidet.

Auf der anderen Seite gibt es ein liberal-kapitalistisches Subsystem, das in erster Linie nach ökonomischen Erfolgen ausgerichtet ist. Hier wird der Grundsatz des Privateigentums an Produktionsmitteln prinzipiell beibehalten. Und als Grundsatz gilt: Wer mehr hat, zählt auch mehr.

Diese beiden Ebenen der demokratischen Wirklichkeit in Österreich werden in verschiedenen Kombinationen sichtbar. Der Konkurrenz-Demokratie des Parteienstaates steht ein Gegenmodell gegenüber – die Konkordanz-Demokratie des Verbändestaates, die nicht auf Polarisation zwischen den Parteien abzielt, sondern sich außerhalb des Parlaments um Entscheidungen bemüht. Konkret wird diese zweite Spielart der Demokratie in der vielzitierten „Sozialpartnerschaft" praktiziert. Vertreter der Arbeitnehmerorganisationen und der Unternehmer sind hier durch ein informelles Entscheidungsgremium ständig auf der Suche nach Kompromissen.

Auch die kapitalistische Wirtschaft, die sich grundsätzlich für den marktwirtschaftlichen Konkurrenzkampf ausspricht, wird sehr oft durch Tendenzen geprägt, die dem Modell des Sozial- und Wohlfahrtsstaates entstammen. Betriebe, die in Schwierigkeiten kommen, lassen sich von der öffentlichen Hand sanieren. Auch hier spielt die Sozialpartnerschaft eine vermittelnde Schlüsselrolle.

Die Demokratie ist in Österreich formal schon dadurch garantiert, daß klare Regeln der Machtbestellung, der Machtkontrolle und der Machtablösung bestehen. Die Regierenden werden von den Regierten bestellt – direkt oder indirekt, sie werden auch kontrolliert und können abgelöst werden. Die Beherrschten bestimmen selbst, wer sie auch tatsächlich beherrscht. Zumindest theoretisch bestimmen sie, nach welchen Regeln und mit welchen Zielen dies geschieht.

In diesem Sinn ist Österreich eine Demokratie. In diesem Sinn gibt es freilich auch in Österreich Machtverhältnisse; gibt es mächtige Gruppen und mächtige Personen. Und deshalb gibt es auch ohnmächtige Gruppen und ohnmächtige Personen. Zur Darstellung der Machtverhältnisse in Österreich kann man auf zwei wissenschaftliche Methoden zurückgreifen. Bei der einen wird der Prozeß der Machtausübung analysiert. Bei der anderen Methode werden die einzelnen Sektoren der österreichischen Politik untersucht; und zwar so, daß man zeigt, wer in welchem Bereich den Zugang zu den Schalthebeln der Macht besitzt.

Im Rahmen des „Prozeßmodells“ kann die Machtausübung in Österreich am Nebeneinander von zwei Brennpunkten dargestellt werden. Beide Brennpunkte ergänzen einander, sind in vielfältiger Form miteinander verbunden, lassen sich jedoch auch gleichzeitig nach bestimmten Kriterien eindeutig voneinander unterscheiden. In beiden Brennpunkten werden politische Entscheidungen getroffen, die für die gesamte österreichische Gesellschaft von großer Bedeutung sind. Beide Brennpunkte lassen auch bestimmte historische Wurzeln erkennen, die zum Verständnis des gegenwärtigen Funktionierens der österreichischen Politik unerläßlich sind.

Der erste Brennpunkt ist der parteienstaatliche Parlamentarismus. Er wird von der Grundregel der Konkurrenz beherrscht, die Akteure in diesem Brennpunkt sind die Parteien, ihr Wirken ist grundsätzlich öffentlich; es ist von einem Zwang zur Popularität gekennzeichnet.

Der zweite Brennpunkt ist die verbändestaatliche Sozialpartnerschaft. Ihr beherrschendes Gesetz ist das der Konkordanz, die Akteure dieses Machtzentrums sind die Verbände, ihr Wirken findet in Intimität statt; es ist von der Möglichkeit gekennzeichnet, Unpopularität hinnehmen zu können.

Institutionelle und personelle Verklammerung (Fraktionen in den Verbänden, Verbändevertreter in den Parteien und im Parlament etc.)		
Parlamentarismus		Sozialpartnerschaft
Parteien	: Akteure :	Verbände
Konkurrenz um Stimmen	: Spielregel :	Konkordanz zur Kompromißfindung
Mehrstimmigkeit	: Entscheidung :	Einstimmigkeit
Zwang zur Öffentlichkeit	: Kennzeichen :	Tendenz zur Intimität
Sogwirkung in Richtung Popularität	: Konsequenz :	Möglichkeit zur Unpopularität
Schwergewicht nicht-ökonomischen Politikfeldern	: Materien :	Schwergewicht auf ökonomischen Poltikfeldern

Tabelle 1: Die beiden Brennpunkte politischer Entscheidungen in Österreich

Für diese Darstellung der politischen Entscheidungsprozesse in Österreich in Form einer Ellipse ist charakteristisch, daß die Wirkungsbereiche der Akteure in den beiden Brennpunkten vielfältig miteinander verflochten sind. Wie bei den Besonderheiten des Parteien- und Verbändesystems noch darzustellen sein wird, ist zwischen Parteien und Verbänden in Österreich nicht wirklich streng zu unterscheiden. Unterschieden kann jedoch nach den Regeln werden, nach den Rahmenbedingungen, nach den handlungsleitenden Interessen. Die Akteure sind zwar prinzipiell als homogene politische Elite anzunehmen, ihre Vorgangsweise ist jedoch grundsätzlich verschieden nach dem Ort ihres jeweiligen politischen Handelns: Im ersten Brennpunkt herrscht ein dynamisches Gegeneinander, im zweiten ein stabilisierendes Miteinander.

Das erste Entscheidungszentrum ist charakterisiert durch den bereits vollzogenen Übergang vom „klassischen" zu einem „postklassischen" Parlamentarismus. Dieser Übergang bedeutet:

- Die Gesetzgebung findet zwar in letzter Instanz im Parlament statt, das Schwergewicht der Entscheidungen liegt jedoch im „vorparlamentarischen Raum" (Bundesregierung, Ministerialbürokratie, Berücksichtigung der in Form des Begutachtungsverfahrens eingeholten Verbandsinteressen) sowie im nicht öffentlichen Bereich der Parlamentsausschüsse.
- Die Kontrollfunktion kommt nicht dem Parlament gegenüber der Regierung zu, sondern der Opposition gegenüber der von der Parlamentsmehrheit gestützten Regierung. Das Parlament ist nicht in seiner Gesamtheit Kontrollor, sondern nur im Bereich der oppositionellen Fraktionen.
- Das „Freie Mandat" der Abgeordneten, also ihre postulierte Ungebundenheit ge-

Nationalratsplenum

genüber allen denkbaren Interessen, ist durch die in einer hohen Fraktionsdisziplin, dem sogenannten „Klubzwang", zum Ausdruck kommende Abhängigkeit von den Parteien stark beeinträchtigt.

- Die parlamentarische Öffentlichkeit, die nur für das Plenum des Parlaments voll gegeben ist, wird durch das Entscheidungsübergewicht des vorparlamentarischen Raumes und der Ausschüsse des Parlaments stark eingeschränkt.
- Die direkte Wahl der Volksvertreter in die erste Kammer des Parlaments (Nationalrat) wird durch das Listen- und Verhältniswahlrecht, in Verbindung mit der deutlichen Abhängigkeit der einzelnen Parlamentarier von den Parteien, zu einer freien Wahl zwischen mehreren, in ihrer Zusammensetzung bereits unveränderlich feststehenden Parteilisten.

Diese Merkmale des „postklassischen" Parlamentarismus sind – Folge der Dekonzentration des Parteiensystems – seit Mitte der 80er Jahre einer gewissen Erosion ausgesetzt:

- Die Vermehrung der Fraktionen von drei auf vier (1986) und schließlich auf fünf (1993 bzw. 1994) hat das parlamentarische Geschehen belebt und insgesamt weniger berechenbar gemacht.
- Innerparteiliche Vorwahlen, von SPÖ, ÖVP und Grünen zunehmend praktiziert, reduzieren das Übergewicht der Parteizentralen und fördern eine schrittweise Unabhängigkeit der Abgeordneten.
- Das 1994 erstmals praktizierte neue Wahlrecht mit der Verkleinerung der Wahlkreise

2.4 Besonderheiten der Sozialpartnerschaft

Die österreichische Sozialpartnerschaft entwickelte sich aus verschiedenen sozialen Wurzeln. Als enge Zusammenarbeit zwischen Verbänden der Arbeitgeber und Verbänden der Arbeitnehmer hat sie auf beiden Seiten bestimmte Voraussetzungen:

- Auf der Seite der Arbeitgeberverbände ist die relative Schwäche des Inlandskapitals Grund für ein vergleichsweise kooperatives Verhalten der Unternehmer.
- Auf der Seite der Arbeitnehmerverbände ist der überparteiliche und gleichzeitig schwergewichtig sozialdemokratisch orientierte Gewerkschaftsbund mit seiner hohen Zentralisation ebenfalls eine günstige Voraussetzung für eine grundsätzlich kooperative Orientierung.

Dazu kommen bestimmte historische Ereignisse und Erfahrungen. Erste sozialpartnerschaftliche Ansätze zwischen 1918 und 1920, das Erlebnis des Bürgerkrieges 1934 und des Austrofaschismus 1934-1938 sowie insbesondere auch das Erlebnis der Besetzung durch das nationalsozialistische Deutschland haben von 1945 an das Bewußtsein der Gemeinsamkeit verstärkt und das Bewußtsein der Unterschiede relativiert.

Diese die politisch-weltanschaulichen Lager verbindende Gemeinsamkeit kommt in der Entwicklung zunächst der nicht-autonomen und schließlich in der Entwicklung der autonomen Sozialpartnerschaft zum Ausdruck:

- Nicht-autonome Sozialpartnerschaft ist die Zusammenarbeit zwischen Arbeitnehmerverbänden, Arbeitgeberverbänden und Verfassungsorganen.
- Autonome Sozialpartnerschaft ist die Zusammenarbeit von Arbeitnehmerverbänden und Arbeitgeberverbänden ohne Verfassungsorgane.

Für das politische System Österreichs ist die autonome Sozialpartnerschaft von besonderer Bedeutung. Sie stellt eine spezifisch österreichische Einrichtung dar. Während nicht-autonome Formen der Sozialpartnerschaft auch in anderen westlichen politischen Systemen existieren, ist die autonome Form der Sozialpartnerschaft nur vor dem besonderen österreichischen Hintergrund und im Zusammenhang mit den sonstigen Merkmalen des politischen Systems Österreichs vorstellbar.

In der autonomen Sozialpartnerschaft haben sich die Verbände einen eigenen Entscheidungsmechanismus geschaffen, der auf ihre spezifischen Interessen zugeschnitten ist und der von anderen Einflüssen auch freigehalten werden kann. Die autonome Sozialpartnerschaft besteht in der Paritätischen Kommission für Lohn und Preisfragen.

Die 1957 durch eine Vereinbarung zwischen der Bundeswirtschaftskammer und dem ÖGB mit ausdrücklicher Billigung der Bundesregierung gegründete Paritätische Kommission ist extrakonstitutionell. Sie ist ein wirtschafts- und sozialpolitisches Steuerungsorgan, das in der Verfassung nicht vorgesehen ist, von ihr aber geduldet wird. Die

Tabelle 9: Struktur der paritätischen Kommission für Lohn- und Preisfragen

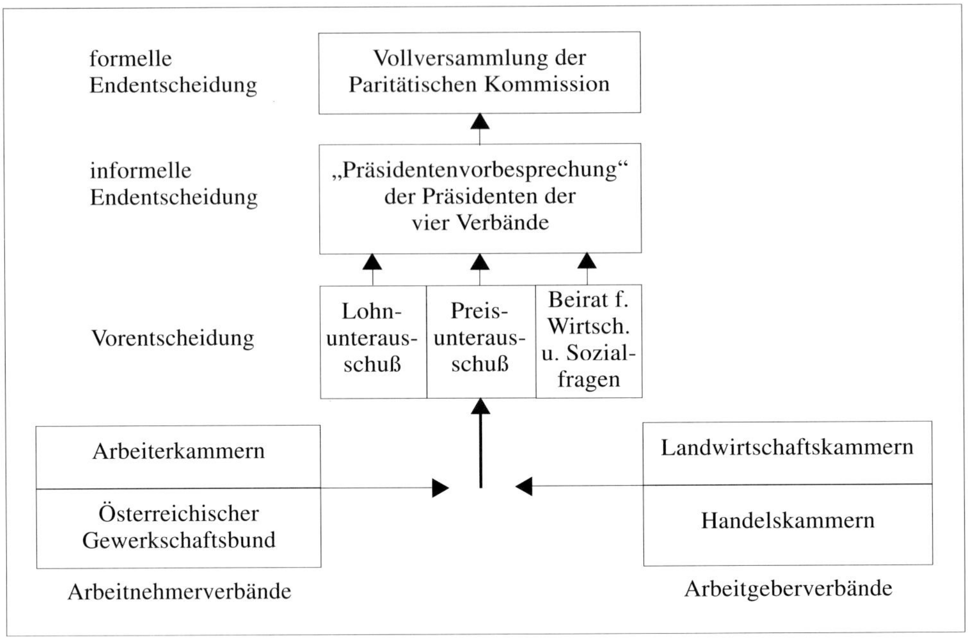

Quelle: Anton Pelinka: Politik und moderne Demokratie. Kronberg 1976, S.122.

Effektivität der Kommission beruht nicht auf einer (gar nicht gegebenen) Sanktionsmöglichkeit, ihre Effektivität liegt vielmehr in der intensiven Integration begründet: Die vier beteiligten Verbände – ÖGB, Bundesarbeitskammer, Präsidentenkonferenz der Landwirtschaftskammern, Wirtschaftskammer Österreichs – decken das gesamte Spektrum politisch relevanter ökonomischer Interessen ab, sie gewähren eine Teilnahme aller gesellschaftlichen Großgruppen an der wirtschafts- und sozialpolitischen Kompromißfindung, die das Wesen des sozialpartnerschaftlichen Entscheidungsprozesses in der Paritätischen Kommission ist.

Die Paritätische Kommission wirkt deshalb so integrierend, weil sie zum Kompromiß zwingt. Sowohl die Entscheidungen der beiden, für Lohn- bzw. Preiserhöhungsanträge zuständigen Unterausschüsse als auch die Entscheidungen der als zweite und letzte Instanz fungierenden Vollversammlung der Paritätischen Kommission können nur einstimmig getroffen werden. Jeder Verband besitzt ein absolutes Vetorecht. Die Summe der Entscheidungen der Paritätischen Kommission ist somit der gemeinsame Nenner der gesellschaftspolitischen Zielkataloge der beteiligten Verbände.

Dieser Zusammenhang verleiht der Paritätischen Kommission den Charakter eines Garanten des gesellschaftlichen Status quo. Gleichgültig, ob man die hinter dem Einstimmigkeitsprinzip verborgene Balance entsprechend einer altliberalen Terminologie einstuft oder ob man entsprechend einer marxistischen Terminologie von einem Gleichgewicht der Klassenkräfte spricht – die Kooperation der Verbände in einem von ihnen selbst geschaffenen Rahmen ist ein überaus effektives Mittel, durch eine Beteiligung möglichst aller Interessenten ein soziales System im Gleichgewicht zu halten.

Obwohl die Institutionalisierung der Sozialpartnerschaft eine Verlagerung von Entscheidungskapazität bedeutet, die auf Kosten der Verfassungsorgane (Parlament, Regierung) geht, wäre die Einstufung der Paritätischen Kommission als „Nebenregierung", die den konstitutionellen Organen in einer Art Konkurrenzkampf die Rolle streitig macht, eine unzulässige Vereinfachung. Denn die dichte Verflechtung von Verfassungsorganen, Parteien und Verbänden führt dazu, daß es letztlich dieselben Akteure sind, die auf der Ebene der Sozialpartnerschaft de facto Entscheidungen treffen und eben diese Entscheidungen auf der Ebene des Parlamentarismus de jure absichern. Diese Identität der Akteure, die mit eine Voraussetzung für die Stabilität und die Wirksamkeit der österreichischen Sozialpartnerschaft ist, kommt formell dadurch zum Ausdruck, daß auch die Regierung in der Paritätischen Kommission beteiligt ist – freilich besitzen die Regierungsvertreter seit dem Ende der Koalition, seit 1966, kein Stimmrecht, um auch nur den Anschein eines Ungleichgewichts zu vermeiden. Dieser Verzicht auf das Stimmrecht der Regierungsvertreter hat den autonomen Charakter der Paritätischen Kommission sichergestellt.

Die Arbeit der Paritätischen Kommission beginnt in den Unterausschüssen. Der Lohnunterausschuß dient der Absprache über Lohnerhöhungen, deren konkrete Aushandlung freilich Sache der Kollektivvertragsverhandlungen ist; im Lohnunterausschuß werden Lohnverhandlungen freigegeben und abgeschlossene Kollektivverträge genehmigt. Der Preisunterausschuß dient seit 1992 nicht mehr unmittelbar der Entscheidung über Preiserhöhungen, sondern der Beobachtung der Wettbewerbslage. 1992 wurde auch ein Unterausschuß für internationale Fragen eingerichtet. Der Beirat für Wirtschafts- und Sozialfragen ist der von allen vier Verbänden sowie einigen verbandsunabhängigen Experten gebildete Sachverständigenrat der autonomen Sozialpartnerschaft. Im Auftrag der Präsidenten der Wirtschaftsverbände wird er mit langfristigen Prognosen und Gutachten befaßt.

Die den Unterausschüssen übergeordnete Instanz ist die eigentliche Paritätische Kommission, oft auch Vollversammlung genannt, an der auch die nicht stimmberechtigten Regierungsvertreter teilnehmen. Das Kernstück der Paritätischen Kommission ist jedoch die Präsidentenbesprechung, die jeweils vor der Vollversammlung stattfindet. Bei dieser Präsidentenbesprechung schließen die Präsidenten der vier die Paritätische Kommission tragenden Verbände Kompromisse. Entscheidungen, die nicht bereits in den Unterausschüssen gefallen sind, werden hier vorentschieden; die Endentscheidung in der Vollversammlung ist dann bloß formaler Natur.

Alle Entscheidungen in der autonomen Sozialpartnerschaft, das heißt in den verschiedenen Einrichtungen der Paritätischen Kommission, fallen einstimmig und nicht öffentlich. Es gibt keine „Mehrheit" und „Minderheit", keine Konflikte zwischen „Regierung" und „Opposition". Nur im Rahmen des Beirats für Wirtschafts- und Sozialfragen können auch, in Form von Expertenmeinungen, Mehrheits- und Minderheitsstandpunkte formuliert werden. Durch diese perfekte Verwirklichung des Konkordanzprinzips kann jeder der vier Wirtschaftsverbände die autonome Sozialpartnerschaft lahmlegen. Mehrheitsverhältnisse im Bereich des Parlamentarismus sowie Wahlergebnisse bei Parlamentswahlen haben keine direkte Auswirkung auf die Enscheidungssituation in der Paritätischen Kommission. Doch die Erosion der beiden Großparteien, die ja die historische Grundlage der Paritätischen Kommission gesichert haben, und ein marktwirtschaftlicher Zeitgeist (Privatisierung der Verstaatlichten Industrie und der verstaatlichten Banken, Orientierung am Gemeinsamen Markt und schließlich Beitritt zur EU) zwingen die Sozialpartner zu einem teilweisen Rückzug. Durch ein im November 1992 abgeschlossenes Abkommen zwischen den vier Präsidenten, die die Paritätische Kommission tragen, wird die Kompetenz des Preisunterausschusses als auslaufend erklärt. Gleichzeitig soll die Paritätische Kommission sich auch verstärkt eine ökologische Zuständigkeit erarbeiten, um so eine Verschärfung des Gegensatzes zwischen Ökologie (Neue soziale Bewegungen, grün-alternative Gruppierungen) und Ökonomie (repräsentiert durch die Sozialpartnerschaft) zu verhindern.

Die nicht-autonome Sozialpartnerschaft ist ebenfalls weit entwickelt. Freilich ist sie, anders als die autonome Sozialpartnerschaft, keine österreichische Besonderheit. Die vielfältigen Mitwirkungsmöglichkeiten, die die Wirtschaftsverbände im Bereich staatlicher Verwaltung und staatlicher Gerichtsbarkeit vorfinden, erlauben den ökonomischen Interessen eine direkte Einflußnahme auf staatliches Handeln. Diese Form der Sozialpartnerschaft ist, wenn auch freilich in kaum einem anderen System so intensiv ausgeprägt, für fortgeschrittene westliche Systeme typisch, die durch einen sozial- und wohlfahrtsstaatlich gebremsten Kapitalismus und durch ein Mehrparteiensystem definiert sind.

Die nicht-autonome Sozialpartnerschaft beginnt bei der Einflußmöglichkeit der Verbände auf die Gesetzgebung in Form des Begutachtungsverfahrens. Das ganze Gewicht der nicht-autonomen Sozialpartnerschaft konzentriert sich jedoch auf die Mitwirkung an der Verwaltung. In über hundert Institutionen – Beiräten, Kommissionen etc. – wirken Wirtschaftsverbände gemeinsam bei der Gestaltung staatlicher Verwaltung, das heißt staatlicher Politik mit. In den einzelnen Ministerien arbeiten die Wirtschaftsverbände ständig an der konkreten Gestaltung der Politik mit. Wenn auch, entsprechend dem Grundgedanken parlamentarischer Systeme, der jeweilige Bundesminister die letzte Kompetenz und die letzte Verantwortung besitzt, so ist das tatsächliche politische Gewicht der Verbände insbesondere dann, wenn sie unter sich einig sind, sehr erheblich.

In die nicht-autonome Sozialpartnerschaft fällt auch die Tätigkeit der Verbände im Rahmen der Sozialversicherungsinstitute. Die Verbände verwalten die gesetzlich eingerichteten Sozialversicherungen weitgehend selbständig. Ähnliches geschieht auch innerhalb der staatlichen Agrarpolitik: Verschiedene Agrarfonds, zusammengesetzt aus Vertretern der Wirtschaftsverbände, legen die Grundlinien der österreichischen Agrarpolitik fest.

Neben vielen anderen Mitwirkungsmöglichkeiten in der nicht-autonomen Sozialpartnerschaft ist auch noch die Beteiligung der Verbände an der Notenbankpolitik zu erwähnen – die Wirtschaftsverbände entsenden Vertreter in den Generalrat der Österreichischen Nationalbank. Zu erwähnen ist auch noch die rechtsprechende Funktion der Verbände – sie entsenden Vertreter in die Gerichte, die mit Fragen des Kartellrechtes und mit Fragen des Arbeitsrechtes befaßt sind.

Die Sozialpartnerschaft integriert und stabilisiert. Da durch die Arbeitgeberverbände der Produktionsfaktor Kapital und durch die Arbeitnehmerverbände der Produktionsfaktor Arbeit im Rahmen der Sozialpartnerschaft jeweils ein absolutes Vetorecht besitzen, ist die Sozialpartnerschaft einerseits kaum in der Lage, zwischen diesen beiden Faktoren eine Umverteilung der Gewichte vorzunehmen; andererseits bedeutet sie eine Garantie der zwischen diesen Faktoren abgesteckten Besitzstände. Tatsächlich sind die in Form der „Gewinnquote" gemessenen Anteile des Produktionsfaktors Kapital und die in Form der „Lohnquote" gemessenen Anteile des Produktionsfaktors Arbeit auffallend stabil.

Diese Stabilisierung zwischen Löhnen und Gewinnen bringt es mit sich, daß beide sozialpartnerschaftlich kooperierenden Seiten an einem größtmöglichen Wirtschaftswachstum interessiert sind. Wenn das Sozialprodukt kontinuierlich wächst, so erhalten – bei grundsätzlich gleichbleibenden Quoten – beide Seiten real mehr; so steigen die tatsächlichen Einkommen sowohl der Arbeitgeber als auch der Arbeitnehmer. Wenn die Wirtschaft kontinuierlich wächst, so ist auch ein stabilitätsbedrohendes Anwachsen der Arbeitslosigkeit eher unwahrscheinlich. Das Funktionieren der Sozialpartnerschaft als ein wesentliches Merkmal der Zweiten Republik – gerade auch im Gegensatz zur Ersten Republik – hat somit folgende Auswirkungen:

- Verzicht auf eine einschneidende Umverteilung zwischen Unternehmergewinnen und Arbeitnehmereinkommen;
- Vorrang für ein gemeinsam zu erarbeitendes, maximales Wirtschaftswachstum.

Die seit Beginn der 90er Jahre wachsende Kritik an einigen Aspekten der Sozialpartnerschaft bezieht sich nicht auf diese Ergebnisse. Die Kritik entzündet sich vielmehr an organisatorischen Voraussetzungen – vor allem an der gesetzlich vorgesehenen Pflichtmitgliedschaft in den Kammem. Diese Kritik stützt sich auf eine wachsende Unzufriedenheit mit den Kammerstrukturen. Bei der mit Abstand mitgliederstärksten Kammerorganisation, bei den Kammern für Arbeiter und Angestellte,wirkt sich dies in einer auffallend rückläufigen Wahlbeteiligung aus: Bei den Arbeiterkammerwahlen 1989 sank sie erstmals unter 50 Prozent, um 1994 nochmals weiter zu sinken.

Eine Aufhebung der Pflichtmitgliedschaft würde zwar die Sozialpartnerschaft nicht

Tabelle 10: Lohnquote in Österreich

Jahr	Lohnquote	Jahr	Lohnquote	Jahr	Lohnquote
1955	59,1	1980	74,0	1989	71,3
1960	59,0	1985	72,6	1990	70,7
1965	63,9	1986	72,8	1991	72,0
1970	64,0	1987	72,9	1992	72,6
1975	73,3	1988	71,5	1993	73,5

Anmerkung: Lohnquote entspricht Brutto-Entgelte für unselbständige Arbeit in Prozent des Volkseinkommens.
Bei der Lohnquote ist zu berücksichtigen, daß durch die relative Zunahme von Arbeitnehmer(-innen) eine „Bereinigung" erforderlich wäre. Eine „bereinigte" Lohnquote wäre stabil.

Quelle: Jahrbuch der österreichischen Wirtschaft. Statistiken 1993. Hrsg.: Wirtschaftskammer.

zerstören. Ohne Pflichtmitgliedschaft in den drei großen Kammerorganisationen würden jedoch Voraussetzungen der Sozialpartnerschaft wesentlich verändert werden – so bleibt etwa ungeklärt, wie sich ein „freier" Arbeitnehmerverband (ÖGB) neben einem dann ebenfalls „freien", zweiten Arbeitnehmerverband (eben die Arbeiterkammern) legitimieren und profilieren soll.

Die wachsende Kritikbereitschaft und das dahinterstehende, zunehmende Unbehagen an Aspekten des Parteien- und Verbändestaates zeigen, wie sehr die Stabilisierungserfolge der Zweiten Republik als Selbstverständlichkeit empfunden werden. Der bloße Hinweis auf historische Verdienste etwa der Kammern genügt nicht mehr, ihre konkrete Existenz zu rechtfertigen.

2.5 Das Wirtschaftssystem

Das österreichische Wirtschaftssystem hat zwei wesentliche Merkmale:

- eine starke Abhängigkeit von ausländischem Kapital;
- eine starke Verflechtung von Wirtschaft und Politik.

Die enge Verflechtung zwischen Politik und Wirtschaft drückte sich in der Zweiten Republik zunächst in einer hohen Verstaatlichtenquote aus. Anfang der 70er Jahre dominierten im Bereich der 50 größten Untemehmen des Landes die direkt oder indirekt verstaatlichten Betriebe sowie die in ausländischem Eigentum befindlichen Unternehmen. Die in den 80er Jahren einsetzende Privatisierung, in Verbindung mit Krisener-

Tabelle 11a: Bundeshaushalt (in Mrd. öS)

Allgemeiner Haushalt				
Jahr	Ausgaben	Einnahmen	Abgang	
			BIP absolut	in % des BIP
1990	564,7	501,9	-62,9	3,5
1991	619,6	556,9	-62,7	3,3
1992	658,0	591,6	-66,4	3,3
1993	699,7	601,5	-98,2	4,7
1994	709,3	628,6	-80,7	3,7

Anmerkung: Die Daten für 1993 sind der vorläufige Gebarungserfolg. Die Angaben für 1994 beziehen sich auf den Bundesvoranschlag.
Quelle: Jahrbuch der österreichischen Wirtschaft. Statistiken 1993. Hrsg.: Wirtschaftskammer.

scheinungen von Teilen des verstaatlichten Industriesektors (Stahlkrise), bedeutete einen allmählichen Rückzug des Staates aus Industrie und Banken. Damit hatte ein für die Zweite Republik wesentlichter Bestimmungsfaktor entscheidend an Gewicht verloren.

Die Auslandsabhängigkeit war jedoch schon in der Ersten Republik ein wesentlicher wirtschaftlicher und politischer Faktor. Die relative Verspätung der industriellen Entwicklung hatte verursacht, daß zahlreiche industrielle Betriebe Österreichs in ausländischen Händen waren. Schon in der Monarchie versuchte die Stadt Wien unter Bürgermeister Karl Lueger die problematischen Folgen einer Auslandsabhängigkeit wichtiger kommunaler Betriebe durch die Überführung derselben in das Eigentum der Stadt zu verhindern. In der Ersten Republik waren bestimmte Unternehmungen in deutschem Besitz ein Einfallstor für den politischen Einfluß des Nationalsozialismus – vor allem die in deutschen Händen befindliche steirische Montanindustrie finanzierte eine Politik, die gegen die Unabhängigkeit Österreichs gerichtet war.

In der Zweiten Republik wurden durch die beiden Verstaatlichungsgesetze von 1946 und 1947 wesentliche Betriebe, vor allem im Bereich der Montanindustrie, der Elektrizitätswirtschaft und der Banken, in das Eigentum der Republik überführt. Dadurch sollte ein möglicher, abermals von außen kommender, von Österreich nicht kontrollierbarer politischer Einfluß verhindert werden; dadurch sollten auch Unternehmungen, die als „deutsches Eigentum“ faktisch herrenlos waren, in einer von der demokratischen Regierung kontrollierten Weise in Betrieb gesetzt werden. Diese entscheidenden Maßnahmen haben die Bedeutung des Staates und damit der Parteien und Verbände in der Wirtschaft ungemein gesteigert. Die Verstaatlichte Industrie und die indirekt, im Umweg über die Konzernbetriebe der verstaatlichten Banken ebenfalls staatliche Industrie stärk-

Tabelle 11b: Budgetausgaben

Jahr	Peronalaufwand in % der Gesamtausgaben	Investitionen in % der Gesamtausgaben	Sozialausgaben in % der Gesamtausgaben
1990	26,2	4,6	24,0
1991	25,9	4,1	23,5
1992	25,9	4,1	24,3
1993	25,4	4,0	24,4
1994	22,5	3,5	28,4

Anmerkung: Die Angaben für 1993 bzw. 1994 beziehen sich auf den Bundesvoranschlag
Quelle: Jahrbuch der österreichischen Wirtschaft. Statistiken 1993. Hrsg.: Wirtschaftskammer

ten den politischen Einfluß in der Wirtschaft, stärkten die politische Steuerung des gesamten Wirtschaftssystems und erleichterten auch die Entwicklung der Sozialpartnerschaft. Die große Rolle des Staates in der Wirtschaft relativierte den Interessengegensatz zwischen Arbeitgebern und Arbeitnehmern; der Staat als wichtigster Arbeitgeber auch in der Industrie mußte von den Arbeitnehmern, die über die Zusammensetzung der Staatsorgane demokratisch befinden können, als ein anderes Gegenüber empfunden werden als ein privater Arbeitgeber, der ausschließlich Gewinninteressen verfolgt.

Die Verstaatlichte Industrie und die Konzernbetriebe der verstaatlichten Banken blie-

Tabelle 11c: Einnahmen des öffentlichen Sektors

	Steuern und steuerähnliche Einnahmen			
	1990	1992	1993	1994
Bund	485,3	577,1	596,6	602,3
Länder	2,0	2,0	2,2	2,4
Gemeinden	25,4	28,3	30	40,0
Kammern	10,1	10,7	11,0	11,5
Sozialversicher. Träger	208,5	248,4	266,9	284,2
Fonds	5,1	5,0	5,1	5,2
ABGABEN INSG.	**736,4**	**871,5**	**911,8**	**945,6**
Abgaben in % des BIP	40,9	42,8	43,3	43

Anmerkung: Die Einnahmen für 1993 bzw. 1994 beziehen sich auf Schätzungen des BMF.
Quelle: Jahrbuch der österreichischen Wirtschaft. Statistiken 1993. Hrsg.: Wirtschaftskammer

Tabelle 11d: Finanzschuld

	Finanzschuldendienst insg. in Mill. öS	Finanzschuld in Mill. öS in	Finanzschuld % d. BIP
1990	93.517	861.608	47,8
1991	100.750	937.745	48,8
1992	115.839	991.993	48,7
1993	136.851	1,109.046	52,7
1994	146.918	1,191.046	54,1

Anmerkung: Der Finanzschuldienst umfaßt alle Zinsen (einschließlich sonstigem Aufwand) und Tilgungen. Die Finanzschuld inkludiert die Schillingschuld als auch die Fremdwährungsschuld. Für 1993 kann nur eine Schätzung angegeben werden, für 1994 entspricht sie dem Bundesvoranschlag.
Quelle: Jahrbuch der österreichischen Wirtschaft. Statistiken 1993. Hrsg.: Wirtschaftskammer.

ben auch Jahrzehnte hindurch weitgehend prinzipieller Kritik entzogen. Vor allem zwischen den beiden Großparteien war der Grundsatz der – teilweisen – Verstaatlichung unbestritten. Erst der Verlust der wirtschaftlichen Leistungsfähigkeit eines Teiles der Verstaatlichten Industrie, insbesondere im Bereich der Stahlindustrie, führte etwa ab 1985 zu einer intensiveren innenpolitischen Diskussion zum Thema „Privatisierung". Deshalb kam es auch bei der Bildung der „Großen Koalition", Anfang 1987, zu der Über-

Tabelle 12: Einkommensverteilung in Österreich

... % verdienen im Monat weniger als ... Schilling	Arbeiter und Angestellte	
	Männer	Frauen
10%	14.653	8.373
20%	17.865	11.202
30%	19.035	12.316
40%	22.219	15.139
50%	24.441	16.921
60%	27.000	18.879
70%	30.258	21.244
75%	32.357	22.803
80%	34.872	24.770
90%	-	30.644

Quelle: Arbeiterkammer

Tabelle 13a: Brutto-Inlandsprodukt je Einwohner

Land	US-$ zu laufenden Preisen und Wechselkursen 1992	1993
Österreich	**23.495**	**22.980**
Belgien	21.829	20.700
Dänemark	27.551	26.190
Deutschland	22.208	21.260
Finnland	21.058	16.220
Frankreich	23.006	21.860
Großbritannien	18.027	16.030
Italien	21.122	17.300
Niederlande	21.102	20.380
Norwegen	26.343	24.080
Schweden	28.489	21.350
Schweiz	34.962	33.710
USA	23.215	24.490
Japan	29.525	33.760
OECD Insgesamt	21.562	21.320
OECD Europa	18.578	16.320
EU	20.671	17.960

Quelle: Jahrbuch der österreichischen Wirtschaft. Statistiken 1993. Hrsg.: Wirtschaftskammer

einkunft zwischen SPÖ und ÖVP, Teile der Verstaatlichten Industrie zu privatisieren – wobei der Konsens zwischen den beiden Parteien sich zunächst nur auf die Übertragung von Minderheitsanteilen in die Hände privater Eigentümer bezieht.

Vergleichbare europäische Länder mit liberal-demokratischer Politik und liberalkapitalistischer Wirtschaft werden jedenfalls durch den Faktor „inländisches Privatkapital" durchwegs stärker geprägt als Österreich. Diese relative Schwäche des österreichischen Privatkapitals im Verhältnis zum Auslandskapital ist noch immer gegeben, obwohl zur Verhinderung eines überstarken und politisch problematischen ausländischen Einflusses die Verstaatlichte Industrie entwickelt wurde. Allerdings hat sich in der Zweiten Republik, im Gegensatz zur Ersten, ein Typus von Auslandsunternehmen durchgesetzt, der nicht mehr eindeutig auf ein bestimmtes Herkunftsland festzulegen ist: An die Stelle des deutschen (oder britischen oder französischen oder amerikanischen) Unternehmens ist der multinationale Konzern getreten.

Tabelle 13b: Wirtschaftswachstum im internationalen Vergleich

Land	Veränderungen gegen dem Vorjahr in % 1992	1993	1994
Österreich	**1,6**	**-0,5**	**1,5**
Belgien	0,8	-1,2	0,9
Dänemark	1	0,2	2,5
Deutschland	2,1	-1,5	0,9
Finnland	-4	-2,0	-0,3
Frankreich	1,4	-0,9	1,1
Großbritannien	-0,6	2	2,9
Italien	0,9	-0,1	1,7
Niederlande	1,4	-0,2	0,6
Norwegen	3,3	1,6	3,2
Schweden	-1,7	-2,7	1,5
Schweiz	-0,1	-0,8	0,8
USA	2,6	2,8	3,1
Japan	1,3	-0,5	0,5
OECD Insgesamt	1,7	1,1	2,1
OECD Europa	1,1	-0,2	1,5
EU	1,1	-0,3	1,4

Anmerkung: Unter Wirtschaftswachstum wird die Veränderung des realen Brutto-Inlandsproduktes verstanden.
Die Werte für das Jahr 1994 sind Prognosen der OECD von Dezember 1993.
Quelle: Jahrbuch der österreichischen Wirtschaft. Statistiken 1993. Hrsg.: Wirtschaftskammer

Die starke Position des Staates und damit des demokratisch strukturierten politischen Systems ermöglicht eine leichte Lenkbarkeit der Wirtschaft durch die Politik. Die Grenzen zwischen politischem Handeln (nach traditionellem Verständnis dem Staat verpflichtet) und wirtschaftlicher Tätigkeit (vom Privatkapital abhängig) werden dadurch faktisch aufgehoben. Der Staat tritt freilich der Wirtschaft weder als starker und lenkender, noch als schwacher und bloß schützender Staat gegenüber – er verfließt mit der Wirtschaft. Die für das politische System Österreichs charakteristische Integration aller Kräftegruppen prägt damit auch das Wirtschaftssystem. Die Stabilität des einen wirkt auf die Stabilität des anderen Systems zurück.

Diese enge Verbindung von Wirtschaft und Politik wird freilich durch die Auslandsabhängigkeit relativiert. Steuerungen, die auf diesem Weg einströmen, entziehen sich

Tabelle 13c: Arbeitslosenquoten

	Arbeitslose in % der Erwerbspersonen			
Land	1991	1992	1993	1994
Österreich	**3,4**	**3,7**	**4,2**	**4,6**
Belgien	9,3	10,3	11,5	13
Dänemark	10,4	11,1	12,1	11,9
Deutschland	6,7	7,7	8,9	10,1
Finnland	7,6	13,1	18,2	19,9
Frankreich	9,5	10,4	11,7	12,4
Griechenland	7,6	9,2	10	10,7
Großbritannien	8,3	10	10,3	10
Irland	15,7	16,7	17,6	17,8
Italien	11	11,6	10,2	11,1
Luxemburg	1,2	1,4	2,2	2,7
Niederlande	7,0	6,8	8,3	9,3
Norwegen	5,5	5,9	6	5,9
Portugal	4,1	4,2	5,1	6
Schweden	2,9	5,3	8,2	8,8
Schweiz	1,1	2,5	4,5	5
Spanien	16,3	18,4	22,7	23,8
USA	6,7	7,4	6,9	6,5
Japan	2,1	2,2	2,5	2,9
OECD Insgesamt	7,1	7,8	8,2	8,5
OECD Europa	8,6	9,6	10,7	11,4
EU	9,2	10,3	11,3	12

Anmerkung: Arbeitslosenquote lt. OECD (ILO-Definition)
Arbeitslosenquote für das Jahr 1994 lt. Prognose OECD vom Dezember 1993
Quelle: Jahrbuch der österreichischen Wirtschaft. Statistiken 1993. Hrsg.: Wirtschaftskammer

weitgehend den aus dem politischen System kommenden Gegensteuerungen. Die gegenüber dem Auslandskapital existente Grenze zwischen Wirtschaft und Politik verringert die Lenkbarkeit der österreichischen Wirtschaft durch die demokratischen Institutionen der österreichischen Politik. Multinationale Konzerne können sich eher der sozialpartnerschaftlichen Kontrolle, können sich auch eher den indirekten und direkten

Einflüssen entziehen als vom Staat kontrollierte Betriebe oder auch als die Betriebe des inländischen Privatkapitals.

Dieser ständige Bedeutungszuwachs der multinationalen Konzerne und die etwa ab 1985 anlaufende Privatisierung der Verstaatlichten Industrie könnten die enge Verbindung von Wirtschaft und Politik grundsätzlich in Frage stellen. Diese Entflechtung von Wirtschaft und Politik kann einerseits als Vorteil gesehen werden – in der Wirtschaft wird stärker eine Eigengesetzlichkeit unterstrichen, der Politik (Regierung, Parlament, Parteien, Verbände) wird eine „Einmischung" in die wirtschaftlichen Abläufe zunehmend erschwert. Als Nachteil könnte andererseits jedoch angeführt werden, daß auf diese Weise eine wesentliche Voraussetzung der sozialpartnerschaftlichen Steuerbarkeit des gesamten Wirtschaftssystems abnimmt, weil die gewerkschaftlich organisierten Arbeitnehmer sich gegenüber privaten Unternehmungen eher zu einer Konfrontation veranlaßt fühlen könnten als gegenüber dem Eigentümer, mit dem sie sich selbst zu identifizieren vermögen – eben mit dem Staat, mit der Republik. Durch diese Entwicklung könnte jedenfalls die Integration der verschiedenen Teilbereiche der österreichischen Gesellschaft schwächer werden.

Die Integration, die auch im Wirtschaftssystem vorherrscht, hat zu einer ausgeprägten Stabilität in vielen ökonomischen Teilbereichen geführt. Diese Stabilität kann anhand verschiedener Indikatoren nachgewiesen werden. Wichtigstes Merkmal: Soziale und wirtschaftliche Verteilungskämpfe finden in Österreich verhältnismäßig „gedämpft" statt. Die gegebenen Verteilungsschlüssel sind weitgehend gefestigt. Das gilt nicht nur für die sozialpartnerschaftlich indirekt fixierte Verteilung von Gewinnquote und Lohnquote. Das gilt auch für die verschiedenen Einkommensgruppen unabhängig von dieser Gewinn- und Lohnverteilung.

Gestützt durch die stabilisierenden Effekte der Sozialpartnerschaft, hat die Zweite Republik für alle konfliktfähig organisierten, in Verbänden der Arbeitgeber und der Arbeitnehmer zusammengeschlossenen Gruppen auffallende wirtschaftliche und soziale Vorteile gebracht. Das österreichische Wirtschaftswachstum, die damit zusammenhängenden Steigerungen der Realeinkommen und auch die Währungsstabilität lagen in Österreich sehr lange weit über dem Durchschnitt der vergleichbaren Staaten. Die Summe der zu verteilenden Güter ist im Laufe der Zweiten Republik überdurchschnittlich gewachsen.

Diese nahezu uneingeschränkt begrüßte Entwicklung der österreichischen Wirtschaft hat jedoch nichts an den gegebenen Ungleichheiten der Verteilung geändert. Gewachsen, und zwar schnell und stark gewachsen ist der Gesamtumfang – praktisch unverändert sind die Anteile, die die einzelnen Gruppen besetzt halten. Da in der Zweiten Republik mehr und immer mehr zu verteilen war als in der Ersten Republik und in den ersten Jahren nach 1945, trat die Tatsache einer prinzipiell unveränderten sozialen und wirtschaftlichen Ungleichheit bewußtseinsmäßig in den Hintergrund.

Tabelle 14a: Streikstatistik (1991–1993)

	Beteiligte	Streikstunden
	Privatangestellte	
1991	142 Personen	5072
1992	17 Personen	1496
	Öffentlicher Dienst	
1991	92456 Personen	455961
1992	18000 Personen	180000
	Kunst, Medien, freie Berufe	
1991	70 Personen	5600
	Bau- und Holzarbeiter	
1993	6312 Personen	22163
	Chemiearbeiter	
1992	22 Personen	6
	Handel, Transport, Verkehr	
1993	1200 Personen	109200
	Metall, Bergbau, Energie	
1991	39 Personen	98
	Insgesamt an Streiks beteiligte Personen: 1991: 92.707 1992: 18.039 1993: 7.512	Streikstunden: 1991: 466.731 1992: 181.502 1993: 131.363

Quelle: „ÖGB-Nachrichten“

Diese Entwicklungslinien müssen wiederum in einer weiter zurückgeführten historischen Dimension gesehen werden. Gemessen an der ökonomischen und sozialen Krise der Ersten Republik, die eng mit der politischen Krise zusammenhing, mußte der wirtschaftliche Aufschwung nach 1950 als großer Erfolg empfunden werden.

Diese historische Dimension kann auch als Ursache dafür angesehen werden, daß trotz der erwähnten, unveränderten Unterschiede zwischen „oben“ und „unten“ die Zufriedenheit mit den bestehenden gesellschaftlichen Verhältnissen in der Zweiten Republik relativ ausgeprägt ist. Diese Zufriedenheit ist der Hintergrund des „sozialen Friedens“, der sich in der auffallend geringen Zahl von Streiks äußert. Die Zahl der in Form von Streiks ausgetragenen industriellen Arbeitskonflikte, die im internationalen Vergleich als wichtiger Maßstab für sozialen Frieden und sozialen Unfrieden gelten, ist in Österreich schon lange statistisch kaum noch festzuhalten.

Dieser soziale Friede ist nicht das Produkt einer besonderen Konfliktscheu, die dem Österreicher schlechthin angeboren wäre. Die Erste Republik lehrt, daß die Intensität

Tabelle 14b: Streikminuten im internationalen Vergleich

Land	1989	1990	1991	1992
Österreich	**0,5**	**1,5**	**9,3**	**1,2**
Dänemark	11	20,1	14,4	12,9
Deutschland	2	7	2,9	28,9
Finnland	46,8	214	110,6	19,9
Frankreich	21	13,7	12,8	8,9
Großbritannien	87,4	39,9	16,4	11,5
Italien	126,2	143,8	82	-
Niederlande	2,1	17,9	8,1	7,2
Norwegen	4,6	37,8	0,7	99,6
Schweden	48,5	90,1	2,6	3,5
Schweiz	0	0,6	0	-
USA	73,2	26	20,3	17,6
Japan	2,2	1,4	0,9	-

Anmerkung: In den USA wurden nur Streiks mit über 1.000 Beteiligten zum Vergleich herangezogen.
Quelle: Jahrbuch der österreichischen Wirtschaft. Statistiken 1993. Hrsg.: Wirtschaftskammer

von Konflikten in Österreich durchaus sehr hoch sein kann. Der soziale Friede der Zweiten Republik zeigt jedoch, daß unter bestimmten Voraussetzungen die wichtigsten Interessengruppen kompromißhaft zumindest grundsätzlich zufriedengestellt werden können. Ob bei Wegfall dieser Voraussetzungen, ob insbesondere bei einer weltwirtschaftlich verursachten, lang andauernden Wirtschaftskrise mit Massenarbeitslosigkeit dieser „soziale Friede" anhält, ist damit freilich nicht gesagt.

2.6 Die Massenmedien

Die Integration des gesamten politischen Systems in Österreich findet eine Entsprechung in der Konzentration der Massenmedien. Zu den österreichischen Besonderheiten zählt hier freilich nicht so sehr die Monopolstellung der staatlichen Rundfunk- und Fernsehanstalt ORF, deren Konstruktion sich nicht grundsätzlich von der anderer west- und mitteleuropäischer Anstalten unterscheidet. Die Diskussion über die Einführung privater Rundfunk- und Femsehkanäle entspricht ebenfalls einem allgemeinen europäischen Trend, der in Richtung auf ein Nebeneinander von staatlichen und privaten Anstalten geht.

Das Wesen aller staatlichen Monopolanstalten im Bereich der elektronischen Medien ist ihre mittelbare oder unmittelbare Abängigkeit von den Entscheidungsträgern des politischen Systems, insbesondere von den Parteien. Zu den Besonderheiten der öster-

Tabelle 15a: Reichweiten österreichischer Tageszeitungen (in %)

	Reichweite in %		
Tageszeitung	1990	1991	1992
Wiener Zeitung	0,78	0,79	0,81
Standard	4,02	4,37	4,51
Die Presse	2,97	2,8	2,8
Neue AZ	2,92	-	-
Kurier	14,33	14,81	13,15
Neue Kronen-Zeitung	42,03	42,22	42,97
Volksstimme	0,22	-	-
täglich Alles	-	-	10,21
Kleine Zeitung	11,14	11,23	11,25
Neue Zeit	1,89	1,86	1,66
Kärntner Tageszeitung	1,48	1,41	1,26
Salzburger Volkszeitung	0,43	0,43	0,46
Neues Volksblatt	0,95	1,05	0,85
OÖ Nachrichten	4,65	4,66	5,21
Salzburger Nachrichten	3,14	3,5	3,52
Tiroler Tageszeitung	4,05	4,34	4,18
Neue Vbg. Tageszeitung	1,33	1,18	0,96
Vorarlberg. Nachrichten	2,89	2,93	3,19

Quelle: Optima

Tabelle 15b: Druckauflagenanteil der drei größten Tageszeitungen, 1991

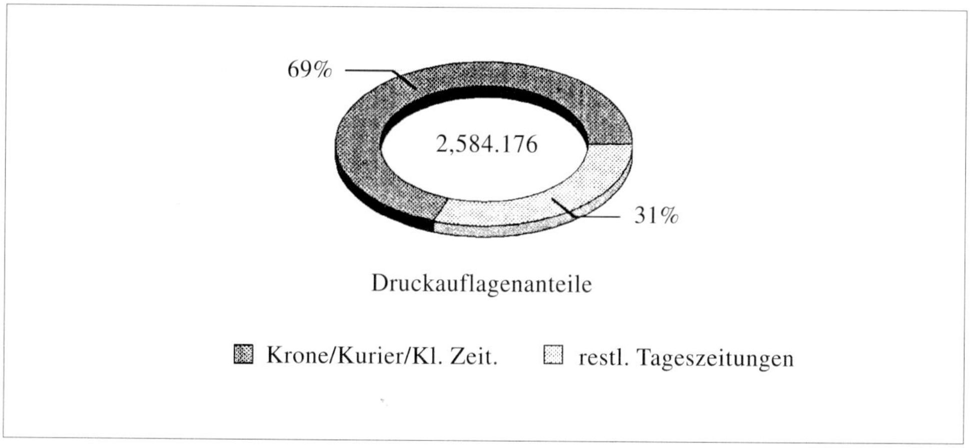

Quelle: VÖZ Pressehandbuch
Grafik by KOMDAT

reichischen Medien zählt jedoch die hohe Pressekonzentration, die starke Abhängigkeit der Presse von den Parteien und vor allem von den Verbänden sowie die ausgeprägte und eher zunehmende Auslandsabhängigkeit, die man beispielsweise bei den Fernsehprogrammen, die importiert werden, besonders studieren kann.

Schon in den 70er Jahren zeigte eine Untersuchung des Pressesystems von zehn westeuropäischen Ländern, daß Österreich hinter dem wesentlich kleineren Irland – gemeinsam mit Großbritannien – die fortgeschrittenste Pressekonzentration aufwies. Diese Konzentration ging inzwischen weiter. Sie ist ein Ergebnis der Entwicklung der Zweiten Republik. In der Ersten Republik und in den Anfangsjahren der Zweiten Republik war das Pressewesen in Österreich viel breiter gestreut, war vor allem die Zahl der Tageszeitungen ungleich größer. In der Zweiten Republik setzte jedoch eine Pressekonzentration ein, die vor allem die Zahl der Tageszeitungen reduzierte, das Gewicht der Boulevardzeitungen stärkte, die Parteizeitungen fast vollständig zurückdrängte und den Auslandseinfluß – über Kapitalverflechtungen – vergrößerte.

Der Rückgang der in den ersten Jahren und Jahrzehnten so wichtigen Parteizeitungen demonstriert den Wandel und auch den Bedeutungsverlust des Parteienstaates. Tageszeitungen wurden für Parteien zu nicht mehr vertretbaren Verlustfaktoren, weil die gesellschaftliche Integration, Ergebnis des erfolgreichen Wirkens eben des Parteienstaates der Zweiten Republik, der Lagermentalität die Grundlage entzog. Immer mehr Menschen wollten, unabhängig von ihrer jeweiligen parteipolitischen Präferenz, eine Zeitung lesen, deren politische Linie nicht vollständig mit der einer Partei – und sei es auch der „eigenen“ – übereinstimmte. Sowohl die Boulevard- als auch die Qualitätspresse

Tabelle 15c: Entwicklung der Gesamtauflage österreichischer Zeitungen (in 1000) 1946-1992

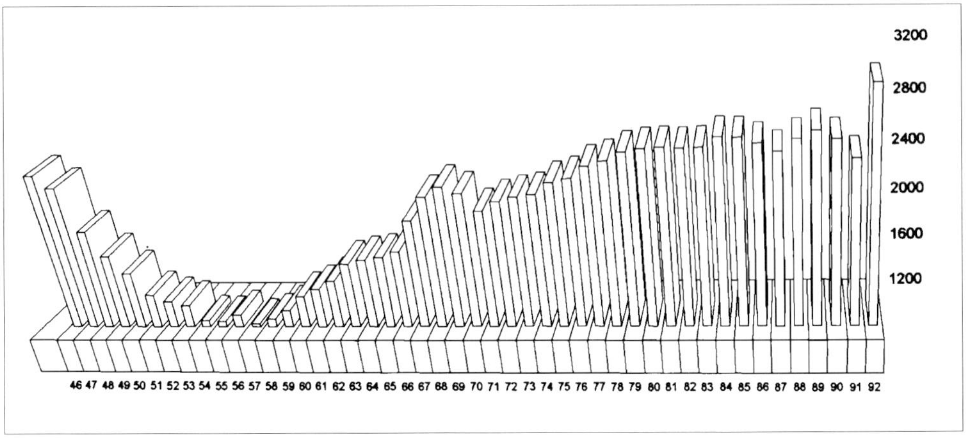

Quelle: VÖZ Pressehandbuch

orientierten sich an dieser Tendenz zur Parteiunabhängigkeit; an einer Tendenz, deren Opfer die Parteizeitungen wurden.

Auf dem Sektor der Tageszeitungen überlebten teilweise miteinander bzw. mit dem Ausland venetzte überregionale Boulevardzeitungen, überregionale Qualitätsblätter und regionale Zeitungen, die durch die Boulevardblätter in ihrer ansatzweisen regionalen Monopolstellung herausgefordert sind. Die Parteizeitungen sind (fast) verschwunden;

Tabelle 15d: Anteil der Parteipresse an der Gesamtauflage

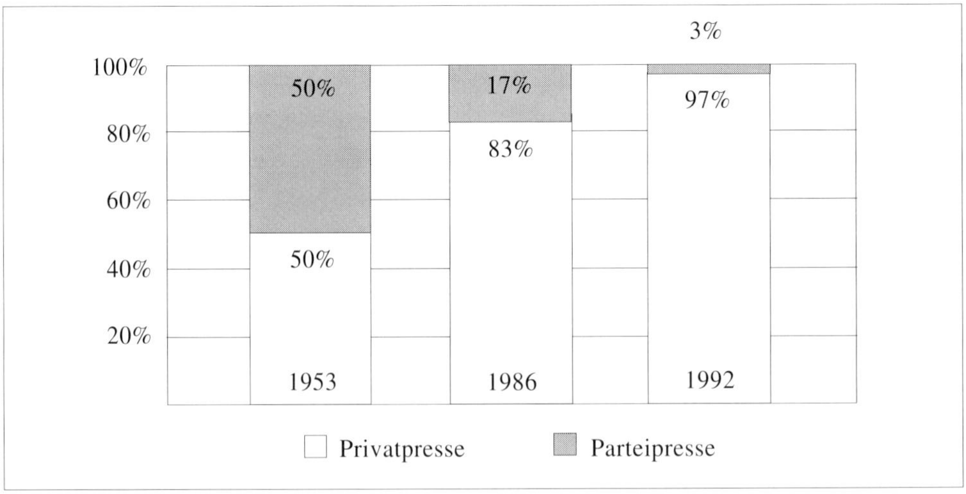

Quelle: VÖZ Pressehandbuch
Grafik by KOMDAT

der Typus der Verbandszeitung, also eines Presseorgans, das einem Wirtschafts- oder anderen Verband nahesteht, ist ebenfalls rückläufig.

Die Kapitalverflechtungen mit ausländischen (d.h. im wesentlichen deutschen) Medienkonzernen ist hingegen im Zunehmen. Dies entspricht auch Verflechtungstendenzen im elektronischen Medienbereich. Auch der staatliche ORF arbeitet eng – im Bereich der Produktion und des Verleihs – mit ausländischen (wiederum: vor allem deutschen) Unternehmungen zusammen. Und neue Kommunikationstechniken (Kabel, Satellit) überspringen im Radio- und Fernsehbereich nationale Grenzen unbeschadet eines staatlichen Monopolbetriebes wie des ORF.

Diese Abhängigkeit ist eine Folge des Kleinstaatcharakters und der, trotz eines wachsenden österreichischen Selbst- und Nationalbewußtseins, traditionellen Orientierung an der Bundesrepublik Deutschland. Diese Orientierung hat sich im Laufe der Zweiten Republik nicht abgeschwächt, sondern verstärkt. Am Beispiel des Mediums Buch kann dies verdeutlicht werden.

Diese wachsende Abhängigkeit steht in einem zunächst paradoxen Spannungsverhältnis zur Festigung des österreichischen Nationalbewußtseins. Trotz einer immer stärker werdenden, auch bewußtseinsbildenden Bedeutung der aus der Bundesrepublik Deutschland kommenden Medien hat sich das Bewußtsein, daß Österreich eine eigenständige Nation ist, im Laufe der Zweiten Republik stabilisiert. Damit ist primär eine Absage an das in der Ersten Republik dominierende Verständnis von Österreich als einem „zweiten deutschen Staat" verbunden.

Diese Gegenläufigkeit von zunehmender Auslandsabhängigkeit und zunehmendem nationalem Selbstbewußtsein zeigt, daß der Auslandsfaktor nicht überschätzt werden

Tabelle 16: Buchhandel Österreich-BRD (in Mio öS) 1986 bis 1991

		BÜCHER		
Jahr	Export	Import	Saldo	Index
1989	693,72	2154,88	-1461,15	141,14
1990	743,58	2258,84	-1515,26	146,36
1991	788,35	2383,40	-1595,04	154,07
		PERIODIKA		
Jahr	Export	Import	Saldo	Index
1989	718,26	2245,63	-1527,37	99,04
1990	678,78	2514,88	-1836,10	119,06
1991	660,39	2569,80	-1909,41	123,82

Quelle: Hauptverband des österreichischen Buchhandels

Tabelle: Bekenntnis zur österreichischen Nation in historischer Entwicklung

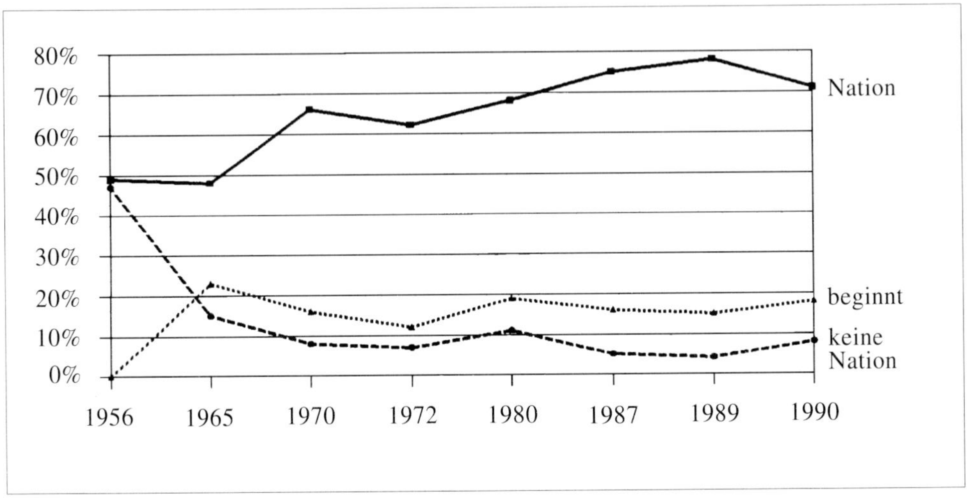

Quelle: Erhebung des Institutes für Kinfliktforschung bzw. Nutzung aller Untersuchungen – Sample-Größe verschieden.
Anton Pelinka: Zur österreichischen Identität. Zwischen deutscher Einigung und Mitteleuropa. Wien, 1990. S. 17.

soll. Dennoch ist hier eine der großen Ausnahmen von der Integration des gesamten politischen Systems, von seiner Stabilität und seiner Steuerbarkeit gegeben. Während die Verfassungsorgane, während die Parteien und die Verbände, während die österreichische Sozialpartnerschaft sich grundsätzlich selbst steuern, während also die Politik im engeren Sinn, abgesehen von der für jeden Staat existenten Abhängigkeit von weltpolitischen Entwicklungen, national autonom ist, ist diese Selbststeuerung und Autonomie im Medienbereich immer weniger gegeben.

Die Erkenntnis, daß Medien, insbesondere Massenmedien, politisches Bewußtsein beeinflussen und daher ein politischer Faktor sind, hat sich in der Zweiten Republik als selbstverständliche Tatsache durchgesetzt. Der politische Charakter der Massenmedien wird vor allem in der Behandlung des Rundfunks – zunächst des Hörfunks, dann auch des Fernsehens – durch die politischen Parteien deutlich. Der Rundfunk begann 1945 als Rundfunk der Alliierten. Er wurde dann von den Koalitionsparteien nach dem Gesichtspunkt des Proporzes eingerichtet. Die Unzufriedenheit mit der von vielen als zu starr empfundenen Proporzregelung führte zum ersten, von den parteiunabhängigen Zeitungen organisierten Volksbegehren in der Geschichte der Republik Österreich: 1964 unterschrieben 832.353 wahlberechtigte Österreicher einen Gesetzesantrag, der den Rundfunk weitgehend von den Parteien unabhängig machen und den parteipolitischen Proporz beseitigen sollte. Als Folge dieses Volksbegehrens wurde 1966 gegen die Stimmen der damals in Opposition befindlichen SPÖ ein Rundfunkgesetz verabschiedet, das in wesentlichen Zügen dem Volksbegehren entsprach. Die von der SPÖ geäußerte Kritik führte schließlich, nach der Veränderung der parlamentarischen Mehrheitsverhältnisse nach den Nationalratswahlen 1970 und 1971, zu dem 1974 nun gegen die Stimmen von ÖVP und FPÖ beschlossenen, abermals neuen Rundfunkgesetz.

Die Entwicklungen in den folgenden zwei Jahrzehnten demonstrierten zwar einerseits die ständigen Bemühungen der Parteien, auf den ORF Einfluß zu nehmen, aber andererseits auch die Eigengesetzlichkeit eines Mediums, das seinem Wesen nach grenzüberschreitend ist.

Diese Zusammenhänge zwischen Politik und staatlichem Rundfunk zeigen, daß in der Öffentlichkeit die politische Bedeutung der Massenmedien offenbar sehr hoch eingeschätzt wird. Die historische Entwicklung hat die Medien jedenfalls immer stärker in den politischen Raum gerückt – eine Entwicklung, die in absehbarer Zukunft kaum rückgängig gemacht werden kann.

3. Das „magische Dreieck“ der österreichischen Politik

Jedes westliche politische System, das auf dem offenen Parteienwettbewerb aufbaut, hat bestimmte Ziele:

- Es will Demokratie verwirklichen und braucht daher die Partizipation der einzelnen Bürger.
- Es will die Adaptation an die sich ständig ändernden gesellschaftlichen Voraussetzungen und braucht daher die Innovation in allen gesellschaftlichen Teilbereichen.
- Es will die Stabilität individueller Lebensverhältnisse und gesellschaftlicher Zusammenhänge und braucht daher die Integration der verschiedenen Interessen.

Partizipation, also Beteiligung; Innovation, also Erneuerung; Integration, also Zusammenfassung – alle diese Ziele werden von allen wesentlichen Kräften der Zweiten Republik voll akzeptiert. Alle diese Ziele sind auch grundsätzlich, wenngleich mit unterschiedlicher Intensität, in Österreich bereits verwirklicht. Demokratische Partizipation ist gegeben, die meisten Bürger beteiligen sich an den regelmäßig durchgeführten freien Wahlen, ein großer Teil der Bürger benützt darüber hinaus demokratische Mitwirkungsrechte – etwa die Mitgliedschaft in einer politischen Partei, etwa die Organisation einer Bürgerinitiative. Adaptive Innovation ist grundsätzlich gegeben. In Österreich arbeiten, gerade auch im Bereich der Sozialpartnerschaft, verschiedene Institutionen, Mechanismen, Interessengruppen und Experten an einem ständigen, vorweggenommenen Krisenmanagement, das den Bestand der allgemein akzeptierten gesellschaftlichen Werte sichern soll. Integrative Stabilität hat sich im Laufe der Zweiten Republik besonders ausgeprägt, ökonomische Indikatoren (Einkommensverteilung, Arbeitsplatzsicherung etc.) und politische Indikatoren (Wählerverhalten, politisches Kompromißverhalten) belegen dies eindringlich.

Diese ausgeprägte Stabilität durch Integration läßt jedenfalls, vergleicht man Österreich mit anderen westlichen Industriestaaten, die These als plausibel erscheinen, daß im Nahmen der Ziele das Stabilitätsziel gleichsam vorrangig angestrebt wurde und wird. Die drei demokratischen Systemziele bilden jedoch ein „magisches Dreieck“: Je mehr eines der Ziele verwirklicht wird, desto großer wird die Distanz zu den anderen Zielen.

Dieser Stabilitätsvorrang wird vor allem deutlich, wenn man die Situation der Ersten Republik in die Betrachtung miteinbezieht. In der Ersten Republik war die politische und okonomische Stabilität verhältnismäßig unterentwickelt, auch und vor allem, weil die Integration der verschiedenen politischen Kräfte mißlungen war. Der permanente Ausschluß der Sozialdemokraten und der mit ihnen verbundenen Freien Gewerkschaften von den wichtigsten Entscheidungsprozessen ist dafür ein wichtiges Merkmal. Die-

Tabelle 18: Das „Magische Dreieck" – am Beispiel Österreichs

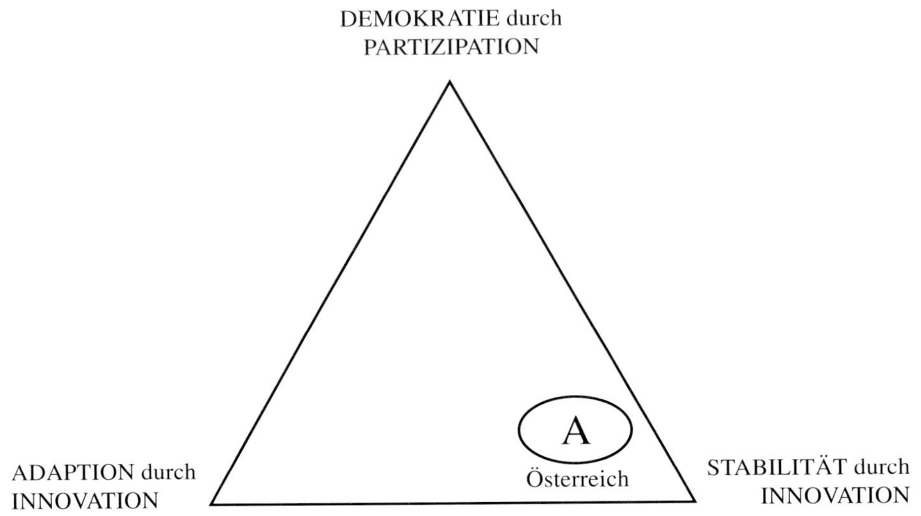

Quelle: Diese Skizze folgt einer Darstellung bei Peter Gerrlich. Politisches System und Integration. In: Erich Bodzenta (Hrsg.). Die österreichische Gesellschaft. Entwicklung – Struktur – Probleme. Wien 1972. S. 177

se starke Vernachlässigung der Stabilität ging jedoch keineswegs auf Kosten der Partizipation; in mancher Hinsicht war die politische Partizipation in der Ersten Republik spürbarer und ausgeprägter als in der Aufschwungphase der Zweiten Republik: Die Bereitschaft zu politischem Engagement, über die bloße Stimmabgabe und die bloße Parteimitgliedschaft hinaus, war in allen politisch-weltanschaulichen Lagern äußerst hoch; so hoch, daß sie schließlich auch die Bereitschaft zur gewaltsamen Auseinandersetzung miteinschloß.

Die Erste Republik kann als „zentrifugale Demokratie" eingestuft werden. Die an sich demokratische Konkurrenz zwischen den Parteien wurde keineswegs durch Gemeinsamkeiten gebändigt, das Gegeneinander der politisch-weltanschaulichen Lager fand kein Korrektiv durch ein kompromißhaftes Verhalten der politischen Eliten. Die Parteienkonkurrenz wurde schließlich zentrifugal, führte zum Bürgerkrieg. Eine Verbändekonkordanz hatte sich unter diesen Umständen nicht entwickeln können.

Die Zweite Republik ist hingegen als „Konkordanzdemokratie" zu bezeichnen. Der Parteienwettbewerb wurde von Anfang an vielfältig – bedingt auch durch die zehnjährige Besatzungszeit – eingedämmt. Bis 1966 wegen der Koalition, dann wegen des kompromißbereiten Verhaltens der im Nationalrat vertretenen Parteien, auch wegen der Nutzung des Föderalismus zu einer bewußten Beteiligung der jeweiligen großen Oppositionspartei am Entscheidungsprozeß hatten zumindest die Großparteien niemals Grund, sich ausgeschlossen zu fühlen. Ergänzt wurde der vielfach gebändigte Parteienwettbewerb durch die stark entwickelte Verbändekonkordanz, die schließlich ab 1957 in der autonomen Sozialpartnerschaft ihren institutionellen Höhepunkt fand.

Doch gerade eine historische Betrachtungsweise darf eine beobachtete Entwicklung nicht für endgültig nehmen. Die Zweite Republik ist auch in ihrem vierten Jahrzehnt an keiner Endstation angelangt. Vielmehr gibt es zahlreiche Anzeichen dafür, daß der Vorrang der Stabilität durch Integration in nächster Zukunft nicht mehr so selbstverständlich gegeben sein wird. Dafür sprechen vor allem gewisse Ermüdungserscheinungen des Parteienstaates, gewisse Anzeichen der Unzufriedenheit nicht mit einer bestimmten Partei, sondern mit der Parteiendemokratie schlechthin.

Diese Tendenzen machen es wahrscheinlich, daß das politische System in Österreich sich in Richtung eines stärker plebiszitären Systems verändern wird. Dafür gibt es in der Geschichte der Zweiten Republik deutliche Anzeichen: Die Verfassungseinrichtung des Volksbegehrens wurde erst 1964 zum ersten Mal genützt, die verfassungsrechtliche Einrichtung der Volksabstimmung zum ersten Mal 1978. Dazu kommen ähnliche Instrumente einer stärker direkt demokratischen Willensbildung auf der Ebene der Gemeinden und der Länder.

Die Ergebnisse der Volksabstimmung vom 12. Juni 1994, als 66 Prozent der sich an der Volksabstimmung beteiligenden Wahlberechtigten für Österreichs EU-Mitgliedschaft entschieden, zeigt auch die Ambivalenz und Labilität der Parteibindungen. Die

Tabelle 19a: Das EU-Referendum in Österrereich

Volksabstimmung vom 12. Juni	JA-Votum Stimmen	%	NEIN-Votum Stimmen	%
Burgenland	148.041	76,66	50.238	25,34
Kärnten	232.457	68,20	108,410	31,80
Niederösterreich	678.988	67,93	320.483	32,07
Oberösterreich	539.965	65,49	284.547	34,51
Salzburg	184.948	65,06	99.335	34,94
Steiermark	501.481	68,88	226.556	31,12
Tirol	198.990	56,66	152.211	43,34
Vorarlberg	118.206	66,59	59.300	33,41
Wien	542.905	66,15	277.770	33,85
Österreich	3,145.981	66,58	1,578.850	33,42

Anmerkung: Die Wahlbeteiligung bei diesem Referendum betrug 82,35%. Das Ergebnis enthält auch die Wahlkartenwähler

Quelle: BMI

Tabelle 19b: Abstimmungsverhalten bei der Volksabstimmung über einen Beitritt Österreichs zur EU

In % der Präferenten von	JA zur EU	Nein zur EU
SPÖ	73	27
ÖVP	66	34
FPÖ	41	59
Grüne	38	62
LIF	75	25
Nichtdeklarierte und Sonstige	60	40

Quelle: Fritz Plasser und Peter A. Ulram. Meinungstrends, Mobilisierung und Motivlagen bei der Volksabstimmung über den EU-Beitritt. In: Anton Pelinka (Hg.): EU-Referendum. Zur Praxis direkter Demokratie in Österreich. Wien 1994. S. 99.

Sympathisanten von SPÖ, ÖVP und Liberalen – also von den Parteien, die sich eindeutig für ein „Ja“ ausgesprochen hatten, stimmten zwar mehrheitlich, aber keienswegs einheitlich mit „Ja“; ebensowenig folgten die Sympathisanten der FPÖ und der Grünen geschlossen den „Nein“-Parolen ihrer Parteien.

Diese Entwicklungen müssen auch im Zusammenhang mit den Entwicklungen der gesamten Gesellschaft und der von der gesellschaftlichen Umwelt ausgehenden Impulse für das politische Verhalten gesehen werden. Bringt man das politische Verhalten der Österreicher auf einen „Index der politischen Prädispositionen“, so werden diese Veränderungsimpulse überdeutlich: Die traditionellen Kernwählerschichten der Großparteien – Arbeiter als Kernwählerschichten der SPÖ, Bauern und Selbständige der ÖVP – nehmen im Zuge der gesellschaftlichen Entwicklung quantitativ ab. Die parteipolitisch in ihrem Verhalten schwieriger zuzuordnenden Schichten der Angestellten und Beamten nehmen hingegen stark zu.

Diese Veränderungen wurden durch das Wachstum, bzw. das Neuaufkommen der FPÖ, der Grünen und der Liberalen noch verdeutlicht. Die FPÖ, bis 1986 eine traditionell „bürgerliche“ Partei, macht seit 1990 der SPÖ die Hegemonie bei den Arbeitem („blue collar“) streitig – sie ist in der Arbeiterschaft bereits ähnlich überproportional vertreten wie die SPÖ. Grüne und (ab 1994) Liberale wiederum sprechen vor allem besser gebildete Wähler(innen) an – in diesem Sinne „bürgerliche“ Stimmen aus „white collar“ Berufen.

Dazu kommen immer deutlicher die Faktoren Generation und Geschlecht:

- SPÖ und ÖVP sind in ihren Wähler(innen)strukturen überaltet; FPÖ, Grüne und Liberale werden überdurchschnittlich von den Jüngeren bevorzugt.

- Die FPÖ ist auffallend stärker eine von Männern bevorzugte Partei; dementsprechend werden die anderen Parteien eher von Frauen gewählt.

Diese Veränderungen müssen auch noch in Verbindung mit der abnehmenden konfessionellen Bestimmtheit österreichischer Politik gesehen werden. War die Konfession, war insbesondere die Auseinandersetzung zwischen dem politischen Katholizismus des christlichsozial-konservativen Lagers und dem Antiklerikalismus des sozialistischen Lagers ein wesentlicher Konfliktherd in der Ersten Republik, so wurde diese innenpolitische Frontstellung im Laufe der Zweiten Republik stark relativiert:

- Die katholische Kirche, vertreten durch die Bischofskonferenz, hat sich ab 1945, als Ergebnis eines innerkirchlichen Lernprozesses, weitgehend aus der unmittelbaren Politik zurückgezogen.
- Die Österreichische Volkspartei, im Gegensatz zur Christlichsozialen Partei, hat sich bewußt nicht mehr primär als konfessionell bestimmte Weltanschauungspartei profiliert.

Tabelle 20: Index der politischen Prädispositionen

Determinanten, die das Wählerverhalten beeinflussen	zugunsten von SPÖ	ÖVP
Beruf	unselbständig	selbständig
Einkommen	niedrig	hoch
Bildung	niedrig	hoch
Wohnort	großstädtisch oder ländlich	kleinstädtisch
konfessionelles Verhalten	kein „aktiver“ Katholik	„aktiver Katholik“

Quelle: Anton Pelinka. Struktur und Funktion der politischen Parteien. In: Heinz Fischer (Hrsg.). Das politische System Österreichs. a. a. O. S. 36

	SPÖ	offen	ÖVP
sozioökonomische Ebene – Berufsstruktur	Mehrheit der Bauern und Selbständigen	Angestellte, Beamte („white collar“)	Mehrheit der Arbeiter („blue collar“)
soziopsychologische Ebene Kofessionsstruktur	Mehrheit der „aktiven“ →		← Mehrheit der Nichtkatholiken und der nicht „aktiven“ Katholiken

Quelle: Marina Fischer-Kowalski. Josef Bucek (Hrsg.) Lebensverhältnisse in Österreich. Klassen und Schichten im Sozialstaat. Frankfurt am Main 1980. S. 451

- Die Sozialdemokratische Partei Österreichs hat in ihrer Theorie, ausgedrückt in den Parteiprogrammen, und in ihrer Praxis, ausgedrückt in zahlreichen Sachfragen wie Konkordat und Schule, gegenüber der Kirche ein betont kompromißbereites Verhalten entwickelt.

Die abnehmende soziale und konfessionelle Polarisierung läßt erst recht den neoplebiszitären Tendenzen, die die alten Parteigrenzen sprengen, viel Raum. Da die österreichische Politik immer weniger von einem Gegensatz geschlossener Lager und immer mehr von Konflikten geprägt wird, die diese Lagergrenzen überschreiten, ist auch dadurch mit einer weiteren Zunahme der politischen Mobilität zu rechnen.

Die neoplebiszitären Tendenzen äußern sich in der wachsenden Bedeutung von Bürgerinitiativen und von Volksbegehren. Immer häufiger kann beobachtet werden, daß sich die politischen Parteien in den Regierungen und Parlamenten des Bundes und der Länder zu einem bestimmten Verhalten gezwungen sehen. Immer häufiger scheinen die Parteien nicht Akteure des politischen Entscheidungsprozesses zu sein, sie erscheinen vielmehr als Getriebene.

Als wesentlicher Faktor der Stabilisierung ist freilich die außenpolitische Konsolidierung der Zweiten Republik anzumerken. War die außenpolitische Orientierung in der Ersten Republik einerseits durch das Trauma der verlorenen Großmachtrolle, andererseits durch die Belastung der Rolle als „zweiter deutscher Staat" gekennzeichnet, so konnte die Zweite Republik – parallel zur Stabilisierung des österreichischen Nationalbewußtseins – einen eindeutigen außenpolitischen Weg finden. Ausdruck dieser außenpolitischen Stabilisierung war die 1955 – in politischem Zusammenhang mit dem Staatsvertrag – als Verfassungsgesetz beschlossene Neutralität. Diese wurde zwar nicht einstimmig beschlossen. Der VdU, Vorläufer der FPÖ, stimmte im Nationalrat dagegen. Doch die Neutralität wurde sehr rasch zu einem Bestandteil einer breit akzeptierten Orientierung nach außen und einer Identitätsfindung nach innen. Die politische Interpretation der Neutralität und vor allem deren Konsequenzen für Österreichs Position gegenüber der Europäischen Integration wurde auch in breitem Einvemehmen vorgenommen: Ein Beitritt zu der 1957 („Römische Verträge") gegründeten Europäischen Wirtschaftsgemeinschaft wurde – wegen des engen Naheverhälnisses zwischen EWG und NATO – nicht angestrebt. Vielmehr bemühte sich Österreich, vertreten durch die Große Koalition und dann durch die Einparteienregierungen Klaus (ÖVP) und Kreisky (SPÖ), um eine Beteiligung an der Europäischen Integration ohne Mitgliedschaft in der EWG (dann EG und schließlich, ab 1994, EU): zunächst durch den Beitritt zu der 1959 gegründeten Europäischen Freihandelszone (EFTA), dann durch ein 1972 geschlossenes Freihandelsabkommen mit der EG.

Tabelle 21: Einstellung der Bevölkerung in den einzelnen Bundesländern zum eigenen Land Erhebung 1980. Frage: „Welches Bundesland ist Ihnen am sympathischsten?" (in Prozent)
1 = Wien, 2 = Niederösterreich, 3 = Burgenland, 4 = Steiermark, 5 = Kärnten, 6 = Oberösterreich, 7 = Salzburg

	1	2	3	4	5	6	7	8	9
Wien	17	12	6	16	14	5	12	10	2
Niederösterreich	3	49	2	9	7	3	7	13	2
Burgendland	1	2	77	2	4	-	5	6	-
Steiermark	1	1	3	69	10	3	3	6	1
Kärnten	1	1	2	2	86	-	5	3	2
Oberösterreich	1	1	1	3	3	63	12	9	2
Salzburg	-	2	-	4	6	9	67	7	-
Tirol	1	-	2	3	4	3	77	7	-
Vorarlberg	-	2	2	-	4	1	7	15	65

Quelle: Das österreichische Nationalbewußtsein in der öffentlichen Meinung und im Urteil der Experten. Eine Studie der Paul Lazarsfeld Gesellschaft für Sozialforschung. Wien 1980. S. 31.

Doch die ab 1985 einsetzende globale Entspannung schien eine weitere Annäherung an die EG, mit der ja Österreich besonders enge wirtschaftliche Verbindungen unterhielt, zu ermöglichen. Die Anfang 1987 erneuerte Große Koalition beschloß schließlich 1989, den Antrag auf Beitritt zur EG zu stellen. Das Ende des Warschauer Paktes, des (von der UdS-SR dominierten) Rates für gegenseitige Wirtschafshilfe (COMECON) und schließlich der UdSSR selbst bedeutete 1991 das Ende des Kalten Krieges und des Ost-West-Konfliktes.

Damit waren die für Österreich bis dahin entscheidenden neutralitätspolitischen Bedenken weggefallen – Österreich erreichte, wie die beiden skandinavischen Neutralen auch (Finnland, Schweden – nicht aber die Schweiz), Anfang 1994 mit der EU den Abschluß eines Beitrittsvertrages, der dann Gegenstand der Volksabstimmung vom 12. Juni 1994 war.

Der Beitritt zur EU ändert zunächst nichts an der Neutralität. Doch das Fehlen des 1955 entscheidenden außenpolitischen Bezugssystems – eben des Ost-West-Konfliktes – und die mit dem EU-Beitritt akzeptierte Bemühung um eine gemeinsame europäische Außen- und Sicherheitspolitik haben die tatsächliche Bedeutung der Neutralität wesentlich verschoben.

Die Neutralität hat damit eine wichtige Funktion erfüllt: Österreich eine Stabilisierung zwischen den beiden großen Miltitärblöcken zu ermöglichen. Diese Stabilisierung muß nun innerhalb der Europäischen Union gesucht werden.

Das politische System Österreichs hat unter dem Einfluß der Ereignisse der Ersten Republik und im Gegensatz zur Zwischenphase des Austrofaschismus und der nationalsozialistischen Besetzung stabile Konturen entwickelt. Diese Stabilität hat ein Selbstbewußtsein, ein Nationalbewußtsein gefördert, dessen wohl wichtigste Auswirkung die Außerstreitstellung demokratischer Spielregeln ist. Die wachsende Kritik an bestimmten Formen des Parteienstaates und des Verbändestaates zeigt aber, daß auch diese wie jede historische Entwicklung nicht an einem Endpunkt angelangt ist, daß nach neuen Formen demokratischen Ausdrucks gesucht wird.

Das politische System Österreichs folgt bestimmten Grundregeln einer auf dem Parteienwettbewerb aufbauenden Demokratie. Damit ist auch die grunsätzliche Überzeugung verbunden, daß „Demokratie" keinen perfekten Endzustand bedeutet, vielmehr ständiges Weiterentwickeln, ständiges Suchen nach besseren Ausdrucksformen. Der größte Erfolg der in der Zweiten Republik erreichten Stabilisierung wäre dann erzielt, könnte die Entwicklung neue Formen demokratischer Beteiligung im Rahmen der erarbeiteten und selbverständlich gewordenen Spielregeln demokratischer Konkurrenz vor sich gehen.

Zu dieser Entwicklung neuer und besserer Formen demokratischen Ausdrucks ist auch die starke Wiederbelebung des Föderalismus und der Föderalismus-Diskussion im Laufe der Zweiten Republik zu rechnen. Unabhängig davon, daß die Bejahung der Republik Österreich, daß die Bejahung der Spielregeln einer westlichen Demokratie, daß die Bejahung Österreichs als selbständige Nation in der Zweiten Republik immer selbstverständlicher wurde, und zwar in allen österreichischen Bundesländern, hat die Entwicklung des Landesbewußtseins unterschiedliche Wege genommen. In Wien (teilweise auch in Niederösterreich) ist die emotionale Bindung an das eigene Land deutlich geringer ausgeprägt als in den übrigen Bundesländern.

Diese Problematik eines Föderalismus ist in voller Übereinstimmung mit dem stabilisierten demokratischen Konsens zu sehen. Daß die demokratische Republik Österreich, nach 1918 keineswegs außer Streit gestellt, nach 1945 zur selbstverständlichen Errungenschaft geworden, in ihrer demokratischen Einheitlichkeit eine Vielfalt auf Länderebene zuläßt, spricht nur für die Stärke dieses demokratischen Konsenses.

Die Demokratie in Österreich ist gefestigt. Stabilität bedeutet aber weder Uniformität noch Stillstand. Das demokratische Österreich wird immer wieder nach neuen Formen suchen; Demokratie wird in Österreich niemals nur auf einer Ebene vorstellbar sein. Es wäre ein Mißverständnis, würde man aus der Entwicklung seit 1918 und vor allem seit 1945 die Schlußfolgerung ziehen, daß politische Stabilität politische Erstarrung bedeuten soll.

Mediendidaktik

von Peter Dusek

Es ist noch gar nicht lange her, da hörte man die Historiker klagen: Wie sollen wir denn Zeitgeschichte unterrichten, wenn wir kaum Literatur finden, wenn es keine Schulfunkreihen oder Filmserien zur jüngsten österreichischen Geschichte gibt? Innerhalb weniger Jahre hat sich die Situation jedoch grundlegend geändert. Parallel zur Erstausgabe dieses Buches im Jahr 1980 entstanden die audivisuellen Quellensammlungen zur österreichischen Zeitgeschichte, die Medienkoffer I-IV über den Zeitraum 1918–1985.

Und seit 1982 läuft das große Österreich II-Unternehmen von Dr. Hugo Portisch und Sepp Riff, das bisher insgesamt 36 Folgen und zwei umfangreiche Bücher umfaßt. Doch in diesem Jahr 1995 sind weitere Folgen über den Zeitraum 1956–1983 in Vorbereitung. Per Planungsstand März 1995 sollen diese Folgen zu folgenden Terminen vom ORF ausgestrahlt werden:

31. Mai 1995: Die Wiedervereinigung Österreichs
7. Juni 1995: Österreich auf dem Weg in die Welt
14. Juni 1995: Krisenjahre
21. Juni 1995: 1968 – Jahr des Aufbruchs, Jahr des Umbruchs
25. Oktober 1995: Österreich und der Kalte Krieg
26. Oktober 1995: Die Ära Kreisky – 1. Teil
29. Oktober 1995: Die Ära Kreisky – 2. Teil

Vor allem soll auch auf die Bücher zur Serie Österreich II von Dr. Hugo Portisch und Sepp Riff verwiesen werden, die in ihrer minutiösen Genauigkeit auch auf die regionalen Aspekte der österreichischen Zeitgeschichte nach 1945 eingehen:

Die Wiedergeburt unseres Staates, Wien 1985, und

Der lange Weg zur Freiheit, Wien 1986;

noch in diesem Jahr 1995 soll ein dritter Band zur Serie Österreich II aus der Feder von Hugo Portisch erscheinen.

Unter den vielen Neuerscheinungen zur Zeitgeschichte Österreichs seit 1945 sei hier noch auf zwei Bildbände verwiesen, die erst jüngst erschienen sind:

Franz Christian Berger/Christiane Holler, Trümmerfrauen. Alltag zwischen Hamstern und Hoffen (Wien 1994); sowie

Herbert Friedlmeier/Gerda Mraz, Österreich 1945–1955. Fotos aus dem Archiv des „Wiener Kurier“ (Wien/Köln/Weimar 1994).

Bei der Fülle des Materials wird nun bereits eine eigene Methodik notwendig. Denn es genügt keineswegs, sich nur die technischen Voraussetzungen wie Video-Geräte oder Overhead-Projektoren bzw. Tonbandgeräte oder Dia-Vorführmöglichkeiten zu besorgen. Bei dem nunmehr möglichen massiven Einsatz von Medien im Zeitgeschichteunterricht sind wichtige didaktische Voraussetzungen zu beachten:

Durch gezielte *Auswahl* muß eine klare Strukturierung erreicht werden.

Die Medien sollen nur kurze *Bauelemente* einer Unterrichtseinheit sein – jedesmal muß die Möglichkeit zur Diskussion gegeben werden.
Durch den Einsatz verschiedener Medien kann die Wirkung noch vergrößert werden: etwa Film, Plakatfaksimile, Tonband.

Dadurch wird aber auch ein *medienkritischer* Unterricht möglich: Funktionsweise und Geschichte von Radio und Film, Zeitung und Plakat, Flugblatt oder TV sollen hinterfragt werden.

Das *gemeinsame Vorgehen* von Historikern und Deutschlehrern, Musikerziehern oder Religionspädagogen kann den Einsatz der Medien noch effizienter werden lassen und den medienpädagogischen Nebeneffekt verstärken.

Die Medien im Zeitgeschichteunterricht ersetzen aber keineswegs die täglich gegebenen Möglichkeiten der *Aktualisierung* durch Bezugnahme auf die Berichterstattung im Fernsehen, Radio oder in den Tageszeitungen.

Die auch in diesem Buch angebotenen Begleitmaterialen zur gleichnamigen Filmserie können dem einzelnen Pädagogen nicht die Mühe abnehmen, daß er den jeweils besten *„Einstieg“* zu seinem geplanten Lehrziel selbst sucht. Laut Grundsatzerlaß zur Politischen Bildung vom 11. April 1978 ist dasAnknüpfen an die *sozialen Erfahrungen* der Schüler anzustreben. Man wird in einer Hauptschule in Klagenfurt deshalb andere Beispiele für die wirtschaftliche Situationa am Beginn der Ersten Republik wählen als in einer Pflichtschule im 10. Wiener Gemeindebezirk oder in einer AHS-Oberstufe in Salzburg.

Im Idealfall wird der Einsatz der audivisuellen Medien im Unterricht zu einer verstärkten Eigeninitiative der Schüler selbst führen. Die „Aktion Schüler forschen Zeitgeschichte“, die Planung und Realisierung von Zeitgeschichte-Ausstellungen, das Ausschwärmen der Schüler für Tonband-Interviews bei ihren eigenen Familienangehörigen im Sinne von „oral history“, ja sogar die Eigenrecherche mit der Videokamera in der Straßenbahn zum Themenkomplex „Vorurteile“ – all das sind Beispiele, auf die man bereits verweisen kann und die zeigen, wie vielfältig die Möglichkeiten der Aktivierung sind.
In jedem Falle ist ein Einsatz der Medien im Unterricht, der primär als Entlastung des Lehrers für die Dauer der Unterrichtsstunde gedacht ist, abzulehnen. Im konkreten Fall: Einzelne Folgen von Österreich II sind nicht en bloc abzuspulen und eventuell hinterher zu diskutieren. Entweder es bleibt genügend Zeit, daß man kurze Segmente in den

Unterricht einbaut und entsprechend kritisch erörtert, oder man verzichtet auf eine geschlossene Darbietung und greift nur wenige Szenen heraus.

Als Schlußfolgerung aus alldem kann man nur ableiten: Der richtige Medien-Einsatz bereichert den Zeitgeschichteunterricht im Sinne des Grundsatzerlasses zur Politischen Bildung. Die Fülle des Angebots in den vergangenen Jahren zwingt aber zu einer eingehenden Beschäftigung und zu einer entsprechenden Auswahl. Ohne Teamwork mit anderen Kollegen wird die optimale Verwendung der Materialien unmöglich.

Ausgewählte Literatur

Die Ära Kreisky, Schwerpunkte der österreichischen Außenpolitik (hg. von Erich Bielka u.a., Wien 1983).

Thomas Albrich, Exodus durch Österreich. Die jüdischen Flüchtlinge 1945–1948 (Innsbruck 1987).

Klaus Amann, Der Anschluß österreichischer Schriftsteller an das Dritte Reich. Institutionelle und bewußtseinsgeschichtliche Aspekte (Frankfurt/M. 1988).

„Anschluß" 1938. Eine Dokumentation (hg. vom Dokumentationsarchiv des österreichischen Widerstandes, Wien 1988).

Antisemitismus in Österreich. Sozialhistorische und soziologische Studien (Innsbruck 1983).

Arbeiterbewegung, Faschismus, Nationalbewußtsein (hg. von Helmut Konrad u.a., Wien 1983).

Arbeiterschaft und Nationalsozialismus in Österreich (hg. von Rudolf G. Ardelt/ Hans Hautmann, Wien 1990).

Friedbert Aspetsberger, Literarisches Leben im Austrofaschismus. Der Staatspreis (Königstein/Ts. 1980).

Aufbruch und Untergang. Österreichische Kultur zwischen 1918 und 1938 (hg. von Franz Kadrnoska, Wien 1981).

Aufforderung zum Mißtrauen. Literatur, Bildende Kunst, Musik in Österreich seit 1945 (hg. von Otto Breicha u.a., Salzburg 1967).

Die Auflösung des Habsburgerreiches. Zusammenbruch und Neuorientierung im Donauraum (hg. von Richard G. Plaschka u.a., Wien 1970).

Karl Ausch, Als die Banken fielen. Zur Soziologie der politischen Korruption (Wien 1968).

„Austrofaschismus". Beiträge über Politik, Ökonomie und Kultur 1934 – 1938 (hg. von Emmerich Talos/Wolfgang Neugebauer, Wien 1988).

Austrokeynesianismus in Theorie und Praxis (hg. von Fritz Weber u.a., Wien 1993).

Irmgard Bärnthaler, Die Vaterländische Front. Geschichte und Organisation (Wien 1971).

Brigitte Bailer, Wiedergutmachung kein Thema. Österreich und die Opfer des Nationalsozialismus (Wien 1993).

Rainer Bauböck, Wohnungspolitik im sozialdemokratischen Wien 1919–1934 (Salzburg 1979).

Otto Bauer, Werkausgabe. 9 Bde. (hg. von Arbeitsgemeinschaft für Geschichte der österreichischen Arbeiterbewegung, Wien 1975–1980).

Karl Bednarik, Der junge Arbeiter von heute – ein neuer Typ (Stuttgart 1953).

Siegfried Beer, Der „unmoralische" Anschluß. Britische Österreichpolitik zwischen Containment und Appeasement 1931–1934 (Wien 1988).

Karin Berger, Zwischen Eintopf und Fließband. Frauenarbeit und Frauenbild im Faschismus. Österreich 1938–1945 (Wien 1984).

Bericht über die soziale Lage (hg. vom Bundesministerium fur Arbeit und Soziales, Wien 1992).

Die bevormundete Nation. Österreich und die Alliierten 1945–1949 (hg. von Günter Bischof/Josef Leidenfrost, Innsbruck 1988).

Die Bewegung. Hundert Jahre Sozialdemokratie in Österreich (hg. von Erich Fröschl u.a., Wien 1990).

Wolfdieter Bihl, Österreich-Ungarn und die Friedensschlüsse von Brest-Litovsk (Wien 1970).

Dieter Anton Binder, Dollfuß und Hitler. Die Außenpolitik des autoritären Ständestaates in den Jahren 1933/34 (Graz 1976).

Hanna Bleier-Bissinger, Bundeskanzler Dr. Alfons Gorbach und seine Zeit. Leben und Sterben der Nachkriegskoalition (Graz 1988).

Johann Böhm, Erinnerungen aus meinem Leben (Wien 1953).

Gerhard Botz, Die Eingliederung Österreichs in das Deutsche Reich. Planung und Verwirklichung des politisch-administrativen Anschlusses (1938-1940) (Wien 1988).

Gerhard Botz, Gewalt in der Politik. Attentate, Zusammenstöße, Putschversuche, Unruhen in Österreich 1918 bis 1938 (München[2] 1983).

Gerhard Botz, Wien vom „Anschluß" zum Krieg. Nationalsozialistische Machtübernahme und politisch-soziale Umgestaltung am Beispiel der Stadt Wien 1938/39 (Wien 1978).

Fernand Braudel, Schriften zur Geschichte. Bd. 2 (Stuttgart 1993).

Fritz Breuss, Österreichs Außenwirtschaft 1945–1982 (Wien 1983).

Karl M. Brousek, Wien und seine Tschechen (Wien 1980).

Ernst Bruckmüller, Nation Österreich. Sozialhistorische Aspekte in ihrer Entwicklung (Wien 1984).

Ernst Bruckmüller, Sozialgeschichte Österreich (Wien 1985).

Felix Butschek, Die österreichische Wirtschaft 1938–1945 (Wien 1978).

Francis L. Carsten, Faschismus in Österreich. Von Schönerer zu Hitler (München 1977).

Eva-Marie Csáky, Der Weg zur Freiheit und Neutralität. Dokumentation zur österreichischen Außenpolitik 1945–1955 (Wien 1980).

Herbert Dachs, Schule und Politik. Die politische Erziehung an den österreichischen Schulen 1918 bis 1938 (Wien 1982).

Julius Deutsch, Ein weiter Weg. Lebenserinnerungen (Zürich 1960).

Diplomatie und Außenpolitik Österreichs (hg. von Erich Zöllner, Wien 1977).

Gabriele Johanna Eder, Wiener Musikfeste zwischen 1918 und 1938. Ein Beitrag zur Vergangenheitsbewältigung (Wien 1991).

Ulrich Eichstädt, Von Dollfuß zu Hitler. Geschichte des Anschlusses Österreichs 1933–1938 (Wiesbaden 1955).

Einer im Vordergrund: Taras Borodajkewycz (hg. von Heinz Fischer, Wien 1966).

Gertrude Enderle-Burcel, Christlich – ständisch – autoritär. Mandatare im Ständestaat 1934 1938 (Wien 1991).

Helmut Engelbrecht, Geschichte des österreichischen Bildungswesens. Bd. 4 und 5 (Wien 1986/1988).

Felix Ermacora, Die Entstehung der Bundesverfassung 1920. 4 Bde. (Wien 1989/1990).

August Ernst, Geschichte des Burgenlandes (Wien 1987).

Wolfgang Etschmann, Die Kämpfe in Österreich im Juli 1934 (Wien 1984).

Susanne Feigl, Freisein in Österreich, 1975–1985 (Wien o.J.).

Helmut Fiereder, Reichswerke „Hermann Göring" in Österreich (1938–1945) (Wien/Salzburg 1983).

Ernst Fischer, Das Ende einer Illusion. Erinnerungen 1945–1955 (Wien 1973).

Heinz Fischer, Die Kreisky-Jahre. 1967–1983 (Wien 1993).

Florian Freund, Arbeitslager Zement. Das Konzentrationslager Ebensee und die Raketenrüstung (Wien 1989).

Friedrich Funder, Vom Gestern ins Heute. Aus dem Kaiserreich in die Republik (Wien [3]1971)

Jószef Galántai, Die österreichisch-ungarische Monarchie und der Weltkrieg (Budapest 1979).

Winfried R. Garscha, Die deutsch-österreichische Arbeitsgemeinschaft (Wien 1984).

Gefängnisbriefe und Aufzeichnungen. Franz

Jägerstätter verweigert 1943 den Wehrdienst (hg. von Erna Putz, Linz 1987).

Geheime Akten des KGB. „Margarita Ottilinger“ (hg. von Stefan Karner, Graz 1992).

Geheimer Briefwechsel Mussolini – Dollfuß (hg. von Adolf Schärf, Wien 1949).

Ein General im Zwielicht. Die Erinnerungen Edmund Glaises von Horstenau. Bd. 1-3 (hg. von Peter Broucek, Wien 1980–1988).

Gesellschaft und Politik am Beginn der Zweiten Republik. Vertrauliche Berichte der US-Militäradministration aus Österreich 1945 in englischer Originalfassung (hg. von Oliver Rathkolb, Wien 1985).

Maximilian Gottschlich u.a., Was die Kanzler sagten. Regierungserklärungen der Zweiten Republik 1945–1987 (Wien 1989).

Das große Tabu. Österreichs Umgang mit seiner Vergangenheit (hg. von Anton Pelinka u. Erika Weinzierl, Wien 1987).

Oskar Grünwald/Ferdinand Lacina, Auslandskapital in der österreichischen Wirtschaft (Wien 1970).

Charles A. Gulick, Österreich von Habsburg zu Hitler (Wien 1976).

Hanns Haas/Karl Stuhlpfarrer, Österreich und seine Slowenen (Wien 1977).

Rudolf Haller, Neopositivismus. Eine historische Einführung in die Philosophie des Wiener Kreises (Darmstadt 1993).

Handbuch des politischen Systems Österreich (hg. von Herbert Dachs u.a., Wien 1991).

Ernst Hanisch, Der lange Schatten des Staates. Österreichische Gesellschaftsgeschichte im 20. Jahrhundert (Wien 1994).

Hartheim. Briefe und Dokumente (hg. von Johannes Neuhauser, Freistadt 1992).

Gernot D. Hasiba, Die Zweite Bundes-Verfassungsnovelle von 1929 (Wien 1976).

Hans Hautmann, Geschichte der Rätebewegung in Österreich 1918–1924 (Wien 1987).

Friedrich Heer, Der Kampf um die österreichische Identität (Wien 1981).

Waltraud Heindl, Gehorsame Rebellen. Bürokratie und Beamte in Österreich 1780–1848 (Wien 1991).

Der Himmel ist blau. Kann sein. Frauen im Widerstand 1938–1945 (hg. von Karin Berger/Elisabeth Holzinger, Wien 1985).

Josef Hindels, Österreichs Gewerkschaften im Widerstand 1934–1945 (Wien 1976).

Der Hochverratsprozeß gegen Dr. Guido Schmidt vor dem Wiener Volksgericht (Wien 1947)

Josef Hofmann, Der Pfrimer-Putsch (Wien 1965).

Everhard Holtmann, Zwischen Unterdrückung und Befriedung. Sozialistische Arbeiterbewegung und autoritäres Regime in Österreich 1933–1938 (Wien 1978).

Anton Hopfgarten, Kurt von Schuschnigg. Ein Staatsmann im Kampf gegen Hitler (Wien 1988).

Peter Huemer, Sektionschef Robert Hecht und die Zerstörung der Demokratie in Österreich (Wien 1975).

„Ich bin dafür, die Sache in die Länge zu ziehen“. Wortprotokolle der österreichischen Bundesregierung von 1945 bis 1952 über die Entschädigung der Juden (hg. von Robert Knight, Frankfurt/M. 1988).

Gerhard Jagschitz, Der Putsch. Die Nationalsozialisten 1934 in Österreich (Graz 1976).

Marie Jahoda u.a., Die Arbeitslosen von Marienthal. Ein soziographischer Versuch (Leipzig 1939, Neuausgabe Frankfurt/M. 1975).

Ludwig Jedlicka, Vom alten zum neuen Österreich. Fallstudien zur österreichischen Zeitgeschichte 1900–1975 (St. Pölten 1975).

Ludwig Jedlicka, Der 20. Juli 1944 in Österreich (Wien 1965).

Michael John/Albert Lichtblau, Schmelztiegel Wien – einst und jetzt (Wien 1993).

William M. Johnston, Österreichische Kultur- und Geistesgeschichte. Gesellschaft und Ideen im Donauraum 1848 bis 1938 (Wien 1972).

Albert Kadan/Anton Pelinka, Die Grundsatzprogramme der österreichischen Parteien. Dokumentation und Analyse (St. Pölten 1979).

Stefan Karner, Die Steiermark im Dritten Reich 1938–1945 (Graz 1986).

Fritz Kaufmann, Sozialdemokratie in Österreich. Idee und Geschichte einer Partei von 1889 bis zur Gegenwart (Wien 1978).

Hans Kelsen, Österreichisches Staatsrecht. Ein Grundriß entwicklungsgeschichtlich dargestellt (Tübingen 1923).

Lajos Kerekes, Abenddämmerung einer Demokratie. Mussolini, Gömbös und die Heimwehr (Wien 1966).

Gottfried-Karl Kindermann, Hitlers Niederlage in Österreich. Bewaffneter NS-Putsch, Kanzlermord und Österreichs Abwehrsieg von 1934 (Hamburg 1984).

Josef Klaus, Macht und Ohnmacht in Österreich. Konfrontationen und Versuche (Wien 1971).

Stella Klein-Löw, Erinnerungen. Erlebtes und Gedachtes (Wien 1980).

Klemens von Klemperer, Ignaz Seipel. Staatsmann einer Krisenzeit (Graz 1976).

Grete Klingenstein, Die Anleihe von Lausanne. Ein Beitrag zur Geschichte der Ersten Republik in den Jahren 1931–1934 (Wien 1965).

Helmut Konrad/Manfred Lechner, „Millionenverwechslung". Franz Olah. Die Kronenzeitung. Geheimdienste (Wien 1992).

Ernst Koref, Die Gezeiten meines Lebens (Wien 1980).

Karl Kraus, Nachruf. Weltgericht II (hg. von Christian Wagenknecht, Frankfurt/M. 1988) 185–291.

Bruno Kreisky, Zwischen den Zeiten. Erinnerungen aus fünf Jahrzehnten (Berlin 1986).

Felix Kreissler, Der Österreicher und seine Nation. Ein Lernprozeß mit Hindernissen (Wien 1984).

Robert Kriechbaumer, Parteiprogramme im Widerstreit der Interessen. Die Programmdiskussion und die Programme von ÖVP und SPÖ 1945–1986 (Wien 1990).

Gottlieb Ladner, Seipel als Uberwinder der Staatskrise vom Sommer 1922. Zur Geschichte der Entstehung der Genfer Protokolle vom 4. Oktober 1922 (Graz 1964).

Lebensverhältnisse in Österreich (hg. von Marina Fischer-Kowalski u.a., Frankfurt/M./Wien 1980).

Max Lederer, Grundriß des österreichischen Sozialrechtes (Wien 1929).

Otto Leichter, Otto Bauer (Wien 1970).

Jacques Le Rider, Das Ende der Illusion. Die Wiener Moderne und die Krisen der Identität (Wien 1990).

Norbert Leser, Zwischen Reformismus und Bolschewismus. Der Austromarxismus als Theorie und Praxis (Wien 1985).

Maximilian Liebmann, Theodor Innitzer und der Anschluß. Österreichs Kirche 1938 (Graz 1988).

Radomir Luža, Der Widerstand in Österreich 1938–1945 (Wien 1985).

Wilfried Mähr, Der Marshallplan in Österreich (Graz 1989).

Eduard März, Österreichs Wirtschaft zwischen Ost und West (Wien 1965).

Bernd Marin, Die paritätische Kommission. Aufgeklärter Technokorporatismus in Österreich (Wien 1982).

Reinhard Meier-Walser, Die Außenpolitik der monocoloren Regierung Klaus in Österreich 1966–1970 (München 1988).

Richard Mitten, The Politics of Antisemitic Prejudice. The Waldheim Phenomenon in Austria (Boulder 1992).

Hans Mommsen, Widerstand und politische

Kultur in Deutschland und Österreich (Wien 1994).

Franz Müller, „Ein Rechtskatholik" zwischen Kreuz und Hakenkreuz: Franz von Papen als Sonderbevollmächtigter Hitlers in Wien 1934–1938 (Frankfurt/M. 1990).

Nation und Nationalbewußtsein in Österreich. Ergebnisse einer empirischen Untersuchung (hg. von Albert F. Reiterer, Wien 1988).

Österreich. Von der Staatsidee zum Nationalbewußtsein (hg. von Georg Wagner, Wien 1982).

Österreich 1918–1938. Geschichte der Ersten Republik. 2 Bde. (hg. von Erika Weinzierl/Kurt Skalnik, Graz 1983).

Österreich. Die Zweite Republik. 2 Bde. (Hg. von Erika Weinzierl/Kurt Skalnik, Graz 1972).

Österreich im internationalen Kräftefeld (Hg. von Gertraud Diem-Wille, Wien 1990).

Österreich und die europäische Integration 1945–1993. Aspekte einer wechselvollen Entwicklung (hg. von Michael Gehler u.a., Wien 1993).

Österreichische Parteiprogramme 1868–1966 (hg. von Klaus Berchtold, Wien 1967).

Gustav Otruba, Hitlers „Tausend-Mark-Sperre" und die Folgen fiir Österreichs Fremdenverkehr (1933–1938) (Linz 1983).

Bruce F. Pauley, Hahnenschwanz und Hakenkreuz. Steirischer Heimatschutz und österreichischer Nationalsozialismus 1918–1934 (Wien 1972).

Kurt Peball. Die Kämpfe in Wien im Februar 1934 (Wien 1974).

Anton Pelinka, Die Kleine Koalition. SPÖ – FPÖ. 1983–1986 (Wien 1993).

Anton Pelinka, Zur österreichischen Identität. Zwischen deutscher Vereinigung und Mitteleuropa (Wien 1990).

Anton Pelinka, Stand oder Klasse? Die Christliche Arbeiterbewegung Österreichs 1933–1938 (Wien 1972).

Bertrand Perz, Projekt Quarz. Steyr-Daimler-Puch und das Konzentrationslager Melk (Wien 1991).

Hugo Portisch, Österreich II. Der lange Weg zur Freiheit (Wien 1986).

Hugo Portisch, Österreich II. Die Wiedergeburt unseres Staates (Wien 1985).

Protokolle des Klubvorstandes der Christlichsozialen Partei 1932–1934 (hg. von Walter Goldinger, Wien 1981).

Protokolle des Ministerrates der Ersten Republik. Abteilung V, Kabinett Dr. Ignaz Seipel, Bd. 2 (hg. von RudolfNeck u.a., Wien 1986).

Protokolle des Ministerrates der Ersten Republik. Abteilung VIII, Kabinett Engelbert Dollfuß, Bd. 1-7 (hg. von RudolfNeck u.a., Wien 1980–1986).

Erna Putz, Franz Jägerstätter (Linz 1987).

Julius Raab, Selbstportrait eines Politikers (Wien 1964).

Ludger Rape, Die österreichischen Heimwehren und die bayerische Rechte 1920–1923 (Wien 1977).

Oliver Rathkolb, Führertreu und Gottbegnadet. Künstlereliten im Dritten Reich (Wien 1991).

Manfried Rauchensteiner, Der Krieg in Österreich 1945 (Wien 1984).

Manfried Rauchensteiner, Der Sonderfall. Die Besatzungszeit in Österreich 1945 bis 1955 (Graz 1979).

Manfried Rauchensteiner, Spätherbst 1956. Die Neutralität auf dem Prüfstand (Wien 1981).

Manfried Rauchensteiner, Die Zwei. Die große Koalition in Österreich 1945–1966 (Wien 1987).

Josef Rausch, Der Partisanenkampf in Kärnten im Zweiten Weltkrieg (Wien 1979).

Ludwig Reichhold, Geschichte der ÖVP (Graz 1975).

Ludwig Reichhold, Kampf um Österreich. Die Vaterländische Front und ihr Widerstand gegen den Anschluß 1933–1938 (Wien 1984).

Viktor Reimann, Die Dritte Kraft in Österreich (Wien 1980).

Karl Renner, An der Wende zweier Zeiten. Lebenserinnerungen (Wien 1946).

Friedrich Rennhofer, Ignaz Seipel. Mensch und Staatsmann. Eine biographische Dokumentation (Wien 1978).

Georg Rigele, Die Wiener Höhenstraße. Autos, Landschaft und Politik in den dreißiger Jahren (Wien 1993).

Karl Heinz Ritschel, Julius Raab. Der Staatsvertragskanzler (Salzburg 1975).

Wolfgang Rosar, Deutsche Gemeinschaft. Seyss-Inquart und der Anschluß (Wien 1971).

Herbert Rosenkranz, Der Novemberpogrom 1938 in Wien (Wien 1988).

Dieter Ross, Hitler und Dollfuß. Die deutsche Österreich-Politik 1933–1934 (Hamburg 1966).

Hans Safrian, Die Eichmann-Männer (Wien 1993).

Saint-Germain 1919 (hg. von Isabella Ackerl/Rudolf Neck, Wien 1989).

Hans-Henning Scharsach, Haiders Kampf (München 1993).

Franz Schausberger, Ins Parlament, um es zu zerstören. Das „parlamentarische" Agitieren der Nationalsozialisten in den österreichischen Landtagen 1932/33 (1995).

Norbert Schausberger, Der Griffnach Österreich. Der Anschluß (Wien 1978).

Norbert Schausberger, Rüstung in Österreich 1938–1945 (Wien 1970).

Alfons Schilcher, Österreich und die Großmächte. Dokumente zur österreichischen Außenpolitik 1945–1955 (Wien 1980).

Kurt Schuschnigg, Im Kampf gegen Hitler. Die Überwindung der Anschlußidee (Wien 1969).

Robert Schwarz, „Sozialismus der Propaganda". Das Werben des „Völkischen Beobachters" um die österreichische Arbeiterschaft 1938/39 (Wien 1975).

Klaus-Jörg Siegfried, Universalismus und Faschismus. Das Gesellschaftsbild Othmar Spanns (Wien 1974).

Spectrum Austriae. Österreich in Geschichte und Gegenwart (hg. von Otto Schulmeister, Wien [2]1980).

Spurensuche. Erzählte Geschichte der Kärntner Slowenen (hg. vom Dokumentationsarchiv des österreichischen Widerstandes, Wien 1990).

Friedrich Stadler, Vom Positivismus zur „Wissenschaftlichen Weltauffassung". Am Beispiel der Wirkungsgeschichte von Ernst Mach in Österreich von 1895 bis 1934 (Wien 1982).

Karl R. Stadler, Adolf Schärf. Mensch, Politiker, Staatsmann (Wien 1982).

Karl R. Stadler, Bruno Kreisky. Die österreichischen Bundeskanzler. Leben und Werk (hg. von Erika Weinzierl/Friedrich Weissensteiner, Wien 1983) 380–417.

Karl R. Stadler, Opfer verlorener Zeiten. Geschichte der Schutzbund-Emigration 1934 (Wien 1974).

Herbert Steiner, Gestorben für Österreich. Widerstand gegen Hitler (Wien 1968).

Rolf Steininger, Los von Rom? Die Südtirolfrage 1945/46 und das Gruber-De Gasperi-Abkommen (Innsbruck 1987).

Dieter Stiefel, Arbeitslosigkeit. Soziale, politische und wirtschaftliche Auswirkungen – am Beispiel Österreichs 1918–1938 (Berlin 1979).

Dieter Stiefel, Entnazifizierung in Österreich (Wien 1981).

Gerald Stourzh, Geschichte des Staatsvertrages 1945–1955. Österreichs Weg zur Neutralität (Graz[3] 1985)

Gerald Stourzh, Vom Reich zur Republik. Studien zum Österreichbewußtsein im 20. Jahrhundert (Wien 1990).

Gerald Stourzh, Wege zur Grundrechtsdemokratie. Studien zur Begriffs- und Institutionengeschichte des liberalen Verfassungsstaates (Wien 1989).

Ernst Streeruwitz, Springflut über Österreich. Erinnerungen, Erlebnisse und Gedanken aus bewegter Zeit 1914–1929 (Wien 1937).

Karl Stubenvoll, Bibliographie zum Nationalsozialismus in Österreich (Wien 1992).

Fritz Stüber, Ich war Abgeordneter. Die Entstehung der freiheitlichen Opposition in Österreich (Graz 1974).

Wilhelm Swoboda, Franz Olah. Eine Spurensammlung (Wien 1990).

Emmerich Tálos, Staatliche Sozialpolitik in Österreich. Rekonstruktion und Analyse (Wien 1981).

Erika Thurner, Nationalsozialismus und Zigeuner in Österreich (Wien 1983).

Ernst Trost, Figl von Österreich. Der Weg zum Staatsvertrag (Wien 1985).

Karl Ucakar, Demokratie und Wahlrecht in Österreich. Zur Entwicklung politischer Partizipation und staatlicher Legitimationspolitik (Wien 1985).

Heidemarie Uhl, Zwischen Aussöhnung und Verstörung. Eine Kontroverse um Österreichs historische Identität fünfzig Jahre nach dem „Anschluß“ (Wien 1992).

Peter A. Ulram, Hegemonie und Erosion. Politische Kultur und politischer Wandel in Österreich (Wien 1990).

Verdrängte Schuld, verfehlte Sühne. Entnazifizierung in Österreich 1945–1955 (hg. von Sebastian Meissl u.a., Wien 1986).

Die Verstaatlichung in Österreich (hg. von Wilhelm Weber, Berlin 1964).

Volks-Gerichtsbarkeit und Verfolgung von nationalsozialistischen Gewaltverbrechen in Österreich (1945 bis 1972) (hg. vom Bundesministerium für Justiz, Wien 1977).

Reinhold Wagnleitner, Coca-Colonisation und Kalter Krieg. Die Kulturmission der USA in Österreich nach dem Zweiten Weltkrieg (Wien 1991).

Die „wilden“ fünfziger Jahre. Gesellschaft, Formen und Gefühle eines Jahrzehnts in Österreich (hg. von Gerhard Jagschitz u.a., St. Pölten 1985).

Willfährige Wissenschaft. Die Universität Wien 1938–1945 (hg. von Gernot Heiß u.a., Wien 1989).

Walter Wiltschegg, Die Heimwehr (Wien 1985).

Hans Witek/Hans Safrian, Und keiner war dabei. Dokumente des alltäglichen Antisemitismus in Wien 1938 (Wien 1988).

Thomas Zaunschirm, Die Fünfziger Jahre (München 1980).

Zeitzeugen – Wege zur 2. Republik (hg. von Peter Dusek, Wien 1987).

Meinrad Ziegler/Waltraud Kannnonier-Finster, Österreichisches Gedächtnis. Über Erinnern und Vergessen der NS-Vergangenheit (Wien 1993).

Erich Zöllner, Der Österreichbegriff. Formen und Wandlungen in der Geschichte (Wien 1988).

Paul Michael Zulehner, „Leutereligion“. Eine neue Gestalt des Christentums auf dem Weg durch die achtziger Jahre? (Wien 1982).

Register

Bildnachweis

Bildarchiv der Österreichischen Nationalbibiothek:
15 a, b, 21 a, b, 25 a, b, 27, 32, 38 a, b, 55 a, 59, 61, 79 a, 82, 83 a, b, 89, 92 b, 105 a, b, 112 a, b, c, 114 b, 126, 157, 164, 171 a, b, 177, 180, 185 a, 199, 209, 237 b, c, 242, 253, 259, 271

Verein für Geschichte der Arbeiterbewegung:
37 a, b, 55 b, 62 b, 101 b, 108, 119 b, 153 a, b, 156, 205, 211, 213, 223

Institut für Zeitgeschichte:
217, 237a, 241

Foto Votava:
15 c, d, 21 c, 39 a, b, 41 a, 43, 44, 45, 46, 49 a, b, 51, 79 c, 92 a, 94 a, b, 96 a, b, 97, 98, 101 c, d, 114 a, 115, 119 c, d, 134, 153 c, 163, 169, 171 c, 174, 175, 185 c, d, 263, 265, 267, 270, 273, 279 a, b, 282, 285, 303, 324, 326 a, b, 339, 342

Dokumenationsarchiv des österreichischen Widerstandes:
71 a, b, 91 a, b, 135, 138, 139, 246 a, b, c, 251 a, b

Zeitschriftensammlung der Österreichischen Nationalbibliothek:
66, 85, 95 a, b, 119 a, 123, 124 a, b, 125 a, b, 181

Plakatsammlung der Österreichischen Nationalbibliothek:
62 a, 178 a, b, 277 a, b

Privatsammlung Murray G. Hall:
128 a, b, 129, 130 a, b

Privatsammlung Peter Dusek:
21 d, 163 a, b

Dieter Gessl:
41 b, 55 c, d, 70, 74, 79 d, 145, 297

Privatsammlung Dieter Manhardt:
79 b, 86 a, b, c, 90 a, b

Lothar Rübelt:
101 a, 104, 110

Kurier-Foto: 116, 146, 149

ORF:
54, 330

Gerhard Deutsch:
153 c

Pressefoto Heinz Hosch:
148

Wirephoto:
171 d

Die Zählung der Fotos auf einer Seite erfolgte nach dem Muster: a) links oben, b) rechts oben, c) links unten und d) rechts unten.

Für die Auswahl der Fotos sorgte René Michler.